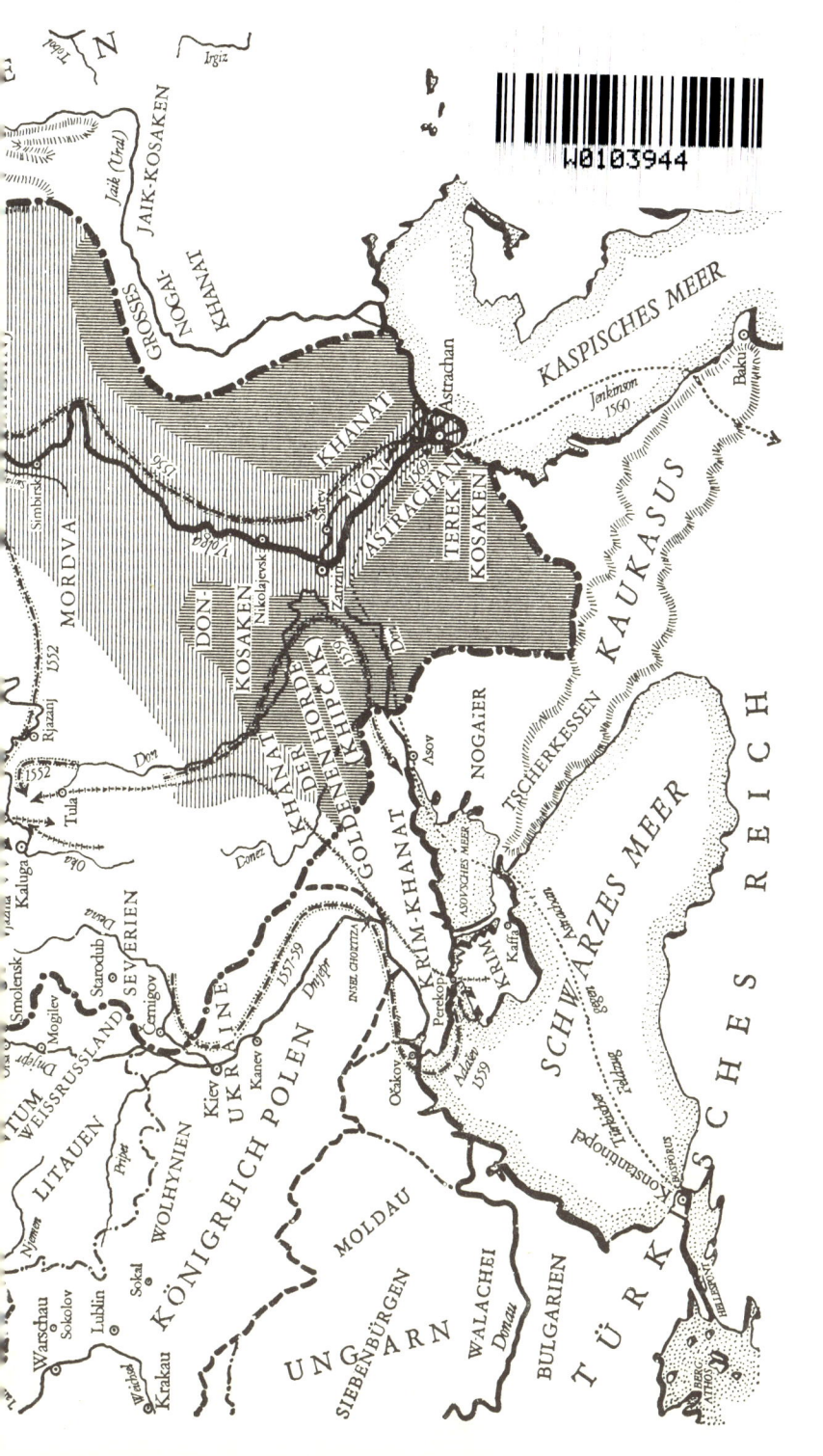

Ian Grey
Ivan der Schreckliche

Ian Grey

IVAN DER SCHRECKLICHE

Albatros

Titel der Originalausgabe:
Ivan The Terrible
Hodder & Stoughton Ltd., London 1965
© 1964 by Ian Grey
Aus dem Englischen übertragen von E. M. Krauss

Alle Rechte an der Übertragung ins Deutsche
bei Rowohlt Verlag GmbH, Reinbek bei Hamburg

Die Deutsche Bibliothek – CIP-Einheitsaufnahme
Ein Titeldatensatz für diese Publikation ist bei
Der Deutschen Bibliothek erhältlich.

Titel der deutschen Originalausgabe:
Ivan der Schreckliche
© 1988 Rowohlt Verlag GmbH, Reinbek

© 2002 Patmos Verlag GmbH & Co. KG
Albatros Verlag, Düsseldorf
Alle Rechte, einschließlich derjenigen des
auszugsweisen Abdrucks sowie der fotomechanischen
und elektronischen Wiedergabe, vorbehalten.
ISBN 3-491-96064-9
www.patmos.de

FÜR DAVID

DIESER TATKRÄFTIGE,
SCHARFSINNIGE UND TAPFERE HERRSCHER WAR VON
ÄUSSERST SCHROFFEM WESEN.

Lomonosov

DIESER FÜRST WAR MEIN VORLÄUFER UND MEIN VORBILD.
ICH HABE IMMER DANACH GESTREBT,
ES IHM AN TAPFERKEIT UND AN WEISHEIT DES REGIERENS
GLEICHZUTUN,
ABER ICH BIN IHM BEI WEITEM NICHT
EBENBÜRTIG.
EINEN TYRANNEN KÖNNEN IHN NUR UNVERSTÄNDIGE
MENSCHEN NENNEN, DIE WEDER DIE UMSTÄNDE
SEINES LEBENS NOCH DAS VOLK,
DAS ER REGIERTE,
NOCH DIE GRÖSSE SEINER GABEN KENNEN.

Peter der Große

Aussprache der transkribierten russischen Buchstaben:
c = z · č = tsch · s = ß · š = sch · v = w · z = weiches s

INHALT

Vorwort · 11

1 Der Aufstieg Moskaus · 15

2 Ivan III. 1462–1505 · 24

3 Die Geburt Ivan Vasiljevičs 1530 · 37

4 Die Regentschaft Jelenas 1533–38 · 42

5 Die Herrschaft der Bojaren 1538–48 · 49

6 Die Schrecken der Kindheit · 55

7 Zar nach dem Willen Gottes · 63

8 Krönung, Heirat und die Brände von Moskau 1547 · 74

9 Der Gewählte Rat 1547–49 · 84

10 Die ersten Reformen 1549–51 · 94

11 Die Eroberung Kazanjs 1551–52 · 110

12 Der Verrat 1553 · 132

13 Reformen, Astrachan und die Tataren 1554–60 · 141

14 Der Drang nach Westen 1553–64 · 154

15 Die Schreckensherrschaft beginnt 1560–64 · 169

16 Der Abfall Kurbskijs 1564 · 185

17 Die Opričnina 1565 · 197
18 Der Terror dauert an 1565–72 · 207
19 Der livländische Krieg
und die Niederbrennung Moskaus 1565–72 · 227
20 Ivans Vermächtnis 1572 · 248
21 Stefan Bathory und das Ende
des livländischen Krieges 1576–82 · 259
22 Die letzten Jahre 1581–83 · 285
23 Ivans Tod 1584 · 302
Anmerkungen · 307
Bibliographie · 328
Register · 331

VORWORT

Der Name keines anderen russischen Zaren ist so verbreitet, so bekannt wie der Ivans des Schrecklichen. In der Geschichtsschreibung haftet ihm eine düstere Faszination an, dennoch ist er eine schemenhafte Gestalt geblieben, geschaut durch einen Dunst von Blut und Barbarei. Die meisten Historiker haben ihn, wie im frühen 19. Jahrhundert Karamzin, als grausamen, von der Macht verderbten Tyrannen verurteilt. In der Sovjet Union hingegen sieht man ihn wieder als den bedeutenden Zaren, den Nationalhelden, wie ihn auch Sergej Eisenstein in seinem großartigen Film dargestellt hat.

Ivan wird, wie schon zu seiner Zeit, immer eine Quelle von Kontroversen sein. Er war eine ungewöhnlich widerspruchsvolle Natur, maßlos im Handeln und Reden, eine vitale und bezwingende Persönlichkeit. Um ihn wucherten Legenden, entbrannte heftiger Streit. Sein Leben war tragisch. Von frühester Kindheit bis in seine Mannesjahre hatte er Schrecken, Unglück und persönliche Schicksalsschläge zu ertragen, unter denen die meisten Menschen das seelische Gleichgewicht verloren hätten. Furcht, Mißbrauch seines Vertrauens, Verzweiflung machten ihn argwöhnisch und reizten ihn zu flammenden Zornesausbrüchen, und wenn er strafte, geschah es im Stil der Zeit. Ja, er zeigte viele Symptome eines Manisch-Depressiven. Sein Schuldgefühl, seine zwanghafte Angst um die Erhaltung der Dynastie, seine unmenschlichen Anwandlungen brachten ihn in manchen Lebensabschnitten dem Wahnsinn nahe. Dennoch konnte er liebevoll, gütig, großherzig und tolerant sein, und wenn es um das Zarenreich ging, erwies er sich als tatkräftiger, hingebungsvoller Herrscher.

Tatsächlich war Ivan einer der hervorragendsten und wahrhaft russischen Zaren. Ein gebieterischer Mensch von hoher Intelligenz und Begabung, war er der geborene Herrscher und durfte als erster gekrönter Zar Rußlands die Treue und Ergebenheit seines großen Volkes beanspruchen, das in ihm die Mitte und den Inbegriff der Nation sah.

Während in dem von Unruhe gärenden Europa des 16. Jahrhunderts sich zentralisierte Staaten um die einzelnen Souveräne herausbildeten, errichtete Ivan seine absolute Macht und schuf eine starke, geeinte Nation. Man darf wohl sagen, daß er mit der Eroberung der Khanate von Kazanj und Astrachan allen Russen ein Leitbild gab und die Nation ins Leben rief. Aber er legte auch die Grundlagen für das russische Reich, indem er die Wege zur Kolonisierung des Ostens erschloß. Im Westen kämpfte er um den Zugang zur Ostsee, damit Rußland an Handel und freiem Verkehr mit dem übrigen Europa teilhaben könne. Außerdem wurde während seiner Regierung der Apparat einer zentralen Verwaltung geschaffen; es war eine Epoche, die sich durch politische, administrative und kirchliche Reformen auszeichnete.

Sein Volk nannte ihn Ivan *Groznyj,* was im Russischen »Der Drohende« heißt oder der Zar, »den man fürchtet«, so wie man den Herrn fürchtet. Auf Ivan angewandt, mag das Wort *groznyj* einen Anklang an die Bedeutung von *groza* – Gewitter – gehabt haben, denn von stürmischem Temperament war er gewiß. Am besten gibt das Wort »der Drohende« die Einstellung des Volkes zu ihm wieder, über die der Engländer Anthony Jenkinson schrieb: »Kein Fürst der Christenheit, glaube ich, ist bei den Seinen so gefürchtet wie er, keiner aber auch wird mehr geliebt.« Ivans Großvater, Ivan III., hieß zu seinen Lebzeiten beim Volk ebenfalls *Groznyj,* weil auch er ein strenger und starker Herrscher war; die Historiker hingegen nennen ihn öfters »den Großen«.

Daß *Groznyj* seit so langem als »der Schreckliche« wiedergegeben wird, beruht nicht einfach auf falscher Übersetzung. Es geht auf den Ruf zurück, den Ivan während seiner Regierung im Ausland genoß und der in der Geschichtsschreibung an ihm haften blieb. Dieser Ruf war jedoch hauptsächlich durch Berichte und Pamphlete seiner Feinde entstanden, insbesondere durch die Verleumdungen des Fürsten Andrej Kurbskij, die mehr als alles andere Ivans Bild verdüsterten und seine Bedeutung als eines großen nationalen Herrschers schmälerten.

Ich habe Ivan weit weniger schrecklich gefunden als den Zaren der Legende. Das heißt nicht, daß man die unter seiner Regierung verübten Grausamkeiten leugnen oder irgendwie beschönigen könnte. Wohl aber kommt es darauf an, sie nach den Normen der Zeit zu beurteilen. Die Bigotterie Philipps II. von Spanien und die barbarischen Methoden der Inquisition und der spanischen Truppen in den Niederlanden, das Massaker der Bartholomäusnacht in Frankreich, die Unmenschlichkeiten schwedischer, deutscher und polnischer Söldner – dies alles fällt in die Zeit, da Ivan lebte. Es war ein grausames Jahrhundert, und Ivan und sein Volk haben sich nicht schlimmer verhalten als viele ihrer Zeitgenossen.

Bei der Niederschrift dieses Buches bin ich oft auf gegenwärtige Parallelerscheinungen gestoßen. Chruščovs Äußerung vom 10. März 1963, Stalin sei »ein schwerkranker, unter Verfolgungswahn leidender Mensch« gewesen, läßt sich vielleicht auf Ivan zu gewissen Zeiten seiner Regierung anwenden. Aber auch wenn man von Verfolgungen und Hinrichtungen absieht, drängen sich jedem, der am russischen Volk und seiner Geschichte interessiert ist, weitere Parallelen zwischen Moskovien im 16. Jahrhundert und Sovjetrußland im 20. Jahrhundert auf. Die *Opričniki,* das Bestreben, die Grenzen nach Westen, Süden und Osten zu sichern, die Kolonisierung von Neuland und andere Vorgänge unter Ivans Regierung erscheinen zuweilen wie die ersten Schritte eines Prozesses, der im 20. Jahrhundert weitergeführt wurde. Dies ist natürlich nur ein Hinweis auf die wesentliche Kontinuität der russischen Geschichte.

Die Hauptquellen, die ich benützt habe, sind in der Bibliographie aufgeführt. Ferner habe ich in Anmerkungen zu jedem Kapitel Hinweise auf die Zitate und, soweit es erforderlich schien, sachliche Erläuterungen gegeben. Verpflichtet bin ich den großen Geschichtswerken von Karamzin, Solovjov und Ključevskij, die ich bei dieser Arbeit ständig zu Rate gezogen habe. Äußerst wertvoll war für mich Mr. J. L. I. Fennells ausgezeichnete Übersetzung des Schriftwechsels zwischen Ivan und dem Fürsten Andrej Kurbskij, da Syntax und Wortschatz der russischen Sprache im 16. Jahrhundert oft die Kenntnisse eines Spezialisten erfordern. Die Forschungen sovjetischer Historiker habe ich, soweit sie mir immer zugänglich waren, herangezogen, da sie auf diesem Gebiet grundlegende und sehr wichtige Ergebnisse aufzuweisen haben. Von besonderem Nutzen waren mir die Monographien von A. A. Zimin.

Danken möchte ich den Freunden, die mir bei dieser Arbeit in mancher Hinsicht geholfen haben, vor allem dem Grafen Alexej Bobrinskoj, der das Manuskript sorgfältig gelesen und mir viele wertvolle Hinweise gegeben hat. Wiederum und immer aufs neue schulde ich meiner Frau Dank für ihre Geduld und ihren Beistand.

London, im Juni 1963

I

DER AUFSTIEG MOSKAUS

Die dramatische Entwicklung Moskaus von einer unbedeutenden Stadt zur Keimzelle des Reiches, zu der allen Russen ehrwürdigen, in der Volksdichtung verherrlichten Hauptstadt, ist eines der fesselndsten Kapitel der russischen Geschichte.

Das riesige Gebiet, das unter Moskaus Herrschaft geeint werden sollte, war eine ausgedehnte Ebene, weithin mit Wäldern bedeckt, von großen Strömen und ihren Nebenflüssen durchzogen. Ahorn, Birke und Eiche, mit Nadelhölzern vermischt, wuchsen so dicht und so üppig, daß die Wälder streckenweise undurchdringlich waren. Wölfe, Elche, Bären und Wildochsen hausten darin, daneben gab es Zobel, Füchse, Biber, Eichhörnchen und andere Pelztiere in Mengen. Die Jagd war die einträglichste Beschäftigung des Volkes, Hauptgegenstand des Handels waren Pelze. Die Flüsse wimmelten von Fischen. In der Umgebung von Moskau war der Boden sandig und nicht sehr ergiebig, doch nach Süden zu, wo die Bewaldung spärlicher wurde, war das Land äußerst fruchtbar. In den Gebieten von Černigov und Rjazanj stand das Getreide auf den Feldern mannshoch, so daß kaum Pferde sich einen Weg hindurchbahnen konnten.

In diesem Land extremer Klimate boten das jähe Erwachen des Lebens im Frühling und die überschwengliche Fülle des Sommers einen Ausgleich für die grimmige Winterkälte. An Nahrung war kein Mangel. Wildbret und Fisch, wilden Honig und Beeren gab es die Fülle. Holz zum Bauen und Heizen war immer zur Hand. Dennoch führte das Volk ein hartes und gefährliches Leben. Kämpfe zwischen rivalisierenden Fürsten, Einfälle der Tataren und anderer Feinde, dazu die Geißeln der Natur wie Waldbrände, Überschwemmungen und die Pest machten das Dasein zu einem grausamen Kampf gegen Hungersnot und Elend. Aber die Menschen lernten dabei, sich selbst zu helfen, und erwarben eine Widerstandskraft, die es ihnen ermöglichte, nicht nur zu überdauern, sondern noch die weiten Ebenen Asiens zu kolonisieren und sich in den schweren Jahren, die ihnen bevorstanden, als Volk zu behaupten.

Der Aufstieg Moskaus hatte im 13. Jahrhundert nach dem Mongoleneinfall begonnen. Zwischen der oberen Volga und der Oka gelegen, befand sich die Stadt im Knotenpunkt des Flußsystems, das den Transport und Verkehr über die ungeheure eurasische Tiefebene leitete. Dazu gewährte ihre Lage im Binnenland größere Sicherheit vor Angriffen der Tataren und anderer Feinde. Aus den benachbarten Fürstentümern suchten Menschen aller Stände hier Zuflucht und trugen zum Reichtum und zur wachsenden Macht der Stadt bei.

Auch mit seinen Fürsten hatte Moskau Glück. Zwar treten sie aus der schattenhaften Ferne der Geschichte nicht als Individuen hervor, aber sie alle waren sorgsame Hüter ihres Reiches, beharrlich, skrupellos und verschlagen im Mehren ihres Besitzes. Durch Vertrag, Kauf und wenn nötig mit Gewalt erwarben sie Land hinzu. Innerhalb eines knappen Jahrhunderts hatte sich der Umfang ihres Fürstentums von etwa 500 auf über 15 000 Quadratkilometer vergrößert.

Bei dieser ehrgeizigen Expansion hatten die Moskauer Fürsten zwei wichtige Verbündete: die Goldene Horde und die Orthodoxe Kirche. Der Einfall der Mongolen im 13. Jahrhundert, der letzte große Zug der eurasischen Nomaden nach Westen und eines der verheerendsten und verhängnisvollsten Ereignisse der Geschichte traf die Russen mit voller Gewalt. Die Mongolen brannten Städte und Dörfer nieder, töteten die meisten Bewohner und schleppten die jüngeren fort, um sie als Sklaven zu verkaufen. Dann verwüstete die Mongolenhorde weite Teile von Polen-Litauen, Ungarn und Kroatien und zog sich plötzlich zurück. Ihren westlichen Eroberungszug nach Europa nahmen sie nicht wieder auf, doch übten die Tataren etwa 200 Jahre lang ihre Herrschaft über Rußland von Saraj an der unteren Volga aus, das die Hauptstadt des Khanats des Kipčak oder der Goldenen Horde wurde.

Erst im Lauf des folgenden Jahrhunderts erholten sich die Russen vom Schrecken dieser Invasion, von dem Morden und Brennen, das das nationale Leben zum Stillstand gebracht hatte. Aber zu Anfang dieses Jahrhunderts erreichten die Moskauer Fürsten bei dem Khan, daß er sie als Großfürsten anerkannte, mit Vorrang vor den übrigen Fürsten und als Mittler zwischen diesen und der Goldenen Horde. Außerdem nahm Ivan I., genannt Kalita oder Geldbörse (1328-1341) den Titel eines Großfürsten von Vladimir an, das nach dem Fall von Kiev das oberste Fürstentum gewesen war. Ihm oblag es, aus allen Fürstentümern die dem Khan zu leistenden Abgaben einzutreiben und an ihn zu zahlen; dieses mit Autorität ausgestattete Amt machten er und seine Nachfolger sich kräftig zunutze, um ihre Macht zu mehren.

Bedeutsam für den Aufstieg Moskaus war ferner die Unterstützung der Orthodoxen Kirche. Sie hatte die furchtbaren Leiden unter dem Mongoleneinfall mit dem Volke geteilt, hatte sich aber bald davon erholt und war unter dem Tatarenjoch wieder erstarkt. Die Khane verhielten sich gegenüber Andersgläubigen tolerant. Zu einem gewissen Zeitpunkt hatten sie eine so starke Neigung zum Christentum gezeigt, daß Rom auf ihre Bekehrung hoffte. Aber auch nachdem sie den islamischen Glauben angenommen hatten, zeigten die Khane sich weiterhin der Orthodoxen Kirche wohlgesinnt. Unter ihrem Schutz wurde die Kirche reich; ihre Ländereien lockten die Bauern an, ihre Klöster und Kirchen nahmen an Zahl zu. Jedes Dorf hatte seine aus Balken gefügte Kirche, und die Zwiebelkuppeln am Horizont bezeugten die Ausbreitung der moskovitischen Kolonisation.

Mit Erlaubnis des Khans hatte Ivan Kalita den Sitz des Metropoliten, des Oberhauptes der Orthodoxen Kirche in Rußland, von Vladimir nach Moskau verlegt, das damit zur geistlichen Hauptstadt wurde. Außerdem war der seiner Heiligkeit wegen verehrte Metropolit Pjotr auf seinen Wunsch in Moskau beigesetzt worden, wo sein Grab zu einem Nationalheiligtum wurde.

Unter dem Tatarenjoch hatte die Kirche das Volk getröstet und es bestärkt in seinem Verlangen nach Einigkeit wie in der Hoffnung, der Herrschaft der Ungläubigen werde ein Ende gesetzt werden. In der Folge unterstützten die Metropoliten die Politik der Großfürsten von Moskau, alle orthodoxen Russen unter ihrer Herrschaft zu einen und ihre Unabhängigkeit zu gewährleisten. Schon im 14. Jahrhundert die geistliche Hauptstadt, wurde Moskau sehr schnell auch zum politischen Zentrum Rußlands.

Die zunehmende Macht Moskaus brachte einen wirtschaftlichen Aufschwung mit sich. Nach dem Mongolensturm war das Land dem Verfall nahe gewesen. Der Handel war erloschen. Die Felder hatten brachgelegen. Abgesehen von Moskau und Novgorod waren die Städte nur noch schwach bevölkert und annähernd zu örtlichen Verwaltungszentren abgesunken.

Die Hauptursache dieses allgemeinen Niedergangs war der Krieg. Auf den Mongolensturm folgten etwa fünfundvierzig Kriege, die unter der Tatarenherrschaft zwischen Tataren und Moskovitern ausgefochten wurden, und zwar neben den unablässigen Raubzügen der Tataren. Außerdem führten die Russen während dieser zwei Jahrhunderte mindestens einundvierzig Kriege gegen die Litauer, dreißig gegen den Deutschritterorden und rund vierundvierzig Feldzüge gegen Schweden, Bulgaren und andere. Zur gleichen Zeit bestanden so wilde Fehden zwischen den Fürstentümern Großrußlands, daß die Moskoviter trotz der Kriege gegen ausländische Feinde zwischen 1228 und 1462 etwa neunzig Kämpfe im Innern auszufechten hatten[1].

Zur Entvölkerung des ohnehin spärlich besiedelten Landes

trug im Gefolge des Krieges die Pest bei. Im 13. Jahrhundert rafften Epidemien in Smolensk und Kiev die Bevölkerung zu Tausenden dahin. Zwischen 1348 und 1448 wurden zwanzig Epidemien verzeichnet, die zahllose Todesfälle verursachten. Der Seuche, die in den 1390er Jahren Novgorod heimsuchte, sollen 80000 Menschen zum Opfer gefallen sein[2].

Im Lauf des 15. Jahrhunderts traten die Russen aus diesem dunklen Zeitalter ihrer Geschichte wieder hervor. Der Handel lebte auf, als sich der Zugriff der Tataren lockerte und russische Kaufleute aufs neue den Weg zu den Märkten am Schwarzen und Kaspischen Meer fanden. Das Gewerbe nahm einen frischen Aufschwung. In den alten Städten regte sich das Leben und neue Städte wurden gegründet, manche nur mit Rücksicht auf Handel und Gewerbe. Im folgenden Jahrhundert stieg die Zahl der Städte von etwa 160 auf 230.

Wohl das deutlichste Anzeichen für die größere Sicherheit und das Erwachen der neuen Nation war die Zunahme der Bevölkerung. Genaue Zahlen darüber gibt es nicht, und die Schätzungen der moskovitischen Bevölkerung gegen Ende des 15. Jahrhunderts schwanken zwischen zwei Millionen und neun oder zehn Millionen[3]. Aber aus Landesregistern und anderen lokalen Zeugnissen geht hervor, daß um die Mitte des 16. Jahrhunderts das Zentralgebiet weit dichter besiedelt war als ein Jahrhundert zuvor. Dem englischen Seemann Richard Chancellor, der 1533 nach Moskovien kam, machte die dichte Besiedlung, die er sah, großen Eindruck. Über das Land zwischen Jaroslavl und Moskau bemerkte er, es sei »wieder wohl angefüllt mit kleinen Dörfern, die so voll von Menschen seien, daß man bei dem Anblick nur staune«[4].

Der Aufstieg Moskaus und die politische Einigung Großrußlands waren von der Unterstützung des Volkes getragen. Nach Jahrzehnten von Not und Elend verlangte es die Russen nach der Festigung und Sicherheit, die ihnen ein stark zentralisierter Staat unter der Herrschaft der tüchtigen Moskauer Zaren gewähren konnte. Besonders die Bauern sehnten sich nach Frieden und Sicherheit. Auf ihren Schultern lagen schwere

Lasten; sie bestellten den Boden, brachten sich in den langen, kalten Wintern mit Heimarbeit durch, dienten in den unablässigen Kämpfen ihren Herren als Kriegsleute und hatten am meisten unter den Raubzügen der Tataren zu leiden, die das Land verwüsteten, ihre Dörfer zerstörten und ihre Frauen fortschleppten.

Dennoch genossen die Bauern eine gewisse Freiheit und manche Rechte, vor allem das der Freizügigkeit. Sie lebten in Dörfern und Weilern und arbeiteten miteinander in patriarchalischen, später in örtlichen Gemeinschaften. Auf dem »schwarzen Land« – einem weiten, aber schnell sich verengenden Gebiet, das weder als Lehen an Privateigentümer vergeben noch persönlicher Besitz des Großfürsten war, wiewohl es in seinem Fürstentum lag – erwarben, bearbeiteten und verkauften die Bauern ihr Hab und Gut, als wären sie selbst Eigentümer. Manchmal verließen Bauernfamilien aber aus eigenem Antrieb das »schwarze Land«, um sich auf Privatgütern anzusiedeln. Viele wurden dazu durch die Befreiung von Steuern und manche andere Vorteile verlockt, die ihnen die Großgrundbesitzer im Bestreben, ihre Ländereien zu vergrößern, boten. Häufiger trieb sie das Verlangen nach Sicherheit.

Auf Privatgütern besaßen die Bauern eine beachtliche Unabhängigkeit. Die meisten Großgrundbesitzer überließen das Land zur Bearbeitung den Bauern, die ihnen dafür Dienste zu leisten oder Pacht in Geld oder Naturalien zu zahlen hatten. Solange sie ihren Verpflichtungen nachkamen, übten sie praktisch die Rechte von Eigentümern aus. Auch stand es ihnen frei, die Güter ihres Herrn zu verlassen; doch schon im 15. Jahrhundert wurde die Ausübung dieses Rechtes eingeschränkt. In den spärlich besiedelten Weiten Moskoviens war Arbeitskraft zu wertvoll, als daß man die Leute hätte frei kommen und gehen lassen können; in den folgenden zwei Jahrhunderten wurden die Bauern immer stärker an das Land und an den Herrn »angeschmiedet«, woraus sich die schlimme Einrichtung der Leibeigenschaft entwickelte.

Während den Bauern die Festigung des Moskoviterstaates

erwünscht war, hegten die meisten Fürstenfamilien einen bitteren Groll gegen Zustände, die sie als ihre neue Dienstpflicht gegenüber den Großfürsten von Moskau betrachteten. Die dienstpflichtigen Fürsten waren eine zahlenmäßig große Kaste. Ursprünglich hatten sie zu den unabhängigen Herrscherfamilien gehört, doch waren viele dieser Familien verarmt, und zwar durch den Brauch, die Söhne jeder Generation mit unabhängigen Fürstentümern zu versorgen. So waren im 15. Jahrhundert viele Fürstentümer zerstückelt, und die Söhne solcher Familien sahen sich genötigt, in Moskau Dienst zu tun.

Moskovien war diesem Schicksal entgangen, weil seit Ende des 14. Jahrhunderts sich jeder Großfürst an die Regel gehalten hatte, den größten Teil seines Reiches seinem ältesten Sohn zu vermachen. Auf diese Weise hatten auch manche anderen Fürstentümer Zerstückelung vermieden. Als sie dann im Moskoviterstaat aufgingen, waren ihre Fürsten zwar den Großfürsten untergeordnet, doch auf ihren Erbgütern übten sie weiterhin dieselbe Gewalt über ihre Leute aus.

In dem Gebiet um Kiev und später im nordöstlichen Rußland hatten die Bojaren Vorrang und Vorrechte genossen wegen ihrer politischen und mehr noch wegen ihrer militärischen Bedeutung für ihren Großfürsten. Auf seinen Ruf erschienen die Bojaren, die ihm den Treueid geleistet hatten, an der Spitze der Kriegsleute von ihren Gütern. Zur Entschädigung für ihren Dienst belehnte sie der Großfürst mit Land, und viele Bojaren wurden dabei zu reichen Grundbesitzern. Doch verpflichtete Landbesitz an sich die Bojaren nicht zum Dienst, während die geringeren Dienstleute oder der Adel, die ihre Güter als Dienstlehen hatten, verpflichtet waren, dem Aufruf zu folgen. Aus diesem Grund und auch weil es ihnen größere Gewalt über die Grundbesitzer verlieh, machten die Großfürsten es sich immer mehr zur Regel, Land nur als Dienstlehen zu vergeben.

Von der zunehmenden Macht der Moskauer Großfürsten angezogen, waren viele der fähigsten Bojaren des Landes in ihren Dienst getreten. Sie hatten lange und treu gedient und Wesentliches zur neuen Stellung Moskaus beigetragen. Dmitrij Donskoj hatte zu seinen Bojaren gesagt: »...mir sollt ihr nicht Bojaren heißen, sondern Fürsten meines Reiches«, und auf dem Sterbebett hatte er seinen Erben angeraten, sie als Brüder zu behandeln[5]. Aber das brüderliche Verhältnis zwischen Großfürsten und Bojaren war nicht von langer Dauer.

Im 15. Jahrhundert waren die alten moskovitischen Bojarenfamilien mit den dienstpflichtigen Fürsten und den Bojaren ehemals unabhängiger Fürstentümer vermengt worden. Von den 200 Familien, die gegen Ende des 16. Jahrhunderts in moskovitischem Dienst standen, hatten 150 Familien ihn erst vor etwa 100 Jahren angetreten, und die Mehrzahl dieser Neulinge war von fürstlichem Rang[6]. Dadurch fühlten die großen Moskauer Bojarenfamilien sich aus der stolzen Stellung verdrängt, die sie früher als die allein vertrauenswürdigen Ratgeber des Großfürsten innegehabt hatten. Außerdem empfanden sowohl die Bojaren als auch die dienstpflichtigen Fürsten den Verlust ihrer Freiheit. Unabhängigen Fürsten hatte es freigestanden, jedem beliebigen Großfürsten zu dienen, und Bojaren konnten bis dahin jedem Fürsten nach freier Vereinbarung dienen. Jetzt aber gab es nur noch den Großfürsten von Moskau, und ihm zu dienen waren sie gezwungen. Manche Fürsten hatten ihre Lehnspflicht auf Litauen übertragen, doch das wurde bald als Verrat verurteilt.

Ein weiterer Grund zur Unzufriedenheit der Bojaren war die zunehmende Neigung der Großfürsten, zu ihren Beratern Leute geringerer Herkunft zu wählen, so den niederen Adel, der Land als Dienstlehen besaß, und sogar vertrauenswürdiges Hofgesinde oder Favoriten, die weder Rang noch Ansehen genossen. Die Bojarenduma, der die führenden Bojaren stets angehört hatten, übte ursprünglich wichtige gesetzgebende, administrative und exekutive Funktionen aus und trug gemeinsam mit dem Fürsten die Verantwortung. Allmählich aber war die Bojarenduma zu einer beratenden Körperschaft und schließlich zu einer bloßen Formalität herabgedrückt worden. Der Machtverlust und das verminderte Ansehen der Duma erschien den Bojaren symbolisch für den Verlust ihrer eigenen

Stellung, die ihnen ihrer Meinung nach durch Erbrecht zustand. Um die Wiederherstellung der ehemaligen Macht und Verantwortlichkeit der Duma entbrannten dann unter der Herrschaft Ivans leidenschaftliche Kämpfe. Aber so einig sie sich in ihrer Unzufriedenheit waren, vermochten die Bojaren sich wegen ihrer heftigen Rivalitäten doch nicht als Stand zusammenzuschließen.

Im 15. Jahrhundert arbeiteten die Bojaren ein kompliziertes hierarchisches System zum Schutz ihres Ranges aus. Dieses sogenannte *Mestničestvo* legte eine unabänderliche Ordnung fest für den Vorrang unter den hochgeborenen Familien und wurde bei dienstlichen Ernennungen strikte beachtet. An den *Razrjady* oder Ranglisten wurde gewissenhaft festgehalten. Kein dienstpflichtiger Fürst oder Bojar hätte ein Amt angenommen, das irgendeinem von seinen Vorfahren innegehabten Amt nachstand. Das System wirkte sich destruktiv aus. Persönliche Tüchtigkeit, Erfahrung und Dienstalter zählten überhaupt nicht. Allein entscheidend war der Platz, den die Familie und die ihr Angehörigen in der Hierarchie einnahmen. Der Großfürst war in einer wesentlichen Ausübung seiner Macht völlig lahmgelegt, denn die zu einem hohen Amt befähigten oder geeigneten Männer konnte er nur berufen, wenn das System es erlaubte. Zugleich wurde dadurch die Rivalität unter den Familien und die Uneinigkeit der Adelsklasse gefördert.

Die Bojaren kamen herunter und wurden zu einem aufrührerischen Element. War der Großfürst schwach, so heischten sie Macht und Vorrechte, wobei jede Familie die übrigen auszustechen trachtete. Mochte es einer der führenden Familien auch gelingen, sich den Vorrang zu sichern und andere um sich zu scharen – bald darauf wurde sie von Rivalen verdrängt. So wurde die Klasse, die dem Großfürsten Heerführer und hohe Beamte stellen sollte, zu einer unzuverlässigen und zerspaltenen Kraft. Doch den allmählichen, fast heimlichen Aufstieg Moskaus vermochten sie nur zu hemmen, nicht aber aufzuhalten; einen neuen gewaltigen Auftrieb empfing er im 15. Jahrhundert unter der Herrschaft Ivans III.

2

IVAN III.
1462–1505

IVANS DES SCHRECKLICHEN Großvater, Ivan III., auch der Große genannt, war in vielfacher Hinsicht das Urbild der langen Reihe von Großfürsten, die das Fürstentum Moskau umgestalteten. Er war ungemein ehrgeizig, aber bedachtsam. Wie eine Spinne arbeitete er sich systematisch von Moskau aus vor und spannte sein Netz immer weiter, bis es nahezu das ganze Gebiet bedeckte, auf das er Anspruch erhob, »da es seit alten Zeiten, von unseren Urvätern her unser Erbland gewesen ist«[1].

Als Ganzes betrachtet, verlief seine Regierung nach einem Plan, der in geradliniger Verfolgung seiner Ziele sorgfältig und bewußt ausgearbeitet war. Sein oberstes Ziel war die Schaffung eines Reiches, das unter dem starken Regiment des moskovitischen Selbstherrschers geeint, nicht nur das Gebiet der oberen Volga, sondern alle von orthodoxen Russen bewohnten Lande umfassen sollte.

Der Verlauf von Ivans Regierung wie auch die Chroniken lassen auf einen Mann schließen, der sich selbst und sein Fürstentum in der Gewalt hatte und die einfache und zugleich sehr verwickelte Politik, deren Hauptschöpfer er war, völlig beherrschte. Aber der Mensch selbst tritt aus dem Nebel der Geschichte kaum hervor.

Die einzige überlieferte Beschreibung von ihm stammt von dem italienischen Reisenden Ambrogio Contarini, der auf dem Wege nach Persien durch Moskau kam. Er schätzte Ivan auf

»etwa fünfunddreißig Jahre« (er war beinahe siebenunddreißig) und notierte: »Er ist groß, hager und sehr ansehnlich.«[2] Auch hatte er stark gebeugte Schultern, was ihm in manchen Chroniken den Beinamen *Gorbatyj*, der Bucklige, eintrug[3].

Der kaiserliche Botschafter Herberstein berichtete von Ivan, er zeige sich Frauen gegenüber so feindselig, daß jede Frau, die ihm zufällig begegne, vor Schrecken ohnmächtig werde[4]. Seinen Untertanen flößte er Furcht und Achtung ein. Die Moskoviter brachten ihrem Großfürsten spontan Liebe und Verehrung entgegen, hing doch von ihm ihr Geschick, ja ihr Fortbestehen ab. Aber so Beachtliches Ivan für sein Volk leistete, man liebte ihn längst nicht so wie nachmals seinen Enkel, Ivan den Schrecklichen. Bei seinem Tode unterblieben die allgemeinen Trauerkundgebungen, mit denen so viele Großfürsten zu Grabe geleitet wurden. Selbst sein eigener Sohn hatte sich gegen ihn empört.

Contarini bemerkte über Ivan: »Es ist seine Gewohnheit, jährlich die verschiedenen Teile seines Herrschaftsgebietes zu besuchen.«[5] Aber das ist irreführend; Ivan war ein Mensch, dem das Reisen wenig zusagte. Er zog es vor, im Kremlpalast zu sitzen, in der Stille zu planen und seine Politik zu lenken. Sein Schwiegersohn Stefan von Moldau sagte öfter, er »mehre sein Reich, während er daheim sitze und schlafe«[6]. Diese Äußerung entbehrt nicht der Bosheit, doch traf es zu, daß er selten sein Heer anführte und dies lieber seinen Befehlshabern überließ. Der Krieg war ihm zuwider, er betrachtete ihn als ein Spiel, auf das man nur einging, wenn die Diplomatie und andere Mittel versagt hatten. Nicht glanzvolles Auftreten, sondern Voraussicht, Klugheit, Geduld und außerordentliche Beharrlichkeit waren die Eigenschaften, dank deren er so vieles erreichte.

Als Ivan 1462 den Thron bestieg, waren die russischen Lande zerteilt, und weite Gebiete befanden sich noch unter fremder Herrschaft. Moskau hatte das Gebiet um die obere Volga und die Oka an sich gebracht bis auf einzelne, noch unabhängige kleine Fürstentümer. Ihre Unabhängigkeit wahrten auch die

Stadtrepubliken Pskov und Novgorod, letzteres mit einem Herrschaftsbereich, der sich über das nördliche Moskovien bis an die Küsten des Weißen Meeres erstreckte. Die Ostseeküste hatte der Deutschritterorden in Besitz, über Finnland herrschten die Schweden. Westrußland einschließlich Weißrußlands und der Ukraine (oder Kleinrußlands) gehörte zu Polen-Litauen. Die Krimtataren und die Khane von Kazanj beherrschten die fruchtbaren Lande im Süden und im Osten und vereitelten jeden Versuch der Russen, sich dort anzusiedeln. Die Goldene Horde führte ein zwar gefährdetes Dasein, betrachtete aber Großrußland zumindest nominell noch als ihren Vasallen.

So sah Ivan sein Reich rings von Feinden umgeben. Unmittelbare Gefahr drohte ihm von den Tataren. Die Goldene Horde, deren Macht und Ansehen unter inneren Streitigkeiten dahinschwand, war durch das Abbröckeln der Khanate von der Krim (um 1420) und von Kazanj (um 1438) hoffnungslos geschwächt worden. Die Tataren von Kazanj befanden sich in Reichweite von Moskau und machten ständig Überfälle. 1469 unternahm Ivan III. jedoch einen gewaltigen Feldzug gegen Kazanj, das sich ergeben mußte. Wohl machten ihm Unruhen dort von Zeit zu Zeit Sorge, doch ernstliche Bedrohungen von dieser Seite hatte er nicht mehr zu befürchten.

Die Khanate der Goldenen Horde und der Krimtataren lagen weiter entfernt von Moskau. Aber ihre wilden und beharrlichen Angriffe lasteten schwer auf der moskovitischen Verteidigung, sie kosteten Menschenleben und wirkten sich störend auf den Handel aus. Überdies bestand immer die Gefahr, daß sie sich gegen Moskau vereinigten. Zu Ivans Glück war diese Bedrohung während seiner Regierungszeit durch die erbitterte Feindschaft zwischen der Goldenen Horde und den Krimkhanaten ausgeschaltet; ja, er schloß ein Bündnis mit Krimkhan Mengli Girej und machte es zur Grundlage seiner Politik.

Die Eingliederung der vier noch unabhängigen Fürstentümer in den Moskauer Staat bereitete im Vergleich zur Bedrohung durch äußere Feinde geringe Schwierigkeiten. Die starke instinktmäßige Tendenz der Großrussen, sich unter Moskaus Herrschaft zu begeben – was schon mehrere Fürstentümer getan hatten –, erfaßte auch Tverj, Rostov, Rjazanj und Jaroslavl. Schon zu Beginn von Ivans Regierung besaßen sie eine fast nur noch nominelle Unabhängigkeit, und ihre endgültige Unterordnung war mit Gewißheit zu erwarten. Dies galt nicht für den Stadtstaat Pskov, der weiterhin Unabhängigkeit genoß, bis er unter Vasilij III. annektiert wurde; ebensowenig galt es für Novgorod.

Großnovgorod war trotz seines ausgedehnten Herrschaftsgebietes und seines Reichtums nicht ungefährdet. Für die Zufuhr von Lebensmitteln und den Handel war es auf Moskovien und Litauen angewiesen und in kritischen Zeiten genötigt, bei dem einen oder anderen Nachbarstaat militärischen Beistand zu suchen. Aber während es starke Beziehungen zu Litauen unterhielt, hing es im wesentlichen von Moskau ab; auch war seine Bevölkerung der Rasse und Kultur nach russisch und bekannte sich zum orthodoxen Christentum.

Viele Jahre hindurch wehrten die Novgoroder erfolgreich die Versuche Litauens und Moskaus ab, ihre Stadt und ihr Herrschaftsgebiet zu annektieren. Als sie jedoch, allen Warnungen zum Trotz, dabei blieben, enge Beziehungen zu Litauen anzuknüpfen, um die aufstrebende Macht Moskaus zu unterbinden, erklärte ihnen Ivan 1471 den Krieg und brachte dem Novgoroder Heer eine schwere Niederlage bei. Damals annektierte er die Republik nicht förmlich, sondern ließ ihr, unter scharfer Kontrolle Moskaus, eine nominelle Unabhängigkeit. Bald aber wurden die Novgoroder aufsässig, und die feindliche Gesinnung gegen Moskau griff um sich. Wieder rückten Ivans Heere gegen sie vor, und diesmal hatte er, wie er triumphierend nach Moskau berichtete, »sein Erbland, das große Novgorod, seinem Willen ganz unterworfen, Herrscher dort wie in Moskau«[7].

Von Anbeginn seiner Regierung an hatte Ivan erkannt, daß bei seinen groß angelegten Plänen der Krieg mit Litauen nicht zu umgehen sei. Die Litauer lebten in ständigem Schrecken vor diesem Konflikt. Beim Tode Kasimirs (im Juni 1492), als sein

Sohn Alexander die Nachfolge als Großfürst von Litauen antrat, schlugen sie aus Furcht vor Moskaus Macht einen neuen Friedensvertrag vor und regten zur Bekräftigung des Bündnisses die Heirat zwischen Alexander und Ivans Tochter Jelena an. Diese Angebote waren Ivan willkommen, kraft seiner Machtstellung forderte er auch die Anerkennung seines Titels »Ioann, von Gottes Gnaden Herrscher über ganz Rußland, und Großfürst...«[8] Abgesehen davon, daß alle Moskoviter Rangfragen mit peinlicher Genauigkeit behandelten, maß Ivan diesem Titel besondere Bedeutung bei, weil darin seine Politik zum Ausdruck kam. Die Litauer anerkannten den neuen Titel und fanden sich 1494 zu einem Vertrag bereit, in dem Ivan der Besitz fast aller Länder bestätigt wurde, welche die Moskoviter in Grenzgefechten erobert hatten.

Den Vertrag jedoch betrachtete Ivan genau wie die Heirat seiner Tochter mit Alexander, die 1495 stattfand, lediglich als Zwischenstadium in seinen Vorbereitungen. Im Frühjahr 1500 erklärte er Litauen den Krieg und erreichte in vier Monaten einen Großteil seiner Ziele. Aber die Sommerfeldzüge von 1500 und 1501 enttäuschten ihn, weil es ihm nicht gelang, Smolensk einzunehmen, die Schlüsselstellung seiner gesamten strategischen Pläne. Im Nordwesten waren die Moskoviter in Kämpfe gegen den Deutschen Orden verwickelt, der Anfang 1500 ein Bündnis mit Alexander geschlossen hatte. Die Deutschritter, zunächst siegreich, wurden im November 1501 bei Helmet in der Nähe von Dorpat entscheidend geschlagen. 1502 wurde Ivans Vorstoß nach Westen wiederum vereitelt. Aber 1503 schloß er mit Alexander einen auf sechs Jahre vorgesehenen Waffenstillstand, nach dessen Ablauf über einen Dauerfrieden verhandelt werden sollte. Für die Dauer des Waffenstillstands behielt Ivan alles Land, das er den Litauern abgenommen hatte, mit der Begründung, daß es zu Moskovien gehöre. Dieses Gebiet umfaßte fast alle Lande östlich des Dnjepr, dazu den größten Teil der alten Kiever Rusj aus vormongolischer Zeit, bis auf Smolensk und Kiev, die in Alexanders Hand blieben. Enttäuscht, daß es ihm immer noch nicht gelungen war,

Smolensk zu nehmen, plante Ivan einen neuen Feldzug. Doch ehe es wieder zum Krieg kam, waren er und Alexander gestorben.

Erst gegen Ende von Ivans Regierung, die dreiundvierzig Jahre währte, schien seine politische Energie zu erlahmen. Herberstein berichtete, Ivan sei dem Trunk ergeben und versinke jeden Abend nach dem Essen in dumpfes Brüten[9]. Er war immer maßvoll gewesen und hatte den Eindruck eines strengen, beherrschten Mannes gemacht. Contarini, der ihn etwa zwanzig Jahre zuvor des öfteren gesehen hatte, bezeugte, daß er im Unterschied zur allgemeinen Gewohnheit des Volkes besonders im Trinken große Zurückhaltung übe[10]. Es ist denkbar, daß ihn der Familienzwist, der in den Ansprüchen seines Sohnes und seines Enkels auf die Thronfolge gipfelte, aufgerieben hatte und wohl auch die Verschwörung seines Sohnes Vasilij im Jahre 1497.

Ivan war zweimal verheiratet. Seine erste Gemahlin, Prinzessin Marija von Tverj, gebar ihm einen Sohn, Ivan Ivanovič, häufig Ivan Molodoj (der Junge) genannt; aber Marija starb 1467. Ivan verlieh seinem Sohn den Titel eines Großfürsten und anerkannte ihn als seinen Erben. Das Volk jedoch, in Sorge wegen der Nachfolge, ließ sich dadurch nicht beschwichtigen, sondern war bedrückt, weil Ivan, obwohl er bei Marijas Tode erst siebenundzwanzig war, keine Anstalten machte, eine neue Gemahlin zu nehmen.

Indessen kamen im Februar 1469 Anträge von einer Seite, von der man es am wenigsten vermutet hatte. Papst Paul II. trug Ivan die Hand seines Mündels Zoë Palaeolog an, der Nichte Konstantins XI., des letzten Kaisers von Byzanz, der 1453 auf den Mauern Konstantinopels im Kampf gegen die Türken gefallen war. Sein Bruder Thomas Palaeologos, Despot von Morea, hatte auf der Flucht vor den anrückenden Türken in Italien Asyl gefunden und war bald darauf dort gestorben. Seine Tochter und seine beiden Söhne hatte der Papst unter seine Obhut genommen und Kardinal Bessarion, einen griechischen Gelehrten, der zum katholischen Glauben übergetreten war, mit ihrer Erziehung betraut. Zoë kam als Vierzehnjährige nach Italien und lebte dort etwa zehn Jahre.

Mit diesem Heiratsangebot verfolgte der Papst zwei Ziele. Einmal glaubte er, daß Zoë, eine im katholischen Glauben wohlgeschulte Katholikin, als Gemahlin des Großfürsten die Sache Roms in Moskau fördern und die 1439 in Florenz vereinbarte Vereinigung der Ost- und Westkirche neu beleben könne[11]. Sodann suchte der Papst dringend Beistand gegen die ottomanischen Türken und hoffte in Ivan einen starken und aktiven Verbündeten gegen die Ungläubigen zu finden. In beiden Punkten verrechnete er sich gründlich.

Für Ivan hatte diese Heirat viel Verlockendes. Die Kaiser von Byzanz hatten bei den Russen immer in hohem Ansehen gestanden, und auch jetzt noch besaß Byzanz für sie einen überwältigenden Glanz, wiewohl sie in der Eroberung durch die Türken die strafende Hand Gottes zu sehen glaubten. Die Heirat mit der Nichte des letzten Kaisers mußte zweifellos die Würde des Großfürsten und das Ansehen seines aufstrebenden Staates erhöhen.

Zoë machte sich im Juni 1472 auf die Reise nach Moskovien, und wahrscheinlich verließ sie Rom ohne großes Bedauern. Sie hatte eine fortschrittliche Erziehung genossen und war in der anregenden, kultivierten Atmosphäre Italiens herangewachsen, als eben die Blütezeit der Renaissance anbrach. Aber als Waise war sie abhängig gewesen von der Mildtätigkeit anderer, und Kardinal Bessarion hatte ihr und ihren Brüdern ständig eingeschärft, daß sie sich nicht als Kinder einer erlauchten Familie fühlen sollten, sondern als Almosenempfänger. Zoë jedoch vergaß ihren kaiserlichen Ursprung nicht. In erster Linie betrachtete sie sich stets als byzantinische Prinzessin. Noch 1498, als sie schon sechsundzwanzig Jahre in Moskovien lebte, fügte sie in der Stickerei einer Altardecke ihrem Namen nicht den Titel einer Großfürstin von Moskau hinzu, sondern den einer Prinzessin von Zarjgrad, dem russischen Namen für Konstantinopel[12].

Am 12. November 1472 traf Zoë Palaeolog in Moskau ein.

Am selben Tag wurde sie unter dem Namen Sofija in die orthodoxe Kirche aufgenommen und Ivan angetraut. Sie zeigte sich erstaunlich anpassungsfähig. Von der warmen, farbenfreudigen Mittelmeerküste war sie in die eisigen Wälder und Weiten Moskoviens gekommen, aus dem kulturell hochstehenden Rom in das primitive schneebedeckte Moskau, das fast ganz aus Holz erbaut war. Was immer sich ihrem Auge darbot, mußte in krassem Widerspruch stehen zu allem, woran sie in Rom gewöhnt war; aber sie fand sich schnell darein, ja sie genoß die Würde, die Macht und Unabhängigkeit ihrer neuen Stellung. Sie hielt selbst Hof und war ermächtigt, ausländische Gäste zu empfangen. Contarini bemerkte, daß er ihr auf Ivans Wunsch seine Aufwartung gemacht habe. »Sie behandelte mich mit großer Güte und Freundlichkeit«, schrieb er, »und ersuchte mich ernstlich, sie meiner Erlauchten Signorie zu empfehlen«[13].

Ein Besucher, der Sofija 1472 sah, schilderte sie als schön; ein anderer jedoch fand sie um dieselbe Zeit abstoßend dick[14]. Ob nun schön oder häßlich, zweifellos war sie eine kluge Frau und verstand sich auf die Intrige. Die Russen, auch spätere Generationen, schrieben ihr eine große, ja unheilvolle Macht über Ivan III. zu[15]. Da sie gebildet war und mehrere Sprachen beherrschte, muß sie auf die ungebildeten Bojaren, deren Frauen bar jedes Wissens in völliger Abgeschlossenheit dahinlebten, als etwas ganz Außergewöhnliches gewirkt haben.

Viele Russen, die Sofija pflichtschuldig willkommen hießen, begegneten ihr dennoch mit Mißtrauen. Vor allem die orthodoxe Geistlichkeit lauerte darauf, bei ihr noch eine gewisse Anhänglichkeit an den römisch-katholischen Glauben zu entdecken; aber selbst sie wurden Sofija gewogen, als sie sahen, daß sie in ihren Kirchen betete und die Ikonen verehrte. Ivan Molodoj, Ivans III. Sohn aus seiner ersten Ehe, hatte besonderen Grund zum Mißtrauen gegen seine Stiefmutter, da ihre Kinder ihn von der Thronfolge verdrängen konnten. Auch scheint es, daß er seinen Gefühlen unverhüllt Ausdruck gab. Contarini berichtete 1476, Ivan Molodoj »stehe wegen seines schlechten Betragens nicht in großer Gunst«[16].

In den ersten vier Ehejahren gebar Sofija drei Töchter. Contarini vermutete, als er sie 1476 sah, sie sei wieder schwanger[17]. Doch wurde ihr erster Sohn, Vasilij, erst drei Jahre später geboren. Inzwischen hatte Ivan Molodoj Prinzessin Jelena Stepanova von Moldau geheiratet; 1483 brachte sie einen Sohn zur Welt, der Dmitrij genannt wurde. 1490 starb Ivan Molodoj. Nun waren Sofijas Sohn Vasilij und Jelenas Sohn Dmitrij – der eine als Sohn, der andere als Enkel Ivans III. – gleichermaßen Anwärter auf den Thron, da das moskovitische Recht keine eindeutige Regelung der Thronfolge vorsah.

Ivan ließ sich Zeit, eine Wahl zwischen dem Sohn und dem Enkel zu treffen, und die Eifersüchteleien zwischen den beiden Müttern Sofija und Jelena wurde immer erbitterter. Im Lauf des Jahres 1497 erfuhr Vasilij, daß sein Vater vorhabe, Dmitrij als Großfürsten von Vladimir und Moskau zu seinem Nachfolger zu erklären. Im Einverständnis mit seiner Mutter zettelte er eine Verschwörung an mit dem Ziel, im Norden des Landes ein unabhängiges Fürstentum zu errichten. Dmitrij sollte ermordet werden. Ivan entdeckte die Verschwörung rechtzeitig. Sechs Anhänger seines Sohnes ließ er auf dem Eis der Moskva enthaupten. »Schlimme Frauen«, die Sofija Giftkräuter gebracht hatten, wurden verhaftet und durch Löcher, die man ins Eis schlug, im Fluß ertränkt. Von dieser Zeit an, berichtet der Chronist, habe Ivan »in großer Wachsamkeit« mit Sofija zusammengelebt[18].

Am 4. Februar 1498 erteilte Ivan in einem zeremoniellen Gottesdienst in der Uspenskij-Kathedrale des Kreml, bei dem der Metropolit und Bischöfe zelebrierten, seinem Enkel Dmitrij den Segen als seinem Erben und Nachfolger. Ein Jahr später jedoch verlieh er Vasilij den Titel eines Großfürsten von Novgorod und Pskov. Das bedeutete, daß er seinem Sohn verziehen hatte, doch behielt Dmitrij den Vorrang als Thronfolger. Indessen ruhten Sofija und Vasilij nicht, bis sie Dmitrij verdrängt hatten. Vasilij floh nach Vjazma, wurde dort aber von Offizieren seines Vaters eingeholt, die in ihn drangen, er möge zurückkehren. Jetzt bemühte Ivan sich, die Forderungen seines

Sohnes zu befriedigen. Im April 1502 fielen Dmitrij und seine Mutter in Ungnade und Vasilij wurde zum »Großfürsten von Vladimir und Moskau und Selbstherrscher über ganz Rußland« ausgerufen[19].

In den 1470er Jahren vollzog sich in der äußeren Würde und der höfischen Umgebung des Großfürsten allmählich eine Wandlung, die bis zum Ende der Regierung Ivans III. andauerte. Seine Titel wurden klangvoller. Am Hof wurde ein neues und steifes Zeremoniell nach byzantinischem Vorbild eingeführt, er selbst rückte seinem Volk ferner. Man ließ Architekten aus Italien kommen und beauftragte sie mit dem Bau der Uspenskij-Kathedrale und des Granovitaja-Palasts; ferner wurde ein neues Hofgebäude aus Stein an Stelle der alten Holzbauten errichtet. Moskau nahm ein würdiges Aussehen an, das seiner wachsenden nationalen Bedeutung entsprach.

Diese eingreifenden Veränderungen wurden, weil sie in die Zeit von Ivans Ehe mit Sofija fielen, ihrem Einfluß zugeschrieben. Zweifellos übte Sofija, die sich stets ihrer kaiserlichen Herkunft bewußt und der Größe Roms eingedenk war, wo sie ihre empfänglichsten Jahre verbracht hatte, einen gewissen Einfluß auf ihren Gemahl aus. Indessen hatte Ivan mit dieser Heirat vor allem den Zweck verfolgt, seinen Thron mit der Aura von Byzanz zu umgeben, und seine Maßnahmen waren klug berechnet, dieser Aura Dauer zu verleihen.

Ivans neue Titel brachten die neue Bedeutung und Macht des Moskauer Thrones zum Ausdruck. In seinen Beziehungen zu einigen westlichen Höfen hatte er den Titel „Herrscher über die ganze Rusj" gebraucht; nachdem aber 1480 das Tatarenjoch endgültig abgeworfen war, bezeichnete er sich oft als »Zar über ganz Rusj«, manchmal mit dem Zusatz »*Samoderžec*«, dem russischen Wort für den byzantinischen Titel »Autokrat«. Zar, eine slawische Verkürzung des lateinischen »Caesar«, hatte damals noch nicht die spätere Bedeutung eines Herrschers, der absolute Macht ausübt. Es bezeichnete lediglich einen Herrscher, der keiner fremden Macht lehns- und tributpflichtig war. In der Vergangenheit hatten die Russen den Zarentitel gewöhnlich den byzantinischen Kaisern und den Khanen der Goldenen Horde vorbehalten. Als Ivan III. sich »Zar und Autokrat« nannte, erhob er damit zunächst nur den Anspruch, unabhängiger Herrscher über die Gebiete zu sein, die in seinem vollständigen Titel aufgeführt wurden. Bald jedoch wurde sein Titel anspruchsvoller. »Ivan, von Gottes Gnaden Herrscher über die ganze Rusj« war eine frühe moskovitische Annäherung an den byzantinischen Begriff des Herrschers, der zu seinem höchsten Amt von Gott besonders geweiht sei. Diese Idee weitete Ivan der Schreckliche später dahin aus, daß der Zar von Gott erwählt und Auflehnung gegen seinen Willen ein Sakrileg sei.

Die neuen Titel und das neue Zeremoniell waren nicht nur Bekundungen von Prunksucht und Eitelkeit, sondern Ausdruck der Politik und der Pläne des Herrschers einer aufstrebenden Nation. Es spiegelte sich darin Ivans III. großartige Schau von der Rolle des Moskauer Großfürsten, der als Zar und Autokrat der nationale Herrscher über alle Länder werden sollte, die von orthodoxen Russen bewohnt waren. Er wollte herrschen als Erbe und Nachfolger der byzantinischen Kaiser, weil der Moskoviter Zar noch der einzige orthodoxe Herrscher war, der den Kaisermantel von Byzanz tragen durfte.

Vasilij trat 1505 die Thronfolge an, ohne daß sie ihm streitig gemacht wurde. Etwa drei Jahre später starb Dmitrij auf dem Landsitz, auf den er verwiesen worden war. Groß, hager, von gebeugter Haltung, glich Vasilij seinem Vater im Äußeren und bis zu einem gewissen Grade auch im Wesen. Er verfolgte ebenso hartnäckig seine Ziele und setzte rücksichtslos die überkommene Politik fort, dem Staat russische Länder einzuverleiben. Aber er ertrug keinen Widerspruch oder auch nur einen unannehmbaren Rat und war schnell bereit, sich derer zu entledigen, die ihm nicht zustimmten. Im Unterschied zu seinem Vater, der sich gern auf diplomatische Umwege verließ, neigte Vasilij zu entschlossenem Handeln. Auch besaß er mehr Frömmigkeit und war, wie es scheint, ein liebenswerterer Mensch als sein Vater. Seiner Frau und seinem Sohn Ivan, der ihm als Ivan IV.

folgen sollte, war er zärtlich zugetan. Es sind fünf Briefe Vasilijs an seine Frau erhalten, in denen sich herzliche Zuneigung und Fürsorge für ihr und des Kindes Wohlergehen bekundet[20].

Vasilij, entschlossen, die Politik seines Vaters fortzusetzen, mußte entdecken, daß die Umstände ihm nicht mehr günstig waren. Aufs neue bedrohten die Tataren von Kazanj Moskovien, und der Krimkhan Mengli Girej, an dem Ivan III. einen wertvollen Verbündeten gehabt hatte, wurde jetzt zu einem entschiedenen Gegner. Die Goldene Horde hatte aufgehört zu bestehen, und durch den Zuwachs an litauischem Gebiet waren Moskoviens Grenzen für den Geschmack der Khans zu nahe an die Krim vorgerückt. Überdies verlockten ihn die Lande beiderseits des Dnjepr, die er, solange sie in litauischem Besitz waren, ergiebig geplündert hatte, weit weniger, seit sie zu Moskovien gehörten. Es kam hinzu, daß sich die Beziehungen zwischen dem Khan und dem Großfürsten verschlechtert hatten. Vasilij verschmähte es, wie ehemals sein Vater um das Wohlwollen des Khans zu werben; vor allem weigerte er sich, ihm Geschenke zu schicken, da er darin nur einen Tribut sehen konnte, wie ihn die Großfürsten jahrelang den Khanen der Goldenen Horde geleistet hatten.

Als aber 1521 Mohammed Girej, der Sohn und Nachfolger Mengli Girejs, bei einem großangelegten Einfall bis an die Außenbezirke Moskaus vordrang, gab es für die Moskoviter, die Zuflucht suchend in die Stadt geströmt waren, keine andere Rettung, als daß man dem Khan kostbare Geschenke sandte, worauf er von der Belagerung abließ und sich zurückzog.

Der Hauptfeind jedoch war immer noch Litauen. Die Gebietserwerbungen Ivans III. waren nicht durch Vertrag, sondern nur durch den unsicheren Waffenstillstand von 1503 bestätigt; außerdem befanden sich Smolensk und andere russische Gebiete noch in den Händen der Litauer. 1508 und nochmals sechs Jahre später kam es zum Krieg zwischen Moskovien und Litauen. Vasilij nahm Smolensk ein, auch gelang es ihm in der Folge, die Stadt gegen die verzweifelten Rückeroberungsversuche der Litauer zu halten. Als er 1522 einen neuen Waffenstillstand mit Sigismund August schloß, blieben Smolensk und die von seinem Vater zurückgewonnenen Gebiete in seinem Besitz.

So entstammte Ivan IV. einem bedeutenden Geschlecht. Sein Großvater, Ivan III. der Große, war einer der fähigsten Männer, die je den russischen Thron innehatten. Seine Großmutter, Sofija Palaeolog, die Nichte des letzten Kaisers von Byzanz, zeichnete sich aus durch Klugheit und Charakterstärke. Sein Vater Vasilij war ein starker Herrscher, seine Mutter, Jelena Glinskaja, eine geistvolle und begabte Frau. Von diesen Vorfahren erbte er viele seiner hervorragenden Eigenschaften.

3

DIE GEBURT IVAN VASILJEVIČS
1530

Ivan wurde am 25. August 1530 im Kremlpalast in Moskau als erster Sohn des Großfürsten Vasilij III. geboren. Nach den Chroniken erbebte bei seiner Geburt die Stadt unter einem gewaltigen Sturm, erschreckend und Furcht einflößend durch ohrenbetäubenden Donner und grelle Blitze[1]. Schon hatte man prophezeit, das erwartete Kind werde ein Knabe sein, ausersehen zu einem großen Monarchen. Sogar fünfundzwanzig Jahre zuvor war geweissagt worden, daß dieser Sohn Kazanj erobern werde. So sah man seiner Geburt mit hohen Erwartungen entgegen.

In Moskau und im ganzen Land wurde die Nachricht, daß die Großfürstin einen Sohn geboren habe, mit Jubel aufgenommen. Großfürst Vasilij sehnte dies Ereignis seit fünfundzwanzig Jahren flehentlich herbei; jetzt war seine Freude grenzenlos. Seine erste Gemahlin, Solomonija Saburova, war unfruchtbar gewesen. Vasilij aber begehrte wie alle Moskauer Großfürsten leidenschaftlich, den Thron und das Fürstentum zu besitzen. Dieses Erbe schätzten sie höher als alles andere, und der Wunsch, es dem eigenen Sohn zu vermachen, grenzte an Besessenheit.

Die *Pskover Chronik* berichtet, einige Jahre vorher sei Vasilij auf einem Spaziergang in der Umgebung Moskaus in Klagen über sein Unglück ausgebrochen. »Wem gleiche ich denn?« habe er gefragt. »Nicht den Vögeln unter dem Himmel, denn sie sind fruchtbar. Nicht den Tieren auf der Erde, denn sie bringen Junge zur Welt...«[2] Bald darauf, als er mit den Bojaren über seine Nachfolge verhandelte, habe er ausgerufen: »Wer wird nach mir im russischen Land herrschen, über all meine Städte innerhalb meiner Grenzen? Soll ich sie meinen Brüdern lassen? Aber sie verstehen ja nicht einmal in ihren eigenen Fürstentümern Ordnung zu schaffen.« Darauf erwiderten die Bojaren: »Herr und Großfürst! Der unfruchtbare Feigenbaum wurde abgehauen und aus dem Hain hinausgeworfen!«[3] Dies war eine Anspielung auf Solomonija, um Vasilij nahezulegen, was er vielleicht schon selbst erwog: sich von ihr zu scheiden.

Viele Bojaren und auch das Volk waren für eine Wiederverheiratung Vasilijs. Seine beiden Brüder, deren einer ihm nachfolgen würde, falls er kinderlos starb, flößten wenig Vertrauen ein und hatten keinen allgemeinen Anhang. Alle Moskoviter verlangten danach, von einem starken Fürsten regiert und geschützt zu werden. Hitzigen Widerspruch löste die Scheidungsfrage jedoch bei den strengen Orthodoxen aus, die ihre vornehmste Aufgabe darin sahen, die religiösen Pflichten zu erfüllen und die orthodoxe Lehre in alter Reinheit zu bewahren. Aber es gab andere, die aus politischen Gründen der Scheidung entgegentraten. Manche der dienstpflichtigen Fürsten und Bojaren wünschten das Ende der Dynastie der Moskauer Großfürsten, die jetzt so hoch über ihnen standen. Sodann haßten die ehemaligen Parteigänger Dmitrijs, die dessen Thronfolge unterstützt hatten, immer noch Sofija und ihren Sohn Vasilij und wünschten, daß er kinderlos stürbe.

Entschlossen, seinen eigenen Erben zu zeugen, beriet Vasilij sich ernstlich mit dem Metropoliten Daniil und erreichte schließlich, daß er der Scheidung zustimmte. Im November 1525 wurde Solomonija ungeachtet ihres leidenschaftlichen Protests in ein Suzdaljer Kloster geschafft und zur Nonne geschoren[4]. Zwei Monate später heiratete Vasilij Prinzessin Jelena Glinskaja.

Jelena stammte aus einer vornehmen westrussischen Familie mongolischen Ursprungs. Die Fürsten Glinskij hatten Besitzungen im Severnaja-Gebiet, das Vasilij erst zwei Jahre vor seiner Heirat von Litauen zurückerobert hatte. Jelenas Onkel, Fürst Michail Glinskij, war einer der bedeutendsten Männer der Zeit. Er hatte eine umfassende Bildung in Westeuropa erworben und sich nach der Rückkehr nach Litauen besonders als Heerführer ausgezeichnet. 1508 lehnte er sich gegen Sigismund August auf, trat in ein Lehnsverhältnis zu Vasilij und nahm seinen Bruder, Vasilij Glinskij, mit nach Moskau; zu dessen großer Familie gehörte Jelena, damals als einziges Kind.

Jelena, eine lebhafte, anmutige junge Frau, war Anfang Zwanzig, als Vasilij sie zu seiner zweiten Gemahlin machte. Sie war in Moskau aufgewachsen, aber nicht in moskovitischer Tradition erzogen; Milieu und Lebensstil ihrer Familie waren westeuropäisch. Vasilij liebte sie zärtlich. Zur Zeit der Eheschließung war er siebenundvierzig, und die Jugend seiner Frau machte sie für ihn zweifellos um so anziehender. Er hatte sogar die Kühnheit, sich den Bart abnehmen zu lassen, um jünger auszusehen, und zeigte ein neues Interesse an seiner Kleidung, die er ihrem westlichen Geschmack anpaßte. Dieses Verhalten erregte Kritik beim Volk, vor allem das Abscheren des Bartes. Der Bart war ein wesentliches Merkmal des östlichen Christentums, ihn abzuscheren galt als Todsünde, wenn nicht gar als Zeichen der Abtrünnigkeit.

Die am Großfürsten wahrnehmbaren Veränderungen steigerten, da er bei seinen Untertanen beliebt war, die Feindseligkeit gegen Jelena. Diese Gesinnung der Moskoviter verhärtete sich, als Monate vergingen, ohne daß Jelena ein Kind bekam. Doch selbst als sie schwanger war und noch als Ivan zur Welt kam, wurden im allgemeinen Jubel Stimmen laut, die fragten, ob Vasilij wirklich der Vater sei; andere verurteilten nach wie vor die Ehe als illegal und lehnten Ivan als illegitimes Kind ab.

Vasilij selbst hegte keine Zweifel an seiner Vaterschaft. Gleich zu Beginn der Schwangerschaft seiner Frau hatte er mit einem Eid gelobt, er wolle, wenn sie ihm einen Sohn schenke, zum Zeichen seiner Dankbarkeit eine Kirche bauen. Im Dorf Kolomenskoje, nicht weit von Moskau, legte er selbst den Grundstein und arbeitete gemeinsam mit den Zimmerleuten daran.

Die Kirche wurde an einem Tag errichtet und geweiht[5]. Genau ein Jahr später wurde ein zweiter Sohn namens Jurij geboren.

Obwohl er jetzt in den Fünfzigern stand, war Vasilij kraftvoll und gesund; eine lange Regierungszeit schien ihm beschieden. Aber 1533 erkrankte er. Er hatte mit Jelena und den beiden Söhnen eine Wallfahrt zum Troica-Kloster gemacht. Von dort reiste er allein weiter nach Volokolamsk, um in den Wäldern dieser Gegend seiner Jagdleidenschaft zu frönen. Unterwegs begann er an einem Geschwür am Oberschenkel zu leiden, das sich entzündete und in Blutvergiftung ausartete.

Zunächst hielt Vasilij seine Erkrankung geheim. Er sorgte sich verzweifelt um die Sicherheit seiner Frau und seiner Söhne und um Ivans Thronfolge. Seinen beiden noch lebenden Brüdern, den Fürsten Jurij und Andrej, mißtraute er, weil er vermutete, daß sie, wenn er stürbe, seine Witwe und seine Söhne beseitigen und sich selbst des Thrones bemächtigen würden. Die Entzündung breitete sich im Körper aus, und da er den Tod nahen fühlte, raffte er seine letzte Kraft zusammen, um Ivan die Thronfolge zu sichern.

Etappenweise ließ Vasilij sich nach Moskau schaffen, wo er in einem Kloster untergebracht wurde. Dorthin berief er den Metropoliten, seine beiden Brüder und all seine Bojaren. Feierlich erklärte er seinen Sohn Ivan zu seinem Erben und beschwor alle Anwesenden, ihm treu zu dienen. Er führte lange Gespräche mit bestimmten ausgewählten Bojaren, mit Michail Glinskij, den Brüdern Šujskij und Belskij und anderen, denen er wegen ihres Ranges oder wegen ihrer verwandtschaftlichen Beziehungen zu ihm und seiner Frau vertraute. Vor allem verließ er sich darauf, daß Michail Glinskij, Michail Zacharin und sein spezieller Berater Šigon Jelena und seine Söhne beschützen würden. Schließlich ließ er seine Brüder in seiner Gegenwart das Kreuz küssen und darauf schwören, daß sie Ivan treu dienen würden.

Gegen Ende seiner langen Krankheit verlangte Vasilij seine Gattin und die Kinder zu sehen. Er wollte ihr Ratschläge geben, wie sie nach seinem Tode die Staatsangelegenheiten leiten solle, aber sie weinte hemmungslos und hörte ihn gar nicht. Aus Besorgnis, daß sie sich übermäßig erregen und die beiden Knaben einen Schrecken davontragen könnten, wenn sie an seinem Sterbebett blieben, bat Vasilij, sie fortzuführen. In einer ergreifenden Szene nahm Jelena von ihm Abschied; außer sich vor Schmerz, mußte sie aus dem Raum getragen werden[6]. Am Abend des 3. Dezember 1533 starb Vasilij, während die Mönche, die um ihn waren, die *Otchodnaja,* das Gebet für die Sterbenden, anstimmten.

Noch bevor er Jelena die Nachricht brachte, rief der Metropolit Vasilijs beide Brüder zu sich. Er ermahnte sie, dem Großfürsten Ivan und seiner Mutter treu zu dienen, und hielt ihnen das Kreuz hin, damit sie es küßten und den neuen Treueid leisteten. Dann schritt er, begleitet von Fürsten und Bojaren, zu den Gemächern Jelenas, um sie zu trösten. Am nächsten Morgen ließ der Metropolit die große Glocke läuten, um das Volk zusammenzurufen, und das allgemeine Wehklagen übertönte den Klang der Glocke. Jelena und die beiden Knaben wurden im Schlitten herbeigeführt, geleitet von den Fürsten Ivan und Vasilij Šujskij, dem Bojaren Voroncov, Fürst Michail Glinskij und Fürstin Mstislavskaja – sie alle hatten Vasilij geschworen, seinen Erben und seine Familie zu schützen und ihnen zu dienen[7]. Dann wurde Vasilij unter den Kundgebungen allgemeiner Trauer neben seinem Vater in der Uspenskij-Kathedrale begraben.

4

JELENAS REGENTSCHAFT
1533–1538

GLEICH NACH DEM TODE SEINES VATERS wurde Ivans Thronfolge verkündet. Der Metropolit, dem daran lag, ein Interregnum zu vermeiden, währenddessen rivalisierende Fürsten eine Gefolgschaft für ihre Forderungen aufbringen könnten, segnete ihn öffentlich als Großfürsten. In der Kathedralkirche der Prečistaja Bogorodica erteilte er ihm vor den versammelten Fürsten, Bojaren, der Geistlichkeit und dem Volk den Segen mit dem Kreuz und verkündete laut:

»Gott segne dich, Herrscher, Großfürst Ivan Vasiljevič von Vladimir, Moskau, Pskov, Novgorod, Tverj, Jugorsk, Perm, Bulgarien, Smolensk und vielen anderen Landen, Zar und Herrscher über die ganze Rusj. Möge das Glück mit dem großen Reich und dem Thron deines Vaters sein.«[1]

Die Versammlung stimmte das Gebet für langes Leben des Großfürsten an, Fürsten und Bojaren brachten ihm reiche Geschenke dar. Hofbeamte wurden in alle Teile des Landes ausgesandt, um den Untertanen den Treueid abzunehmen.

Nach moskovitischem Recht und Brauch wurde Ivans Mutter Jelena während seiner Minderjährigkeit Regentin. Aber die Moskauer waren beunruhigt und ängstlich. Vasilij hatte als starker und kraftvoller Herrscher die Bojaren in seiner Gewalt gehabt und die Feinde Moskoviens in Schach gehalten; ein dreijähriger Knabe aber würde ihnen auf Gnade oder Ungnade ausgeliefert sein. Jelena verfügte als Regentin weder über einen Anhang im Volk, noch genoß sie Achtung. Viele sahen in ihr eine feindliche Litauerin, andere mochten sie nicht wegen ihrer westlichen Neigungen. Alle waren unwillig, daß einer so jungen und unerfahrenen Frau die Macht zustehen sollte. Alle erwarteten unter ihrer Regentschaft Wirren und Unruhen.

Schon fünf Tage nach Vasilijs Begräbnis wurde Jelena eine Verschwörung gemeldet. Auf Fürsprache des Metropoliten und der Bojaren hatte sie die Fürsten Ivan und Andrej Michajlovič Šujskij freigelassen, die Vasilij wegen ihrer aufrührerischen Umtriebe gefangengesetzt hatte. Darauf nahmen die Šujskijs sofort Fühlung mit Ivans Onkel, Fürst Jurij, und schmiedeten Pläne zur Machtergreifung. In diesen ersten Monaten von Jelenas Regentschaft war ihr Onkel, Fürst Michail Glinskij, der einflußreichste Mann am Hof. In ihn hatte Vasilij besonderes Vertrauen gesetzt, weil er mit Jelena verwandt und zudem erfahren und tüchtig war. »Du, Fürst Michail Glinskij«, hatte er auf dem Sterbebett zu ihm gesagt, »mußt Leib und Leben lassen zur Verteidigung meines Sohnes, des Großfürsten Ivan, meiner Großfürstin Jelena und meines Sohnes, des Fürsten Jurij.«[2] Auf ihn stützte Jelena sich vor allem, und tatsächlich übte er damals die oberste Gewalt aus.

Glinskij sah in der Verschwörung der Šujskijs mit Fürst Jurij eine Bedrohung seiner eigenen Stellung. Er erlangte die Unterstützung der Bojarenduma, und auf den Rat der Bojaren ließ Jelena Jurij verhaften und einkerkern[3]. Die Šujskijs entgingen offenbar der Bestrafung. Aber im Januar 1534 stellte sich heraus, daß auch Ivans anderer Onkel, Fürst Andrej Starickij, danach strebte, die Macht an sich zu reißen. Jelena unterdrückte die Verschwörung, und Fürst Andrej zog sich auf seine Besitzungen zurück.

Jelenas Selbstvertrauen jedoch wuchs, auch fehlte es ihr nicht an Mut. Sie wußte, daß ihr Onkel Michail Glinskij ehrgeizig und gefährlich war und sich nur widerstrebend dareinfand, seiner eigenen Nichte und dem vierjährigen Ivan untergeordnet zu sein. Im Juli 1534 erhielt sie Berichte, aus denen hervorging, daß er insgeheim plane, ihr und ihrem Sohn die Macht zu entreißen. Als habe sie diesen Verrat vorausgeahnt, hatte sie

Anlehnung bei einem energischen und fähigen jungen Adligen gesucht, dem Fürsten Ovčin-Telepnev-Obolenskij, dessen Schwester Ivans Kinderfrau war; bald wurde er ihr Liebhaber. Mit Obolenskijs Hilfe ließ sie Glinskij verhaften und ins Gefängnis werfen; dort starb er, vom Hunger und der Last seiner Ketten zugrunde gerichtet.

Um diese Zeit flohen Fürst Semeon Belskij und der Bojar Ivan Ljackij, beides hochangesehene Männer, nach Litauen. Sofort befahl Jelena, Semeons Bruder, Ivan Belskij, und andere als Mitschuldige zu verhaften. Sie alle hatten sich vermutlich verschworen, die Macht an sich zu bringen.

Diese Unruhen, die in den Monaten nach Großfürst Vasilijs Tode so kraß zutage traten, waren eine Reaktion auf das Regime der vergangenen siebzig Jahre. Ivan III. und Vasilij III. hatten die Oberhand über die Bojaren gehabt und sie in ihrer bevorrechteten Stellung geschwächt. Viele Bojaren versprachen sich von der Thronfolge eines Kindes eine Lockerung der strengen autokratischen Herrschaft und meinten, mit der Regentschaft sei für sie die Zeit gekommen, die Freiheit und die Vorrechte, die sie eingebüßt hatten, zurückzuerlangen. Aber sie fanden in Jelena eine starke Regentin, die entschlossen war, Vasilijs Politik fortzusetzen und unter der absoluten Gewalt des Großfürsten von Moskau ein geeintes Reich zu schaffen.

In Litauen verfolgte Sigismund August aufmerksam die Berichte über die Unruhen in Moskau. Zudem schien die Ankunft zweier Abtrünniger wie Semeon Belskij und Ivan Ljackij ein weiterer Beweis dafür, daß Jelenas Herrschaft schwach und unsicher sei. Der Waffenstillstand zwischen Moskovien und Litauen war abgelaufen, und während im Sommer 1534 noch über seine Erneuerung verhandelt wurde, fielen litauische Truppen in das westliche Moskovien ein und verwüsteten weite Landstrecken. Aber im Herbst desselben Jahres wurden die Versuche der Litauer, Starodub, Černigov und Smolensk zu gewinnen, mit schweren Verlusten für die Angreifer zurückgeschlagen. Der moskovitische Widerstand in den folgenden zwei Jahren brachte Sigismund August zur Einsicht, daß er

Frieden schließen müsse, und nach hitzigen Streitereien vereinbarte man 1537 einen Waffenstillstand auf fünf Jahre.

Damals aber fürchteten die Moskoviter weit mehr die Tataren von der Krim und von Kazanj als die Litauer. Saip Girej, der grausame und fähige Krimkhan, strebte danach, die Volga-Khanate unter seine Herrschaft zu bringen, um so die Große Horde von Mamaj wieder ins Leben zu rufen. Für Moskovien war es günstig, daß Saip Girej ein Rivale in Islam Girej erstand, einem älteren Mitglied derselben Familie, und daß die Krimtataren in sich uneins waren. Aber die Lage wurde plötzlich bedrohlicher, als der nach Litauen entwichene Semeon Belskij unerwartet auf der Krim erschien und den türkischen Sultan zu bewegen suchte, mit den Tataren und Litauern gegen Moskovien zu marschieren. Aus diesem Unternehmen hoffte er selbst als Herrscher eines großen, unabhängigen Fürstentums hervorzugehen.

Die Moskauer Regierung hielt trotzdem die Beziehungen zu Saip Girej aufrecht, der eine stetige Flut von Drohungen gegen sie losließ und Geld und Geschenke heischte.

»Jetzt ist es nicht wie ehemals, daß wir allein mit der tatarischen Streitkraft marschieren [so erklärte er in einem Schreiben]. Außer meiner eigenen Artillerie werden 100 000 Reiter des erlauchten Khan [d. h. des Sultans] mit mir sein... Die Lande von Kazanj sind ein Teil meines Reiches und der Kazanj-Zar, Safa Girej, ist mein Bruder: von diesem Tage an sollt ihr nicht mehr die Lande von Kazanj mit Krieg überziehen, und wenn ihr dort den Krieg haben wollt, so erwartet mich in Moskau.«[4]

Saip Girejs Drohungen waren keine leeren, hochtrabenden Worte. Sein Rivale Islam Girej war inzwischen ermordet worden und Saip übte jetzt großen Einfluß auf die Kazanjer Staatsangelegenheiten. Sein Bruder Safa Girej, zum Khan eingesetzt, hatte schon angefangen, moskovitisches Gebiet zu verheeren. Aber durch den Frieden mit Litauen im Frühjahr 1537 war das Moskoviterheer an dieser Front nicht mehr gebunden und marschierte jetzt nach Osten, der tatarischen Bedrohung entgegen. Daraufhin zog Safa Girej eilig seine Streitkräfte zurück, und Saip Girej zögerte, weitere Einfälle zu wagen. So gelang es Jelena mit Obolenskijs Beistand, die drei gefährlichsten Feinde Moskoviens in Schach zu halten. Außerdem schloß sie 1537 einen Vertrag mit Gustav Wasa von Schweden und unterhielt auch zum Kaiserreich freundschaftliche Beziehungen. Die Befürchtungen so vieler Moskoviter, ihre Regentschaft werde eine Zeit der feindlichen Überfälle und Plünderungen werden, hatte sich als unbegründet erwiesen.

Auch in den inneren Angelegenheiten erbrachte Jelenas Regentschaft beachtliche Leistungen. Vasilij hatte damit begonnen, Grenzstädte und Festungen zu errichten; diese Arbeit wurde energisch durchgeführt. Alte Städte, die bei den Einfällen der Tataren und Litauer beschädigt oder zerstört worden waren, wurden wieder aufgebaut, daneben viele neue Städte errichtet. Am 16. Mai 1535 wurde das Fundament zu einer neuen steinernen Mauer gelegt, die der italienische Architekt Peter Friasin um die *Kitaj Gorod* genannte Binnenstadt errichten sollte. In demselben Jahr genehmigte Jelena die große Währungsreform, die zwar die Entwertung des in den letzten fünfzig Jahren geprägten Geldes bestätigte, sich aber über ein Jahrhundert lang als beachtlich stabil erweisen sollte.

Die schwerste Bedrohung für Jelena und ihre Regierung erfolgte 1537, gegen Ende ihrer Regentschaft, durch Ivans Onkel Fürst Andrej Starickij. Nachdem seine Verschwörung im Januar 1534 aufgedeckt worden war, hatte er sich in sein Fürstentum zurückgezogen und sich geweigert, seine Bojaren, seine Edelleute oder Truppen in den Dienst der militärischen Unternehmungen gegen Tataren und Litauer zu stellen. Nach Moskau beordert, bekräftigte er den Treueid, den er im Dezember 1535 Ivan geschworen hatte, lehnte es aber ab, weitere von Jelena geforderte Treueerklärungen zu geben[5].

Als 1536 Safa Girej, der Khan von Kazanj, in Moskovien einzufallen drohte, weigerte Fürst Andrej sich wiederum, sein Kontingent zu schicken oder selbst nach Moskau zu kommen. Diese Weigerung behandelte Jelena als einen Akt offener Feindseligkeit gegen die Zentralregierung. Da sie fürchtete, andere Fürsten und Bojaren könnten sich ihm anschließen, beorderte sie ihn wieder nach Moskau mit der Absicht, ihn bei seiner Ankunft verhaften zu lassen. Gleichzeitig traf sie Vorbereitungen, um einem bewaffneten, von ihm geführten Aufstand entgegenzutreten. Doch erfuhr sie alsbald, daß er von Starica fliehen wolle. Eilig entwarf man Pläne, sich seiner zu bemächtigen. Obolenskij und sein Bruder Nikita übernahmen das Kommando über zwei Truppenteile, deren einer Fürst Andrej, der andere seinen Hauptbojaren Feodor Pronskij gefangennehmen sollte. Fürst Andrej jedoch, über das Vorhaben der Regierung unterrichtet, entfloh von Starica und zog nach Novgorod, das in der Vergangenheit schon oft die Basis für Kämpfe gegen Moskau abgegeben hatte.

Obolenskij setzte ihm nach, gewillt, einen entscheidenden Kampf auszufechten; aber das war gar nicht mehr nötig. Auf dem Marsch hatten viele seiner Gefolgsleute Fürst Andrej verlassen, so war sein Heer erheblich geschwächt. Außerdem verweigerte ihm Novgorod jegliche Hilfe und verschloß ihm die Tore. Die Novgoroder, insbesondere die Kaufleute und Handwerker, waren dem Großfürsten ergeben. Ihr Erzbischof Makarij, der aus Überzeugung die Einigung des russischen Staates unter Moskaus Herrschaft vertrat, scharte die Bevölkerung um sich zur Verteidigung der Stadt gegen die Rebellen. Fürst Andrej sah ein, daß seine Lage aussichtslos war, und versuchte, nach Litauen zu fliehen, mußte sich aber ergeben.

Mit diesen Aufrührern verfuhr Jelena sehr streng. Fürst Andrej wurde in Ketten gelegt und mit Frau und Sohn eingekerkert; er starb bald darauf. Die Bojaren und der Dienstadel, die ihn unterstützt hatten, wurden in einem der Kremltürme gefangengesetzt, wo viele von ihnen starben. Von der gesamten Novgoroder Bevölkerung hatten nur dreißig Bürger versucht, Fürst Andrej zu helfen; sie alle wurden geknutet und dann gehängt. Auch eine gewisse Anzahl moskovitischer Fürsten und Bojaren, die gemeinsame Sache mit ihm gemacht hatten, wurden bestraft. Aber der Aufstand hatte bewiesen, daß das Volk, der Dienstadel und selbst die Mehrheit der Bojaren dem Großfürsten loyal gesinnt waren.

Jelena aber blieb unbeliebt, obwohl sie das Land erfolgreich gegen auswärtige Feinde und gegen Aufrührer verteidigt hatte. Ihre Beziehung zu Obolenskij war allgemein bekannt, und wenn auch Unmoral und Sittenlosigkeit damals in Moskovien weit verbreitet waren, so rief doch die Tatsache, daß die Großfürstin selbst einen Liebhaber hatte, heftige Mißbilligung, ja Verachtung hervor. Indessen scheint Jelenas Leben bis auf die Affäre mit Obolenskij makellos und sogar Achtung heischend gewesen zu sein. Sie war fromm, ging regelmäßig zur Kirche, machte Wallfahrten zum Troica-Kloster und an andere ihrer Heiligkeit wegen berühmte Stätten. Sie liebte ihre Söhne und schreckte als Regentin vor keiner Verantwortung zurück. Aber was sie auch tun mochte, es trug ihr keine Anhänglichkeit beim Volk ein.

Am 3. April 1538, nachmittags um zwei Uhr, starb Jelena ganz plötzlich. Keinerlei Berichte jener Zeit deuten darauf hin, daß sie krank oder von schwacher Gesundheit gewesen sei. Herberstein versicherte, sie sei vergiftet worden. Mit seltsamer und unziemlicher Hast wurde sie nur wenige Stunden nach ihrem Tode im Voznesenskij-Kloster beigesetzt.

In der Stadt kam es zu keinen Trauerkundgebungen. Die Bojaren und das Volk zeigten nur kalte Gleichgültigkeit. Anscheinend las der Metropolit nicht einmal die übliche Totenmesse. Nur zwei Menschen betrauerten ihren Tod. Der damals siebenjährige Großfürst Ivan hatte seine Mutter geliebt. Als er ihren Tod erfuhr, brach er in Tränen aus und warf sich Obolenskij in die Arme. Aber auch Obolenskij war verzweifelt. Sein hohes Amt, seine persönliche Sicherheit waren nur durch Jelena gewährleistet gewesen. Wieder fragte sich jedermann in Moskau, wer während der Minderjährigkeit des Großfürsten die Macht ausüben werde.

5

DIE BOJARENHERRSCHAFT
1538–1548

In seinen ersten Kindheitsjahren führte Ivan das stille und zufriedene Dasein eines kleinen Jungen. Mit seinem Bruder bewohnte er prächtige Gemächer im Kremlpalast, sicher und geborgen in der liebevollen Fürsorge seiner Kinderfrau Agrafjona Čeljadina und der übrigen zu seinem Dienst bestellten Edelfrauen. Stets war seine Mutter in der Nähe, und selbst wenn sie zum Troica-Kloster oder zu anderen Wallfahrtsorten fuhr, nahm sie ihre Söhne mit.

Der Tod seines Vaters hatte bei ihm wahrscheinlich keinen sehr tiefen Eindruck hinterlassen, weil er damals erst drei Jahre alt war. Obolenskij, der ständige Begleiter seiner Mutter, nahm sich seiner an und muß für ihn so etwas wie ein Vater gewesen sein. Die einzigen Unterbrechungen in diesem geregelten Kinderstubendasein waren feierliche Anlässe, bei denen Ivan in seinen goldenen, mit Perlen und Edelsteinen besetzten Prinzengewändern im Audienzsaal auf dem Thron saß, um ausländische Gesandte zu empfangen oder seine Zustimmung zu irgendeinem Staatsakt zu bekunden.

Mit Großfürstin Jelenas plötzlichem Tod war diese Geborgenheit zerstört. Der schlimmste Verlust, den ein Knabe in zartem Alter erfahren kann, ist der Tod seiner Mutter; nichts kann ihn dafür entschädigen, niemand ihm eine Liebe und Kameradschaft entgegenbringen, die diese beängstigende Einsamkeit zu bannen vermöchte. Für Ivan aber, einen empfindsamen und zärtlichen Knaben, wurde diese persönliche Tragödie unendlich viel schwerer, weil die kommenden Jahre, auch die der Reifezeit, ihm unvergeßliche Schrecken und das Gefühl völliger Verlassenheit einflößten.

Kaum war Jelena gestorben, als die Bojaren auch schon nach der Macht trachteten. Geflüster von Verrat und von Furcht erfüllte den Hof. Im Kremlpalast mit seinen weiten Sälen, seinen wuchtigen Säulen und zahllosen Treppen blickten die in lichten Farben gemalten Heiligen hernieder auf die Sterblichen, die insgeheim schlimme Pläne schmiedeten und einander mißtrauisch und ängstlich beobachteten. Obolenskij mußte es erleben, daß die vielen Anhänger und Freunde, die er am Hof gehabt hatte, jetzt von ihm abfielen. Um so eifriger nahm er sich Ivans an, in der Hoffnung, dadurch seine Stellung zu festigen, da der Knabe ihn ja brauchte. Ivan seinerseits klammerte sich an Obolenskij und Agrafjona, weil sie für ihn alles verkörperten, was ihm an Liebe und Sicherheit geblieben war. Aber der Kampf um die Macht ging unbarmherzig weiter, und die Wünsche des Großfürsten zählten nicht.

Am siebten Tage nach dem Tod seiner Mutter mußte Ivan mit ansehen, wie man, ungeachtet seines Jammers und seiner Tränen, Obolenskij und Agrafjona von ihm fortriß. Er sollte beide nie wiedersehen. Obolenskij wurde in den Kerker geworfen, wo er bald Hungers starb. Agrafjona wurde in ein Kloster in den frostigen Wäldern nördlich von Moskau geschafft.

Der neue Regent, der Obolenskij so schnell beseitigt hatte, war Fürst Vasilij Šujskij. Begabt, aber grausam und rücksichtslos, hatte dieser Edelmann zunächst in Novgorod gedient, dann aber, als die Stadtrepublik die letzten Reste ihrer Unabhängigkeit verlor, seine Lehnspflicht auf Moskau übertragen. Dort hatte er es im Dienst des Großfürsten dank dem Rang seiner Familie, seiner Energie und Tüchtigkeit zu hohem Ansehen gebracht.

Unter Vasilijs Regierung und Jelenas Regentschaft war er der Führer der Bojarenduma gewesen, jedoch rein nominell. Er hatte Obolenskij gehaßt, weil dieser ihm zwar den Vorrangtitel zuerkannte, selbst aber Macht und Einfluß ausübte. Nach Gerüchten im Kreml hieß es sogar, er habe Jelena vergiftet, um Obolenskij vernichten zu können.

Jetzt beherrschten Fürst Vasilij und sein Bruder, Fürst Ivan Šujskij, die Bojarenduma und den Staat. Doch mußten sie die Macht bis zu einem gewissen Grade mit Fürst Ivan Belskij teilen, der bei den Bojaren und der Geistlichkeit einen starken Anhang hatte. Einer der ersten Akte der Šujskijs war die Freilassung Ivan Belskijs, den Jelena eingekerkert hatte. Allein unter den Bojaren war die Partei der Belskijs so mächtig, daß sie den Šujskijs Trotz bieten konnten, und Vasilij Šujskij mag gehofft haben, sich mit Ivan Belskij zu verständigen. Aber durch seine Arroganz und durch Mißbrauch der Macht hatte er die Bojaren so sehr gegen sich aufgebracht, daß Ivan Belskij schon nach sechs Monaten über eine größere Gefolgschaft verfügte. Die Rivalität zwischen den beiden Parteien und ihren zahlreichen Anhängern verschärfte sich. Plötzlich jedoch griff Šujskij kühn zu, warf Belskij ins Gefängnis und verbannte die obersten seiner Gefolgsleute in entlegene Gegenden. Ihr Anführer, Rat Feodor Mišurin, wurde, völlig nackt, grausam geschlagen und hingerichtet.

Aber wenige Tage später erkrankte Vasilij Šujskij und starb. Darauf ergriff Fürst Ivan Šujskij die Macht und erwies sich sogleich als noch überheblicher und bösartiger als sein Bruder. Er wagte es sogar, den Metropoliten Daniil abzusetzen; anstelle seiner wählten die den Šujskijs gefügigen Bischöfe den Oberen des Troica-Klosters Joasaf.

Ein äußerst wichtiger Faktor im Machtkampf zwischen den Hauptparteien der Bojaren war die Kirche. Der Metropolit, die Bischöfe und die Klöster – samt und sonders reiche Grundbesitzer – übten einen beachtlichen Einfluß im Volke aus. Die Šujskijs wetteiferten um Unterstützung von seiten der Kirche; ihr Hauptmittel, diesen Beistand zu erlangen, war die Gewährung von Steuerfreiheit und Erlaß gewisser Pflichten gegenüber dem Staat. In den elf Jahren nach Jelenas Tod wurden nicht weniger als 228 Urkunden über Privilegien und Abgabenfreiheiten für alle möglichen Klöster im Lande ausgestellt[1].

Innerhalb der Kirche gab es zwei Parteien. Die Josephaner, so genannt nach dem berühmten Abt von Volokolamsk[2], hielten daran fest, daß die Kirche ihren Besitz und den Schutz des Staates brauche, um ihren großen Dienst am Volk zu leisten. Die andere starke Partei der Transvolga-Einsiedler hing der Lehre Nil Sorskijs[3] und anderer an, nach der die Kirche auf Luxus und auf Besitz von Land und Bauern verzichten müsse, damit ihre Priester und Mönche ihr Leben ganz dem Gebet und der Meditation widmen könnten. Die Šujskijs nun warben hauptsächlich um die Gunst der Äbte des Simonov-, des Troica- und des Kirillo-Beloozerskij-Klosters, in denen bedeutende Anhänger Nil Sorskijs und der Transvolga-Einsiedler lebten. Die stärkere Gruppe der Josephaner, zu welcher der Metropolit Daniil und viele Klöster gehörten, unterstützten die Belskij-Partei.

Sobald Ivan Šujskij nach dem Tod seines Bruders die Macht an sich gerissen hatte, trat er als Selbstherrscher auf. Aus dem Staatsschatz eignete er sich an, was ihm gefiel; in das goldene Tafelgeschirr, das den Großfürsten von Moskau gehörte, ließ er seinen Familiennamen eingravieren. Dieses Geschirr war nicht nur ein Vermögen wert, es stand für Macht und Ansehen; denn wie in Westeuropa sammelten auch in Moskovien die Herrscherfamilien Gold- und Silbergeschirr als sichtbares Zeichen ihrer Würde[4]. Außerdem plünderten Ivan Šujskij und seine Gefolgsleute das Land aus; Grundbesitzern, Kaufleuten, Handwerkern und Bauern nahmen sie gewaltsam Geld ab und terrorisierten jeden, der nur den geringsten Widerstand leistete.

Gegenüber dem Großfürsten Ivan trugen die Šujskijs eine unverhohlene Verachtung zur Schau. Aber so jung Ivan war, er glühte vor Zorn und Haß, besonders gegen Ivan Šujskij, der sich darin überbot, ihn, seinen Thron und das Gedächtnis seiner Eltern zu schmähen.

»Ich will an eines erinnern [schrieb Ivan viele Jahre später].

Wenn wir als Kinder unsere kindlichen Spiele trieben, saß Fürst Ivan auf einer Bank, die Ellbogen auf das Bett unseres Vaters gestützt, die Beine auf einem Stuhl, und Uns grüßte er nicht einmal mit einem Neigen des Kopfes, weder in väterlicher Weise noch als Herr, auch verriet seine ganze Haltung nicht eine Spur der Ehrerbietung vor Uns. Und wer vermag eine solche Überheblichkeit zu ertragen?«[5]

Solche und zahllose andere Zwischenfälle prägten sich lebhaft diesem kleinen Knaben ein, der auf Rache sann und auf die Zeit wartete, da er, frei von Furcht, imstande sein würde, die ihm rechtmäßig zustehende Macht an sich zu bringen.

Recht und Ordnung, wie sie von Ivan III. und Vasilij III. eingeführt und aufrechterhalten worden waren, wichen unter den Šujskijs anarchischen Zuständen. Die Gewaltherrschaft wurde verschlimmert durch Räuberbanden, die, ohne daß ihnen jemand wehrte, mordend und plündernd durch das Land zogen. Aus Pskov und anderen Gebieten an der Westgrenze flohen die Menschen zu Hunderten nach Litauen; aus dem Landinnern retteten sich viele in die Wälder nördlich von Moskau.

Die Tataren wußten immer schnell jedes Anzeichen von Schwäche in Moskau zu ihrem Vorteil zu nutzen. Khan Saip Girej ließ jetzt unverschämte Drohungen los, und Ivan Šujskij, dem es nur darum ging, seine Machtstellung zu sichern, reagierte darauf mit der Entsendung eines Botschafters, der, um den Frieden zu erkaufen, Geschenke überbrachte. Der Khan von Kazanj forderte jährliche Tributleistungen und schickte seine Reitertrupps aus nach Moskovien, damit sie es verheerten. Ein Chronist jener Zeit schrieb: »Die Kazanjer Tataren ließen das Blut der Christen wie Wasser verströmen. Das wehrlose Volk verbarg sich in Wäldern und Höhlen; Gegenden, wo es früher Ortschaften gegeben hatte, waren jetzt von wildem Gestrüpp überwuchert. Wenn sie die Klöster dem Erdboden gleichgemacht hatten, hausten und schliefen die Ungläubigen in den Kirchen, tranken aus den geweihten Gefäßen, beraubten die Ikonen der Edelsteine, um daraus Ohrringe und Halsketten für ihre Weiber zu machen; sie schändeten die jungen Nonnen; wen sie nicht in Gefangenschaft fortschleppten, den blendeten sie, schnitten ihm Ohren, Nase, Arme und Beine ab... Ich schreibe das nicht nach Gerüchten [so schließt der Chronist], sondern berichte, was ich selbst gesehen habe und nie vergessen werde.«[6]

Der italienische Architekt Peter Friasin, Großfürst Vasilijs Baumeister, war zur orthodoxen Kirche übergetreten, hatte in Moskau geheiratet und lebte dann auf den ihm für seine Verdienste verliehenen russischen Gütern. Auch er ergriff 1539 die Flucht und ließ seine ganze Habe zurück. Als man ihn in Dorpat fragte, warum er geflohen sei, erwiderte er: »Der Großfürst und die Großfürstin sind tot. Der jetzige Großfürst ist noch jung, und die Bojaren tun, was sie wollen, und üben große Gewalt aus. Gerechtigkeit gibt es im ganzen Land für keinen. Die Bojaren streiten untereinander, und ich bin großer Zwietracht und Unordnung entronnen.«[7]

6

DIE SCHRECKEN DER KINDHEIT

Solange die Šujskijs an der Macht waren, wurden Ivan und sein Bruder mit völliger Geringschätzung behandelt. Niemand war für ihr Wohl verantwortlich, sie lebten, so gut es eben ging. Oft mußten sie hungern und frieren. Speisen, Kleider und Pelze gab es im Palast im Überfluß, aber niemand dachte daran, für die beiden jungen Prinzen zu sorgen. Fünfundzwanzig Jahre später sollte Ivan ausrufen: »Was habe ich nicht gelitten aus Mangel an Kleidung und an Hunger!«[1]

Mehr aber als physische Leiden quälten ihn Seelenpein und Angst. Er lebte in stündlichem Schrecken vor den Šujskijs und ihren Bojaren. Sie konnten ihn ergreifen und verstümmeln, ihn in einen Kerker werfen, wo er an Kälte und Unbilden zugrunde gehen würde, oder sie konnten ihn und seinen Bruder einfach umbringen und den Thron für sich beanspruchen. Die moskovitische und byzantinische Geschichte kannte viele Beispiele äußerster Grausamkeit, zu der Menschen in ihrer Machtgier griffen. Seinem eigenen Urgroßvater, Vasilij dem Blinden, waren im Kampf um den Moskauer Thron von seinem Vetter die Augen ausgestochen worden. Frühere Ereignisse dieser Art verschärften Ivans Angst um sein eigenes Leben. Er war ein aufmerksamer Beobachter und besaß eine lebhafte Vorstellungskraft, und in diesen Jahren der Einsamkeit entwickelte sich sein frühreifer Verstand; zugleich aber hinterließen die Erfahrungen und Ängste des täglichen Lebens tiefe Spuren in seinem Geist und seinem Wesen.

Inzwischen gerieten selbst die Bojaren in Erregung. Sie verabscheuten Ivan Šujskij, wagten aber nicht, irgendwelche Schritte gegen ihn zu unternehmen. Im Juli 1540 brachte jedoch der Metropolit den Mut zum Handeln auf. Er versicherte sich des Beistands der Bojarenduma, holte der Form halber auch Ivans Zustimmung ein, dann befreite er Ivan Belskij aus dem Gefängnis. Ivan Šujskij, rasend vor Wut über diese Herausforderung, schwor Rache, vor allem dem Metropoliten, den er faktisch in sein Amt eingesetzt hatte, mußte aber einsehen, daß Belskij eine starke Anhängerschaft hatte, und ihm die Macht abtreten.

Ivan Belskij gehörte zu den Bojaren, welche die nationale Politik Vasilijs III. und Jelenas bejahten; so bedeutete seine Herrschaft eine wesentliche Verbesserung im Vergleich zum Regiment der Šujskijs, die nur auf ihren persönlichen Vorteil bedacht waren. Belskij verschaffte dem Land alsbald einen gewissen Schutz vor Unterdrückung und Anarchie. Vielen erwies er Milde; selbst seinen abgesetzten Feinden, den Šujskijs, gestattete er, in Freiheit auf ihren Gütern zu leben. Dies sollte sich als Fehler erweisen ebenso wie sein Verhalten gegen seinen schändlichen Bruder Semeon, dem er Pardon zusagte, während dieser immer noch beim Krimkhan weilte und einen vereinten Angriff der Tataren, Türken und Litauer gegen Moskovien zustande zu bringen suchte.

Für Moskovien aber war es ein Glück, daß es in Ivan Belskij einen Führer besaß, der sich für die Verteidigung und das Wohl des Landes verantwortlich fühlte. Khan Saip Girej war überzeugt, daß die Moskoviter unter einer schwachen Regierung zu wenig geeint seien, um sich zu verteidigen; deshalb plante er jetzt einen gemeinsamen Angriff seiner Krimhorde und der Kazanjer Horde seines Bruders Safa Girej. Der Plan zu gemeinsamem Vorgehen scheiterte, aber Moskovien mußte nun auf zwei getrennte Überfälle gefaßt sein, deren jeder den jungen Staat zugrunde richten konnte.

Im Dezember 1540 rückte Khan Safa Girej von Kazanj aus vor, stieß aber auf starken Widerstand. Als dann Ivan Šujskij im

Auftrage Ivan Belskijs und der Bojarenduma in Vladimir eintraf, um den Oberbefehl über die dort zusammengezogenen Truppen zu übernehmen, gab Safa Girej sofort das Signal zum Rückzug.

Die ernstere Bedrohung kam von der Krim. Khan Saip Girej zog mit seiner ganzen Horde, unterstützt durch türkische Streitkräfte, dem Don zu. Russische Botschafter meldeten, das Tatarenheer sei so groß an Zahl, daß es sich über die Steppe bis zum Horizont hin erstrecke[2]. In Moskau traf man allgemein fieberhaft Vorbereitungen, um dem Einfall der Tataren zu begegnen. Instinktiv erwarteten die Menschen Führung und Schutz von ihrem Großfürsten, obwohl er noch ein Knabe war. Ivan flehte in der Uspenskij-Kathedrale unter Tränen zu Gott, daß das Land verschont werden möge, und inmitten seiner Ängste fühlte er die Verantwortung, die auf ihm ruhte, weil das Volk seine Hoffnung auf ihn setzte. »Wir haben weder Vater noch Mutter, weder Kraft des Verstandes noch Macht in Unseren Händen«, so klagte er ergreifend, als er um göttliche Hilfe bat, »aber das Land heischt, daß Wir es retten.«[3]

Dann berief Ivan die Bojarenduma ein, um ihren Rat zu hören, ob er in Moskau bleiben oder sich an einen sichereren Ort begeben solle. Die Bojaren beschworen ihn zu bleiben. Denn tatsächlich stand der zehnjährige Großfürst im Brennpunkt des Volksempfindens; die Haltung, die man in dieser Zeit der Gefahr zu ihm einnahm, zeigte, daß alle, von den Bojaren bis zu den Bauern, von Vertrauen und Zuversicht zu ihrem Fürsten erfüllt waren. Alle blickten auf dieses Kind, als könne es sie wie durch ein Wunder erretten. Doch begnügten sie sich nicht mit untätigem Warten. Die Tatarengefahr einte alle in dem glühenden Verlangen, das Land zu verteidigen; selbst die Bojaren kamen überein, von ihrer Rangordnung, dem *Mestničestvo*, abzusehen und sich für die Dauer dieses Feldzugs dem Fähigsten unterzuordnen.

Am 30. Juli 1541 erreichte der Khan die Oka. Am gegenüberliegenden Ufer stand die moskovitische Vorhut, in der er das gesamte Moskoviterheer vor sich zu haben glaubte. Die

Tataren machten Anstalten, über den Fluß zu setzen, während die türkischen Kanoniere ein heftiges Geschützfeuer eröffneten. Die Russen hielten unentwegt stand, und jetzt rückte auch ihre Hauptarmee an. Betroffen über das Ausmaß der Verteidigungstruppen, wandte der Khan sich fluchend an Semeon Belskij, der ihn begleitete, und beschimpfte ihn, daß er ihm vorgespiegelt habe, die Moskoviter seien nicht imstande, sich zu verteidigen. Dann gab er seiner Horde den Befehl zum Rückzug, denn die Tataren ließen sich nie auf eine regelrechte Schlacht ein, wenn sie nicht in gewaltiger Übermacht waren.

In Moskau brachte das Volk in allen Kirchen Danksagungen dar. Die Errettung von den gefürchteten Tataren erschien ihnen wahrhaft wie ein Wunder, und in ihre Dankesgebete schlossen sie den Großfürsten ein. »Herrscher, wir haben gesiegt durch deine himmlischen Gebete und weil das Glück mit dir ist.«[4] Dem Volk war er beides: Herrscher und Talisman.

Sobald die Gefahr vorüber war, brachen unter den Bojaren von neuem Zwistigkeiten aus. Die Eifersüchteleien zwischen Familien und einzelnen Persönlichkeiten ließen sich nie lange unterdrücken, auch vermochten diese nicht, außer in Zeiten äußerster Gefahr, gemeinsam zu handeln. So versuchten sie nicht etwa als Klasse, die moskovitische Autokratie zu vernichten oder abzusetzen oder sie auch nur in ihrer Macht zu beschränken. Alles, was sie zu erstreben schienen, war die Anerkennung ihrer Privilegien, ihrer Stellung als einer Klasse, die Anspruch darauf hatte, in der Bojarenduma vom Großfürsten gehört zu werden. Aber selbst diese bescheidenen politischen Ziele verloren sie, da sie ständig in mörderische Fehden gegeneinander verwickelt waren, immer wieder aus den Augen.

Ivan Belskij hatte die führende Stellung zwei Jahre innegehabt und, aufs Ganze gesehen, die Macht weise gehandhabt. Doch genügte allein die Tatsache, daß er so lange an der Spitze des Staates stand und daß der Metropolit und auch der Großfürst ihn hochschätzten, um ihn am Hofe zur Zielscheibe von Haß und Eifersucht zu machen. Mißvergnügte Bojaren gingen allmählich zu Ivan Šujskij über, der in Vladimir noch den Befehl über die zur Vertreibung der Tataren bestimmten Truppen hatte und mit ihrer Hilfe wiederum an die Macht zu gelangen trachtete.

Šujskij hatte beschlossen, am 3. Januar 1542 in Moskau einzurücken. An diesem Tag brach, noch vor dem Morgengrauen, eine Schar von 300 seiner Leute in die Stadt ein. Sie bemächtigten sich Ivan Belskijs, seiner Hauptleute und seiner Anhänger. Den Metropoliten drängten sie in seine Zelle und steinigten ihn. Es gelang ihm jedoch, zu entkommen und sich in den Kremlpalast zu flüchten, aber Šujskijs Leute verfolgten ihn dorthin. Auf der Suche nach ihm drang eine Gruppe von ihnen in das Schlafgemach des Großfürsten ein; es war noch etwa drei Stunden vor Tagesanbruch. Ivan erwachte von dem Lärm und Geschrei und geriet in Angst und Schrecken. Er war überzeugt, daß dieses Gesindel ihn und seinen Bruder ermorden wolle. Sie gingen weiter, in andere Räume, um den alten Metropoliten zu suchen, aber Ivan blieb in einem Zustand quälender Angst zurück; bis der Morgen dämmerte, war er jeden Augenblick darauf gefaßt, daß sie zurückkommen und ihn packen würden. Dies war eine weitere Erfahrung, die sich seinem Gedächtnis einprägte und Furcht zu einem Bestandteil seines Wesens machte.

Im Lauf desselben Tages zog Šujskij, ohne auf Widerstand zu stoßen, in die Stadt ein und wurde wieder zum mächtigsten Mann im Lande. Der Metropolit Joasaf wurde, nachdem man ihn noch am 3. Januar aufgegriffen hatte, nahezu umgebracht, dann abgesetzt und in das Kloster Beloozerskij geschickt. Šujskij wartete über zwei Monate, ehe er einen Nachfolger ernannte. Das Amt des Metropoliten gewährte viel Macht und Einfluß, und da er keinesfalls wieder einen Gegner haben wollte, der wie Joasaf diese Macht gegen ihn gebrauchte, handelte er sehr bedachtsam. Schließlich fiel seine Wahl auf Makarij, den Erzbischof von Novgorod, der offensichtlich die Gunst der Šujskijs gewonnen hatte, solange sie Bojaren der Stadtrepublik gewesen waren; manche wollten in dieser Ernennung die Belohnung eines ehrgeizigen Prälaten sehen, der nach mehr Macht und Ansehen strebte. Makarijs Verbindung mit den Šujskijs, seine Annahme des Metropolitenamtes in diesem Zeitpunkt sind schwer zu verstehen. Er war ein leidenschaftlicher Verfechter der traditionellen Kirchenpolitik, die das Bestreben der Moskauer Großfürsten, alle russischen Länder unter ihrer starken Zentralgewalt zu einigen, unterstützte; so hatte er die Novgoroder zur Verteidigung gegen Fürst Andrej Starickij aufgerufen und sich gegen Ivan und seine Mutter während ihrer Regentschaft stets loyal verhalten. Er muß erkannt haben, daß die Šujskijs durch ihren Mißbrauch der Macht das Land ins Chaos stürzten und die Einigung, an die er glaubte, zunichte machten. Aber Makarij war weder ehrgeizig noch selbstsüchtig; er war ein frommer, von hohen Idealen beseelter Mann, und in Moskau sollte er seine Autorität als Metropolit zum Schutz Ivans und zum Wohl des Landes einsetzen.

Kaum aber hatte Ivan Šujskij die Macht ergriffen, als er durch Krankheit gezwungen wurde, sich auf seine Landgüter zurückzuziehen. Andere Mitglieder seiner Familie – die Fürsten Ivan und Andrej Michajlovič Šujskij und Fürst Feodor Ivanovič Skopin-Šujskij – nahmen seinen Platz ein, und die Herrschaft von Korruption und Gewalt ging weiter. Jetzt war Andrej Šujskij der Anführer dieser kleinen Gruppe, die den Hof und das Volk terrorisierte. Er war noch gewalttätiger, noch arroganter und grausamer als seine Vorgänger. Er schikanierte die Bojarenduma und hielt alle, von Ivan bis zum bescheidensten Bäuerlein, in ständiger Furcht, auf was er und seine Bande als nächstes verfallen würden.

Ivan haßte Andrej Šujskij, und seinem Haß entsprach seine Furcht. Immerhin war er jetzt mit seinen zwölf Jahren schon recht groß, dem Knabenalter fast entwachsen, und wurde anders behandelt als bisher. Er hatte nicht mehr die schmähliche Vernachlässigung hinzunehmen, die ihm als Kind, nach dem Tod seiner Mutter, zuteil geworden war. Die Šujskijs schmeichelten ihm und gaben ihm zur Gesellschaft verantwortungslose junge Burschen, die ihn unterhalten und ablenken sollten.

Zugleich wachten sie eifersüchtig darüber, daß nicht irgendein Rivale sein Vertrauen oder seine Zuneigung gewönne.

Ivan verbrachte seine Zeit mit wilden Spielen im Kreml und mit Reiten und Jagen in den Wäldern der Umgebung. Diese anscheinend harmlosen Vergnügungen nahmen unter den Händen der Šujskijs einen verderbten Zug an. Ivan wurde ermutigt, Geschmack an Grausamkeiten zu finden, an rohen Späßen und schändlichen Heldenstücken. Er war, wie sein Vater, ein kühner Jäger, aber bei ihm wurde daraus eine Lust an Tierquälerei. Gemeinsam mit seinen Gefährten ließ er Hunde, Katzen, Bären und andere Tiere auf die Mauern und die hohen Türme des Kreml hinaufschaffen, von wo sie dann die armen Kreaturen in die Tiefe hinunterwarfen. Ein andermal fanden sie Spaß daran, durch Schlamm und Schmutz der Moskauer Straßen zu galoppieren und jeden, der ihnen in den Weg kam, alt oder jung, niederzuschlagen. Unter dem Einfluß dieser Kumpane machte Ivan auch seine ersten Erfahrungen im Trinken und in ausschweifendem Leben.

Jedoch ging Ivan in Zerstreuungen dieser Art nicht so restlos auf, wie es die Šujskijs hofften. Er wagte es, Feodor Voroncov, der nicht zu ihrer Partei gehörte, besondere Gunst zu bezeigen. Nach mehreren Versuchen, Voroncov vom Hof zu vertreiben, griffen die Šujskijs zur Gewalt. Am 9. September 1543 tagte die Bojarenduma in Anwesenheit Ivans und des Metropoliten. Es war eine formelle Angelegenheit; die Bojaren saßen in ihren steifen, mit Perlen und Edelsteinen bestickten Brokatgewändern, die bis auf den Boden reichten, auf beiden Seiten der Ratskammer; Ivan in seinem Staatsgewand, das noch reicher mit Juwelen geschmückt war, saß auf dem Thron.

Die Versammlung verlief mit der gewichtigen Würde und dem Zeremoniell, die seit der Regierung Ivans des Großen für den Moskauer Hof charakteristisch waren. In diese Szene brachen plötzlich die Šujskijs ein, angeführt von Fürst Andrej. Sie stießen Beschimpfungen und Anklagen gegen Voroncov aus, ergriffen ihn und schleppten ihn in einen Nebenraum. Dort schlugen sie ihn und rissen ihm die Kleider vom Leib. Nach dem Geschrei und Gejammer schien es, als wollten sie ihn totschlagen. Ivan schickte den Metropoliten und die beiden Bojaren Morozov hinüber, damit sie um Voroncovs Leben bäten. Es gelang ihnen, sich Gehör zu verschaffen und die Angreifer zu beschwichtigen. Die Šujskijs hörten die Bitten des Großfürsten an und willigten widerstrebend ein, Voroncov am Leben zu lassen, schafften ihn aber fort ins Gefängnis. Wieder schickte Ivan den Metropoliten und die beiden Morozovs; sie sollten die Šujskijs bitten, seinetwegen Voroncov zu verbannen, wenn sie ihm schon nicht gestatten wollten, am Hof oder in Moskau zu bleiben. Aber sie beachteten Ivans Fürsprache erst, nachdem er sie noch einmal hatte bitten lassen, Milde zu zeigen.

Dieser Zwischenfall, der Ivan als Großfürsten demütigte, bestärkte ihn in seinem Entschluß, sich von der Tyrannei der Šujskijs zu befreien. Er war erst dreizehn Jahre alt und lebte noch immer in Angst, totgeschlagen, in einem Kerker begraben oder auf andere Art plötzlich ermordet zu werden. Aber die Zeit war nahe, da er sich weigern sollte, die stumme und ohnmächtige Quelle der Macht zu sein, die er selbst nicht ausüben konnte. Die Bojaren und sogar der Metropolit fürchteten die Partei der Šujskijs, von ihnen durfte er keinen Beistand erwarten. Dennoch wurde er sich immer deutlicher seiner Stellung und der Macht bewußt, die ihm allein zustand. Ob auf Drängen des Metropoliten oder anderer, ob aus eigener Initiative – er traf seine Entscheidung und handelte mutig.

Am 29. Dezember 1543 befahl Ivan plötzlich die Verhaftung Andrej Šujskijs und ließ ihn einer Meute von Hunden vorwerfen, die ihn in Stücke rissen. Ganz Moskau war erstaunt und erleichtert über die schnelle Beseitigung des Mannes, den man im Lande am meisten gefürchtet und gehaßt hatte. Für Ivan, dessen Befehl prompt ausgeführt worden war, bedeutete es eine eindrucksvolle Erfahrung seiner Macht. Die Gewalt, welche die Šujskijs über ihn und das Land ausgeübt hatten, war mit einem Schlage gebrochen und ausgelöscht. Von dieser Zeit an, so berichten die Chronisten, lebten die Bojaren in Furcht vor ihrem Großfürsten[5].

7

ZAR NACH DEM WILLEN GOTTES

Die Bojarenherrschaft war noch nicht zu Ende, aber sie barg für Ivan nicht mehr solche Schrecken. Nach dem Tode Andrej Šujskijs ließ man es sich angelegen sein, ihn mit Achtung zu behandeln. Er hätte, wenn er es wünschte, selbst regieren können, doch war er noch zu jung und nicht daran interessiert. In diesem Stadium überließ er derartige Verantwortungen gern seinen beiden Onkeln, den Fürsten Jurij und Michail Vasiljevič Glinskij, und seiner Großmutter, der Fürstin Anna Glinskaja. Sie hielten sich vorsichtig im Hintergrund und vermieden jeden Anschein, als wollten sie sich Ivans Autorität anmaßen; aber mit ihrem frevelhaften und selbstsüchtigen Mißbrauch der Macht setzten sie die üblen Praktiken der Šujskijs fort und brachten sehr bald die ganze Bevölkerung gegen sich auf.

Während Ivan noch nicht bereit oder nicht gewillt war, die Lasten der Regierung auf sich zu nehmen, verlangte er doch heftig danach, sich hervorzutun und sich als Herrscher von Moskovien Ansehen zu verschaffen. Mit der Ungeduld eines frühreifen fünfzehnjährigen Knaben brannte er darauf, ein kühnes Unternehmen durchzuführen, um vom Volk geliebt und umjubelt zu werden. Nichts aber konnte so gewiß allgemeine Begeisterung wecken und ihm Ruhm bringen wie ein Sieg über die Tataren; am 15. April 1545 verkündete er feierlich einen Feldzug gegen Kazanj – es war dies sein erster größerer Regierungsakt.

In den folgenden Monaten rückten moskovitische Truppen nach Osten vor, teils auf Flußkähnen, teils zu Lande, und errangen eine Anzahl kleiner, aber ermutigender Siege. Bedeutsamer war die Tatsache, daß die Tataren, durch das Erscheinen moskovitischer Truppen in gewaltige Unruhe versetzt, ihre stets schwelenden Streitigkeiten in offenem Kampf gegeneinander austrugen. Im Januar begab Ivan sich nach Vladimir, um dem Kampfschauplatz näher zu sein. Dort erreichte ihn die Nachricht, daß Khan Safa Girej aus Kazanj hatte fliehen müssen und daß bei den inneren Kämpfen viele seiner Krimgarden umgekommen waren. Die Kazanjer Tataren schickten Boten zu Ivan, er möge von seinem Zorn ablassen und Šig Alej zu ihrem Khan machen. Im Juni ritt der moskovitische Oberbefehlshaber, der Bojar Fürst Dmitrij Belskij, nach Kazanj und setzte Šig Alej als Khan ein; kaum aber war Belskij fort, erhoben sich die Tataren gegen ihren neuen Khan und brachten Safa Girej wieder an die Macht. Dies war charakteristisch für die wankelmütigen Tataren; unter starker Führung waren sie ein grausamer, raubgieriger Feind; in Parteien zerspalten, kämpften sie jedoch erbittert gegeneinander und waren unberechenbar. Indessen blieb Ivan der ruhmreiche Sieg, von dem er geträumt hatte, versagt.

Zu dieser Zeit vermochte Ivan nicht der Versuchung zu widerstehen, die ihm so lange vorenthaltene Macht am Hof und im Volk auszuüben. Aber er gebrauchte sie mutwillig und eher zu seiner persönlichen Befriedigung. Jetzt nahm er Gelegenheiten wahr, sich an den Bojaren zu rächen, denen er Schuld gab an den Kränkungen und Leiden seiner Kindheit.

In den Jahren 1544 bis 1546 hielt er Gericht über Bojaren und andere, setzte sie in Ungnade und bestrafte sie für die geringsten Vergehen, ohne Rücksicht darauf, ob sie früher gegen die Šujskijs gewesen oder sie unterstützt hatten. Feodor Voroncov, der Günstling, den er davor bewahrt hatte, von den Šujskijs umgebracht zu werden, erregte sein Mißfallen, wahrscheinlich weil er Ivans Wohlwollen mißbrauchte; er wurde kurzerhand hingerichtet. Viele andere wurden in entlegene

Gegenden verbannt oder ins Gefängnis geworfen. Afanasij Buturlin, einem Edelmann, der wegen unverschämter Reden in Ivans Gegenwart angeklagt war, wurde öffentlich die Zunge ausgerissen.

Im Dezember 1545 zeigte sich Ivan auf Fürsprache des Metropoliten plötzlich gegenüber seinen Bojaren gnädig, doch war dies nur ein unsicherer Waffenstillstand. Fünf Monate später gewann sein Mißtrauen wieder die Oberhand, und er schlug aufs neue gegen sie zu. Da man Einfälle der Krimtataren erwartete, war er mit Truppen nach dem sechzig Meilen südöstlich von Moskau gelegenen Kolomna gezogen. Als er dort einmal mit seinem Gefolge durch die Gegend ritt, hielt ihn eine Schar Novgoroder Scharfschützen an und überreichte ihm eine Bittschrift. Ivan wies sie zornig ab. Sie weigerten sich zu gehen, und er beauftragte sein Gefolge, sie zu vertreiben. Die Novgoroder hielten tapfer stand, und es kam zu einem Gefecht, bei dem fünf Mann getötet wurden.

Der Zwischenfall versetzte Ivan in Wut, auch beunruhigte ihn das hartnäckig aggressive Verhalten seiner Novgoroder Untertanen. Sofort ließ er Vasilij Zacharov, einen seiner engsten Ratgeber, Nachforschungen anstellen. Zacharov berichtete, die Novgoroder seien von drei Bojaren aufgestachelt worden, sich unbotmäßig zu zeigen und sogar den Großfürsten persönlich zu bedrohen. Nach dem Chronisten, der dieses Vorkommnis berichtet, sollen Zacharovs Angaben falsch gewesen sein; aber Ivan, stets bereit, seine Bojaren für schuldig zu halten, gab unverzüglich Befehl, die drei Beschuldigten hinzurichten[1].

Der Fall zeigte, wie willkürlich und verantwortungslos der sechzehnjährige Großfürst die Macht gebrauchte. So aber hatte er andere die Macht ausüben sehen. Unter der anarchischen Bojarenherrschaft hatte die nackte Gewalt freien Spielraum gehabt. Ein anderer Geist hatte geherrscht, solange Belskij am Ruder war und als angesichts der Bedrohung durch die Tataren sich selbst die Bojaren einmütig der Volksbewegung zur Verteidigung des Landes anschlossen; doch hatten sie, sobald die Tataren sich zurückzogen, wieder ihre korrupte Gewaltherrschaft fortgesetzt. Da es Ivan an jeglicher Führung, an Schutz und Unterweisung fehlte, machte er sich ähnliche Methoden zu eigen. Allein der Metropolit Makarij konnte Ivan unter allen, mit denen er näheren Umgang pflog, ein besseres Beispiel bieten.

Makarij war eine faszinierende und bisweilen rätselhafte Gestalt an Ivans Hof. Wiewohl eine starke und bezwingende Persönlichkeit, scheint er sich völlig zurückgehalten zu haben, und doch machte sich sein Einfluß im ganzen Kreml spürbar. Als er nach Moskau kam, war er schon als Prediger und Seelenhirt berühmt und wurde als ein heiligmäßiger Mann verehrt. Die russische orthodoxe Geistlichkeit hielt selten Predigten, hauptsächlich weil sie ihrer Unwissenheit und Unbildung wegen leicht etwas Ketzerisches hätte äußern können. Makarij aber hatte als Erzbischof von Novgorod in Reden und Gleichnissen zum Volk gesprochen, denen es gebannt lauschte und die so klar und durchsichtig waren, daß er im Rufe erleuchteter Beredsamkeit und Weisheit stand. Als Seelenhirt nahm er sich sehr viel tätiger als seine Vorgänger der Armen und Waisen an, auch öffnete er bereitwilliger die Klöster den Bedürftigen.

Makarij war nicht nur ein praktischer Kirchenmann, sondern auch Gelehrter und Historiker. Sein Gedanke war es, das Leben und die Lehren aller Heiligen in einer großen Sammlung zusammenzufassen. Dazu benützte er als Grundlage die *Mineja-Četja,* eine byzantinische Sammlung aus dem 9. Jahrhundert, die für monatliche fromme Lesungen angelegt war. Er vervollständigte dieses Werk durch die Geschichte und neu hinzugekommene Lehrschriften des russischen Christentums aus fünf Jahrhunderten. Zur Bewältigung dieser Aufgabe wählte er eine Gruppe gelehrter Mitarbeiter aus, darunter den Priester Silvester, der später eine so bedeutende Rolle spielen sollte. Mit diesen Helfern arbeitete er in Novgorod zehn Jahre an seiner Sammlung, die 1541 schon über 13 500 große Seiten umfaßte mit 1300 Heiligenleben und frommen Schriften aller Art. Als er 1542 zum Metropoliten ernannt wurde, nahm er das Werk, das er fortzusetzen gedachte, und den Stab seiner Mitarbeiter mit nach Moskau.

In den ersten Jahren nach Makarijs Ankunft in der Hauptstadt verbrachte Ivan seine Zeit vorwiegend damit, verwegen durchs Land zu reiten, Klöster zu besuchen und seiner Jagdleidenschaft zu frönen. Die Nöte und die Unzufriedenheit seines Volkes beschäftigten ihn wenig, wenn er diesen Vergnügungen oblag. Ein Besuch, den er und sein Bruder Jurij im Herbst 1546 den Städten Novgorod und Pskov abstatteten, hinterließ bei den Einwohnern nur bittere Erinnerungen.

Die Bürger von Pskov beklagten sich, daß der Großfürst ihren Schwierigkeiten keine Beachtung geschenkt habe, schon gar nicht dem Unrecht, das ihnen der von den Glinskijs eingesetzte *Nastavnik* oder Gouverneur ständig zufügte. In Novgorod soll Ivan nach Berichten der Einheimischen sogar Diebstähle in der Kirche der Hl. Sofija begangen haben[2]. Die Einwohner beider Städte grollten dem Großfürsten, und die Glinskijs waren ihnen verhaßt. Auch in Moskau steigerte sich der Haß gegen die Glinskijs. Diese heftigen Gefühle sollten bald in Aufruhr und Demonstrationen des Volkes zum Ausdruck kommen.

Indessen verwandte Ivan seine Zeit und Kraft nicht ausschließlich auf Reiten und Jagen, noch wurde sein rastlos forschender Geist dadurch abgestumpft. In seiner Kindheit hatte er die Anfangsgründe der Grammatik gelernt und war nach altrussischer Weise unterrichtet worden; das bedeutete, daß er die Psalmen, ganze Seiten aus den Evangelien und das Stundenbuch auswendig zu lernen und endlos zu wiederholen hatte. Diese Schriften nahm er in sich auf und vermochte auch in späteren Jahren frei aus der Bibel zu zitieren und seinen Argumenten passende Bibelsprüche zu unterlegen. Als er älter wurde, verschlang er alles, was sich ihm zu lesen bot. Er studierte die Bibel, beschäftigte sich mit griechischer und römischer Geschichte, mit den Schriften der heiligen Väter, den Heiligenleben und behielt alles, was er las, im Gedächtnis. Die Vermutung liegt nahe, daß Makarij ihn dabei anleitete, und sicher bot ihm die *Mineja-Četja* eine Fülle von Stoff, nach dem er suchte, denn er las nicht ohne tiefere Absicht.

Ivan war sich lebhaft des Erbes von seinem Großvater und Vater bewußt, die er beide verehrte. Sie hatten gewissenhaft die Politik verfolgt, die russischen Lande unter der Herrschaft Moskaus zu einigen und die Autorität und Würde des Großfürsten zu mehren. Diese Politik machte er sich zu eigen und strebte kraftvoll und zielbewußt danach, sie weiterzuentwikkeln. Er gelangte dahin, sich mit seinem Volk und seinem Reich zu identifizieren und im Geist Moskovien als große Nation vor sich zu sehen. Dabei steigerte sich die Vorstellung von seiner Macht und seiner Stellung so sehr, daß er sich als den von Gott eingesetzten Herrscher betrachtete, in dem die Nation ihre wahre Mitte fand.

Bis zum 15. Jahrhundert waren die Beziehungen zwischen dem Großfürsten und seinen Untertanen durch schlichte Unmittelbarkeit gekennzeichnet. Weder Geistliche noch Bauern oder Städter scheuten sich, mit ihrem Großfürsten freimütig und von Mann zu Mann zu reden. 1480 war Ivan III., anstatt bei seinen Truppen zur Abwehr eines Tatareneinfalls an der Oka zu bleiben, plötzlich nach Moskau zurückgekommen. Dort mußte er erleben, daß seine Untertanen ihn in aller Öffentlichkeit heftig kritisierten und ihn laut beschuldigten, er habe die Pflicht, sie zu verteidigen, schmählich versäumt. Vassijan, der Erzbischof von Rostov, nahm kein Blatt vor den Mund und nannte ihn einen Deserteur und Feigling[3]. Etliche Jahre später hatte der berühmte Abt Josef von Volokolamsk Anlaß, Ivans Vater, den Großfürsten Vasilij, zu tadeln, weil er einem Geistlichen zuwenig Achtung erwies; Vasilij zog demütig den Hut, blieb stehen und entschuldigte sich[4]. Eine so gerade und freimütige Haltung gegenüber dem Großfürsten war, selbst von einem ehrwürdigen Geistlichen, bald nicht mehr vorstellbar.

Als gegen Ende des 15. Jahrhunderts Ivan III. den Doppeladler der byzantinischen Kaiser zu seinem Herrschaftsabzeichen machte, gab er symbolisch der Wandlung Ausdruck, die er mit dem Ansehen des Thrones vornahm. Eine wichtige Stufe in diesem Wandlungsprozeß war seine Heirat mit Sofija Palaeolog, der Nichte des letzten Kaisers, weil ihm dies gestattete, als Erbe und Nachfolger der byzantinischen Kaiser aufzutreten. Es ist unwahrscheinlich, daß Ivan III., der seine Politik so realistisch, ja zynisch verfolgte, selbst geglaubt haben soll, Sofija könne ihm irgendeinen legalen Titel übertragen[5]. Aber er benützte Symbole, Legenden und Vorstellungen jeder Art, die seine Ansprüche bekräftigen und beim Volk Glauben und Anklang finden konnten.

Im 15. Jahrhundert begannen die Großfürsten, ihre Abstammung unmittelbar von den römischen Kaisern herzuleiten. Eine offenbar in der späteren Regierungszeit Ivans III. verfaßte Legende berichtete, wie Kaiser Augustus sein Reich unter seine Familie aufgeteilt und seinem Bruder Prus ein Königreich an den Ufern des Njemen verliehen habe, das später Preußen hieß. Weiter wurde darin behauptet, daß der Waräger Rurik, der Gründer Rußlands, ein direkter Nachkomme von Prus gewesen sei und daß somit er und seine Nachfolger, die moskovitischen Selbstherrscher, ihr Geschlecht bis auf die römischen Kaiser zurückführen könnten. Obwohl dies alles unverkennbar erdichtet war, brachte Ivan es 1563 bei Verhandlungen mit den polnischen Gesandten ernsthaft zur Rechtfertigung seines Anspruchs auf den Zarentitel vor[6].

Eine andere, etwa um dieselbe Zeit verfaßte Legende, die den Fürsten Vladimir von Kiev betraf, ging in den Bestand des russischen Denkens ein. Sie berichtete, daß Vladimir, nachdem er in Kiev gekrönt worden war, Truppen ausschickte, die Konstantin Monomach (1042-1054) in Konstantinopel bekriegen sollten. Konstantin aber habe den griechischen Metropoliten mit Geschenken und mit seiner eigenen Krone nach Kiev entsandt, um ein Friedensangebot zu machen, damit die ganze Orthodoxie in Eintracht »unter der vereinten Macht unseres Zarenreichs und eurer starken Autokratie, der Großen Rusj«, leben könne[7]. Darauf sei Vladimir mit Konstantins Krone gekrönt worden und habe den Namen Monomach angenommen – von Gott eingesetzter Zar der Großen Rusj. Die *Šapka Monomacha* (der Hut des Monomach) wurde von da an bei allen Krönungen der russischen Zaren als Krone benutzt.

Die Bedeutung dieser Legende lag in dem Anspruch des moskovitischen Großfürsten, in wahrstem Sinne der Erbe der byzantinischen Kaiser zu sein. Für seine Untertanen hatte der Kaiser im weltlichen wie im geistlichen Bereich absolute Machtfülle besessen. Nach 1453, als Konstantinopel an die Türken gefallen war, erhoben Moskau und sein Herrscher Anspruch auf die Nachfolge. 1504 erklärte ein Kirchenkonzil, das die Aufgabe des Zaren in sechzehn Kapiteln festlegte, folgendes: »Seiner Natur nach ist der Zar allen anderen Menschen gleich, in seiner Macht und in seinem Amt aber ist er dem Allmächtigen gleich.«[8]

In einem Brief an Ivans Vater, Vasilij III., schrieb der Mönch Philotheus aus einem Kloster in Pskov:

»Ich möchte ein paar Worte anfügen über das jetzige orthodoxe Reich unseres Herrschers. Er ist auf Erden der einzige Kaiser [Zar] der Christenheit, der Führer der apostolischen Kirche, die nicht mehr in Rom oder Konstantinopel steht, sondern in der heiligen Stadt Moskau. Sie allein strahlt in der ganzen Welt lichter als die Sonne ... Alle christlichen Reiche sind gestürzt und an ihrer Stelle steht allein das Reich unseres Herrschers in Übereinstimmung mit den Büchern der Propheten. Die beiden Rom sind gefallen, aber das dritte steht, und ein viertes wird es nicht geben.«[9]

Diese Erklärung des Philotheus zu Beginn des 16. Jahrhunderts wird vermutlich das Verständnis der damaligen Moskoviter überfordert haben, doch sprach sie zweifellos gewaltig das Gefühl eines so frommen Volkes an, dessen tägliches Dasein von der Kirche durch den Ritus, durch Fasten und Feiertage geprägt wurde. Schlichter sprach das Empfinden des Volkes vielleicht der Chronist aus, der 1512 schrieb: »Die Stadt Konstantinopel ist gefallen, unser russisches Land aber gedeiht mit Hilfe der Gottesmutter und der Heiligen, es ist jung und erhaben. Möge es, o Christus, so bleiben bis ans Ende der Zeiten.«[10]

Es genügte Ivan III. nicht, als er nach diesem Erbe griff, daß die Quelle seiner Macht de facto das Erbland war, das er von seinem Vater bekommen und so weit ausgedehnt hatte, bis es den größten Teil des russischen Zarenreichs, wie er es vor sich sah, umfaßte. Eine solche Macht mußte sich, nach dem Beispiel von Byzanz, auf die erhabenen und unanfechtbaren Vorstellungen göttlicher Berufung gründen. So lehnte Ivan III. den Königstitel, den ihm Kaiser Friedrich III. anbot, mit den Worten ab: »Wir sind durch Gottes Gnade seit Anbeginn, von Unseren frühesten Vorfahren her, Selbstherrscher in Unserem Land, und wie Unsere Vorfahren halten wir dafür, daß Unser Amt Uns von Gott verliehen ist.«[11]

Leidenschaftlich bejahte Ivan diese Entwicklung, die den moskovitischen Selbstherrscher dahin erhöhte, »in seiner Macht und in seinem Amt dem Allmächtigen gleich zu sein«[12]. Ein Kind seiner Zeit, war er fromm und von dem starken, ungebrochenen Glauben der frühen Christen erfüllt, wie ihn die orthodoxe Kirche ihren Anhängern einimpfte. So fiel es ihm leicht, die Vorstellung, von Gott für den Thron erwählt zu sein und als absoluter Selbstherrscher und Verteidiger des Christentums zu regieren, als Bestandteil seines Glaubens und seines Erbes zu akzeptieren.

Diese Idee vom göttlichen Ursprung der monarchischen Macht nahmen die Moskoviter so bereitwillig an, wie es damals die meisten Völker Europas taten. Es war das Zeitalter der Monarchie, als das göttliche Recht der Könige laut proklamiert und Gehorsam gegenüber dem Monarchen als Pflicht anerkannt wurde, da er das Symbol und die Quelle von Einheit und Sicherheit war, nach der man verlangte. So verfolgte Ivan unabhängig eine Entwicklung, die der mancher anderen europäischen Monarchien glich; doch war er auch in der moskovitischen Tradition verwurzelt.

Was Ivan für diese Theorie besonders empfänglich machte, war sein von Ängsten gepeinigtes Wesen. Den Menschen nicht zu trauen, hatte ihn seine Kindheit gelehrt; daraus war ein krankhaftes Mißtrauen geworden. In jedem witterte er einen Feind, der auf Verrat sann, um ihn und mit ihm die junge Nation zu verderben, und seine ärgsten Feinde sah er in den Bojaren. Während des unablässigen Kampfes, zu dem er sich verpflichtet fühlte, um seinen Thron und seine Dynastie zu schützen und die Nation aufzubauen, suchte er fieberhaft nach Beweisen für seinen Anspruch auf absolute Macht. Nun hatte er selbst unter der Bojarenherrschaft nie erlebt, daß irgend jemand seine Stellung anzweifelte; die Bojaren hatten ihn als Kind gedemütigt und schlecht behandelt, ihn als Großfürsten jedoch umschmeichelt. Trotzdem suchte er nach Beweisen, sei es, um sich des göttlichen Ursprungs seiner Macht zu vergewissern, sei es, um eine moralische Rechtfertigung für den Haß und die Bitterkeit in seinem Innern zu finden. Gewiß aber wünschte er den Bojaren und seinen Untertanen, ja der ganzen Welt darzutun, daß seine Macht und seine Stellung unantastbar seien.

Während Ivan alles unter dem Aspekt seiner eigenen Lage las und die Heilige Schrift und die Geschichte nach Texten und Beispielen durchforschte, gelangte er dahin, sich mit großen Gestalten aus der Bibel und der Weltgeschichte zu identifizieren. Er wollte regieren mit der absoluten Macht eines Augustus und Theodosius, wollte herrschen wie Salomon und David, da ja auch er von Gott auserwählt war. Er ging mit sich zu Rate über seine Thronbesteigung und über das Wesen seiner Autorität; dabei gewann er eine klare Vorstellung von der Rolle des moskovitischen Autokraten, die für ihn drei wesentliche Elemente enthielt. Erstens: Gott war die Quelle seiner Macht; zweitens: als Erbe von Byzanz war Moskovien noch der einzige Vertreter und Verteidiger der Orthodoxie, das hieß, des Christentums; drittens: als unmittelbarer Erbe Vladimir Monomachs war der Großfürst von Moskovien der wahre Autokrat von ganz Rußland. Daraus folgte, daß jeder, der sich ihm widersetzte, des Verrats und des Abfalls vom Glauben schuldig war.

Ivans Vater, Vasilij III., und sein Großvater, Ivan III., hatten diese Grundsätze anklingen lassen, er aber entwickelte sie weiter und scheint sie schon mit sechzehn Jahren erfaßt zu haben. Aber wenn er auch einen frühreifen Verstand besaß und dazu besessen war von einem wilden Selbsterhaltungstrieb und krankhaften Gefühl für seine persönliche Unverletzbarkeit, so ist es doch kaum glaubhaft, daß er diese Theorien allein, ohne fremde Hilfe, durchdacht und ausgebaut haben soll. Sicher hat der weise und gelehrte Makarij, der diese Auffassung von der höchsten Gewalt teilte, ihn beeinflußt und geleitet.

Dem Chronisten zufolge hat jedoch Ivan ganz allein den Metropoliten und dann die Bojaren zu sich gerufen und ihnen in dramatischer Weise eröffnet, daß er nicht als Großfürst, sondern als Zar gekrönt werden wolle[13].

8

KRÖNUNG, HEIRAT
UND DIE BRÄNDE VON MOSKAU
1547

Am 13. Dezember 1546 hatte Ivan eine lange, vertrauliche Unterredung mit dem Metropoliten, der ihn darauf mit freudigem Lächeln verließ. Am nächsten Morgen rief Makarij nach der Andacht in der Uspenskij-Kathedrale alle Bojaren zusammen und führte sie in den Kremlpalast vor Ivan. Viele von ihnen mochten ahnen, daß eine wichtige Ankündigung bevorstand, kaum einer aber war wohl gefaßt auf eine Erklärung von solcher Tragweite.

Nachdem er den Segen der Heiligen und der Wundertäter erfleht hatte, erklärte Ivan schlicht, er habe beschlossen zu heiraten. Dann wandte er sich an den Metropoliten: »Zuerst gedachte ich eine Frau aus der Familie eines Königs oder Zaren eines fremden Reiches zu nehmen. Diesen Gedanken wies ich jedoch von mir, und ich wünsche nicht jemanden aus fremden Landen zu heiraten, weil ich noch jung war, als ich ohne Vater und Mutter zurückblieb; und wenn ich mir eine Frau aus fremden Landen nehme und wir passen in unseren Sitten nicht zusammen, so werden wir unglücklich miteinander leben; und so wünsche ich eine Frau aus Unserem eigenen Land zu heiraten, die Gott segnen möge durch euren Segen.«[1]

Nach dem Chronisten waren der Metropolit und die Bojaren von dieser Ankündigung, die ein so junger Mensch mit solcher Würde und Reife abgab, zu Tränen gerührt. Dann aber setzte Ivan mit einer weiteren Erklärung alle in Erstaunen. Er habe beschlossen, sagte er, vor seiner Heirat »die Titel Unserer Vorfahren ... und Unseres Verwandten, des Großfürsten Vladimir Vsevolodovič Monomach« anzunehmen und sich als Zar krönen zu lassen[2]. Viele der anwesenden Bojaren waren von dem Entschluß des jungen Autokraten, sich krönen zu lassen, keineswegs erbaut. Mißtrauen und Feindseligkeit hatte er ihnen schon bezeigt, und diese Entwicklung konnte nichts anderes bedeuten, als daß sie die autokratische Macht noch stärker zu spüren bekamen. Doch wie üblich trugen sie demütigen Gehorsam zur Schau und gaben ihrer Freude und Zustimmung Ausdruck.

Am 16. Januar 1547 wurde Ivan mit dem prunkvollen Zeremoniell der orthodoxen Kirche zum Zaren von ganz Rußland gekrönt. Aber diese Krönung war etwas Außergewöhnliches, ohne jegliche Präzedenz: Ivan ließ sich zum Zaren, nicht zum Großfürsten krönen. Wohl hatte sein Großvater, Ivan III., den Titel »Zar von ganz Rußland« gebraucht, doch nur gelegentlich und nicht in der vollen Bedeutung, die Ivan ihm beilegte. Außerdem war es die erste Krönung nach byzantinischem Vorbild mit angeblich jenen Insignien, die vor 500 Jahren Vladimir von dem Kaiser Konstantin Monomach erhalten hatte[3].

Nachdem Ivan zum Zaren gekrönt war, schritt er zu seiner Heirat. Schon im vorausgehenden Dezember waren hohe Hofbeamte mit einem Aufruf an die Fürsten, Bojaren und Grundbesitzer in alle Gegenden des Reiches ausgesandt worden. Nach einer Aufführung aller Titel und Würden des Autokraten hieß es darin: »Wenn euch diese Botschaft erreicht, so sollen jene unter euch, die unverheiratete Töchter haben, sogleich in die Städte reiten zu Unsern Vertretern und ihre Töchter zur Besichtigung mitbringen, und ihr dürft unter keinen Umständen eure Töchter verstecken...«[4]

Es gab Familienväter, die das friedliche und sichere Dasein auf ihren Gütern zu schätzen wußten; sie hatten kein Verlangen, in die wilden Machtkämpfe hineingezogen zu werden, die Moskau zu einem wahrhaft gefahrvollen Ort machten. Durch direkte eheliche Verbindung mit dem Herrscher gelangte eine Familie wohl zu hohem Rang und Ansehen, aber um einen Preis, der vielen Bojaren zu hoch schien. Diese Einstellung war so weit verbreitet, daß der Aufruf des Zaren die Warnung enthielt, jedem, der eine zur Wahl stehende Tochter verstecke, sei Ungnade oder gar Hinrichtung gewiß.

Die Mädchen, ausgewählt nach Schönheit, Frömmigkeit und charakterlichen Vorzügen, versammelten sich zur entscheidenden Wahl des Zaren in Moskau. Ivans Vater, Vasilij III., hatte – nach Herberstein – sich seine Frau aus 1500 der schönsten Mädchen ausgesucht[5]. Wahrscheinlich traf Ivan seine Wahl aus einer ähnlich großen Schar, doch ist weder etwas über die Angelegenheit selbst noch über die Gründe bekannt, warum er sich für Anastasija, die Tochter des verstorbenen *Okolničij* Roman Jurjevič Zacharin-Koskin entschied. Die Familie stammte aus Preußen, war im 14. Jahrhundert nach Moskovien eingewandert und sollte Rußland die Dynastie der Romanovs schenken[6]. Anastasijas Onkel Michail Jurjevič war ein vertrauter Ratgeber Vasilijs III. gewesen; dies mag zu ihren Gunsten mitgewirkt haben. Die Bojaren aber waren entsetzt, daß der Zar sich herablassen sollte, ein Mädchen von so bescheidener Herkunft zu heiraten. Sein Großvater hatte eine Prinzessin von Byzanz geheiratet, sein Vater die Tochter einer Familie, die zwar viele Feinde besaß, aber unleugbar von hohem Adel war. Ivan jedoch hatte eine Braut gewählt, deren Familie nicht einmal niederen fürstlichen Rang besaß. Die Bojaren empfanden seine Wahl als seiner unwürdig, fühlten sich aber auch selbst dadurch erniedrigt; dies sollte Anlaß zu Hader und Streit geben.

Anastasija besaß alle weiblichen Tugenden, welche die orthodoxen Russen hochhielten: Demut, Güte und Frömmigkeit, also alles, was sie zu einer sanften, gefügigen Gefährtin machte. In Moskovien waren die Frauen ihren Männern völlig untergeordnet, sie hatten ein hartes, oft elendes Dasein. Herberstein bemerkte: »Die Moskoviter halten keine Frau für tugendhaft, die nicht eingeschlossen lebt und so streng bewacht wird, daß sie nirgendwohin gehen kann.«[7] Sie durften nicht einmal bei öffentlichen Anlässen zur Kirche gehen. In ihre besonderen Gemächer, den *Terem,* verwiesen, brachten die Frauen der Adelsfamilien ihre Tage untätig, in einer Eintönigkeit zu, die nur durch Spinnen und Handarbeiten ein wenig belebt wurde. Sie hatten lediglich die Funktion, Kinder zur Welt zu bringen, denn die Hausarbeiten verrichteten Dienstboten. Bei den armen Leuten wurden die Frauen nicht eingesperrt, aber sie hatten so schwer zu arbeiten, daß sie fast nur Lasttiere waren. Eine Frau mit Persönlichkeit vermochte wohl in ihrer Familie starken Einfluß auszuüben, doch waren dies Ausnahmen. Von der Gemahlin des Herrschers erwartete man natürlich, daß sie ein beispielhaftes Leben führe.

Am 13. Februar zelebrierte der Metropolit die Trauungszeremonie in der Uspenskij-Kathedrale[8]. Dann zeigte sich das Paar dem Volk, von Segenswünschen laut umjubelt. Die Moskoviter überließen sich den Festlichkeiten, die mehrere Tage dauerten. Ivan und Anastasija aber zogen sich fromm zurück und pilgerten, obwohl das Land von grimmiger Winterkälte starrte, zum Troica-Kloster. Dort verbrachten sie die erste Fastenwoche in täglichen Gebeten am Grabe des heiligen Sergej.

Eine tief und aufrichtig gefühlte Frömmigkeit gehörte zum täglichen Leben eines jeden Moskoviters, so erwartete man sie auch vom Herrscher. Aber in diesem rauhen Zeitalter ging christliche Frömmigkeit nicht nur in Moskovien, sondern in ganz Europa Hand in Hand mit Grausamkeit und Unmenschlichkeit. In Ivan vereinten sich in seltenem Maße Frömmigkeit und Zartheit des Empfindens mit Brutalität. Er vermochte echte Zuneigung zu fühlen; die wenigen, denen es gelang, ihm sein krankhaftes Mißtrauen zu nehmen und sein Vertrauen zu gewinnen, fanden in ihm einen zartfühlenden Menschen, der Liebe zu geben und zu empfangen wünschte. Solche Gefühle rief Anastasija in ihm wach, und er behandelte sie auch stets mit zärtlicher Zuneigung und Achtung. Mit der Zeit wirkte sie besänftigend auf ihn ein; doch konnte sie nicht auf einmal seinen Haß mildern oder sein Mißtrauen gegen andere vertreiben. Sobald er auf Feindseligkeit oder auch nur auf einfachen Widerspruch stieß, glaubte er sich von Feinden umgeben und ließ seiner Wut freien Lauf.

Ungeachtet der christlichen Gelübde, die er bei seiner Krönung abgelegt hatte, ungeachtet auch des Beispiels christlicher Frömmigkeit, das seine Zarin vorlebte, war Ivan damals von seiner neuerlangten Macht berauscht. Er war Autokrat; nichts konnte ihm verweigert werden, niemand durfte ihm widersprechen. Er frönte seinen derbsten Neigungen im Umgang mit andern, bei Trinkgelagen und grausamen Späßen; und er spielte mit der Macht; je nach seinem Belieben erhöhte er den einen und ließ den andern fallen. Die Regierung des Landes lag nach wie vor in den Händen der Glinskijs, die sich zwar jeder Laune des Zaren willfährig zeigten, im übrigen aber ihre eigenen Interessen wahrnehmen konnten und sowohl die Bojaren wie das Volk ausraubten. Die von ihnen eingesetzten *Nastavniki* oder Gouverneure regierten korrupt, und wer unter ihnen zu leiden hatte, fand keinerlei Rechtsschutz.

Die Bürger von Pskov genossen, wie die Novgoroder, eine traditionelle Freiheit und Unabhängigkeit und waren schneller bereit als die Bevölkerung von Zentralrußland, ihre Beschwerden vorzubringen und Gerechtigkeit zu fordern. So entschlossen sie sich kühn, wegen der Übeltaten ihres *Nastavnik,* des Fürsten Turuntaj-Pronskij, beim Zaren vorstellig zu werden.

Die siebzig Bürger von Pskov, welche die Bittschrift mit Anschuldigungen und Beweisen gegen den *Nastavnik* überreichen sollten, reisten nach Moskau und trafen Ivan im Dorf Ostrovka. Er weigerte sich, sie anzuhören. Allein ihr Erscheinen war für ihn eine Art von Aufruhr. Wütend schrie er sie an, beschimpfte und verurteilte sie. Er ließ ihnen heißen Wein über den Kopf schütten und manchen auch Haare und Bart absengen. Dann befahl er ihnen, sich auszuziehen und nackt in den Schnee niederzulegen. Erschreckt und ängstlich gehorchten sie, darauf gefaßt, sogleich hingerichtet zu werden; und das wäre höchstwahrscheinlich auch ihr Los gewesen. Aber in diesem Augenblick sprengten Boten in das Dorf und meldeten einen gewaltigen Brand in Moskau. Ivan warf sich aufs Pferd und ritt mit seinem Gefolge in die Stadt. Die Bittsteller von Pskov waren vergessen; dem allein verdankten sie ihr Leben.

Brände waren in Moskau nichts Seltenes. Die aus Balken

gebauten Häuser wurden im Winter mit primitiven Öfen geheizt und dörrten aus, bis das Holz in den kurzen, heißen Sommern mürbe wie Zunder war. Die meisten Häuser waren von Höfen eingefaßt, was oft ein Umsichgreifen des Feuers verhinderte; aber es brauchte nur ein Wind die Funken weiterzutragen, und schon standen ganze Bezirke in Flammen. Die Stadt hatte unter vielen großen Bränden gelitten, doch nicht in jüngster Vergangenheit.

Moskau wurde jetzt jedoch zusehends größer. Als Sitz des Zaren und Hauptstadt von Moskovien lockte es Menschen aus dem ganzen Lande an. Häuser schossen aus dem Boden, wo nur ein wenig Platz war. Der englische Kapitän Richard Chancellor fand, Moskau sei »größer als London ... aber roh und ohne jede Ordnung erstellt«[10]. Herberstein schrieb, »kaum glaubhaft« sei die große Anzahl der Häuser – es sollten über 41 500 sein – und der Kreml umfasse nicht nur »den sehr weitläufigen und prächtigen Steinpalast des Fürsten«, sondern auch geräumige Holzbauten für den Metropoliten und die führenden Bojaren, dazu viele Kirchen[11]. Innerhalb und außerhalb des Kremls und sogar in den neuesten Vorstädten standen neue und alte baufällige Häuser dicht gedrängt nebeneinander, und diese Enge, die durch das schnelle Anwachsen der Stadt bedingt war, machte die Ausbreitung von Bränden jetzt zu einer weit größeren Gefahr.

Am 12. April 1547 brach in Kitaj Gorod, der Binnenstadt mit dem Händlerviertel, ein größeres Feuer aus. Alle die Marktstände und Warenlager der Kaufleute und Händler wurden vernichtet. Das Feuer erlosch, schwelte aber zweifellos weiter, denn ein paar Tage später zerstörten neue Brände das Viertel jenseits der Jauza, wo die Schmiede und Gerber ansässig waren. Wieder hörten die Brände auf oder flackerten nur gelegentlich schwach auf, aber nach ein paar Wochen kam die großeFeuersbrunst, der verheerendste Brand, den Moskau je erlebt hatte.

Es ging ein starker Wind, als am 21. Juni im Arbat, einem Vorort westlich des Kremls, Feuer ausbrach. Die Kirche von Vozdviženskoje brannte sogleich nieder. Das Feuer griff schnell um sich und legte den ganzen westlichen Teil der Stadt bis zum Ufer der Moskva in Asche. In diesem Stadium sprang der Wind um und übertrug das Feuer auf den Kreml, der bald in Flammen stand. Der Palast, die Schatzkammer, die Rüstkammer, alle Staatskanzleien, Privathäuser, der Sitz des Metropoliten, die Kathedralen und Kirchen – alles wurde vernichtet. Die Bücher und Manuskripte, die Schätze des Kremls, die heiligen Ikonen – bis auf wenige Ausnahmen, darunter die wundertätige Ikone der Muttergottes von Vladimir – gingen dabei zugrunde. Die Uspenskij-Kathedrale mit dem erneuerten Ikonostas und den goldenen Gefäßen blieb teilweise verschont, doch hatte der Bau selbst stark Schaden gelitten. Die große Glocke von Moskau stürzte vom Glockenturm herunter und zersprang auf dem Boden in Stücke. Um den Schrecken der Menschen in diesem rauchenden Inferno vollzumachen, explodierten die Pulvervorräte im staatlichen Zeughaus.

Gleich als das Feuer ausbrach, war Metropolit Makarij in die Uspenskij-Kathedrale gegangen, um für die Rettung der Stadt zu beten. Der Rauch erstickte ihn fast, doch gelangte er ins Freie und konnte die heilige Ikone der Gottesmutter, die der Metropolit Pjotr gemalt hatte, mit sich nehmen. Ihm folgten etliche Priester und ein Erzpriester mit allen Kirchenstatuen, die noch aus Konstantinopel stammten. Makarij schlug den Weg durch einen Geheimgang entlang der Kremlmauer ein, doch wieder wurde der Rauch übermächtig. Darauf ließen ihn die Priester, die ihn begleiteten, auf einer hölzernen Plattform von der Kremlmauer hinunter. Das Seil riß und der Metropolit stürzte in die Tiefe. Fast bewußtlos wurde er ins Novospaskij-Kloster geschafft.

Von dem starken Wind angefacht, raste das Feuer durch die ganze Stadt. Wenige Gebäude blieben unbeschädigt, die meisten Wohnviertel bestanden nur noch aus schwelenden Trümmern. Mindestens 1700 Menschen, Kinder nicht eingerechnet, waren ums Leben gekommen. Tagelang hingen schwere Rauchwolken über der Stadt. Mit versengten Haaren und geschwärzten Gesichtern durchwühlten die Überlebenden verzweifelt die verkohlten Trümmer nach vermißten Angehörigen und Überresten ihrer Habe. Jeder hatte einen Verlust erlitten, und von persönlichem Gram gebeugt, suchten alle nach Trost, der nirgends zu finden war. Die verängstigte und bekümmerte Stimmung des Volkes schlug allmählich um in Groll, zumal gegen den Herrscher, der ihnen in dieser Notzeit weder geholfen noch überhaupt ihrer gedacht hatte.

Ivan war, als das Unheil über die Stadt hereinbrach, mit seiner Frau, seinem Bruder und etlichen Bojaren davongeritten und hatte sich mit ihnen in dem nahebei gelegenen Dorf Vorobjovo in Sicherheit gebracht. Von dort beobachtete er die über Moskau aufsteigenden Rauchwolken und blieb fern, solange das Feuer wütete. Seine Untertanen und ihre Leiden bekümmerten ihn offenbar nicht; vielmehr gaben er und die Bojaren sogleich Anweisungen zum Wiederaufbau ihrer Paläste im Kreml.

Am Tage nach dem Brand ritt Ivan mit seinem Gefolge zum Novospaskij-Kloster, um den Metropoliten zu besuchen, der sich allmählich von seiner Erschöpfung und dem Schrecken des Unfalls erholte. Dort wiesen Ivans Hauskaplan, der Erzpriester Feodor Barmin, der Bojar Fürst Feodor Skopin-Šujskij, Ivan Čeljapin und andere – alle bekannt als Gegner der Glinskijs – den Zaren darauf hin, daß die Brände von Moskau auf schwarze Magie zurückzuführen seien. Hexenmeister hatten menschlichen Leichen die Herzen ausgerissen, sie in Wasser getaucht und mit diesem Wasser die Moskauer Straßen besprengt; dies habe die Feuerbrände verursacht.

Ivan war betroffen, aber ohne weiteres bereit, diese Erklärung zu glauben. Zauberei, ein zählebiges und machtvolles Relikt aus heidnischen Religionen, war nicht nur in Moskovien, sondern – wie die zahllosen Hexenprozesse und -verfolgungen beweisen – auch in Westeuropa weit verbreitet. Das Volk glaubte fest an den Teufel – also konnte es auch Hexen geben, die seine Werkzeuge waren. Für einen jungen Menschen von Ivans Wesensart war Zauberei eine sehr reale Macht, eine Auswirkung des Teufels, gegen die man sich durch das Gebet schützen mußte. Sogleich beauftragte er seine Bojaren, der Sache nachzuforschen. Die Methode, die sie bei den Nachforschungen anwandten, läßt vermuten, daß die Anschuldigung der Zauberei entweder Teil eines ausgeklügelten Planes war, die Glinskijs zu stürzen, oder daß sie sich zu diesem Zweck der Gerüchte im Volk bedienten.

Am fünften Tage nach dem Brand versammelten die Bojaren, ohne daß die sonst üblichen Verhöre vorgenommen oder Beweise beigebracht worden wären, die obdachlose und verzweifelte Moskauer Bevölkerung auf dem Platz vor der Uspenskij-Kathedrale. Dort richteten sie an die Menge die Frage: »Wer hat Moskau in Brand gesteckt?« Spontan und laut erfolgte die Antwort: »Fürstin Anna Glinskaja und ihre Kinder haben Zauberei geübt...« Darauf wurde in allen Einzelheiten die Geschichte vom Gebrauch der Herzen vorgebracht. Ob das Volk von sich aus daran glaubte oder ob ihm diese Erklärung vorher insinuiert worden war – man brauchte die Menge nicht mehr anzustacheln. Außerdem entlud sich darin ihr glühender Haß gegen die Glinskijs, und da diese Ivans Verwandte und Günstlinge waren, sprachen sie zugleich ihrem jungen Zaren das Urteil, der nur auf eigene Sicherheit bedacht gewesen war[12].

Ivans Onkel Jurij Glinskij befand sich unter den Bojaren auf dem Kremlplatz und hörte mit an, wie die Menge ihn und seine Familie verdammte. Er stahl sich davon und wollte in der Uspenskij-Kathedrale Zuflucht suchen. Die Bojaren aber, die gegen die Glinskijs nicht weniger aufgebracht waren als das Volk, hetzten den Pöbel hinter ihm drein, der in die Kathedrale eindrang. Ohne Rücksicht darauf, daß sie auf geweihtem Boden standen, an einem Ort von besonderer Heiligkeit, erschlugen sie Jurij Glinskij vor dem Altar. Dann schleppten sie seinen Leichnam vom Kreml auf den Roten Platz, wo er auf dem Richtplatz zur Schau gestellt wurde.

Mit unverminderter Wut stürmte die Menge auf der Suche nach allen Anhängern und Gefolgsleuten der Glinskijs durch die Stadt und brachte um, wen sie nur fanden. Drei Tage später zog der immer noch blutdürstige Pöbel nach Vorobjovo. Sie nahmen Aufstellung vor der Residenz des Zaren und forderten laut die Auslieferung seiner Großmutter, der Fürstin Anna, und seines Onkels, des Fürsten Michail Glinskij, die sich, wie sie meinten, beim Zaren versteckt hielten.

Für Ivan war dies glatter Verrat und eine persönliche Beleidigung, wie er sie nie von seinen Untertanen hinnehmen konnte. Er zeigte keine Furcht vor dem Pöbel, verweigerte nicht nur die an ihn gestellten Forderungen, sondern ließ viele der Aufrührer ergreifen und sofort hinrichten. Die übrigen, nicht darauf gefaßt, daß ihr junger Zar mit solcher Strenge vorgehen würde, flüchteten verängstigt in die Stadt zurück. Der Aufruhr und das Gerede von schwarzer Magie waren vorüber.

Auch die Herrschaft der Glinskijs hatte jetzt ein Ende gefunden. Sie waren von der Partei der Šujskijs gestürzt worden. Die Hauptanhänger Andrej Šujskijs waren nach seiner Hinrichtung verbannt oder zerstreut worden, hatten sich aber allmählich wieder in Moskau eingefunden. Sie wagten nicht mehr direkt zu handeln und mußten ihre Ziele im Bündnis mit andern zu erreichen suchen, die dem Zaren nahestanden. So arbeitete Feodor Skopin-Šujskij mit Barmin, dem Hausgeistlichen des Zaren, und mit Grigorij Zacharin, dem Onkel der Zarin, zusammen. Aber es war ihnen gelungen, die Glinskijs zu stürzen. Fürst Michail Glinskij hatte eine solche Angst um sein Leben, daß er mit seinem Freund, dem Fürsten Turuntaj-Pronskij nach Litauen zu fliehen versuchte. Beide wurden gefangengenommen und sogar gnädig behandelt, doch nie wieder in ihre früheren Stellungen eingesetzt. Daneben war es bemerkenswert, daß Ivan keinem einzigen Mitglied der Šujskij-Partei irgendwelche Macht einräumte.

Der Aufruhr hatte einen tiefen Eindruck bei ihm hinterlassen, nicht nur wegen der starken Feindseligkeit des Volkes gegen die Glinskijs, sondern weil er auch gegen ihn gerichtet war. Allgemeine Unzufriedenheit hatte sich spürbar gemacht, solange er regierte, doch hatte sie sich stets auf die Bojaren konzentriert, die ja auch seine Feinde waren. Es traf ihn wie ein Schock, daß er in der öffentlichen Meinung mit einer verhaßten Partei verbunden war; und dieser Schock war heilsam!

9

DER GEWÄHLTE RAT
1547–1549

DIE EREIGNISSE der ersten sechs Monate des Jahres 1547 bewirkten eine auffallende Wandlung in Ivans Anschauungen und seinem Benehmen. Seine Krönung und seine Hochzeit – beides mit feierlichem Zeremoniell unter Ablegung heiliger Eide vollzogen –, sodann die furchtbaren Brände von Moskau, der Aufstand des Volkes gegen seine Verwandten, die Glinskijs, und die Schmähungen gegen ihn selbst – dies alles hatte ihn erschüttert. Unter diesen Erfahrungen schien Ivan ein anderer Mensch zu werden. Hatte der Jugendliche wie ein in die Enge getriebenes Tier um sich geschlagen oder wie ein boshaftes Kind mit der ihm verliehenen Macht gespielt, Menschen gequält und sie töten lassen – jetzt legte er plötzlich seine Rachsucht und sogar seinen Groll ab und begann sich wie ein Mensch voller Demut, Verantwortlichkeit und Einsicht zu benehmen. Es traten darin deutlich die Extreme seiner Natur zum Vorschein. Mäßigung kannte er nicht, und da Geist und Gemüt bei ihm ständig in Aufruhr waren, verfiel er zeit seines Lebens von einem Extrem ins andere.

Auch im Reden konnte Ivan sich keinen Zwang antun. Immer drückte er sich mit spontaner, zuweilen leidenschaftlicher Beredsamkeit aus. Immer drängte es ihn, sich anderen mitzuteilen und seine geistigen und seelischen Qualen zu äußern. Er litt unter einem Schuldgefühl, als sei er aus der Gnade gefallen. Seine Übeltaten verhehlte er weder sich noch anderen, sondern bekannte sie offen und bat demütig um Vergebung. Zugleich verteidigte er sich vor seinem Volk und vor Gott und gab den Bojaren die Schuld an seiner Verderbtheit. Anstatt aber, wie er es bei früheren Anlässen getan hatte, die Bojaren willkürlich in Ungnade zu versetzen oder hinrichten zu lassen, wollte er sie jetzt, nach seiner Wandlung, als Schuldige abgeurteilt sehen. Bald jedoch fand er sich bereit, allen zu vergeben, damit das Zarenreich in christlicher Eintracht leben könne.

Ivan selbst schrieb seine Wandlung dem Brand von Moskau zu. Auf einer Kirchenversammlung legte er dar, welch gewaltigen Eindruck ihm das Feuer gemacht hatte, und demütig wie Hiob sprach er von der Seelenqual und seiner Reue: »Unmöglich ist es, mit Menschenzungen alle die Missetaten zu beschreiben oder zu berichten, die ich in der Sündhaftigkeit meiner Jugend begangen habe. Zuerst erniedrigte mich Gott, als er mir meinen Vater nahm, euren Hüter und Beschützer. Die Bojaren und Edelleute stellten sich, als wären sie meine Wohltäter, in Wahrheit aber strebten sie nur nach eigener Macht ... Nach dem Tode meiner Mutter herrschten die Bojaren als Despoten über das Zarenreich. Durch meine Sünden, weil ich eine Waise und von unreifem Verstand war, kamen viele Menschen in gegenseitigen Kämpfen um, und ich wuchs verwahrlost heran, ohne Unterweisung, gewöhnt an die niedrigen Schliche der Bojaren. Und wie schwer habe ich seit jener Zeit vor Gott gesündigt, und mit wie vielen Strafen hat Gott Uns heimgesucht! Mehr als einmal versuchten Wir, an unseren Feinden Rache zu nehmen, doch ohne Erfolg. Ich erkannte nicht, daß der Herr mich mit großen Züchtigungen strafte, und ich tat nicht Buße, sondern richtete mit schweren Bedrückungen arme Christenmenschen zugrunde. Der Herr strafte mich meiner Sünden halber mit Wasserfluten und Seuchen, und noch immer bereute ich nicht. Dann schickte Gott das große Feuer, da kam mich Furcht an und meine Gebeine zitterten; meine Seele war bezwungen, ich war bewegt und erkannte meine Sünden; ich suchte Vergebung bei der Geistlichkeit und gewährte den Fürsten und Bojaren Verzeihung.«[1]

Ivans Wandlung geschah so jäh und so dramatisch, daß manche sie für ein Wunder hielten. So schrieb Fürst Kurbskij, nach dem Brand von Moskau und dem Aufstand des Volkes habe Gott, »um dem christlichen Land Ruhe zu schenken«, wunderbarerweise seine Hand ausgereckt und dem Zaren einen gewissen Priester namens Silvester geschickt[2]. Auch der Historiker Karamzin, der drei Jahrhunderte später schrieb, meinte, es sei ein Wunder geschehen. »Zu Ivans Besserung war es nötig, daß Moskau von Feuer verzehrt wurde«, und dann sei plötzlich ein bemerkenswerter Mann, eben jener Silvester, bei ihm erschienen[3]. Ob nun durch ein Wunder oder nicht – keinesfalls kam Ivans Wandlung plötzlich zustande. Sie vollzog sich stufenweise im Lauf vieler Monate, doch ist sie zur Hauptsache dem Einfluß dieses seltsamen und kraftvollen Priesters Silvester zu danken.

Ivan erlag leicht dem Einfluß anderer. Seine Haltung gegen seine Mitmenschen war durch Mißtrauen verzerrt, gegenüber den Bojaren von Haß und Furcht vergiftet. Aber diese so intensiv erlebten Gefühle hatten ihn furchtbar einsam gemacht. Mißtrauen isoliert einen Menschen so vollständig, daß er in seiner Vereinsamung einem Wüstenwanderer gleicht, der vor Durst verschmachtet; dabei sehnt er sich nach Kameradschaft, und dieses Verlangen wird so übermächtig, daß er jede Hand ergreift, die sich ihm darbietet. So konnte, paradoxerweise, ein Mensch von Ivans mißtrauischem Wesen bereitwillig und restlos der Anziehungskraft eines andern anheimfallen, wenn nur seine Angst beschwichtigt, sein Vertrauen gewonnen war. Und so verhielt es sich mit Ivan: schenkte er Vertrauen, so tat er es rückhaltlos. Es bedurfte eines niederschmetternden Verrats, einer ernstlichen Bedrohung seiner Sicherheit oder eines Übergriffs auf seine Zarenmacht, um seinen Glauben zu erschüttern; dann allerdings verfolgte er den gestürzten Günstling bis an sein Ende mit wütender Rachsucht.

Silvester tauchte nicht plötzlich bei Ivan auf. Vermutlich war er 1542 mit dem Metropoliten Makarij, dem er bei der Arbeit an der *Mineja Četja* half, aus seiner Heimatstadt Novgorod nach Moskau gekommen. Er war ein Gelehrter, verband aber daneben religiösem Eifer mit einem Sinn fürs praktische Leben. Einen Beweis davon gab er mit dem *Domostroj*, in dem er Lebensregeln für ein christliches Hauswesen aufstellte; dieses beachtliche Werk, in den 1550er Jahren abgefaßt, spiegelt den Geist der Zeit, sollte aber auch noch künftigen Geschlechtern orthodoxer Christen als Leitfaden dienen[5]. In Moskau versah Silvester den Dienst eines einfachen Priesters an der Blagoveščenskij-Kathedrale, in die regelmäßig der Zar mit seinem Gefolge kam. Aber obgleich Silvester dem Metropoliten nahestand, hätte er unter den zahlreichen Priestern der Kathedrale unbeachtet bleiben können, wäre er nicht eine von fanatischem Eifer und Mut beseelte Persönlichkeit gewesen.

Ein strenger und frommer Priester, glich Silvester dem Tischbiter Elias, dem Propheten, der aus der Wüste kam und einem Gott diente, der mit Feuer antwortete. Auch Silvester hatte den Zeitgenossen Eindruck gemacht durch sein dramatisches Auftreten nach dem großen Brand von Moskau, und wie Elias begegnete er denen, die er für falsche Propheten hielt, mit unerbittlicher Feindschaft. In seinen Augen glich Ivan Ahab, der mehr getan hatte, den Gott Israels zu erzürnen, als alle Könige vor ihm. Furchtlos widmete er sich der Aufgabe, den jungen Zaren zu bessern, damit er in sich gehe.

Maßgeblichen Einfluß auf Ivan gewann Silvester offenbar nach dem Brand von Moskau und dem Aufstand des Volkes. Um diese Zeit war Ivan besonders einsam. Seine Verwandten, die Glinskijs, hatten versagt und waren nach den wütenden Demonstrationen der Moskauer Bevölkerung vertrieben worden. Sein Bruder Jurij, den er als der Ältere stets freundlich behandelte, war geistig zurückgeblieben und kein Gefährte für einen Menschen von Ivans Fähigkeiten und Temperament. In seiner Vereinsamung wandte er sich einem Kreis neuer Menschen zu, unter denen der strenge Priester die beherrschende Erscheinung war. Nach wenigen Monaten legte Feodor Barmin, der Beichtvater des Zaren, sein Amt nieder, um sich in ein Kloster zurückzuziehen, und an seiner Stelle wurde Silvester ernannt[6].

Mit Drohungen und Einschüchterungen machte Silvester sich nun ans Werk, den jungen Zaren zu bessern. Und wieder war Ivan, der seine ganze Kindheit in panischem Schrecken durchlebt hatte, jetzt von ständiger Angst verfolgt; damals hatte er um seine persönliche Sicherheit gebangt, jetzt fürchtete er für sein Seelenheil. Silvester setzte ihm zu mit Geschichten von Wundern und Zeichen, die Gott geschickt habe, um ihn zu warnen und vor Schlechtigkeit zu bewahren, damit nicht seine Seele ewiger Verdammnis anheimfalle. Er ersann Schreckbilder, die den mit lebhafter Phantasie begabten Jüngling verfolgten, »um seine Wildheit zu zähmen und wegen seiner kindischen Zügellosigkeit«[7]. Fürst Kurbskij, der damals Silvester und Ivan nahestand, schrieb in einem späteren Brief an den Zaren: »So wandte er, der Verehrungswürdige [Silvester] bei deiner unheilbaren Krankheit Pflaster an – bald griff er dich an und schalt dich mit beißenden Worten, als wolle er, gleichsam mit scharfer Klinge, deine heillosen Gewohnheiten durch harte Strafen herausschneiden...«[8] Darauf erwiderte Ivan – zu einer Zeit, als er dem Einfluß des Priesters entwachsen war –, dies seien Versuche gewesen, ihm »durch kindische Schreckgespenster Furcht einzujagen«[9]. Dennoch hatten die Versuche damals Erfolg; allein mit seinen Ängsten im Kreml, ließ sich der erst Siebzehnjährige offensichtlich von den flammenden Ermahnungen des Priesters, durch seine Drohungen und Schreckbilder einschüchtern. Er legte seine schlimmen Gewohnheiten ab und bereute wie Ahab.

Silvester verfolgte das Ziel, zunächst den Zaren umzubilden, sodann gewisse Mißbräuche in der Regierung des Landes auszumerzen. Bei dieser letzteren Aufgabe fand er Unterstützung durch Verbündete. Außerdem half ihm wahrscheinlich Metropolit Makarij, der zwar nicht eine so feurige und bezwingende Persönlichkeit war wie Silvester, jedoch einen weiteren Horizont besaß. Makarij hatte entscheidenden Einfluß auf Ivans Erziehung und Entwicklung genommen, ihn bestärkt in seiner Vorstellung von der Rolle des Autokraten, ihm vielleicht sogar den Gedanken eingegeben, sich zum Zaren krönen zu lassen, und seine Bereitschaft zum Kreuzzug gegen die ungläubigen Tataren angestachelt. Da Makarij alles förderte, was zur Stärke und Einigkeit Moskoviens und zur Macht des orthodoxen Zaren beitrug, wird er die Reformen, die Silvester und die Mitglieder seiner Gruppe planten, unterstützt haben.

In weltlichen Angelegenheiten stimmten Silvester und Makarij weitgehend überein, in kirchlichen Fragen waren sie Gegner. Makarij gehörte zur Partei der Josephaner, die daran festhielten, daß die Kirche ihren Reichtum und den Schutz der weltlichen Macht brauche, um ihre Mission durchführen zu können. Silvester gehörte zu den Transvolga-Eremiten und sprach der Kirche das Recht auf Besitz ab; er forderte, daß sie auf ihre Ländereien und übrigen Güter verzichte, um sich von diesem verderblichen Einfluß frei zu machen. Über die Privilegien und die Abgabenfreiheit der Kirche sowie über Säkularisation ihrer Ländereien waren die beiden Kirchenmänner grundverschiedener Meinung, und bald sollte auf dem Kirchenkonzil zwischen ihnen ein offener Streit über diese Fragen entbrennen. Gegen Ende der 1540er Jahre jedoch schien Makarij durch Silvester in den Schatten gestellt und, obgleich er Metropolit war, einen viel geringeren Einfluß auszuüben als der einfache Priester.

Silvesters engster Verbündeter war Alexej Adašev, ein erfahrener Mann von Welt und damals wohl die sympathischste und anziehendste Persönlichkeit am Zarenhof. Adašev entstammte einer Familie des niederen Adels und wird Ivan vielleicht schon in seiner Kindheit als einer seiner Spielgefährten nahegekommen sein[10]. Sodann wurde er *Batožnik,* das heißt, Träger des Stabes, mit dem er die Leute aus dem Weg zu weisen hatte, wenn der Zar nahte. Im Juni 1547 rückte Adašev zum *Postelničij* oder Kämmerer des Zaren auf; es war dies eine sehr einflußreiche Stellung, da sie ihn in täglichen Kontakt mit Ivan brachte und die Verwaltung seiner Privatschatulle einschloß.

Um diese Zeit hatte Adašev Ivans Vertrauen gewonnen und sich als äußerst tüchtiger und zuverlässiger Hofmann erwiesen. Er war ein Mensch, dessen Erfolge tatsächlich auf seinen Leistungen beruhten und der dennoch beliebt war. Er besaß Charme und dazu eine Geradheit des Wesens, was beides ihm das Wohlwollen und die Freundschaft aller eintrug, die ihn kannten. Kurbskij hielt ihn geradezu für einen Engel. Im späteren Krieg mit Livland erklärten sich – nach Kurbskij – feindliche Städte zur Übergabe bereit, wenn sie sich Adašev ergeben konnten, und zwar »wegen seiner Güte«[11].

Hatten Silvester und Adašev bis Ende des Jahres 1547 Ivans Vertrauen und Freundschaft erworben, so sprechen doch keinerlei Anzeichen dafür, daß sie damals oder etwa im folgenden Jahr eine maßgebliche Rolle in der Regierung gespielt hätten. Offenbar verwandten beide Männer ihre ganze Kraft darauf, eine Wandlung in Ivans Wesen zu schaffen, ihn von seinen bisherigen Genossen zu trennen und ihre eigene Stellung am Hofe zu festigen. Aber sie planten auch Regierungsreformen und verhandelten darüber mit Männern ihrer Wahl, die eine Arbeitsgemeinschaft bilden und sich ganz der Aufgabe widmen sollten, den moskovitischen Staat zu festigen und zu reformieren.

Dieses Team, dem Kurbskij den Namen »Der Gewählte Rat« gab, sollte in den nächsten paar Jahren eine ungeheure Bedeutung erlangen. Es war keine organisierte Körperschaft, sondern eine nicht-formelle Gruppe von Männern um den Zaren; sie sollte die Regierung stellen. Die volle Mitgliederzahl des Gewählten Rates ist nicht bekannt. Sie entsprach nicht der Mitgliederzahl der Bojarenduma – des formellen Staatsrates –, sondern wird sich mit der des Inneren Rates gedeckt haben, jenes intimeren Kreises von Ratgebern, welche die moskovitischen Großfürsten um sich versammelten. Es ist anzunehmen, daß der Gewählte Rat, der als kleines nicht-formelles Team begann, allmählich mit dem Inneren Rat verschmolz und zum Kabinett des Zaren wurde.

Die Führung im Rat lag bei Silvester und Adašev; doch kann es sein, daß Silvester, so großen Einfluß er auch ausübte, wegen seines Priesterberufes nicht wirkliches Mitglied war[13]. Fürst Dmitrij Kurljatev, ein vertrauter Ratgeber von Ivans Vater, Vasilij III., wurde nach 1549 Mitglied, als er in den Bojarenrang erhoben war[14]. Mitglieder waren wahrscheinlich auch Fürst Andrej Kurbskij und Michail Morozov. Die übrigen werden in der Mehrzahl aus den verschiedenen fürstlichen Familien gekommen sein, die im Regieren erfahren und daran gewöhnt waren, Verantwortung zu tragen. Gewiß hat Ivan später dem Rat vorgeworfen, er habe Parteilichkeit zugunsten der Fürsten und Bojaren gezeigt, indem er ihnen die von seinem Vater und Großvater konfiszierten Erbgüter zurückgab[15]. Aber Ivans Anschuldigungen zu diesem späteren Zeitpunkt, in der Hitze des Zorns und der Enttäuschung vorgebracht, waren zuweilen nicht stichhaltig.

Der Gewählte Rat stellte eine Kompromiß-Regierung dar. Sie war auf eine gewisse Unterstützung von seiten der Bojaren- und Fürstenaristokratie angewiesen, zeigte sich aber aufgeschlossen für Reformen, die der Dienstadel und andere Klassen der Bevölkerung forderten. Im ganzen war der Kompromiß jedoch harmlos, und die vom Rat befürworteten Reformen zielten darauf, die zentrale Gewalt des Zaren zu konsolidieren, die Stellung der Bojaren- und Fürstenaristokratie zu schwächen und an ihrer Stelle die neue Klasse der im Heer dienenden Leute zu erhöhen. Mochten also die Mitglieder des Gewählten Rates vorwiegend aus fürstlichen Familien kommen – die Reformen waren ihren Interessen nicht förderlich, und dies deutet darauf hin, daß Silvester und Adašev und später Ivan den Rat beherrschten.

In den zwei Jahren von 1547 bis 1549 arbeiteten Silvester und Adašev eifrig ihr politisches Programm aus und machten sich an seine Durchführung. Die wichtigste einleitende Maßnahme dieser Zeit betraf die Bojarenduma, deren Mitgliederzahl bis 1549 von zwölf auf zweiunddreißig erhöht wurde. Verschiedene neuernannte Bojaren wurden in die Duma berufen, darunter Männer wie Fürst Dmitrj Kurljatev, Ivan Šeremetev und Michail Morozov, die alle Silvester und Adašev nahestanden und wahrscheinlich dem Gewählten Rat angehörten. Diese Erweiterung der Bojarenduma hatte zur Folge, daß die führenden Bojarenfamilien, die sich während Ivans Minderjährigkeit durch den Mißbrauch ihrer Macht beim Volk verhaßt gemacht hatten, wesentlich an Einfluß verloren. Die Mitglieder des Gewählten Rates waren sich klar über die verheerende Auswirkung der Fehden und Kämpfe zwischen den Bojaren – sie hatten die Nation um mehr als ein Jahrhundert zurückgeworfen, in einen Zustand, vergleichbar der Zeit, da das nordöstliche Rußland in rivalisierende, sich bekriegende Fürstentümer zerspalten war. Sie erkannten, daß Moskovien, wenn es weiterbestehen wollte, ein stark zentralisierter Staat sein mußte. Deshalb war es erste Aufgabe eines jeden Reformprogramms, den Dienstadel zu einer Klasse heranzubilden, die imstande sein würde, verantwortungsbewußt zu führen; dafür sollten ihre Dienstleistungen und ihre Lehnstreue gegenüber dem Zaren gebührende Anerkennung finden. Dieser indirekte Angriff auf die Stellung der Bojaren und Fürsten war jedoch nur ein erster Schritt im Programm der Reformen, die Korruption, Ungerechtigkeit und Untüchtigkeit ausmerzen und eine neue Verwaltung schaffen sollten, um der großen jungen Nation Einigkeit und Kraft zu verleihen.

Ivan war, als dieses Reformprogramm in den Jahren 1549 bis 1556 eingeleitet wurde, ein junger Mensch Anfang der Zwanzig; es ist schwer auszumachen, wie weit er sich zunächst daran beteiligte. Zweifellos bejahte er Zweck und Ziel der Reformen von ganzem Herzen. Die Bojarenfamilien haßte er aus persönlichen Gründen und war entschlossen, eine absolute Autokratie zu schaffen. Zudem begriff er schnell die Notwendigkeit, Moskovien zu einem starken, zentralisierten Staat zu machen. Mochten also die frühen Reformen dieser Periode noch nicht von ihm angeregt sein, so werden die Mitglieder des Gewählten Rates sie doch mit ihm besprochen haben; sicher waren sie nicht so anmaßend oder unvorsichtig, etwas ohne sein Wissen zu unternehmen oder seine Zustimmung einfach vorauszusetzen. Ivan war ein Mensch, der sich lenken und leiten ließ, den man aber nicht treiben oder vor vollendete Tatsachen stellen konnte, in der Annahme, er werde sie bestätigen[16]. Er vergaß nie, daß er Zar war, die Quelle aller Macht; erwies man seiner

Person und seiner Autorität nicht die gebührende Achtung, so flammte sein Zorn auf. Auch war er nie eine passive Natur, die des Anstoßes durch andere bedurft hätte. Er besaß eine stark schöpferische Phantasie und die Kraft zu schnellen Entschlüssen.

Mit seiner wachen Intelligenz erfaßte Ivan, worauf die Pläne von Silvester, Adašev und anderen aus dem Gewählten Rat hinausliefen. Kraftvoll und begeistert griff er ihre Ideen auf, und je weiter das Reformprogramm vorangedieh, desto tätiger nahm er Anteil, es klarzulegen und durchzuführen. Die intensiven Vorarbeiten zu diesen Reformen und die Aufgabe, sie in Kraft zu setzen, beanspruchten und schulten Ivans Fähigkeiten; dabei entwickelte er sich zu einem verantwortungsbewußten und erfahrenen Monarchen.

10

DIE ERSTEN REFORMEN
1549–1551

AM 27. FEBRUAR 1549 versammelte sich eine Menge Volkes auf dem Roten Platz in Moskau. Sie waren dem Befehl des Zaren gefolgt, der ausgewählte Männer aus allen Städten Moskoviens wichtiger Staatsangelegenheiten wegen in die Hauptstadt einberufen hatte. Jetzt warteten sie geduldig in der Kälte, bis sich das Tor des Spaskij-Turmes, des größten und schönsten der Kremltürme, öffnete und der Zar heraustrat. Er kam in feierlichem Zuge mit dem Metropoliten, den Bischöfen, den Bojaren, Heerführern und Angehörigen des Dienstadels. Sie alle trugen schimmernde Gewänder. Die Menge verharrte in ehrfürchtigem Schweigen, während der Zar – groß und breitschultrig, eine gebieterische Erscheinung – zum *Lobnoje Mesto*, der Richtstätte, in der Mitte des Platzes schritt und zu ihr hinanstieg.

Die Gebete wurden verrichtet, dann wandte sich der Zar dem Metropoliten zu und begann zu sprechen. Er wies auf seine Kindheit hin, da er, seiner Eltern beraubt, geringschätzig behandelt und von den Bojaren unterdrückt worden sei. Von seiner grausamen Jugend sprach er oft, damit appellierte er einerseits ganz bewußt an das Mitgefühl des Volkes und war ja andererseits von diesen Kindheitserinnerungen wirklich verfolgt. Alle Fehlschläge und jedes Mißgeschick in seinem Leben waren in seiner Vorstellung eng mit seiner frühen Verwaisung und der Gewalttätigkeit der Bojaren verknüpft.

Von diesen schlimmen Erinnerungen bewegt, begann Ivan die Bojaren anzuklagen. Er sagte: »Sie wünschten, allmächtig zu sein; in meinem Namen legten sie sich Ehren und Rang zu, bereicherten sich durch Ungerechtigkeiten, unterdrückten das Volk – und keiner wehrte ihnen. In meiner beklagenswerten Kindheit schien ich taub und stumm; ich achtete nicht des Jammers der Armen, und keine Anklage kam von meinen Lippen. Ihr, Bojaren, ihr tatet, was ihr wolltet, böse Rebellen, ungerechte Richter! Was habt ihr Uns jetzt zu erwidern? Wieviel Tränen, wieviel Blut habt ihr fließen lassen! Ich bin unschuldig an diesem Blut! Ihr aber werdet euch vor dem himmlischen Richter zu verantworten haben!«[1]

Ivan verneigte sich nach allen Seiten, ehe er weitersprach: »Gottesvolk, von Gott Unserer Hut anvertraut! Bei eurem Glauben an Ihn, bei eurer Liebe zu mir: seid bereit zu vergeben! Vergangenes Unrecht kann nicht ungeschehen gemacht werden. Ich kann euch nur vor künftiger Unterdrückung und Erpressung bewahren. Vergeßt, was geschehen ist und was nicht wieder geschehen wird! Tut Feindschaft und Haß von euch! Laßt uns alle einig sein in christlicher Liebe! Hinfort will ich euer Richter und euer Beschützer sein!«[2]

Unter der Faszination, die von Ivan ausging, wurde diese Versammlung zu einer dramatischen, wenn nicht theatralischen Angelegenheit. Er sprach immer leidenschaftlich, aber eine große Zuhörerschaft riß ihn zu flammender Beredsamkeit hin. Ein Einsamer, voller Mißtrauen gegen einzelne, bedurfte er des Anhangs der Massen, und als kluger Herrscher appellierte er an ihre Gefolgschaftstreue. Doch als er sich an diese Versammlung wandte, spielte noch etwas anderes mit, nämlich sein Bedürfnis, ein öffentliches Bekenntnis abzulegen. Von den Drohungen, Schreckbildern und Ermahnungen Silvesters gepeinigt, hatte der junge Zar Reue und Besserung gelobt. Aber er gab sich nie damit zufrieden, in geheimer Beichte zu bereuen; immer wieder drängte es ihn während seiner Regierung, seine Sünden öffentlich zu bekennen.

Für die Moskoviter war dies ein denkwürdiger Tag. Ihr Zar, der so leidenschaftlich und aufrichtig sprach, hatte die Bojaren angeklagt und sich dem Volk gleichgestellt in allem, was sie unter ihrem Regiment gelitten hatten. Offen hatte er zugegeben, daß er ihnen in der Vergangenheit zuwenig Beachtung geschenkt habe, und versprochen, in Zukunft ihr Beschützer zu sein. Sodann hatte er sie als Christen aufgefordert, den Bojaren zu vergeben, damit sie alle in christlicher Eintracht leben könnten. So hatte kein Großfürst je zu ihnen gesprochen, keiner von ihnen Sorge ums allgemeine Wohl gezeigt oder ihnen Schutz zugesagt. Damit war der erste Grund gelegt für die Anhänglichkeit, die das Volk Ivan von dieser Zeit bis zum Ende seiner Regierung bewahren sollte.

Dieser Versammlung kam auch verfassungsmäßig Bedeutung zu, denn es war tatsächlich der erste *Zemskij Sobor,* d.h. die erste Landesversammlung. Anwesend waren die Mitglieder der Bojarenduma, des Kirchenrats und der Dienstadel; dennoch war es entfernt nicht eine vollzählige Volksvertretung. Es fehlten Abgeordnete des Kaufmannsstandes, der Bauernschaft und vieler Städte und Bezirke; und diejenigen, die überhaupt daran teilnahmen, waren eher willkürlich berufen als frei gewählt. Aber diese Landesversammlung sollte eine Zukunft haben, denn durch sie vermochte Ivan über die Bojarenaristokratie hinaus den ganzen Dienstadel anzusprechen, die Offiziere und Beamten, auf die er bei der Regierung und für die Verteidigung des Landes angewiesen war[3].

Am nächsten Tag versammelte sich das Volk wieder auf dem Roten Platz. Der Zar erschien, begleitet vom Metropoliten und anderen Würdenträgern. Bei dieser Gelegenheit wurden schon verschiedene wichtige Verwaltungs- und Justizreformen angekündigt. Damit erbrachte Ivan den Beweis, daß er wirklich gewillt war, sein Volk vor Ungerechtigkeit und Ausbeutung zu schützen.

Ivans Erklärung auf dem Roten Platz kennzeichnete den Beginn einer weitreichenden Reformbewegung, sie leitete die große Zeit seiner Regierung ein. Ein neues Gesetzbuch wurde herausgegeben, und Justiz, Finanzwesen, Militärdienst und Heeresorganisation machten jetzt eine so grundlegende Wandlung durch wie die Verwaltung von Staat und Kirche. Diese

Reformen entsprachen der allgemeinen Tendenz, einen zentralisierten Staat zu schaffen, ihn zu festigen und ihm eine Verwaltung zu geben, die seinen Erfordernissen entsprach; und er sollte sich auf eine neue Klasse von Männern stützen, die der Zar für zivile und militärische Dienste in Anspruch nehmen konnte.

Es war aber nicht nur eine Zeit der Reformen, in der eine neue Staatsmaschinerie geschaffen wurde. Vielmehr brach eine Ära religiösen und sittlichen Aufschwungs in der Kirche und im Volk an. Ivan selbst war von glühendem Kreuzzugseifer erfaßt. Er fühlte sich jetzt aufgerufen, das Zarenreich so zu regieren, daß es durch Beispiel und Neugestaltung zu einem wahrhaft christlichen Land, zum Hüter der Orthodoxie würde.

Ihren Ursprung nahm diese sittliche und religiöse Bewegung aus den Lehren einiger bedeutender Kirchenmänner. Josef von Volokolamsk, Maxim der Grieche[4], Nil Sorskij, Makarij, Silvester und andere hatten mit ihrer Gelehrsamkeit und ihrem vorbildlichen Leben die Führung übernommen. Neben einzelnen Priester-Persönlichkeiten förderte die Kirche als Gesamtes die Bewegung entschieden. Im Februar 1547 wurden auf der Kirchenversammlung eine Anzahl russischer Heiliger kanonisiert. Makarij hatte in der *Mineja Četja* das Leben dieser Heiligen aufgezeichnet und damit ihr Beispiel und ihre Regeln weiten Kreisen zur Nachfolge empfohlen. Doch um die Mitte des 16. Jahrhunderts waren die Korruption und Laxheit, die seit vielen Jahren in der Kirche um sich griffen, an einen kritischen Punkt gelangt. Die Notwendigkeit, derartige Mißstände zu beseitigen, war ein starker Antrieb für die religiöse Erneuerung, die ihrerseits umfassende Reformen herbeiführen sollte.

Aber auf weltlichem wie auf religiösem Gebiet war diese Bewegung nicht nur das Werk einzelner Vorläufer. Wohl übernahmen Ivan, sein Gewählter Rat und die Gruppe der eifrigsten Kirchenmänner die Führung, doch entsprangen diese Forderungen zugleich den Nöten und Wünschen des Volkes.

Fast ein Jahrhundert lang war Moskovien an Umfang gewachsen, doch hatte die innere Verfassung mit dieser Entwicklung nicht Schritt gehalten. Die Verwaltung, die Ivan übernahm, war eine notdürftige Anpassung an das System, das dem kleinen Fürstentum angemessen gewesen, aber ganz untauglich war für den großen neuen Staat. Gärende Unzufriedenheit und ungeduldige Erwartung hatten in den anarchischen Zuständen während der Bojarenherrschaft zugenommen. In den Volksaufständen nach dem Brand von Moskau war die allgemeine Stimmung offen zum Ausdruck gekommen. Indessen gab es im Volk tüchtige und ernste Männer, die, der Gewalt abhold, Reformpläne ausarbeiteten. Durch Ivans Ansprache an die Versammlung im Februar 1549 fühlten sich manche von ihnen ermutigt, ihm ihre Vorschläge zu unterbreiten. Der hervorragendste unter diesen Reformern war Peresvetov.

»Ivaška, Sohn des Semeon Peresvetov«[5], wie er sich nannte, behauptete, ein Nachkomme jenes Peresvetov zu sein, der 1380, als Dmitrij Donskoj die Goldene Horde in die Flucht schlug, als Held auf dem Schlachtfeld von Kulikovo gefallen war. Peresvetov selbst war im litauischen Herrschaftsgebiet geboren und hatte eine bewegte Laufbahn hinter sich. Er hatte bei den polnischen Truppen gedient, die gegen den Befehl ihres Königs am Feldzug des Jan Zapolja Janos um die ungarische Krone teilnahmen. Jan Zapolja hatte Waffenhilfe von dem türkischen Sultan Suleiman II. empfangen, und wahrscheinlich stammte Peresvetovs genaue Kenntnis des türkischen Heeres aus jener Zeit. Später hatte er dem Böhmenkönig Ferdinand I. gedient und danach Pjotr, dem Wojewoden der Walachei.

Nach einem Aufenthalt in Litauen war er 1538 oder 1539 in moskovitischen Dienst getreten und hatte den Auftrag erhalten, Schilde nach mazedonischem Muster herzustellen, die, aus Leder verfertigt und im unteren Teil mit Eisenbändern beschlagen, sich besonders für den Kampf gegen die Tataren eigneten. Aber Peresvetov war in Moskovien nicht vom Glück begünstigt. Als zugewanderter Litauer mag er auf starke Vorurteile gestoßen sein, jedenfalls büßte er die ihm verliehenen Güter wieder ein. Am 8. September 1549 überreichte er Zar Ivan in der Kirche *Roždestvo Bogorodici* (Geburt der Heiligen Jungfrau) eine Petition mitsamt einigen seiner Schriften über eine Wiederherstellung des Staates; doch hatte er damit keinen Erfolg. Etwa zwei Monate später reichte er seine »Große Petition« ein, darin er seine politischen Ansichten und Reformvorschläge ausführlich darlegte und sich als ein Mann von umfassendem und durchdringendem Verstand auswies.

Peresvetovs Anschauungen deckten sich im wesentlichen mit denen Ivans und des Gewählten Rats. Die dringendsten Erfordernisse des Staates sah er in einem starken autokratischen Herrscher, in der Zentralisierung von Justiz und Finanzwesen und in der Schaffung eines stehenden Heeres. Doch bezog er sämtliche Bereiche des nationalen Lebens in seine Vorschläge ein, die in mancher Hinsicht weit über die politischen Ziele des Gewählten Rates hinausgingen.

Zur Bekräftigung seiner Vorschläge berief sich Peresvetov in seiner »Großen Petition« freimütig auf die politische Klugheit des Wojewoden Pjotr und auf das Beispiel seines türkischen Helden, den er Maklimet Sultan nannte. Sein Hauptthema war, daß der Zar herrschen müsse, wie der Sultan herrschte: ohne Furcht vor seinen Magnaten, ohne Rücksicht auf sie. Kühn kritisierte er gewisse Erscheinungen des russischen Lebens, indem er scheinbar die Griechen verurteilte. Unzutreffend, aber wohl mit Absicht, behauptete er, Konstantin Palaeolog habe mit drei Jahren den Thron bestiegen und sei unter den schlimmen Einfluß seiner Magnaten geraten – eine versteckte Anspielung auf Ivans Jugendjahre. Konstantin sei jedoch gescheitert, weil er unter der Führung seiner Magnaten die Heeresangelegenheiten vernachlässigt und geduldet habe, daß Ungerechtigkeit sich in seinem Reich ungestraft großmachte[6].

Zu Peresvetovs ständigen Themen gehörte die Forderung nach Gerechtigkeit und einer Reform der Justizverwaltung. Wahrscheinlich ging er dabei von unangenehmen persönlichen Erfahrungen aus. Beifällig zitierte er den Ausspruch Pjotrs von der Walachei: »Gott liebt nicht Frömmigkeit, sondern Gerechtigkeit.« Dazu bemerkte er selbst: »In welchem Reich Gerechtigkeit herrscht, dort ist Gott gegenwärtig und gewährt ihm große Hilfe, und ein solches Reich wird nicht von Gottes Zorn heimgesucht.« Sein Gerechtigkeitsideal war rauh, aber im Einklang mit Ivans Anschauungen und den Sitten der Zeit. »Einen Herrscher ohne Schrecken kann es nicht geben«, schrieb er. »Wie die Stute ohne Zaum unter ihrem Reiter, so ist ein Reich ohne Schreckensherrschaft.«[7]

Ein anderes wiederkehrendes Thema Peresvetovs war die Gleichheit, über die er sehr fortschrittliche Gedanken hegte. Er verurteilte alle Formen der Knechtschaft, sei es die völlige Sklaverei oder die teilweise Unfreiheit der Leibeigenschaft. Nach dem Gesetz sollten alle Menschen frei sein, forderte er, da nur freie Menschen mit Eifer arbeiten und dienen könnten. Aus seinen ganzen Schriften klingt die Feindschaft gegen die Bojaren. »Die Magnaten des russischen Zaren werden reich und träge und stürzen sein Land in Armut ... und spielen nicht das Todesspiel gegen den Feind, womit sie Gott und ihren Herrscher verraten.« In dieser Tonart erging er sich gern. Er rühmte den türkischen Sultan, der gesagt hatte: »Brüder, wir alle sind Kinder Adams; wer von meinen Mannen mir treu dient und mutig dem Feind standhält, der soll mir der Vornehmste sein.«[8] Wahrscheinlich teilte der Zar auch diese Anschauungen Peresvetovs, doch war die Zeit noch nicht reif zur Ausmerzung der Bojaren, die mit der ganzen Macht der Gewohnheit und Überlieferung im moskovitischen Leben verwurzelt waren.

Peresvetov schrieb deutlich und unerschrocken. Von besonderem Interesse sind seine Ideen, weil sie dem unabhängigen Denken eines Mannes entsprangen, der weder zum Hof noch zur Kirchenhierarchie gehörte. Vielmehr stand er dem niederen Adel und dem gemeinen Volk nahe. In seinen Vorschlägen brachte er die Wünsche vieler Moskoviter zum Ausdruck. Auch sie verlangten nach einem Zaren, der mit Gerechtigkeit herrschte, die Verwaltung des Landes reformierte und die Bojaren streng darniederhielt. Auch sie wünschten sich tüchtige Heerführer und geschulte Krieger, die nicht – wie die Bojaren und ihre Dienstleute es so oft taten – die Flucht ergriffen, sondern sie gegen den Feind verteidigten, besonders gegen die mordgierigen Tataren. Wahrscheinlich war das Trachten des Volkes noch nicht auf so hohe Ziele wie Peresvetovs Ideen von der Gleichheit gerichtet. In allem übrigen jedoch sprach er allgemeine Forderungen aus. Diesem Verlangen kam Ivans Regierung mit der Gesetzgebung der 1550er Jahre ein Stück weit entgegen.

Die auf der Versammlung vom Februar 1549 angekündigte Reform legte den *Nastavniki* oder Gouverneuren Beschränkungen auf und entzog den Dienstadel ihrer Rechtsprechung. Ferner gewährte sie »Christen« das Petitionsrecht gegen Ungerechtigkeit[9]. Es wurde eine besondere Petitionsbehörde geschaffen und mit ihrer Leitung Adašev betraut, dem wahrscheinlich Silvester assistierte. Diese Behörde nahm Petitionen entgegen und fällte im Namen des Zaren Entscheidungen. Sie diente als Berufungsgericht und hatte zugleich die Justizverwaltung im ganzen Land zu überwachen.

An dieser Reform war Ivan besonders interessiert und zeigte sich aufrichtig besorgt um den Schutz der Armen und Bedürftigen. Als er Adašev die Aufsicht über diese Behörde übertrug, sagte er: »Alexej, du bist nicht von hoher Geburt und nicht reich, aber du bist ein Mann des guten Willens. Ich verleihe dir ein hohes Amt, nicht weil du es wünschst, sondern um meine Seele zu trösten, die sich diesen Armen zuneigt; befreie mich von der Betrübnis um das Leiden des Volkes, das Gott mir anvertraut hat! Fürchte nicht die Mächtigen oder die Berühmten, wenn sie, in Mißachtung der Ehre, ungerecht handeln. Aber laß dich nicht täuschen von vorgeblichen Nöten des Armen, wenn er aus Neid den Reichen beschuldigt. Geh allen Klagen sorgfältig auf den Grund und berichte mir die Wahrheit, und fürchte allein den himmlischen Richter!«[10]

Die Justizverwaltung war eine der wichtigsten Einrichtungen, die im *Sudebnik,* dem im Juni 1550 herausgegebenen Gesetzbuch, geregelt wurden. Die darin niedergelegten praktischen Ideen hatten Silvester, Adašev und andere Mitglieder des Rates in den vorausgehenden zwei bis drei Jahren ausgearbeitet. Wie dringend notwendig eine Neufassung war, zeigte sich bei den Vorbereitungen für den Feldzug gegen Kazanj in den Jahren 1549 bis 1550.

Auf dem Vormarsch gegen Kazanj besprach Ivan mit seinen Oberbefehlshabern gewisse Heeresreformen. Auch steht fest, daß er im Juni und Juli, nach seiner Rückkehr von diesem Feldzug, in Moskau eine Landesversammlung einberief, an der viele Kriegsleute teilnahmen. Diese Versammlung billigte die im *Sudebnik* vorgenommene Gesetzesrevision, stimmte einem Antrag zu, die Vorschriften über die Rangordnung der Bojaren zu kürzen, und ebenso der Aufstellung einer ständigen Truppe von Scharfschützen, der Strelitzen[12].

Der *Sudebnik* ging über eine bloße Revision des früheren, 1497 von Ivans Großvater herausgegebenen Gesetzbuches hinaus. Siebenunddreißig der insgesamt neunundneunzig Artikel waren ganz neu, andere, aus dem alten Gesetz übernommene, wesentlich umgearbeitet[13]. Viele dieser Neuerungen, vor allem in bezug auf Landbesitz, örtliche Verwaltung und Heeresangelegenheiten, waren nur die ersten Schritte auf dem Wege zu umfassenden Reformen.

Die Justizverwaltung lag hauptsächlich in den Händen der *Nastavniki* oder Gouverneure. Die reichen Erbgüter, die einige Fürsten und hochgestellte Bojaren noch in Besitz hatten, und die ausgedehnten Ländereien der Klöster wurden noch immer als mehr oder weniger unabhängige Einheiten verwaltet; hier war das Wort des Gutsherrn Gesetz, während die Beamten des Zaren in diesem Bereich praktisch keine Autorität besaßen. Das übrige Land war in *Ujesdi* oder Landkreise und diese wiederum in Bezirke aufgeteilt. Für jeden Bezirk wurde im Namen des Zaren ein Gouverneur ernannt, der allein verantwortlich war für die Rechtsprechung und allgemeine Verwaltung. Da sein Amt unbesoldet war, hatte er überdies das Recht, Abgaben für seinen eigenen Unterhalt einzutreiben. Es war dies das gefährliche *Kormlenje*-System, was wörtlich »Unterhalt« bedeutete und den Beamten erlaubte, vom Volk zu leben.

Das System zeitigte weitgehend Ausbeutung und Bestechlichkeit. Der Gouverneur und seine Mitarbeiter trachteten nur danach, möglichst viel aus dem unglückseligen Volk herauszupressen. Zudem konnte der Gouverneur, während er sich in seinem Bezirk aufhielt, nicht belangt und gegen seine Urteile keine Berufung eingelegt werden. Sobald er dann abgereist war, machten sich oft ganze Gruppen von Bürgern auf den Weg nach Moskau, um Gerechtigkeit zu fordern – meistens vergeblich.

Dieses ganz und gar unzulängliche *Kormlenje*-System rief allgemeine Unzufriedenheit hervor und war auch die Quelle für den weitverbreiteten Haß gegen die Bojaren, die direkt oder indirekt durch ihnen nahestehende Personen die meisten Bezirke verwalteten. Der *Sudebnik* schaffte die Einrichtung des »Unterhalts« nicht ab und enthob auch nicht die Gouverneure ihres Amtes, aber er schränkte ihre Befugnisse ein und unterzog sie genauer Bewachung durch örtliche und zentrale Regierungsstellen. Besondere Beamte wurden eingesetzt, welche die Gouverneure zu verwarnen und die Bevölkerung darüber aufzuklären hatten, in welchem Umfang Steuern und Abgaben erhoben werden durften. Die Kronbeamten und die örtlich gewählten Beamten, die schon in manchen Bezirken anerkannt waren und weitgehende juridische und administrative Befugnisse besaßen, wurden jetzt in allen Bezirken zugelassen. Bald darauf brachte Ivan diese Reform durch ein Gesetz zum Abschluß, das jedem Bezirk im ganzen Zarenreich erlaubte, selbst seine Beamten zu wählen und volle Verantwortung für diese örtliche Verwaltung, die Rechtsprechung und Besteuerung zu übernehmen.

Der *Sudebnik* brachte auch neue Verfügungen in bezug auf den Landbesitz. Die Gesetze über das Eigentumsrecht an Grund und Boden waren in Moskovien recht verwickelt. Sie dienten hauptsächlich dem Schutz der Erbgüter der Bojarenaristokratie und der großen Kirchenbesitztümer. Jetzt aber brauchte man Land, um die wachsende Klasse des Dienstadels mit Gütern zu belehnen; unter dem Druck dieser Forderung schwanden die alten Vorrechte und Schutzbestimmungen unweigerlich dahin[14].

In den 1550er Jahren kam es zu einer Krise, weil man nicht genügend Land hatte, um neue Lehnsgüter für den Dienstadel zu schaffen. Dies zeigte sich, als Ivan sein Projekt, tausend ausgewählte Männer in der Nähe Moskaus seßhaft zu machen, nicht durchführen konnte. Wie er es am 3. Oktober 1550 angekündigt hatte, wollte der Zar aus den besten Männern des niederen Adels eine besondere Garde bilden. Viele Angehörige dieses Standes besaßen zersprengte Güter in verschiedenen Teilen des Landes, der Grundbesitz aber, den sie im Zentralgebiet hatten, war zu klein, um sie und ihre Gefolgsleute zu ernähren. Der neue Ukas sah vor, daß den gewählten Männern zusätzlich Land gegeben werden sollte, damit sie sich in der Nähe der Hauptstadt niederlassen könnten. Diese »Tausend« sollten im »Buch der Tausend« verzeichnet werden. Sie mußten jederzeit bereit stehen zum Dienst in Verwaltung, Diplomatie und im Heer und sollten die »Leibregimenter des Zaren und Großfürsten« bilden. Insgesamt wurden für diese »Tausend« 1078 Männer ausgewählt, die als Elite des Adels zu gelten hatten. Es scheint jedoch, daß dieses Projekt, obwohl es in allen Einzelheiten – sogar bis auf die Wahl der Männer – vorbereitet war, nie verwirklicht wurde, weil die Regierung im Moskauer Gebiet nicht die erforderlichen Güter auftreiben konnte. Zweifellos führte das Scheitern dieses Planes dazu, daß Ivan ein Landregister anlegen ließ, eine Art Reichsgrundbuch, das ihm einen klaren Überblick über die Verteilung des Grundbesitzes in seinem Reich verschaffen sollte[15].

Die Erbgüter der Bojaren und Fürsten und die Kirchengüter legten die Lösung nahe, wie der Mangel an Land zu beheben sei. Schon Ivans Großvater und Vater hatten begehrliche Blicke auf die Kirchengüter geworfen, jetzt erwog Ivans Regierung ernstlich ihre Säkularisierung. Silvester glaubte aus religiösen und politischen Gründen, daß die Kirche auf allen Grundbesitz und Reichtum verzichten sollte, und er war nicht der Mann, Überzeugungen zu hegen, ohne sie in die Tat umzusetzen. Adašev und andere Mitglieder der Regierung unterstützten ihn kräftig in dieser Politik.

Am 15. September empfing Ivan den Metropoliten in Audienz, um diese Frage mit ihm zu besprechen. Makarij, offenbar über den Plan der Regierung im Bilde, hielt eine lange, sorgfältig vorbereitete Rede, in der er das Recht der Kirche und der Klöster auf eigenen Besitz verteidigte. Aber Ivan ließ sich durch seine Argumente nicht beirren; bald nach dieser Zusammenkunft beschränkte er das Recht der Klöster auf Grundbesitz. Es waren kleinere Beschränkungen, doch zeigten sie deutlich, daß der Zar fest blieb.

Der Kampf zwischen der Kirche und dem Zaren und seiner Regierung gab Anlaß zu dem großen Kirchenkonzil, das bekannt ist als der *Stoglavnij Sobor* oder kurz als *Stoglav* (Hundert-Kapitel-Konzil); es war für die orthodoxe Kirche so bedeutsam wie das um die gleiche Zeit abgehaltene Tridentiner Konzil für die römisch-katholische Kirche[16].

Die Vorbereitungen für den *Stoglav* begannen im Dezember 1550 mit dem Entwurf von Fragen, die der Versammlung vom Zaren vorgelegt werden und zugleich die Tagesordnung regeln sollten. Verfasser der meisten, wenn nicht aller neunundsechzig Fragen war Silvester. Sie unterzogen jedes Gebiet kirchlicher Angelegenheiten einer gründlichen Prüfung und umrissen de facto das Reformprogramm.

Im Januar 1551 versammelten sich im Kremlpalast des Zaren der Metropolit, neun Bischöfe, ferner Archimandriten und Äbte, lauter bärtige Männer in reichem Ornat. Auch die führenden Bojaren und der Dienstadel des Zarenreichs waren anwesend. Es war eine imponierende Versammlung der hohen Geistlichkeit und des Adels. Ivan trat vor sie hin. Er war jetzt eben einundzwanzig, groß von Gestalt, eine bezwingende Erscheinung. Die Autorität, der feierliche Ernst und das ehrwürdige Alter der meisten Anwesenden schüchterten ihn nicht ein; sie waren seine Untertanen. In vollem Bewußtsein seiner Stellung als Zar und seines Vorrangs schien er gelassen, als vertraue er ganz auf seine Macht, die Zuhörer in Bann zu schlagen.

Kraftvoll und redegewaltig sprach Ivan zu ihnen. Wieder erwähnte er seine verwaiste Kindheit und die Leiden, die ihn und sein Volk in den Tagen der Anarchie heimgesucht hatten. »Damals«, sagte er, »wurde meine Seele von Furcht erfaßt und meine Gebeine zitterten; mein Geist wurde gebeugt, mein Herz bewegt. Jetzt hasse ich das Böse und liebe das Rechttun.« Er wandte sich an den Metropoliten und die Bischöfe. »Von euch«, fuhr er fort, »fordere ich eifrige Belehrung, ihr Hirten der Christen, Lehrer der Zaren und Edelleute, ihr ehrwürdigen Bischöfe der Kirche! Schont meiner nicht in meinen Sünden! Werft mir kühn meine Schwachheit vor! Verkündet laut Gottes Wort, und meine Seele wird leben!«[18]

Dann sprach Ivan von seinem aufrichtigen Verlangen, in seinem Reich mit allen Mitteln und Gaben, die ihm verliehen seien, Ordnung und Wohlfahrt zu schaffen. Deshalb habe er neue Gesetze eingeführt, um eine bessere Verwaltung zu gewährleisten. Er legte den *Sudebnik* und seine Erlasse in bezug auf die Gouverneure und die örtliche Verwaltung der Kirchenversammlung zur Prüfung und Billigung vor. Ivan sah nichts Seltsames darin, seine zivile Gesetzgebung von der Kirche bestätigen zu lassen. Er war davon durchdrungen, daß seine Macht und seine Stellung auf den zwei Säulen von Kirche und Staat ruhte und daß er als höchster Autokrat über sie beide herrschte. Jetzt brauchte er ihr Mitwirken zum Wohle des Volkes und des Landes.

Im vorausgehenden Jahrhundert hatten sich jedoch in jedem Bereich der Kirche Bestechlichkeit, Laxheit und Mißbräuche ausgebreitet, und der Ruf nach einer »Reform der Kirche an Haupt und Gliedern« wurde hier, wie damals in Westeuropa, immer vernehmlicher. Die orthodoxe Hierarchie aber erkannte die Notwendigkeit, die Kirche von diesen Mißständen zu säubern; deshalb fanden auf dem *Stoglav* die Fragen des Zaren unmittelbaren Widerhall. Aber wenn auch Makarij und die josephanischen Bischöfe, die auf den Kirchenkonzilen dominierten, im eigenen Interesse Reformen durchzuführen strebten, so fühlten sie sich doch von Silvester und anderen Vertretern der Transvolga-Eremiten unter Druck gesetzt, die mit ihrer Politik extremer Reformen auf Säkularisierung der Kirchengüter zielte.

Mit unverblümten und präzisen Sätzen übte der Zar Kritik an den Mängeln der Kirche. Die Priester seien der Trunksucht und dem Müßiggang ergeben; im allgemeinen seien sie ungebildet; sie hielten den Gottesdienst nicht ordnungsgemäß, ließen Teile der Liturgie aus und duldeten in ihren Gemeinden allerlei Unsitten; sie verlangten übermäßige Gebühren für Trauungen und andere kirchliche Handlungen. Die geistlichen Gerichtshöfe seien bestechlich. Die Übersetzungen der Kirchentexte seien fehlerhaft und müßten verbessert werden.

Die Zustände in den Klöstern waren Gegenstand schwerer Anklagen. Es würden viele Mönche in die Orden aufgenommen, obwohl sie nicht danach trachteten, »Seelen zu retten«, sondern nur auf »leibliches Wohlsein« und Ausschweifung bedacht seien. Archimandriten und Äbte versäumten oft, für Disziplin zu sorgen, führten selbst ein weltliches, bequemes Leben und vernachlässigten ihre Klöster und Ländereien[19]. Dann wurden dem *Stoglav* in Form von Fragen zwei wichtige Anträge vorgelegt. Bisher unterstanden Priester und Mönche nicht der Gerichtsbarkeit des Zaren, außer bei ganz schweren Verbrechen; diese Immunität sollte aufgehoben werden. Der nächste Antrag berührte eine heikle Frage: nämlich, daß es für Klöster nicht angebracht sei, Land zu erwerben und aus besonderen Vorrechten, wie Steuerfreiheit, Nutzen zu ziehen. Grundbesitz und Reichtum schade dem mönchischen Leben, und der *Stoglav* möge erwägen, ob es den Klöstern nicht zum Segen gereiche, wenn sie ihrer finanziellen Vorrechte entledigt seien.

Ferner wurde der Versammlung zu erwägen gegeben, daß eine staatliche Organisation nötig sei, um die vielen moskovitischen Gefangenen der Kazanj- und Krimtataren loszukaufen. Die Schwierigkeit bestand darin, das Lösegeld aufzubringen; die Kirche sollte praktische Vorschläge dazu machen. Weiter wurde beklagt, daß die Armen und Alten hilflos dahinstürben; dabei wurde deutlich zu verstehen gegeben, daß die Kirche ihre

Pflicht versäumt habe, den Unglücklichen Mittel und Fürsorge angedeihen zu lassen.

Nur zehn Männer dieses großen Konzils von geistlichen Würdenträgern und Bojaren gehörten dem Rat an, der über Ivans Fragen beriet und die Antworten darauf erteilte. Es waren dies der Metropolit Makarij und neun Erzbischöfe und Bischöfe. Bedeutsam daran war, daß neun von ihnen bekanntermaßen zur Partei der Josephaner gehörten und sich deshalb wahrscheinlich jeder extremen, von Silvester geplanten Reform widersetzen würden. Dennoch waren sie mit vielen Vorschlägen einverstanden und zeigten sich sofort zu wirksamem Eingreifen bereit[20].

Die Mißbräuche und die Laxheit waren offenkundig, deshalb sprach sich das Konzil für eine strengere Anwendung der Kirchengesetze aus. Es befaßte sich besonders mit der Tauglichkeit und der Auswahl von Priestern und Mönchen und beschloß, in Moskau und einigen anderen Städten besondere Anstalten zur Ausbildung von Priestern und Diakonen einzurichten. Die Mönchsdisziplin sollte strenger gehandhabt und die Leitung der Klöster überwacht werden. Sittlichkeitsvergehen und andere Verbrechen von Priestern sollten mit äußerster Strenge geahndet werden, »als ein Makel an unserem orthodoxen christlichen Glauben«[21]. Das Abscheren von Bärten, die Duldung von *Skomorochi* und *Guselniki* bei Hochzeiten und anderen Anlässen wurde verdammt. Die Alten und Kranken sollten betreut und in besonderen Heimen untergebracht werden. Das Lösegeld für den Loskauf der Gefangenen bei den Tataren sollte, auf Anregung des Kirchenkonzils, durch Sammlungen im ganzen Land aufgebracht werden; das bedeutete, daß Kirchen und Klöster, die bisher von solchen Abgaben befreit waren, auch dazu beizutragen hatten.

Eine sehr eindeutige Antwort jedoch gab der *Stoglav* auf die Frage, die das Vermögen und die Vorrechte der Kirche bedrohte. Der Vorschlag, Priester und Mönche wegen jeglicher Vergehen der Gerichtsbarkeit des Zaren zu unterstellen, wurde zurückgewiesen. Kühn vertrat man die Auffassung der Josephaner gegenüber allen Versuchen, die Kirchen und Klöster ihrer Güter und ihres Vermögens zu berauben, ja man scheute sich nicht, jene, die mit dem Reichtum der Kirche liebäugelten, als »Schänder und Räuber« zu bezeichnen[22].

Makarij hatte als Metropolit den Vorsitz bei den Beratungen des *Stoglav*, und aus dem Text der »hundert Kapitel« ging klar hervor, daß er sie aufgesetzt hatte oder daß sie unter seiner unmittelbaren Anweisung abgefaßt worden waren[23]. So trug er bei der kritischen Frage der Säkularisierung den Sieg über Silvester davon, von dem die Fragen stammten. Das bedeutete zugleich, daß Ivan und seine Regierung mit ihrer Politik dem Kirchenkonzil unterlegen waren.

Ivan verabscheute jede Opposition und ertrug es nicht, seine Pläne durchkreuzt zu sehen. Er versuchte, eine Revision der Entscheidungen des *Stoglav* herbeizuführen, indem er sie drei gelehrten Mönchen des Troica-Klosters vorlegte. Die drei Mönche waren bekanntermaßen Gegner der Josephaner, doch hatten ihre Kommentare keinen Einfluß auf die endgültigen Entscheidungen des *Stoglav*, der seine Arbeit im Mai 1551 abschloß[24]. Aber Ivan und sein Gewählter Rat übten weiterhin einen Druck auf die Josephaner aus. Im Mai und im Juni nahm er Veränderungen in der Kirchenhierarchie vor, welche die Stellung der Transvolga-Eremiten in den Kirchenkonzilen stärkte. Dann folgte eine Reihe von Maßnahmen, die das Vorrecht kirchlicher Körperschaften auf Grundbesitz einschränkten. Ein Erlaß vom 11. Mai 1551 untersagte ihnen den Erwerb von Erbgütern ohne ausdrückliche Genehmigung des Zaren. Der vom *Stoglav* bestätigte *Sudebnik* hatte jede weitere Gewährung von Steuerfreiheit aufgehoben; darüber hinausgehend wurden am 17. und 18. Mai alle früher verliehenen Privilegien überprüft und in der Folge abgeschafft. Aber so dringend Ivan Land brauchte, um den Dienstadel zu belehnen, war er doch nicht willens, durch Konfiskation kirchlicher Ländereien einen ernsten Konflikt heraufzubeschwören. Er brauchte die Unterstützung der Kirche, und Land sollte er sich auf anderem Wege verschaffen.

11

DIE EROBERUNG KAZANJS
1551–1552

DIE TATAREN waren seit langem die Geißel der Moskoviter. Nomaden türkischer Rasse, waren sie klein, aber kräftig gebaut, hatten tiefliegende Schlitzaugen und dunkle Haut; viele trugen schwarze Bärte und den Schädel kahlgeschoren. Sie waren ausgezeichnete Reiter, lebten geradezu auf dem Rükken ihrer flinken kleinen Pferde, und Männer wie Pferde vollbrachten wahre Wunder an Ausdauer. Kamen sie zum Angriff geritten, so flößte schon ihr Anblick Schrecken ein. Sie erschienen unvermutet, hieben wild auf den Gegner ein, mordeten, raubten und schleppten Menschen fort; dann verschwanden sie wieder ebenso schnell.

Jahr um Jahr hatten sie mit grausamen Überfällen das Land verwüstet und einen hohen Zoll an Menschenleben gefordert. Im Bereich von etwa 150 Meilen östlich und südlich Moskaus blieb kein Dorf, keine Bauernkate stehen, und das Land lag brach. Zu Tausenden wurden Menschen getötet oder gefangengenommen. Allein im Jahre 1551 sollen 100000 Moskoviter als Gefangene im Kazanj-Khanat gelebt haben[1]. Die Sklavenmärkte am Mittelmeer waren reich beschickt mit blonden, von den Tataren fortgeschleppten Slaven.

Dennoch fürchteten die Moskoviter die Tataren jetzt weniger als in früheren Jahrhunderten. Die Rivalitäten, die zur Spaltung der Goldenen Horde geführt hatten, verhinderten die drei Khanate von Kazanj, der Krim und Astrachan am gemeinsamen Vorgehen. Außerdem hatten die Russen gelernt, gegen die

Tataren zu kämpfen und ihnen Niederlagen beizubringen, denn so furchtbar im Angriff, so schwach, ja feige waren sie in der Verteidigung. Aber ihre Beweglichkeit und ihre Taktik plötzlicher Einfälle an irgendeinem Punkt der sich Hunderte von Meilen erstreckenden Grenze Moskoviens machte sie dennoch zu einem ständigen und gefährlichen Feind.

Das nächstgelegene und bedrohlichste der drei Khanate war Kazanj. Die Moskoviter, die sich durch Generationen hindurch der Leiden von seiten der Tataren erinnerten, betrachteten die Zerstörung Kazanjs als dringend notwendig für ihre Sicherheit. Außerdem war es eine heilige Pflicht. Die Tataren waren fanatische Mohammedaner und Feinde des Kreuzes; sie zu nahen Nachbarn zu haben, war eine Beleidigung für alle Christen. Bei der damals so gesteigerten religiösen Stimmung der Moskoviter kam ein Feldzug gegen Kazanj einem Kreuzzug gleich. Zudem mußte es jetzt zum entscheidenden Kampf zwischen Moskovien und dem Khanat kommen, weil die Moskoviter mit aller Gewalt nach Osten drängten, um dort zu kolonisieren, Kazanj ihnen aber den Weg versperrte.

Ivan, von flammender Begeisterung und hohen Idealen erfüllt, konnte sich kein ruhmreicheres Abenteuer wünschen als die Eroberung Kazanjs. Auf einen Schlag würde er sein Reich von einem verheerenden Feind befreien und selbst als Zar-Befreier dastehen. In der ganzen Christenheit würde sein Ruhm widerhallen, weil er die Mohammedaner besiegt und in Asien das Kreuz aufgerichtet hatte. Angesichts solcher Verlockungen konnte ein Mensch von Ivans Temperament kaum zaudern. Er war erst fünfzehn Jahre alt, als er im April 1545 voller Ungestüm einen Feldzug gegen Kazanj unternahm, der jedoch keine Entscheidung brachte.

Ende 1547 hatte Ivan Kazanj wiederum den Krieg erklärt. Im Januar darauf waren seine Armeen ausgerückt, und er war an der Volga zu ihnen gestoßen. Doch auch dieser Feldzug sollte mißlingen. Normalerweise war in dieser Jahreszeit mit Schnee und strengem Frost zu rechnen, jetzt aber regnete es in Strömen. Das Eis der Volga, sonst so dick, daß ein ganzes Heer darübersetzen konnte, war an der Oberfläche aufgeweicht und brüchig; es gab dem Druck nach und Geschütze, Munition und Hunderte von Menschen gingen verloren. Ivan wartete auf der Volga-Insel Robotka auf neuen Frost, aber er wartete vergebens. Im März 1548 kehrte er nach Moskau zurück und vergoß Tränen des Zorns und der Enttäuschung, als er in die Stadt einzog[3].

Im März 1549 starb Safa Girej, der Khan von Kazanj; ihm folgte sein zweijähriger Sohn. In diesen Zeiten war die Herrschaft eines Minderjährigen verhängnisvoll; sie beraubte das Volk einer wirklichen Führung, während die Kriegsherren ihre Streitigkeiten untereinander austrugen. Die Tataren waren schwer beunruhigt; wie sie sich Ivans Minderjährigkeit zunutze gemacht hatten, um Moskovien anzugreifen, so, fürchteten sie, würden die Moskoviter jetzt sie angreifen. Sie ließen dem Krimkhan dringende Botschaften zugehen und flehten ihn an, er möge ihnen seinen Sohn als Regenten schicken, damit er sie gegen die Moskoviter verteidige. Auch machten sie im Juli 1549 Friedensvorschläge. Ivan erwiderte mit der Aufforderung, sie sollten Boten zum Verhandeln schicken. Als keine Boten kamen, rückte er mit seinem Heer gegen Kazanj vor.

Der Winter von 1548 auf 1549 war ausnehmend streng. Auf den Straßen fielen Menschen vor Kälte tot um. Ivan und seine Truppen hatten unter den Unbilden der Witterung schwer zu leiden, aber sie rückten unaufhaltsam vor und standen am 14. Februar vor Kazanj. Nach gründlichen Vorbereitungen eröffneten die 60000 Mann starken moskovitischen Truppen den Angriff, und der Kampf tobte den ganzen Tag, für beide Seiten ohne Gewinn. Am nächsten Tag jedoch setzte ungewöhnliches Tauwetter ein. Schwerer Regen ging hernieder, und die Flüsse führten Hochwasser. Die Kampfbedingungen verschlechterten sich zusehends, und wieder mußte Ivan Befehl zum Rückzug geben.

Dreimal innerhalb von fünf Jahren hatte er sich von Kazanj zurückziehen müssen; es war eine demütigende Erfahrung, aber sie machte ihn nur um so entschlossener, diese furchtbare

Festung zu nehmen. Er haßte Mißerfolg und war empfindlich gegen die Kritik, welche das Volk, wenn auch nur flüsternd, an diesen drei fruchtlosen Feldzügen übte. In Wirklichkeit richtete sich die allgemeine Kritik gegen die Bojaren als Befehlshaber. Ivan verzieh man wegen seiner Jugend und Unerfahrenheit und weil er der Zar war; aber er wußte, wie schnell die Kritik sich auch gegen ihn wenden konnte. Er hatte inzwischen gelernt, sein Ungestüm zu zügeln und ein Unternehmen sorgfältiger vorzubereiten. Besondere Aufmerksamkeit schenkte er Reformen im Heerwesen einschließlich der Bildung einer Kerntruppe in ständigem Dienst, wie Peresvetov es vorgeschlagen hatte. Zunächst aber mußten die Vorrangsrechte beschnitten werden.

Dieses verderbliche System des *Mestničestvo,* das unverrückbar die Rangfolge in der Bojarenaristokratie festlegte und die Berufung der fähigsten Männer in Machtpositionen verhinderte, wirkte sich auf jedem Gebiet der Verwaltung verhängnisvoll aus. Das Schlimmste daran war, daß es militärische Operationen vereitelte. So gingen etwa Gelegenheiten zum Angriff gegen die Tataren ungenützt vorüber, weil die Befehlshaber darüber stritten, ob ihre Ernennungen ihrem Rang angemessen seien. Wenn derartige Streitereien das Heer in seiner Aktionsfähigkeit auch nicht lähmten, so schufen sie doch unklare Verhältnisse zwischen den Befehlshabern im Feld und untergruben die Moral der Truppe. Die Moskoviter waren sich über die Mängel des Systems im klaren, aber es war verankert in der Tradition und den Rivalitäten der Bojaren.

Im November 1549, ehe er gegen Kazanj marschierte, hatte Ivan verfügt, daß für Befehlshaber im Felde die Rangliste nicht gültig sei. Diese Verfügung wiederholte er während des Vormarsches im Dezember in Vladimir und nochmals im Januar 1550 in Nišnij-Novgorod. Doch obwohl der Zar selbst das Heer anführte, kam es unmittelbar vor dem Angriff auf Kazanj zwischen den einzelnen Befehlshabern zu Streitigkeiten über die Rangfolge. Dies war einer der Gründe, warum Ivan sich widerstrebend zum Rückzug entschloß. Dabei erkannte er aber auch, wie dringend notwendig Reformen im Heerwesen seien, vor allem eine Beschränkung der Vorrangrechte; so schickte er im Februar 1550, als er noch vor Kazanj stand, Weisungen nach Moskau, eine neue Regelung dieser Fragen aufzusetzen[4].

Das neue Dekret über die Rangliste, das im Juli darauf herauskam, bestätigte Ivans frühere Erlasse; es hob das System nicht auf, verstärkte aber die Autorität des Oberbefehlshabers, des Wojwoden der großen Armee, und gab durch Schaffung neuer Kommandostellen jüngeren Offizieren eine größere Verantwortung. Zugleich untersagte es die Berücksichtigung der Rangliste während eines Feldzugs. Nachdem solchermaßen die Führung verstärkt, die Disziplin verschärft worden waren, sollte das Moskviterheer in künftigen Feldzügen mit größerer Schlagkraft operieren[5].

Im Sommer 1550 schuf Ivan auch eine neue ständige Truppe, die Strelitzen; es waren dies Scharfschützen oder Arkebusiere, die den Kern einer regulären Armee bilden sollten. Seit der Verbesserung der zu Beginn des Jahrhunderts eingeführten Feuerwaffen waren, besonders von den Städten, Abteilungen von Arkebusieren angeworben worden[6]. Ivans neue Truppe der Strelitzen wurde aus den Arkebusieren gewählt und mit Büchsen und Hellebarden ausgestattet. Diese Truppen hatten ihren Standort in der Vorstadt Vorobjovo und erhielten einen Jahressold von vier Rubeln. Sie genossen Steuerfreiheit, auch in bezug auf Handel und Gewerbe, die sie in Friedenszeiten ausüben durften. Zunächst wurden 3000 Strelitzen angeworben. Vor Kazanj und in anderen Feldzügen leisteten sie gute Dienste, darauf wurde ihre Zahl erhöht. Gegen Ende des Jahrhunderts dienten in allen Garnisonsstädten des Landes etwa 20000 Strelitzen[7].

Nachdem er im März 1550 wieder nach Moskau zurückgekehrt war, stürzte Ivan sich in eine wilde Aktivität. Seine ganze Aufmerksamkeit schenkte er den Reformen, besonders dem neuen Gesetzbuch, dem *Sudebnik*. Nachrichten, daß der Krimkhan Saip Girej gegen Moskovien vorrücke, erforderten die Entsendung von Truppen zum Schutz der Grenzen. Ivan reiste selbst nach Kolomna und Rjazanj, um die Verteidigungsanlagen zu inspizieren und seine Leute zu ermutigen. Er blieb eine Zeitlang bei ihnen, aber die Tataren erschienen nicht, und er kehrte nach Moskau zurück.

Um diese Zeit machten die Kazanjtataren neue Friedensangebote. Jusuf, der Khan der Nogaitataren, die nördlich des Kaspischen Meeres in einem weiten Gebiet zu beiden Seiten des Jaiks oder Uralstroms hausten, war ein Mann, der bei Tataren und Türken in hohem Ansehen stand; er erbot sich zu vermitteln. Ivan erklärte sich zum Verhandeln bereit, beschleunigte aber trotzdem seine Vorkehrungen für einen entscheidenden Feldzug.

Im vorausgehenden Jahr hatte Ivan auf dem Rückzug von Kazanj einen Berg, genannt Kruglaja, an der Mündung der Svijaga erstiegen. Vom Gipfel bot sich ihm ein prächtiger Ausblick über die Ebene bis nach Kazanj, Nišnij-Novgorod, Vjatka und über die Steppen des Simbirsker Gebiets. Er erkannte die strategischen Vorzüge dieser Stellung und sagte, bevor er wieder hinabstieg: »Hier wird eine christliche Stadt erstehen. Wir werden Kazanj ein Ende bereiten. Gott wird es in meine Hand geben.«[8]

Zu Beginn des Frühjahrs 1551 schickte Ivan Šig Alej, den abgesetzten Khan, der Moskau um Schutz gebeten hatte, mit 500 seiner besten Tatarentruppen und einer starken Abteilung von Moskovitern an die Mündung der Svijaga. Sie hatten Befehl, auf dem Berg eine Stadt zu errichten. Zu diesem Zweck wurden in Uglič Bäume gefällt und über die Volga geflößt. Von Nišnij-Novgorod führte auch Fürst Pjotr Serebrjannij-Obolenskij Truppen herbei und pflanzte am 11. Mai (1551) auf dem Berg das moskovitische Banner auf. Die Hauptstreitkräfte der Moskoviter kamen auf dem Wasserweg am 14. Mai an, und innerhalb von vier Wochen wurde die Stadt Svijašsk erbaut.

Die schnelle Errichtung dieser moskovitischen Festung, welche die Kazanjkhanate bedrohte, machte den Völkern im Norden und Osten der Volga und Kama großen Eindruck. Die Čuvaš, Mordva, Votjak und Čeremis waren finnische Stämme, die von den Tataren unterjocht worden waren, aber nie ihren Glauben und ihre Sprache angenommen hatten. Jetzt schickten sie ihre Führer nach Moskau, damit sie dem mächtigen Zaren den Treueid leisteten.

Die neue, unmittelbare Nachbarschaft der Moskoviter in Svijašsk verstärkte bei den Tataren das schon bestehende Gefühl der Unsicherheit. Die Kriegsherren von Kazanj waren sich darin einig, daß es besser sei, mit Moskau Frieden zu halten; aber die Krimtataren in Kazanj unter Führung des Khan Korščak verharrten in unnachgiebiger Feindschaft gegen den Zaren. Ständig bedrängten sie die Kazanjer, auf die zugesagten Truppen von der Krim, von Astrachan und von den Nogaitataren zu warten; denn mit dieser Verstärkung, behaupteten sie, werde man den Zaren schlagen, wie man ihn früher geschlagen hatte. Es kamen jedoch keine Truppen, und schließlich jagten die Kazanjer die Krimtataren zur Stadt hinaus. Moskovitische Truppen holten sie an der Vjatka ein und töteten alle bis auf Korščak und sein Gefolge, die später in Moskau hingerichtet wurden.

Die Kazanjer schickten sogleich Botschafter mit Friedensangeboten und der Bitte an Ivan, Šig Alej solle bei ihnen wieder die Herrschaft übernehmen. Ivan willigte ein und sandte Adašev, der die Friedensbedingungen festlegen und Šig Alej zum Khan einsetzen sollte, doch nur über die südlichen Gebiete des Khanats. Auf das nördliche Gebiet erhob jetzt Moskovien Anspruch und vereinigte es mit Svijašsk. Dieser unerwartete Gebietsverlust traf die Tataren schwer. Bekümmert war vor allem Šig Alej. »Was soll aus meinem Reich werden?« klagte er. »Kann ich Liebe von meinen Untertanen heischen, wenn ich einen wichtigen Teil ihres Landes an Rußland abtrete?«[9] Aber von einer Rückgabe dieses Territoriums, das ihm zusammen mit Svijašsk eine bessere Beherrschung dieses schwierigen Khanats gewährleistete, wollte Ivan nichts wissen. Inzwischen waren die Moskoviter außer sich vor Freude über die Freilassung vieler Gefangener, die bei den Tataren geschmachtet hatten. Sechzigtausend Mann wurden auf dem Wasserweg nach

Moskau geschickt und andere kehrten in die heimatlichen Gebiete von Vjatka und Rjazanj zurück. Das Land war voll des Lobes für Ivan, der seine Untertanen befreit hatte.

Den Kazanjtataren zeigte Ivan alles Entgegenkommen, aber sie reagierten nicht darauf. Šig Alej drängte unablässig auf Rückgabe des nördlichen Teils des Khanats, doch wurde er entschieden zurückgewiesen. Dann erfuhr er, daß die Führerschicht der Tataren sich gegen ihn verschworen hatte, und ersann einen schurkischen Plan, um sich dieser Feinde zu entledigen. Er lud sie zu einem Bankett in seinen Palast, und als sie versammelt waren, zogen seine Garden die Schwerter und metzelten alle bis auf den letzten Mann nieder. Der Boden des Palastes troff von Blut. Über diese Grausamkeit waren selbst die Tataren entsetzt. Viele fürchteten für ihr Leben und ergriffen die Flucht; im ganzen Khanat flammte eine solche Wut gegen den Khan auf, daß Ivan wiederum Adašev nach Kazanj schickte, diesmal, um Šig Alej vor seinem Volk zu schützen. Aber die Empörung war zu stark, als daß sie sich hätte unterdrücken lassen. Die Tataren baten Ivan, den Khan zu entfernen und statt seiner einen moskovitischen Gouverneur einzusetzen. Noch einmal reiste Adašev nach Kazanj, und zwar mit dem Auftrag, Šig Alej zu eröffnen, daß er auf Wunsch seines Volkes entthront sei.

Ivan ernannte Fürst Semeon Mikulinskij zu seinem Gouverneur in Kazanj, und es wurden Anstalten getroffen, ihn feierlich in die Stadt zu geleiten. Als den Tataren diese Ernennung angekündigt wurde, schienen sie damit einverstanden, doch plötzlich schlug ihre Stimmung um. Die tatarischen Edelleute, denen Mikulinskij erlaubt hatte, vorauszureiten, um ihre Familien wiederzusehen, verbreiteten das Gerücht, die Moskoviter hätten vor, alle Einwohner von Kazanj zu töten. Das Gerücht war frei erfunden, aber es beschwor wieder alle Furcht und alles Mißtrauen herauf, das die Tataren gegen ihren Erzfeind hegten.

Als man von diesen Unruhen in Kazanj erfuhr, ritten Mikulinskij, Obolenskij und Adašev dorthin, um die Bevölkerung zu beschwichtigen. Sie fanden die Tore geschlossen und die

Kazanjer bewaffnet auf den Mauern und Türmen der Stadt stehen. Umsonst war all ihr Bemühen, die Tataren zu bewegen, ihnen Einlaß zu gewähren. Die Tore Kazanjs blieben den Moskovitern verschlossen.

Dieser Trotz der Tataren, der so plötzlich auf ihre demütige Unterwerfung folgte, erregte Ivans Zorn und überzeugte ihn endgültig, daß Kazanj nur mit Gewalt bezwungen werden könne. Er berief die Bojarenduma ein und verkündete seinen Entschluß, Moskovien »von der Grausamkeit dieser ewigen Feinde zu befreien, mit denen man weder in Ruhe noch in Frieden leben könne«[10].

Ohne länger zu säumen, gab Ivan Befehl, Truppen mit Proviant nach Kazanj zu verschiffen. Er selbst wollte auf dem Landweg folgen, aber in diesem Zeitpunkt trafen beunruhigende Nachrichten von Mikulinskij aus Svijašsk ein. Die finnischen Stämme hatten rebelliert und machten gemeinsame Sache mit den Kazanjern. Schlimmer jedoch war die Kunde, daß in Svijašsk die Pest wüte. Ivan entsandte sogleich Fürst Gorbatyj und Pjotr Šujskij mit Truppen, welche die Besatzung verstärken und den Aufruhr unter den Čuvaš und Čeremis niederschlagen sollten. Einige Tage später erfuhr er zu seinem Leidwesen, daß die Seuche stärker um sich gegriffen hatte. Viele Menschen waren gestorben, und die Moral unter der restlichen Besatzung und ihren Kommandeuren war so gesunken, daß sie sich dem Trunk und dem Wohlleben ergaben und den Überfällen der Tataren kaum Widerstand leisteten; Stammesangehörige hatten sogar ihre Pferde fortgeführt.

Diese Meldung brachte Ivan auf. Er schickte den Erzpriester Timofej von der Erzengelkathedrale mit Weihwasser nach Svijašsk, damit er die Stimmung dort wieder hebe. Timofej, berühmt wegen seines Wissens und seiner feurigen Beredsamkeit, warf den Truppen vor, sie hätten ihre Ehre, ihre Pflicht gegen Gott und den Zaren vergessen. Er schalt sie unbarmherzig und schloß mit den Worten: »Gott, Ivan und die Kirche rufen euch zur Buße. Hütet eure Wege, sonst werdet ihr den Zorn des Zaren erleben und den Fluch der Kirche vernehmen!« Diese

Sprache verstanden die Männer, von Zuchtlosigkeit bei ihnen wurde hinfort nichts mehr gehört[11].

In Kazanj waren die Tataren hochgemut. Sie hatten jetzt einen entschlossenen Führer. Ediger Mohammed, der Sohn des Khans von Astrachan, war den Moskovitern, die ihn gefangenzunehmen suchten, geschickt ausgewichen und mit einer Schar von 500 Nogaitataren nach Kazanj gelangt. Er wurde zum Khan erhoben und machte den Tataren großen Eindruck durch sein kriegerisches Auftreten und den Schwur, den Kampf zu Ende zu führen. Er hatte ihnen neue Zuversicht eingeflößt, daß sie ihren traditionellen Feind doch noch besiegen würden.

Am 16. Juni brach Ivan auf nach Kolomna. Zarin Anastasija weinte bei seiner Abreise, denn sie war schwanger und fürchtete um seine Sicherheit. Sie fiel vor ihm auf die Knie und betete für seinen Erfolg und seine baldige Rückkehr. Auch Ivan betete lange und andächtig um Schutz und gute Niederkunft für seine Gemahlin und um einen Sieg für ihn selbst.

Unterwegs holte ihn ein Kurier ein mit der Nachricht, daß die Krimtataren den nördlichen Donez überquert hätten und weiter nach Norden strömten. Ein anderer Kurier meldete, daß die Tataren auf Rjazanj und Kolomna vorrückten. Schon zwei Tage später hieß es, daß sie Tula angriffen. Ivan entsandte sogleich Truppen, und als er kurz darauf erfuhr, daß der Krimkhan mit seiner Hauptarmee Tula belagere, machte er sich bereit, dorthin zu ziehen. Die Russen in Tula schlugen sich tapfer, und die Nachricht, daß der Zar selbst ihnen zu Hilfe kommen wolle, hob ihren Kampfeseifer so gewaltig, daß sich sogar Frauen am Angriff gegen die Tataren beteiligten. Als der Khan hörte, daß der Zar nahe sei, gab er Befehl zum Rückzug. Moskovitische Truppen verfolgten ihn bis zum Fluß Šivoron; dort besiegten sie ihn, machten viele Gefangene und erbeuteten Kamele und Proviant.

Da er jetzt seine Streitkräfte geschlossen gegen Kazanj einsetzen konnte, brach Ivan am 3. Juli auf und zog mit weiteren Truppenverbänden über Vladimir und Murom nach Svijašsk. Unterwegs erhielt er gute Nachrichten. Die Epidemie in Svijašsk war so gut wie erloschen. Außerdem hatte Fürst Mikulinskij die Stämme aus dem Norden so gründlich geschlagen, daß sie dem Zaren aufs neue Gefolgschaftstreue schwuren. Auch hatten sie reichen Proviant an Korn, wildem Honig und Fleisch mitgebracht; dies würde mit den Lebensmitteln, die Ivans Truppen auf dem Marsch requiriert hatten, eine ausreichende Versorgung für den bevorstehenden Kampf sichern.

Die Truppen hofften, daß sie sich jetzt Ruhe gönnen und sich an dem Überfluß in Svijašsk gütlich tun könnten; aber Ivan war entschlossen, keine Zeit zu verlieren. Am 15. August schickte er in seinem und Šig Alejs Namen ein Schreiben nach Kazanj, in dem er die Tataren aufforderte, sich zu ergeben, und ihnen Gnade zusagte. Dann begannen die Moskoviter, über die Volga hinüberzusetzen; am 20. August standen sie vor Kazanj. Hier erhielten sie die Antwort der Tataren auf das Schreiben des Zaren. In Schmähreden gab Ediger seiner Verachtung für Ivan und besonders für Šig Alej Ausdruck, dazu verhöhnte er auf lästerliche Weise den christlichen Glauben; zum Schluß seiner Antwort forderte er die Moskoviter zum Kampf heraus.

Bis zum 23. August hatte Ivan seine Truppen zur Belagerung aufgestellt. Dann ließ er alle Befehlshaber und Offiziere auf einem Feld zusammenkommen, das der Stadt gegenüberlag. Während er mit seinem Gefolge zu ihnen hinausritt, wurde mit großer Feierlichkeit sein Banner entfaltet. Es trug das heilige Bild der Gottesmutter, das nicht von Menschenhand gemacht, sondern auf wunderbare Weise entstanden sein sollte. Außerdem war auf dem Banner das Kreuz abgebildet, das Dmitrij Donskoj mit sich geführt hatte, als er vor 172 Jahren in der berühmten Schlacht von Kalikovo die Goldene Horde in die Flucht schlug. Für Ivan und jeden Moskoviter waren dies nicht nur geheiligte Gegenstände – sie besaßen die Kraft, neue Wunder zu wirken und neue Siege zu schenken.

Nachdem die Gebete verrichtet waren, sprach Ivan zu seinen Heerführern. Es war die Rede eines jungen Zaren, und die Männer, die sie in Hochstimmung am Vorabend einer Entscheidungsschlacht anhörten, glaubten mit der ganzen Glut ihrer Seele an die Kraft des Gebets und des Opfers und an ihren gesalbten Fürsten.

»Die Zeit unseres großen Unternehmens ist nahe [erklärte Ivan]. Gemeinsam kämpfen wir, um für die heilige Kirche, für den orthodoxen christlichen Glauben zu sterben, wie auch für unsere Blutsbrüder, die rechtgläubigen Christen, die eine lange Gefangenschaft erdulden und unter diesen gottlosen Tataren leiden ... Wir wollen bereit sein, unser Leben hinzugeben; wenn wir sterben, so ist das nicht Tod, sondern Leben; sterben wir jetzt nicht, so sterben wir später, und wie sollen wir uns in zukünftigen Zeiten von diesen Ungläubigen befreien? Ich bin mit euch gezogen. Besser, ich sterbe hier, als daß ich lebe, um mit anzusehen, wie Christus gelästert wird und die mir von Gott anvertrauten Christenmenschen von diesen gottlosen Kazanjern Übles zu erdulden haben! Wenn der barmherzige Gott uns gnädig ist und uns seine Hilfe gewährt, so soll es mir zur Freude gereichen, euch hoch zu belohnen, und wer hier den Tod erleidet, für dessen Weib und Kinder will ich sorgen...«[12]

Für die Fürsten und Bojaren ergriff Fürst Vladimir Andrejevič das Wort und erwiderte: »Fasse Mut, Zar. In gleichem Geist kämpfen wir alle für Gott und für dich!« Dann wandte Ivan sich dem heiligen Bild Christi zu und verkündete mit lauter Stimme, daß es über die Ebene hin hallte: »In Deinem Namen, Herr, ziehen wir in den Kampf!«[13]

Von einer ähnlichen religiösen und nationalen Begeisterung erfaßt, waren die Tataren entschlossen, bis zum Ende zu kämpfen. Hader und Zwietracht, durch die sie in der Vergangenheit so oft gespalten waren, hatten sie hintangestellt. Wie die Moskoviter betrachteten auch sie den bevorstehenden Kampf als entscheidende Phase in ihrer langen, erbitterten Feindschaft. Nachdem sie Mohammed und Allah angefleht hatten, ihnen den Sieg zu verleihen, griffen sie zuversichtlich zu den Waffen. Khan Ediger verfügte über 30000 kampferprobte Männer und 2700 Nogaitataren, dazu über die Bevölkerung von Kazanj und reichlichen Proviant für eine langdauernde Belagerung. Kazanj war stark gebaut und gut befestigt. Hohe Mauern aus Eichenbalken, die von der Innenseite mit getrocknetem Flußsand und Kies verstärkt waren, umgaben die Stadt, und innerhalb der Mauern standen Moscheen, Türme und Steinpaläste.

Ivan verteilte sein Heer von 150000 Mann so, daß sie Kazanj vollständig umzingelten. Kaum hatten sie ihre Stellungen bezogen, als eine Truppe von 15000 Tataren einen Ausfall machte. Dieser plötzliche Angriff traf mit voller Wucht die Strelitzen, welche die Flucht ergriffen. In Eile wurden Verstärkungen herbeigeholt. Die Strelitzen formierten sich wieder. Es entbrannte ein wilder Kampf, und die Tataren wurden langsam an die Tore Kazanjs zurückgetrieben. Auf beiden Seiten hatte es schwere Verluste gegeben, aber die Moskoviter verspürten einen ersten Anhauch des Sieges.

Bald darauf wurden sie jedoch durch ein heftiges Unwetter fast zur Verzweiflung getrieben. Der Regen überschwemmte ihre Lager und brachte die am Ufer der Kazanjka vertäuten Proviantbarken zum Sinken. Der Sturm riß das Zarenzelt von den Pflöcken los, er trug die Planen der drei Feldkirchen davon, desgleichen viele Zelte der Truppen. Eingedenk der Witterungsunbilden, die sie in den beiden vorausgehenden Feldzügen zum Rückzug gezwungen hatten, ließen die Moskoviter den Mut sinken. Angesichts der schweren Verluste an Proviant schien der Rückzug wiederum unvermeidlich. Aber Ivan ließ sich von der allgemeinen Ängstlichkeit nicht anstecken. Er forderte sogleich frischen Proviant von Svijašsk und Moskau an. Auch ließ er warme Kleidung für seine Leute kommen, denn da er alles auf den glücklichen Ausgang dieses Feldzugs setzte, war er entschlossen, den Feind, wenn es sein mußte, den ganzen Winter hindurch zu belagern.

Von ihrem Zaren und ihren Hauptleuten angespornt, bauten die Moskoviter in fieberhafter Eile ihre Stellungen aus. Sie errichteten Schanzen und Palisaden und gruben tiefe Laufgräben. Ivan selbst war unermüdlich. Ständig zu Pferd, inspizierte er die Belagerungswerke. Die Arbeit war nicht nur schwierig, sondern auch gefährlich, weil die Tataren bei Tag und bei Nacht plötzliche Ausfälle machten. Doch gelang es ihnen nicht, ihre Feinde zurückzudrängen oder sie daran zu hindern, die Belagerung näher an die Stadt vorzutragen. Indessen litten die Moskoviter, die keinen Schlaf und kaum Ruhe fanden und überdies von kargen Rationen lebten, allmählich schwer unter den Härten des Krieges.

Noch stärker wurde die Bedrängnis, als aus den Wäldern um Arsk, einem großen Dorf in einiger Entfernung von Kazanj, berittene Tataren unter Führung eines Tatarenfürsten namens Japanča zu heftigen Angriffen heranstürmten. Auf Signale, die ihnen von den Mauern Kazanjs gegeben wurden, ritten sie ihre Attacken einheitlich mit den Ausfällen der Belagerten. Am 30. August brachten jedoch die Fürsten Gorbatyj und Serebrjannij mit einer starken Einheit Japanča eine Niederlage bei, nahmen 340 seiner Leute gefangen und säuberten die Wälder vollständig von seinen Truppen.

Diese Gefangenen wurden in die moskovitischen Stellungen gebracht und vor den Belagerungswerken an Pfähle gebunden. Einer von ihnen wurde freigelassen und vor die Mauern von Kazanj geschickt, von wo er den Tataren die Botschaft des Zaren zuschrie: »Ivan verspricht diesen Gefangenen Leben und Freiheit und euch seine Verzeihung und Gnade, wenn ihr euch ihm ergebt!« Die Kazanjer, die auf den Mauern standen, hörten die Botschaft schweigend an. Dann griffen sie kaltblütig zu ihren Bogen und schrien ihren unglückseligen Stammesgenossen zu: »Besser, ihr sterbt von unseren sauberen Händen als von den schmutzigen Händen der Christen!« Damit ließen sie eine Flut von Pfeilen herniedergehen. Alle diese Gefangenen wurden, an ihre Pfähle geheftet, von unzähligen Pfeilen durchbohrt; keiner kam mit dem Leben davon[14]. Ivan sah diesen Vorgang mit an und erstarrte über die Wut und den Haß der Tataren. Jetzt erkannte er, was für ein unbarmherziger Kampf ihm bevorstand.

Am nächsten Tag entschloß er sich zu einem wichtigen Schritt. Er befahl dem Dänen, der als Sprengmeister in seinen Diensten stand, die Wasserversorgung von Kazanj in die Luft zu jagen[15]. Von Gefangenen und Flüchtlingen hatte er erfahren, daß die Tataren ihr Wasser aus einer Quelle und einem unterirdischen Wasserlauf bezogen, der aus der Kazanjka nach Kazanj hineinfloß. Ivan beauftragte Alexej Adašev, mit dem Dänen die Grabarbeiten unter diesem Fluß zu leiten und Sprengmaterial legen zu lassen. Die Arbeit ging rasch voran. Es wurden zwölf Pulverladungen gelegt, und am 4. September erfolgte die Explosion, wobei viele Tataren umkamen und eine Bresche in die Stadtmauer gerissen wurde. Darauf gingen die Moskoviter sogleich zum Sturm vor, wurden aber zurückgeworfen.

Die Belagerung dauerte an. Die Tataren hatten eine kleine Quelle entdeckt, die ihnen ihre normale Wasserversorgung ersetzte; jetzt kämpften sie mit dem Mut der Verzweiflung. Viele der Moskoviter waren jedoch der Erschöpfung nahe und ihre Moral sank, als ein neues Unwetter aufzog. Gewaltige Regengüsse verwandelten ihre Gräben und Erdwälle in Schlamm. Fürst Kurbskij nahm an, dies sei das Werk tatarischer Zauberer. Täglich erschienen sie in der Morgendämmerung auf den Mauern Kazanjs, so berichtete er, stießen ein furchterregendes Geschrei aus, schwenkten Gewänder gegen die moskovitischen Stellungen und flehten die bösen Mächte an, Wolken und Regen zu schicken. Dieser Glaube an die Zauberei der Tataren und das anhaltende schlechte Wetter schufen Unruhe im moskovitischen Lager. Auch Ivan machte sich deswegen Sorgen und ließ aus Moskau ein besonders wundertätiges Kreuz herbeitragen. Mit diesem Kreuz wurde Wasser geweiht und dann rings um die moskovitischen Stellungen ausgesprengt. Alle glaubten fest an diese Methode, böse Geister zu bannen, und tatsächlich hörte es auf zu regnen und fast sogleich kehrte schönes Wetter wieder[16].

Inzwischen hatten die Moskoviter hohe Türme aus Holz gebaut, die sie, mit Geschützen bestückt, näher an die Mauern vorschoben, um von oben in die Verteidigungsanlagen hinunter zu feuern. Ivan merkte jedoch, daß diese Kanonade nur geringen Schaden anrichtete, und befahl, neue Minen zu legen. Wieder leitete sein dänischer Sprengmeister das Unternehmen, und am 30. September wurde ein großer Teil der Befestigungswerke in die Luft gesprengt. Betäubt von dem Getöse, bedroht von stürzenden Balken und Trümmern, wurden die Tataren von Entsetzen gepackt, doch sammelten sie sich wieder und stürmten aus den Toren zu einem wütenden Angriff vor. Mehrere Stunden tobte ein harter Kampf von Mann gegen Mann, aber die Tataren wurden schrittweise in ihre Festung zurückgetrieben. Etliche Moskoviter erkämpften sich den Zugang durch die Tore, mußten jedoch wieder weichen. Ivan war vorsichtig und wollte in diesem Stadium nicht Verstärkungen hineinwerfen, die in Kazanj wie in einer Falle gefangen sein konnten.

Am 3. Oktober befahl Ivan, alles für den Generalangriff am folgenden Tag vorzubereiten. Seine Truppen sollten zum Abendmahl gehen und dann die Explosion neuer Minen abwarten. Da er jedoch weiteres Blutvergießen lieber vermieden hätte, forderte er die Tataren nochmals zur Übergabe auf; aber sie schworen einmütig, daß sie bis zum Ende kämpfen wollten[17].

Ivan überprüfte die Aufstellung seiner Truppen und bestätigte seine Befehle, daß nach erfolgter Explosion alles zum Angriff bereit zu sein habe. Dann zog er sich in seine Kapelle zurück, um zu beten. Fürst Vorotynskij unterbrach ihn darin mit der Meldung, daß die Ingenieure ihre Aufgabe ausgeführt hätten. Es waren achtundvierzig Pulverladungen gelegt worden, aber die Kazanjer hatten den Tunnelbau entdeckt; so war keine Zeit zu verlieren. Ivan schickte Botschaft an alle Truppen, um ihren Kampfgeist zu stärken. Seine eigene Abteilung sollte Stellungen vor der Stadt beziehen, wo er zu ihnen stoßen wollte. Dann kehrte er zu seiner Andacht zurück.

In der Morgendämmerung erbebte die Erde unter einer gewaltigen Explosion. Ivan trat an den Eingang des Kirchenzelts und sah Trümmer durch die Luft wirbeln. Dann ging er wieder hinein, um die Messe zu Ende zu hören; aber sie wurde von einer zweiten noch furchtbareren Explosion unterbrochen. Aus den Lagern der Moskoviter ertönte lautes Feldgeschrei: »Gott ist mit uns!« und die Truppen stürmten vorwärts[18].

Die Tataren standen ohne zu wanken inmitten der von den beiden Explosionen angerichteten Verwüstung; noch gaben sie kein Feuer. Als die Moskoviter näherkamen, empfingen sie sie mit einer Salve aus Kanonen, Arkebusen und Bogen. Die Reihen der Moskoviter waren durch dieses mörderische Feuer plötzlich gelichtet, doch wurden die Lücken, noch während sie vorrückten, schnell aufgefüllt. Manche warfen sich durch die Breschen der Mauern, andere erstiegen sie auf Leitern oder kletterten von den Türmen herab. Die Tataren kämpften wutentbrannt; sie schütteten siedendes Pech und schleuderten Balken und Steine auf alle hinunter, welche die Mauern zu erklimmen suchten. Die Moskoviter aber fühlten den Sieg nahe und schlugen sich tapfer nach Kazanj hinein. Ein paar Stunden mußten sie den Kampf in den Straßen fortsetzen. Leichen, abgetrennte Gliedmaßen – Beine, Arme, Köpfe – bedeckten den Boden, das Blut floß in Strömen, und doch wollten die Tataren, so hoffnungslos sie dezimiert waren, sich nicht ergeben.

In diesem entscheidenden Stadium erlahmte der Vorstoß der Moskoviter. Viele Krieger schlugen sich auf die Seite, um die Häuser zu plündern und die Toten zu berauben. Dieses Nachlassen machten sich die Tataren sogleich zunutze und trieben die Truppen in einem erneuten Angriff zu den Straßen hinaus. Als Ivan diese gefährliche Lage erfuhr, entsandte er zuverlässige Offiziere mit dem Befehl, jeden Mann niederzumachen, der beim Plündern oder Davonlaufen ertappt wurde. Er selbst bezog Stellung vor dem Haupttor und hielt das heilige Banner hoch, um fliehende Truppen zurückzutreiben. Auch schickte er jetzt Verstärkungen in die Stadt.

Von frischen Truppen unterstützt, ergriffen die Moskoviter von neuem die Offensive. Khan Ediger, der immer noch tapfer kämpfte, wich mit seinen restlichen Leuten in den stark befestigten Palast zurück. Als er dann einsah, daß weiterer Widerstand zwecklos sei, versuchte er, sich zu den Toren im unteren Teil der Stadt durchzuschlagen, fand aber den Weg versperrt. Mit seinen Tataren stieg er über die Haufen von Leichen – von Tataren wie Moskovitern – und gelangte oben auf die Mauer. Eine kleine Gefolgschaft geleitete ihn zu einem Turm, der noch stand.

Zu diesem Zeitpunkt scheinen die Tatarenkrieger sich die Macht angeeignet zu haben. Von dem Turm riefen sie den moskovitischen Hauptleuten zu: »Hört! Solange das Khanat unser war, starben wir für unsern Khan und unser Land. Jetzt ist Kazanj euer. Wir übergeben euch auch unseren Khan, lebendig und unverletzt. Führt ihn zu Ivan. Wir aber ziehen ins offene Feld, um mit euch den Kelch bis zur Neige zu leeren.«[19]

Diese Schar von Tataren zog dann an der andern Seite der Mauer zum Ufer der Kazanjka hinunter. Die Fürsten Andrej und Roman Kurbskij holten sie mit einem Reitertrupp ein. Aber sie waren nur ein paar hundert Mann und wurden, obwohl sie sich tapfer schlugen, rasch überwältigt. Indessen hielten sie mit ihrem Angriff die Tataren so lange fest, bis die Fürsten Mikulinskij, Glinskij und Šeremetev mit einer starken Truppe auf dem Kampfplatz erschienen und sie hinderten, in die Wälder jenseits des Flusses zu fliehen. Es entbrannte ein heftiger Kampf. Die Tataren, so dezimiert und erschöpft sie waren, wollten sich nicht ergeben. Sie wurden alle niedergemacht und von den 5000 nur ein paar Schwerverwundete, die kampfunfähig waren, gefangengenommen.

In Kazanj hatten die Kämpfe jetzt aufgehört. Von den vielen Bränden stieg Rauch in die Luft, und das Jammern der Verwundeten, das Wehklagen der Weiber und Kinder vermischte sich mit dem Freudengeschrei der Sieger. Der oberste moskovitische Befehlshaber, Fürst Vorotynskij, meldete Ivan: »Durch deinen Mut und dein Schlachtenglück ist der Sieg gewonnen. Kazanj ist unser; der Khan ist in deiner Hand; sein Volk ist vernichtet oder gefangengenommen, unzählige Reichtümer sind erbeutet. Was sind deine Befehle?«[20] Ivan erwiderte: »Gebt dem Allmächtigen die Ehre!« und nahm sogleich an einem Dankgottesdienst teil. Dann wurde Khan Ediger vor ihn gebracht und mit Achtung und Güte empfangen. »Unseliger Mann«, sprach Ivan zu ihm, »erkanntest du nicht die Macht Rußlands und die Falschheit der Kazanjer?«[21] Ediger verneigte sich tief vor ihm, und der Zar gewährte ihm Gnade.

Dann hielt Ivan feierlichen Einzug in Kazanj, von seinen

Truppen und den zuletzt aus tatarischer Gefangenschaft befreiten Moskovitern mit Jubel begrüßt. Beim Anblick der Gefallenen, die an verschiedenen Stellen der Festung zu Haufen aufgeschichtet lagen, soll er Tränen des Mitleids vergossen haben. Bevor er die Stadt verließ, befahl er, die ganze Beute und die Gefangenen – abgesehen von Ediger – samt Weibern und Kindern seinen Truppen zu überlassen; die Juwelen und Krönungsinsignien des Khans sowie die heiligen Schriften der Tataren behielt er für sich. Schließlich errichtete er in der Mitte der Stadt eigenhändig ein Kreuz und legte den Grund zu einer Kirche auf den Namen »Mariä Verkündigung«, zwei Tage darauf war die Kirche fertig und wurde geweiht.

Wieder in seinem Lager, hielt Ivan eine Ansprache an seine Feldherren und die Truppen, die vor seinem Zelt angetreten waren. Seine Worte gaben nicht nur sein eigenes Hochgefühl wieder, sondern auch das Frohlocken des Volkes.

»Bojaren, Feldherren, Offiziere! [sprach er]. Ihr habt an diesem denkwürdigen Tag im Namen Gottes für euren Glauben, euer Vaterland und euren Zaren gelitten. Ihr habt einen Ruhm gewonnen, wie man ihn in unserer Zeit nicht gekannt hat. Niemand hat je solchen Mut bewiesen, niemand je solchen Sieg errungen. Ihr seid die neuen Mazedonier, die würdigen Nachfahren der Helden, die mit dem Großfürsten Dmitrij Mamaj zerschmetterten...«[22]

Am 11. Oktober trat er die Rückreise nach Moskau an. Für die Regierung des Khanats hatte er vorgesorgt, indem er die Fürsten Alexander Gorbatyj und Vasilij Serebrjannij als gemeinsame Statthalter einsetzte. Ferner hatte er Boten in alle Teile des Khanats ausgeschickt und dem Volke verkünden lassen, es solle sich nicht fürchten, sondern ihm Treue schwören und denselben Tribut entrichten wie bisher dem Khan. Viele seiner Bojaren rieten ihm, mit seiner Armee bis zum Frühjahr in Kazanj zu bleiben. Sie befürchteten Aufstände der Tataren und benachbarten Stämme und meinten, der Zar solle seine Armee zur Unterdrückung dieser wilden Völkerschaften bereithalten. Aber Ivan verwarf diesen Rat, wie es hieß, auf Betreiben seiner

Schwäger, der Zacharini. Er konnte es nicht erwarten, nach Moskau zurückzukehren, seine Gemahlin wiederzusehen und die Huldigung des Volkes entgegenzunehmen. Die Strelitzen und andere Truppen, die er in Kazanj und Svijašsk stationiert hatte, sollten für Frieden sorgen. Überdies wäre es schwierig gewesen, das Gesamt der Truppen den langen Winter über in Kazanj zu behalten. Sein Heer bestand nicht aus Berufssoldaten, sondern aus jeweils für einen Feldzug ausgehobenen Truppen. Sie hatten lange und schwer gekämpft und verlangten jetzt nach Hause. Deshalb löste er sie auf, nachdem er sie reich beschenkt hatte.

Ivans Heimfahrt wurde zu einem Triumphzug. In Nišnij-Novgorod empfingen ihn die Einwohner mit Jubel und Dankgebeten. In Vladimir erhielt er eine Botschaft, die sein Glück vollständig machte: der Bojar Trachanjot kam zu ihm geritten und meldete ihm, daß die Zarin einen Sohn geboren habe, der Dmitrij heißen solle. Sie hatte ihm schon zwei Töchter geschenkt – eine war inzwischen gestorben –, aber sein größter Wunsch war, einen Sohn und Thronerben zu haben. Ivan weinte, außer sich vor Freude, und umarmte Trachanjot. Um dem Überbringer so guter Nachrichten sein Wohlgefallen und seine Dankbarkeit zu bezeigen, nahm er impulsiv den Mantel von seinen Schultern und schenkte ihn sowie sein eigenes Roß Trachanjot. Auch schickte er seinen Schwager, den Bojaren Nikita Romanov, nach Moskau voraus, daß er der Zarin seine zärtlichen Grüße überbringe. Dann setzte Ivan seinen Weg fort bis zum Troica-Kloster, wo ihn der ehemalige Metropolit Josef empfing; hier blieb er einige Zeit, um in frommen Gebeten für den Sieg und die Geburt eines Sohnes zu danken.

In der Morgenfrühe des 29. Oktober näherte sich Ivan Moskau, jetzt begleitet von seinem Bruder, einigen seiner Bojaren, seinem Gefolge und seiner Leibgarde. Ein Empfang von noch nie dagewesener Begeisterung wurde ihm zuteil. Die Bevölkerung war aus der Stadt herausgeströmt und erwartete ihn. Über eine Strecke von vier Meilen scharten sich am Ufer der Jausa die Bewohner der Vorstädte und ließen nur eine schmale Gasse frei. Ivan ritt langsam durch die Menge und nahm ihre Huldigung entgegen als »Besieger der Barbaren – Beschützer der Christen«[23]. Wer nur nahe genug war, drängte hinzu, um ihm die Füße, die Hände oder seine Gewänder zu küssen. Ihr Jubel war vermischt mit einer so starken religiösen Inbrunst, daß sie ihm eine Verehrung entgegenbrachten wie fast dem Erlöser selbst.

Bei dem Sretenskij-Kloster stieg Ivan vom Pferd. An dieser Stelle hatten die Moskoviter einst die Ikone der Gottesmutter von Vladimir empfangen, die auf wunderbare Weise Vladimir während der Eroberungszüge Tamerlans gerettet hatte. Mit dieser heiligen Ikone kam der Metropolit, gefolgt von Bischöfen und hohen Bojaren, jetzt dem Zaren entgegen. Ivan kniete vor der Ikone nieder, um zu beten, dann sprach er zu den Versammelten. Wieder frohlockte er über seinen Sieg, trat aber selbst demütig, ja fromm auf, ohne eine Spur von Überheblichkeit. Er würdigte die Tapferkeit seiner Heerführer und Krieger und die Kraft der Gebete von Kirche und Volk. Dann sprach der Metropolit; er rühmte Ivans hohe Gaben und den Sieg, den er für Christus über Mohammed errungen habe. Schließlich knieten, in einer ergreifenden Szene, der betagte Metropolit, die Bischöfe, die Bojaren und wer zugegen war, demütig und dankbar vor dem jungen Zaren nieder.

In Moskau war Ivan wieder mit der Zarin vereint, liebkoste seinen kleinen Sohn und verbrachte mehrere Tage bei seiner Familie. Dann eröffnete er die Siegesfeiern mit einem großen Bankett im Granovitaja-Palast. Das Volk war fröhlich; es wurde getrunken, man sang, man tanzte auf den Straßen, man feierte die heimkehrenden Krieger als Helden. Doch inmitten aller Lustbarkeit gedachten sie immer wieder ehrfürchtig ihres Zaren. In den Augen des Volks stand Ivan jetzt noch höher als Dmitrij Donskoj und Alexander Nevskij.

Die Eroberung von Kazanj war für die Geschichte Rußlands von ungeheurer Bedeutung. Die Moskoviter hatten die Offensive gegen die asiatischen Horden ergriffen und fühlten sich jetzt endlich, nach zweieinhalb Jahrhunderten der Unterdrükkung, vom Tatarenjoch befreit. Wohl hatte Moskau 1480, unter der Regierung von Ivans Großvater, Unabhängigkeit von den Tataren-Khanen erlangt, aber das war stillschweigend vor sich gegangen, das Volk hatte nichts davon verspürt. Die Eroberung von Kazanj mit ihren grausamen Kämpfen, bei denen so viele ihr Leben gelassen hatten, rüttelte sie auf. Sie rief ein Gefühl nationaler Zusammengehörigkeit wach, das wirtschaftliche, politische, rassische oder religiöse Einheit weder allein noch gemeinsam verleihen konnten. Dies war tatsächlich die Geburtsstunde der Nation.

Schließlich gründete sich auf diesen Sieg die Macht des Zaren im Volgagebiet. Bald folgte die Annexion des Khanats von Astrachan an der Mündung der Volga, und damit beherrschte Moskau den ganzen gewaltigen Strom. Jetzt konnte man anfangen zu kolonisieren: im Süden und Südosten die reichen, von Nebenflüssen der Volga und des Don bewässerten Länder, und nach Osten, jenseits der Volga, die Gebiete bis in die sibirischen Steppen hinein.

12

DER VERRAT
1553

Nach seiner Rückkehr von Kazanj war Ivan entschlossen, als Autokrat zu herrschen. Er hatte sein Heer angeführt, einen außerordentlichen Sieg errungen und war von seinem Volk mit unvergleichlichem Jubel empfangen worden; an dieser Erfahrung war er gereift und seiner selbst sicher geworden. Die Bojaren schreckten ihn nicht mehr, er soll ihnen damals offen erklärt haben: »Jetzt fürchte ich euch nicht mehr!«[1] Noch immer achtete er Silvester als seinen moralischen und geistlichen Berater. Sein Zutrauen zu Adašev und anderen Mitgliedern des Gewählten Rats war unvermindert. Aber von jetzt an wollte er seine Politik selbst bestimmen und sich nicht mehr, wie bisher, auf andere stützen. Außerdem hatte der Sieg über Kazanj seinen Ehrgeiz beflügelt, die Feinde Moskoviens zu vernichten und das Zarenreich zu einer der großen Nationen zu machen.

Silvester, Adašev und verschiedene Mitglieder des Gewählten Rats beobachteten diese neue Unabhängigkeit ihres jungen Zaren mit Unbehagen. Sie hatten die Macht gekostet, und Macht hält die ihr Verfallenen stärker als die heimtückischste Droge in Bann. Als sie sich jetzt der Alleinherrschaft des Zaren beugen sollten, kämpften sie darum, die Macht zu behalten. Am hartnäckigsten sträubte sich Silvester. Dieser einfache, aber fanatische und kraftvolle Priester war anmaßend geworden und von seiner eigenen Unfehlbarkeit durchdrungen. Wies der Zar seinen Rat zurück, was er nun mehr und mehr tat, so behauptete

Silvester, er werde sich den Zorn Gottes zuziehen. Aber weder diese Drohungen noch der Konflikt, der sich zwischen ihnen anbahnte, vermochten Ivan von seinem Entschluß abzubringen, sich von der Herrschaft des Priesters zu befreien. An diesem Punkt jedoch erfuhr seine Beziehung zu Silvester und seinen anderen Ratgebern eine grundlegende Veränderung.

Anfang März 1553 wurde Ivan von einem äußerst heftigen Fieber befallen. Sein Zustand verschlechterte sich zusehends, er schwebte in Lebensgefahr und wurde mit den Sterbesakramenten versehen. Diese Wendung kam völlig unerwartet; man hatte geglaubt, es liege eine lange Regierungszeit vor ihm, und nun war er plötzlich dem Tod nahe. Die Kunde von seiner Erkrankung verbreitete sich schnell in der Stadt und im ganzen Land. Das Volk strömte in den Kreml und wartete dort angstvoll. »Unsere Sünden müssen über die Maßen groß sein«, sprachen sie untereinander, »wenn Gott einen solchen Herrscher von Rußland nimmt.«[2] Im Palast versammelten sich die führenden Bojaren, voll tiefer Besorgnis um die Thronfolge.

Ivan lag, noch bei Bewußtsein, in seinem Schlafgemach, als sein Sekretär Ivan Michailov zu ihm trat und ihn mahnte, es sei Zeit für ihn, sein Testament zu machen. Ivan gab mit schwacher Stimme seine Anweisungen und ernannte seinen kleinen Sohn Dmitrij zu seinem alleinigen Erben und Nachfolger. Das Testament wurde in Eile aufgesetzt, dann hieß Ivan den engeren Kreis seiner Bojaren und Räte seinem Sohn Dmitrij Treue schwören und das Kreuz darauf zu küssen. Den Eid leisteten gegen Abend dieses Tages die Fürsten Ivan Mstislavskij, Vladimir Vorotynskij und Dmitrij Paleckij, die Bojaren Ivan Šeremetev und M. Morozov und die Räte Ivan Viskovatyj, Alexej Adašev und Višnjakov. Auch die Verwandten der Zarin, die Bojaren Daniil Romanovič und Vasilij Jurjev schworen Treue. Aber Fürst Kurljatev und der Schatzmeister Funikov blieben fern und entschuldigten sich mit Krankheit.

Am folgenden Tag erschienen auf Befehl des Zaren alle Bojaren im Palast, um den Treueid zu leisten. Ivan empfing sie, war aber zu schwach, um ihnen selbst den Eid abzunehmen.

Die Fürsten Mstislavskij und Vorotynskij trafen Anstalten, im Nebenzimmer die Handlung in seinem Auftrag durchzuführen. Die Stille um Ivan, bisher nur von geflüsterten Botschaften und leise intonierten Gebeten unterbrochen, wurde plötzlich von wildem Streit unter den Bojaren zerrissen. Ivan hörte den Lärm und erfuhr tief betroffen, daß viele Bojaren sich dagegen sträubten, den Eid zu leisten. Manche erklärten dreist, Dmitrij stecke noch in den Windeln und sei nicht imstande zu herrschen, und wenn er die Nachfolge antrete, werde das Land wieder eine Zeit der Anarchie durchmachen wie während Ivans Kindheit. Aber der Zank unter den Bojaren und ihr wütender Protest, Dmitrij Treue zu schwören, entsprangen weniger der Angst vor anarchischen Zuständen als einem Streit um die Macht.

Die Großfürsten von Moskau hatten es sich zur Regel gemacht, den ältesten Sohn zum Thronerben einzusetzen; deshalb zweifelte Ivan nicht daran, daß sein einziger Sohn, mochte er auch erst einige Monate alt sein, ihm nachfolgen müsse. Aber dieser Brauch hatte noch nicht Gesetzeskraft erlangt, und so entbrannten heftige Rivalitäten um die Thronfolge. In Ivans Familie gab es außer Dmitrij zwei Fürsten: seinen Bruder Jurij und seinen Vetter Vladimir Starickij. Jurij, geistig zurückgeblieben, kam als Thronanwärter nicht in Frage. Fürst Vladimir hingegen war begabt, tatkräftig und ehrgeizig und wurde von seiner ebenso willensstarken Mutter Jefrosinja unterstützt.

Ohne Rücksicht auf den sterbenden Zaren setzten die Bojaren im Schlafgemach und im Nebenzimmer ihren Streit fort. Ivan nahm alle Kraft zusammen, um sich Gehör zu verschaffen, und sprach zu ihnen: »Wenn ihr nicht das Kreuz in Treue zu meinem Sohn Dmitrij küssen wollt, so bedeutet es, daß ihr schon einen anderen Herrscher habt. Aber mehr als einmal habt ihr in Treue zu mir das Kreuz geküßt und geschworen, daß ihr keinen anderen Herrscher suchen wollt. Ich will euch das Kreuz hinhalten, daß ihr es küßt – ich befehle euch, meinem Sohn Dmitrij zu dienen...«[3]

Wieder brach unter den Bojaren ein lautes Entrüstungsgeschrei aus. Dann erwiderte Feodor Adašev, der Vater von

Ivans Günstling Alexej, unverblümt: »In Treue zu dir und deinem Sohn wollen wir das Kreuz küssen, aber den Zacharini, Daniil und seinem Bruder, wollen wir nicht dienen. Wir sind schon Zeuge von vielem Unheil gewesen, das die Bojaren während deiner Minderjährigkeit angerichtet haben!«[4] Drei einflußreiche Fürsten – Peter Ščenjatev-Patrikejev, Semeon Rostovskij und Ivan Turuntaj-Pronskij – verweigerten nach wie vor den Eid. »Über uns werden die Zacharini Macht haben«, sagten sie. »Warum sollten wir uns den Zacharinis unterordnen und dem jungen Herrscher dienen? Wir täten besser, dem mündigen Fürsten Vladimir Andrejevič zu dienen.«[5]

Die Feindschaft gegen die Zacharini trat jetzt offen zutage. Bei der Thronfolge des unmündigen Dmitrij wäre nach moskovitischem Brauch seine Mutter Anastasija Regentin geworden. Sie war eine fromme junge Frau, aber ohne jede Erfahrung im Regieren, und die Macht wäre de facto ihren beiden Brüdern zugefallen. Es mag sein, daß die Zacharini sich überheblich und töricht benommen hatten, seit ihre Familie durch die Heirat ihrer Schwester mit dem Zaren so plötzlich erhöht und dem Thron nahegerückt war. Unabhängig von ihrem persönlichen Betragen jedoch wurden sie wegen ihrer verhältnismäßig bescheidenen Herkunft verächtlich behandelt. Ein weiterer und ebenso wichtiger Grund für diese Feindschaft lag darin, daß die Zacharini nicht dem Gewählten Rat angehörten, dem engeren Kreis um den Zaren, der die Macht im Kreml für sich allein beanspruchte.

In den Jahren seit 1547 hatten Silvester und Adašev Ivans grenzenloses Vertrauen benützt, um ihre Anhänger in alle wichtigen Stellungen zu bringen. Ivan schickte sogar selbst jeden, den er zu befördern wünschte, zu diesen beiden Männern, um ihre Meinung zu hören und sich ihrer Zustimmung zu vergewissern. Außerdem hatten sich viele Fürsten und Bojaren, die befürchteten, Ivans Mißtrauen gegen ihre Klasse stehe ihrem Aufstieg in hohe Ämter entgegen, um Silvesters und Adaševs Gunst bemüht. So wurde Fürst Dmitrij Kurljatev, ein naher Freund der Šujskijs, der sich an der wüsten Szene in der Duma beteiligt hatte, als sie Voroncov fortschleppten, durch Silvesters Einfluß zum Bojaren und zum Mitglied des Gewählten Rates ernannt. Auch Fürst Dmitrij Paleckij, ebenfalls ein Anhänger der Šujskijs, der nach ihrem Sturz in Ungnade gefallen war, stand Silvester nahe; im November 1547 war seine Tochter mit Ivans Bruder Jurij vermählt worden[6].

Die Macht Silvesters, Adaševs und der ihnen Verbündeten schien unangreifbar. Aber die Familie Zacharini-Jurjev entzog sich ihrem Einfluß und stand durch die Zarin Ivan nahe. Deshalb verdächtigte die Partei der Günstlinge sie dauernd. Kurbskij nannte sie Verräter und Räuber. Silvester griff sogar die sanfte Anastasija an, verglich sie mit Eudoxia, der Gemahlin des Kaisers Arkadius, die den heiligen Johannes Chrysostomos verfolgt hatte – der hier für Silvester stand. Durch Einflüsterung und andere Methoden versuchten die Favoriten die Stellung Anastasijas und ihrer Familie zu untergraben und den Haß der Bojaren und anderer Schichten gegen sie zu schüren. Silvester, Adašev und der Gewählte Rat konnten sich in ihrer Machtstellung nur behaupten, wenn Fürst Vladimir Starickij, der Silvester freundschaftlich verbunden war, Ivan auf dem Thron folgte.

Fürst Vladimir und seine Mutter waren schon sehr tätig. Bei der ersten Nachricht von Ivans Krankheit hatten sie ihre Gefolgschaft um sich gesammelt, hatten andere mit großen Geldsummen bestochen und bei den Bojaren um Anhang geworben. Ihr Betragen zu der Zeit, als der Zar dem Tode nahe war, wirkte so widerlich, daß einige Bojaren ihnen Vorhaltungen machten. Jetzt forderten Fürst Vladimir Vorotynskij und der Rat Ivan Viskovatyj Fürst Vladimir auf, unverzüglich dem Zarevič den Treueid zu leisten. »Wagt nicht, mit mir zu streiten und mir zu sagen, was ich tun soll!« wies Fürst Vladimir sie zurecht[7]. Aber Vorotynskij blieb fest und mahnte ihn daran, daß er Ivan Treue geschworen habe. Es wurde eine besondere Urkunde aufgesetzt, darin er sich verpflichten sollte, dem Zarevič zu dienen; aber Fürst Vladimir weigerte sich noch, sie zu unterzeichnen. Gewisse Bojaren, die Ivan und seinem Sohn ergeben waren, versuchten ihn dazu zu zwingen, indem sie ihm verwehrten, sich aus dem Palast zu entfernen oder zu dem leidenden Zaren vorzudringen. Jetzt aber ergriff Silvester, der bis dahin geschwiegen hatte, Fürst Vladimirs Partei und wetterte gegen diese Bojaren.

Inzwischen hatten die meisten Bojaren den Treueid geleistet und ermahnten andere, noch zögernde, energisch zur Loyalität gegenüber dem Zaren. Der Streit wurde hitziger. Verzweifelt bemühte Ivan sich, sie zum Schwören zu bewegen, und etliche taten es auch. Aber Fürst Dmitrij Paleckij, Fürst Kurljatev, der als letzter den Eid leistete, und der Schatzmeister Funikov nahmen schnell heimliche Fühlung mit dem Fürsten Dmitrij und seiner Mutter auf und sagten ihnen ihre Unterstützung zu. Unter lautem Protest schwor endlich auch Fürst Vladimir Gefolgschaftstreue, doch klang sein Schwur nicht überzeugend.

Ivan, der sich, vom Fieber geschwächt, dem Tode nahe glaubte, lag da, von Angst und Sorgen gepeinigt. Des Anhangs seiner nächsten Bojaren war er gewiß gewesen, an der Loyalität seiner ausgewählten Ratgeber hatte er nie gezweifelt. In dieser Krankheit mußte er plötzlich erkennen, daß zumindest einige von ihnen bei seinem Tode seine Familie und seine Dynastie stürzen wollten. Sein geistlicher Rat Silvester ergriff offen Partei für den Fürsten Vladimir. Adašev, den er aus Bedeutungslosigkeit in einen Rang erhoben hatte, in dem er von den Größten des Landes umworben wurde, hatte zwar den Treueid geleistet, aber der Schwur des Sohnes wurde vom Protest des Vaters überschattet. Ivan sah darin nicht bloß Undankbarkeit, sondern Verrat an ihm als Freund und als dem von Gott erwählten Zaren.

Am meisten sorgte er sich jedoch um das Leben seiner Frau und der Kinder. Er war ein liebevoller Gatte und Vater, und jetzt quälte ihn die Angst, daß Fürst Vladimir oder rivalisierende Bojaren, sobald er nicht mehr sei, Anastasija samt seinem Sohn und seiner Tochter umbringen würden.

Ivan sprach zu den Bojaren, die den Eid geleistet hatten, und flehte sie an, seine junge Familie zu beschützen.

»Ihr habt mir und meinem Sohn mit eurem Eid gelobt, Uns zu dienen, aber andere Bojaren wünschen meinen Sohn nicht als Herrscher zu sehen. Wenn es Gottes Wille ist, werde ich sterben, und dann bitte ich euch, vergeßt nicht des Eides, den ihr geschworen habt; laßt nicht zu, daß mein Sohn von den Bojaren getötet wird, sondern flieht mit ihm in ein fremdes Land, wohin immer Gott euch weisen mag.«[8]

Anastasijas Brüder, die Zacharini, hatten während des ganzen Streites geschwiegen. Sie waren feige und nur darum besorgt, was für ein Schicksal sie beim Tode des Zaren zu gewärtigen hätten. Ihr erbärmliches Verhalten entging Ivan nicht. »Ihr Zacharini!« sagte er zornig. »Warum seid ihr so ängstlich? Glaubt ihr, die Bojaren werden euch schonen? Ihr werdet ihre ersten Opfer sein; darum haltet euch bereit, für meinen Sohn und seine Mutter zu sterben. Ihr dürft meine Gemahlin nicht preisgeben, damit ihr nicht von den Bojaren Übles geschieht!« Aber er wußte, daß er sich nicht auf sie verlassen konnte, daß er keinem von all denen, die ihm jetzt ihre Ergebenheit beteuerten, rückhaltlos vertrauen durfte. In diesen Stunden der Krankheit und Ohnmacht peinigte ihn die Angst, daß bei seinem Tode die Seinen von allen im Stich gelassen würden.

Etliche Wochen lag Ivan krank und erschöpft darnieder. Über Moskau und dem ganzen Land lastete Ungewißheit. Dann ging die Krise, entgegen allen Erwartungen, vorüber, und er erholte sich langsam. Während der Krankheit hatte er ein Gelübde getan, wenn er genesen sollte, zu Dankgebeten zum Kirillo-Beloozerskij-Kloster zu pilgern. Das bedeutete eine lange und anstrengende Reise, und Adašev, Kurbskij und andere rieten ihm davon ab. Er sei noch von der Krankheit geschwächt, sagten sie, sein kleiner Sohn werde unter den Strapazen der langen Reise leiden, zudem sei seine Anwesenheit in Moskau notwendig, weil die Tataren von Kazanj aufrührerisch seien und niedergehalten werden müßten. Aber Ivan ließ sich nicht davon abbringen. Wahrscheinlich wollte er der bedrükkenden Atmosphäre des Kremls entrinnen, die schwanger schien von Falschheit und Verrat, um sich über seine Lage und sein künftiges Verhalten klarzuwerden, da er sich jetzt von Treulosigkeit umgeben sah.

Im Mai trat Ivan mit seiner Frau und dem kleinen Sohn die Pilgerfahrt an. Im Troica-Kloster besuchte er Maxim Grek in seiner Zelle, den namhaften Gelehrten, den Vasilij III. nach Rußland geholt hatte, damit er die Kirchenbücher übersetze. Maxim war seiner politischen Ansichten wegen in Ungnade gefallen und in entlegene Klöster verbannt worden, aber Ivan hatte ihn freigelassen, und jetzt lebte er im Troica-Kloster dem Gebet. Sein Einfluß war groß gewesen, und in seinen Anschauungen stand er Silvester nahe. Tatsächlich sprach er in seiner Zelle zu Ivan jetzt auch ganz wie Silvester; er drängte ihn, seine beschwerliche Reise aufzugeben, und drohte ihm, als er sich weigerte, mit dem Zorne Gottes; schließlich prophezeite er, daß der Zarevič unterwegs sterben würde.

Ivan setzte die Reise mit Anastasija und seinem Sohn fort. Im Josef-Volokolamsk-Kloster hatte er eine lange Unterredung mit Vassijan Torpokov, dem ehemaligen Erzbischof von Kolomenskoje, der sich der besonderen Gunst Vasilijs III. erfreut hatte und während der Bojarenherrschaft abgesetzt worden war. Ivan wandte sich an den alten Mann als an einen Freund seines Vaters, einen Gegner Silvesters, und fragte ihn: »Wie muß ich regieren, damit meine Edelleute mir Gehorsam leisten?« Vassijan, der die Bojaren haßte und leidenschaftlich die absolute Macht des Selbstherrschers vertrat, beriet ihn ernst und eindringlich in dem Sinne, er solle seinen Ratgebern kein Gehör schenken, alle Macht in seiner Hand behalten und allein herrschen. Ivan soll ausgerufen haben: »Selbst mein Vater, wenn er am Leben wäre, könnte mir keinen vernünftigeren Rat gegeben haben!«[10]

Kurbskij und andere scharfe Kritiker Ivans haben später behauptet, diese Unterredung mit Vassijan habe ihn verdorben. Aber nicht der Rat des alten Mönches hatte Ivans Mißtrauen und Haß gegen die Bojaren entflammt. Diese Feindschaft war die bittere Frucht des Terrors, unter dem er in seiner Kindheit gelitten, und des Verrats jener, denen er blind vertraut hatte.

Getröstet durch die Zuneigung des alten Priesters und von seinem Rat ermutigt, setzte Ivan die Reise fort. Aber nun traf ihn ein neuer Schicksalsschlag: sein kleiner Sohn starb. Fast schien es, als wäre Dmitrij nur auf die Welt gekommen, damit an ihm die Treulosigkeit von Ivans Freunden und Ratgebern offenbar werde. Von dieser kummervollen Pilgerfahrt kehrten Ivan und Anastasıja in die Düsternis und Verlassenheit des Kremls zurück.

13

REFORMEN, ASTRACHAN
UND DIE TATAREN
1554–1560

DIE EREIGNISSE DES FRÜHJAHRS 1553 machten auf Ivan zweifellos einen tiefen und nachhaltigen Eindruck, doch ließ er zunächst nichts davon merken. Während der nächsten sechs Jahre war er ein Rätsel. Es ist nicht zu ergründen, ob er sich an die christlichen Grundsätze hielt: seine Feinde zu lieben und ihnen zu vergeben, oder ob er aus schlauer Berechnung handelte. Der Demut und Nächstenliebe war er wohl fähig, genauso aber der Rachsucht und Grausamkeit; er verstand es, seine Zeit abzuwarten und dann jäh und brutal zuzuschlagen.

Nach der Rückkehr von seiner Pilgerfahrt zeigte er keinen Groll gegen jene, die ihn und seine Familie hatten verraten wollen; keiner von ihnen wurde bestraft oder entlassen. Silvester empfing er so höflich wie bisher und hörte seine Ratschläge an. Ebenso freundlich behandelte er Alexej Adašev, ja, er beförderte ihn 1555 zum *okolničij* und erhob ihn damit in einen Rang, der unmittelbar nach dem eines Bojaren kam. Vielleicht bestimmte ihn dazu ein Gefühl bleibender Achtung und Zuneigung für diese beiden Männer, vielleicht hielt er Adašev, der dem Zarevič Dmitrij den Treueid geleistet hatte, nicht für einen Verräter; gewiß aber erkannte er zugleich, daß er in diesem Stadium die beiden und ihren Anhang im Gewählten Rat nicht entbehren konnte.

Dem Fürsten Vladimir Andrejevič von Starica begegnete Ivan mit scheinbarer Großmut, hinter der sich aber ein beharrliches Mißtrauen verbarg. Am 28. März 1554, etwa neun Monate nach ihrer Rückkehr nach Moskau, gebar Anastasija wieder einen Sohn, der Ioann oder Ivan genannt wurde. Unverzüglich ließ Ivan ein neues Testament aufsetzen und bestimmte darin für den Fall seines Todes den Fürsten Vladimir zum Vormund des jungen Zaren und zum Regenten. Wenn der Zarevič stürbe, ehe er volljährig geworden sei, sollte Fürst Vladimir die Thronfolge antreten. Fürst Vladimir mußte mit einem feierlichen Eid geloben, seine Pflichten als Vormund und Regent gewissenhaft zu erfüllen, auch seiner ehrgeizigen und eigenwilligen Mutter nicht zu schonen, wenn sie gegen Anastasija und den Zarevič konspirieren sollte. Ferner schwor er, seine Funktionen als Regent in Vereinbarung mit der Zarin, dem Metropoliten und den Räten des Zaren auszuüben und nie mehr als jeweils 100 Mann seiner eigenen Truppen in Moskau zu halten. Da er ihn nicht hinrichten lassen konnte – ein Schritt, den Ivan damals wahrscheinlich wegen des Anhangs des Fürsten in der Bojarenaristokratie nicht zu tun wagte –, war dies die vernünftigste, ja die einzige Maßnahme, durch die er seinem Sohn die Thronfolge und seiner geliebten Gemahlin einen gewissen Schutz zu sichern vermochte.

Die Höflinge jedoch, die den Treueid für Dmitrij verweigert oder nur widerstrebend geleistet hatten, empfanden Ivans milde, versöhnliche Haltung als beunruhigend. Diese Furcht, wie auch die ständige Unzufriedenheit der Bojaren, kam zum Ausdruck in dem Komplott der Rostovskij, einer hohen Fürstenfamilie, die nach Litauen fliehen wollte. Im Juli 1554 wurde Fürst Nikita Rostovskij beim Überschreiten der Grenze gefaßt. In der Vernehmung räumte er ein, sein Vater, der Bojar Fürst Semeon Rostovskij, habe ihn zum Großfürsten von Litauen mit der Botschaft geschickt, daß die Rostovskijs ihm den Treueid zu leisten wünschten. Auch Fürst Semeon gestand, daß er zwei Unterredungen mit litauischen Abgesandten gehabt, dabei den Zaren geschmäht und Staatsgeheimnisse verraten habe. Die Bojarenduma verurteilte ihn zum Tode, doch wandelte Ivan die Strafe auf Fürsprache des Metropoliten und anderer Geistlicher in Gefängnis in Beloozero um.

Neben den Wirren, welche die Bojaren heraufbeschworen, weil sie sich nicht mit der Tatsache des nationalen Staates und der höchsten Autorität des Zaren abfinden wollten, gab es für Ivan noch andere Gründe, diese Periode als eine Zeit der Prüfungen zu empfinden. Später schrieb er darüber: »Wer denn vermag im einzelnen die Drangsale und Unterdrückungen aufzuzählen, denen ich auf meinen Lebenswegen ausgesetzt war, in der Tätigkeit wie in der Ruhe, desgleichen beim Gottesdienst und in meinem ganzen Lebenswandel ... Solches auferlegten sie Uns im Namen Gottes und meinten noch, sie züchtigten Uns zum Heil Unserer Seele und nicht aus List.«[1]

Er mußte aufpassen, daß sie nicht »heimlich ratschlagten und ohne Unser Wissen« und unabhängig handelten, »weil sie glaubten, Wir seien nicht fähig zu urteilen«[2]. »Und wenn ich mich nicht zufrieden gab, so sagten sie, dies würde meiner Seele zum Verderben und dem Zarenreich zum Unheil ausschlagen.«[3]

In der Innenpolitik jedoch stimmte Ivan besser mit ihnen überein, und er verlangte jetzt ungeduldig danach, die Reformen dieser Periode abzuschließen. Aber auch dabei entstanden zuweilen Streitigkeiten, besonders mit Silvester, der rasch in Zorn geriet, wenn sein Rat übergangen oder abgelehnt wurde. Über die neue Unabhängigkeit des Zaren verärgert, begann er, jedes Leiden, jedes noch so geringe Mißgeschick, das den Zaren, die Zarin oder ihre Kinder traf, dem durch Ivans Eigensinn heraufbeschworenen Zorn Gottes zuzuschreiben.

Erschwerend für Ivan kam hinzu, daß Silvester und seine Partei sich nicht genug darin tun konnten, sich all denen hilfreich zu erweisen, die bei Ivan in Ungnade gefallen oder gegen ihn eingenommen waren. Nach Ivans Worten machten sie sich schuldig, indem sie »jede Laune des Fürsten Vladimir hätschelten«. So erhielt Semeon Rostovskij in seiner Verbannung durch Silvester besondere Vergünstigungen. Und schließlich »erregten sie großen Haß gegen Unsere Zarin Anastasija und setzten sie allen gottlosen Zarinnen gleich...«[4]

Die sieben Jahre, die auf die Eroberung von Kazanj und auf

Ivans Krankheit folgten, erschöpften sich jedoch nicht in Hofstreitigkeiten; es war auch eine Periode intensiver militärischer Unternehmungen und Reformen. Ivan ging jetzt zur Offensive gegen die Tataren über. Er unterwarf die Rebellen von Kazanj, eroberte Astrachan, und seine Truppen jagten durch verschiedene kühne Attacken dem Krimkhan Furcht ein. Während dieser Feldzüge erließ er eine Reihe von Reformen.

In der ersten Reformperiode, von 1549 bis 1552, war im Heer eine neue Disziplin eingeführt und eine Ertüchtigung erreicht worden, die sich im Kazanj-Feldzug bewährten. Ferner war das neue Gesetzbuch, der *Sudebnik,* herausgekommen und Maßnahmen in der Kommunalverwaltung ergriffen worden, die ein neues Verwaltungssystem anbahnten.

In dieser zweiten Reformperiode – von 1553 bis 1560 – nahmen die schon eingeleiteten Neuerungen einen raschen Fortgang. In der Kommunalverwaltung wurden die Funktionen des *Starosten,* der jetzt an Stelle des Gouverneurs (des *Nastavnik*) trat, genau festgelegt. Seine besondere Aufgabe war es, Raub und Mord – ein damals im ganzen Lande verbreitetes Unwesen – zu unterdrücken, die Bauern an der Landflucht zu hindern und sie gegen die mächtigen Magnaten zu schützen. Diese Starosten, denen jetzt eine weitgehende Rechtsprechung zustand, wurden namentlich in Listen aufgeführt und mußten einen Eid leisten, daß sie ihre Pflichten gewissenhaft erfüllen würden; Bestechlichkeit und Nachlässigkeit konnten mit dem Tod bestraft werden.

Während die Starosten an die Stelle der Gouverneure traten, wurde, besonders im Norden, allmählich auch der »Unterhalt« für die Offiziere des Zaren abgeschafft. Dies führte zu einer beachtlichen Steigerung der staatlichen Einkünfte, die jetzt von den Starosten und örtlichen Beamten erhoben wurden. Das neu eingerichtete Große Amt (Bolšoj Prichod) wurde bald zum wichtigsten Schatzamt des Landes. Sowohl die höheren staatlichen Einkünfte als auch die leistungsfähigere Verwaltung erwiesen sich jetzt als besonders wertvoll, da die Ausgaben für das Militär schwerer denn je auf dem Staat lasteten und außerdem so viele hohe Offiziere für den Ausfall ihres »Unterhalts« aus der Staatskasse entschädigt werden mußten.

Zur Schaffung eines stark zentralisierten Staates war es unerläßlich, die wachsende Klasse des Dienstadels zu fördern und ihr bestimmte Rechte zu verleihen. Auffällig war, daß dem niederen Adel, während die Bojarenaristokratie viele ihrer Privilegien behielt, umfassendere Pflichten auferlegt wurden. Aber nach wie vor war es schwierig, Güter aufzutreiben, um dieser Klasse eine gesunde wirtschaftliche Grundlage zu geben. Ivans Versuche, Ländereien aus den riesigen Besitzungen der Kirche zu erlangen, waren gescheitert, und er hielt es für unklug, die Kirche wegen ihres Grundbesitzes und anderer Privilegien weiterhin zu bedrängen, da sie sich sowohl für den zentralisierten Staat wie für sein Ansehen als Selbstherrscher machtvoll einsetzte. Doch wurden eine Reihe von Maßnahmen zum Wohle des niederen Adels getroffen. Zwei neue, in Moskau eingesetzte Zentralbehörden bezeugten das besondere Interesse für diese Klasse: die eine hatte die Landzuteilung an den Dienstadel, die andere die Militärdienstpflicht zu regeln.

In den 1550er Jahren, hauptsächlich von 1555 bis 1556, wurde ein System von Zentralbehörden geschaffen, das Moskau noch mehr zur unumstrittenen Hauptstadt und zum Verwaltungszentrum des Reiches machte. An der Spitze der meisten dieser Behörden (oder *Prikaze*) stand ein *Djak,* das heißt, Beamter mit klar umrissenen Funktionen. Diese Beamten legten Gesetzesregister mit den dazugehörigen Ausführungsbestimmungen an und führten regelmäßige Zusammenkünfte ein, bei denen sie ihre Aufgaben besprachen und aufeinander abstimmten. So übernahm die Zentralverwaltung in wachsendem Maß die Verantwortung für das ganze Land.

Zu dieser Zeit befaßte Ivan sich vor allem mit Heeresreformen. Zunächst war es wesentlich, die Pflichten aller Grundbesitzer zu Heeresdienst und Stellung von Truppen festzulegen. In der Vergangenheit hatten viele Bojaren und andere Besitzer von Erbgütern ihren Fürsten nach besonderen Vereinbarungen gedient, die inzwischen verfallen und nicht erneuert worden waren. Der Heeresdienst dieser Bojaren war freiwillig gewesen, und manche hatten weder gedient noch Truppen gestellt. Von 1555 bis 1556 gab Ivan Erlasse mit genauen Vorschriften über ihre Verpflichtungen heraus. In Zukunft hatte jeder Besitzer von Erb- oder Lehngütern persönlich zu dienen und im Verhältnis zu einer näher bestimmten Grundfläche je einen berittenen Mann mit angemessener Ausrüstung zu stellen. Wer nicht persönlich dienen wollte oder die von ihm geforderten Truppen nicht stellte, mußte eine Zahlung an die Staatskasse leisten. Die strenge Anwendung dieser Vorschriften führte zu einer beachtlichen Zunahme der Heeresstärke; bis 1560 war das Zarenheer etwa 150000 Mann stark, bis 1580 stieg die Zahl auf 309000 Mann[5].

Diese umfassenden Neuerungen auf dem Gebiet der Verwaltung und des Heereswesens lasteten jedoch schwer auf dem Bauernstand und schufen Bedingungen, unter denen sich unvermeidlich die Leibeigenschaft entwickelte. Die Bauern mußten Steuern zahlen, Militärdienst leisten, die Forderungen ihrer Grundherren erfüllen und sich ihren kärglichen Lebensunterhalt durch Ackerbau, durch Jagen, Fischen und handwerkliche Arbeiten beschaffen – dies alles wirkte sich immer bedrückender aus. Viele waren gegenüber ihren Grundherren verschuldet, und dann blieb dem zahlungsunfähigen Schuldner kein Ausweg, als *Cholop* oder tatsächlich der Sklave seines Gläubigers zu werden. Dieser Sklaverei und dem unerträglich schweren Los entzogen sich immer mehr Bauern durch die Flucht. In den 1550er Jahren standen infolge dieser Massenflucht ganze Dörfer leer.

Dieser allgemeine Zug in die Freiheit der unbesiedelten Lande im Osten und Süden beunruhigte Ivan. Die junge und wachsende Nation konnte es sich nicht leisten, in solchem Ausmaß Menschen zu verlieren. Er traf verschiedene Maßnahmen, um dieser Abwanderung Einhalt zu tun, und machte es den Starosten zur dringenden Pflicht, die Landflucht zu verhindern und Flüchtige zurückzuholen. Da ihn aber die Erfordernisse des Staates und besonders des Heeres ganz beanspruchten, erwog er kaum die Möglichkeit, die Lasten der Bauern zu erleichtern.

Während diese Reformen eingeführt wurden, kam es zu häufigen, von den Tataren verursachten Störungen. Schon zwei Monate nach der Eroberung Kazanjs überfielen tatarische Banden russische Kaufleute und raubten die Transportkarawanen aus. Eine Strafexpedition ließ 112 der Plünderer hängen und stellte wieder Ordnung her. Aber die Ruhe währte nur ein paar Wochen. Im März 1553 meldete Fürst Gorbatyj, der Gouverneur von Kazanj, schwere Unruhe unter den Tataren, und von Svijašsk kam die Nachricht, daß die Čeremis- und Votjakstämme in Aufruhr seien. Zu ihrer Niederwerfung entsandte Abteilungen waren kühn angegriffen und geschlagen worden.

Die moskovitische Regierung handelte sofort und entschlossen. Daniil Adašev, der Bruder Alexejs, führte Truppen nach der Stadt Vjatka und ließ während des Sommers das große Stromgebiet zwischen der Kama, der Vjatka und Volga von Spähtrupps durchstreifen. Im September 1553 zogen vier der moskovitischen Oberbefehlshaber – Fürst Semeon Mikulinskij, Pjotr Morozov, Ivan Šeremetov und Fürst Andrej Kurbskij – mit starken Streitkräften von Moskau aus in die aufrührerischen Gebiete und verheerten das ganze Land. Miteinander nahmen sie 6000 Tataren gefangen, dazu 15 000 Tatarenweiber und Kinder. Aber immer aufs neue brachen schwere Revolten aus, bei denen die Moskoviter und die Tataren große Verluste erlitten und das Land grausam verwüstet wurde. 1557 kapitulierten endlich die letzten Rebellen bei den Tataren und den finnischen Stämmen und leisteten dem Zaren wieder den Treueid.

So hatte man fünf Jahre lang einen Vergeltungskrieg führen müssen, um das Khanat von Kazanj niederzuhalten; einer der Gründe für den ständigen Aufruhr lag darin, daß die Nogaitataren die Rebellen tatkräftig unterstützten. Die Nogai hatten früher freundschaftliche Beziehungen zu Moskau unterhalten. Ihre Händler waren bei den Russen berühmt wegen ihrer prächtigen Pferde, die sie in Herden Hunderte von Meilen über die Steppen trieben, um sie in Moskau zu verkaufen. Dann aber hatten sich die Nogai auf Raubzüge an den Handelsstraßen verlegt, wobei sie Kaufleute ausplünderten und Dörfer zerstörten.

Ivan ließ den Nogaifürsten Beschwerden zugehen, faßte sie aber in freundliche Worte, versprach Geschenke und forderte die Nogai auf, Abgesandte nach Moskau zu schicken, um über die zukünftigen Beziehungen zu verhandeln. Er wußte, daß die Eroberung von Kazanj die Tataren, ja die ganze mohammedanische Welt aufgerüttelt hatte, und wollte es durchaus vermeiden, die Nogai zu einem gegen Moskovien gerichteten Bündnis mit den Krimtataren zu treiben. Noch vor der Einnahme Kazanjs hatte der Sultan des mächtigen ottomanischen Reiches, empört über die moskovitische Bedrohung des Khanats, die Nogai aufgerufen, ihren Brüdern zu Hilfe zu eilen; auf diesen Appell hin hatte eine Schar der Nogai unter Edigers Führung tapfer bei Kazanj gekämpft.

Ständig hatte Ivan die Gefahr vor Augen, daß sich die Moslems im Süden und Osten gegen ihn zusammenschließen könnten. Aber die große Schwäche der Tataren lag in ihren ständigen Kämpfen untereinander. Erbitterte Fehden machten selbst die Bande des Bluts und des Glaubens unwirksam. Was für Gefahren den Tataren auch drohen mochten, immer fand Moskau zur Förderung der eigenen Politik Verbündete unter ihnen. Diese Rivalitäten der Tataren trugen dazu bei, daß die Eroberung von Astrachan ein einfacher, beinahe unblutiger Feldzug wurde.

Der Khan von Astrachan, der sich Zar nannte, war Jamgurčej. Er hatte Ivan seine Gefolgschaft angetragen, aber nachdem er die Eroberung von Kazanj erfuhr, seine Feindschaft erklärt. Bei den Nogai hatte Moskau den Fürsten Jusuf zum Gegner, aber seinen Bruder Izmail zum Verbündeten. Noch vor der Einnahme Kazanjs hatte Izmail Ivan eine Botschaft zugehen lassen, in der er ihn drängte, Astrachan zu erobern, Jamgurčej abzusetzen und an seiner Stelle den ehemaligen Zaren Derbyš zu erheben. Die Vorschläge erneuerte er nach dem Fall Kazanjs. Im Oktober 1553 schickte Izmail Abgesandte nach Moskau, bat um Schutz gegen den Zaren von Astrachan und versprach aktive Unterstützung durch die Nogai.

An diesem Angebot war Ivan lebhaft interessiert. Astrachan war äusserst wichtig für den moskovitischen Handel, und wenn er diese Stadt besass, beherrschte er die grosse Wasserstrasse der Volga von der Quelle bis zur Mündung. Ausserdem meinte Ivan, Astrachan gehöre zu seinem Zarenreich; er ging dabei von der irrigen Vorstellung aus, es sei die als Tmutarakan bekannte Stadt, die zur Zeit der Kiever Rusj, vor dem Mongoleneinfall, unter der Herrschaft des Grossfürsten Vladimir gestanden hatte und an dessen Sohn Ustislav übergegangen war. Deshalb glaubte er, Astrachan gehöre zum Erbgut des moskovitischen Zaren.

Ivan liess Alexej Adašev mit den Abgesandten der Nogai verhandeln, und sie entwarfen gemeinsam einen Feldzugsplan. Im Frühjahr 1554, mit Beginn der Schneeschmelze, führte Fürst Jurij Pronskij-Šemjakin 30000 Mann auf dem Wasserweg nach Astrachan, wo weitere Streitkräfte aus dem Vjatka-Gebiet, unter dem Kommando des Fürsten Vjasemskij, zu ihm stiessen. Unterstützt von den Nogai, schlugen die Moskoviter Jamgurčejs Heer, nahmen Astrachan ein und machten Derbyš wieder zum Zaren.

Indessen brachen unter den Nogai selbst Kämpfe aus. Im Februar 1555 erhielt Ivan die Nachricht, dass Izmail seinen Bruder Jusuf getötet und seine Armee geschlagen habe. Es war eine wilde Schlacht gewesen, mit schweren Verlusten auf beiden Seiten, wodurch die Nogaihorde erheblich geschwächt wurde. Aber weit davon entfernt, die Früchte seines Sieges zu geniessen, lebte Izmail jetzt in Angst, von seinen Neffen angegriffen zu werden, und bat Ivan um Schutz. Inzwischen war Derbyš in seiner Loyalität wankend geworden. Er hatte sich bereit erklärt, Ivan einen Tribut an Geld und jährlich 3000 Stören zu zahlen; als Moskaus Tributpflichtiger fürchtete er jetzt die Feindschaft des Krimkhans und des Sultans. Tatsächlich berichtete er auch im April 1555 nach Moskau, dass Jamgurčej, unterstützt von den Söhnen Jusufs, den Krimtataren und einer Streitkraft türkischer Janitscharen gegen Astrachan vorrücke. In den nun folgenden wirren Kämpfen wurde Jamgurčej getötet und Izmail von seinen Neffen besiegt. Dann aber kam es zu einem plötzlichen, unvorhersehbaren Umschwung, wie er für die Tataren charakteristisch war: die Neffen machten gemeinsame Sache mit Izmail, der damit wieder das Kommando über die Nogaihorde erlangte. Dann meldete Izmail nach Moskau, daß Derbyš sich mit dem Krimkhan verbündet habe. Ivan schickte darauf sogleich Truppen die Volga hinunter, aber Derbyš floh nach Azov, und Astrachan, dessen Bevölkerung bereitwillig dem moskovitischen Zaren Treue schwor, wurde schließlich ohne Blutvergießen genommen.

Diesmal blieben Astrachan und die Volgamündung in der Hand der Russen. Den nomadisierenden Nogai wurde gestattet, in den Flüssen zu fischen, in der Umgebung von Astrachan ihre Zelte aufzuschlagen und Handel zu treiben, doch blieben sie unter dem wachsamen Auge der Garnison. Ivan befahl dem Kosaken-Ataman Ljapin Filimov, an der Wasserscheide der Volga eine ständige Niederlassung zu schaffen und an den Ufern des Irgiz Truppen zu postieren, damit hier der Frieden gewahrt bleibe. Von Zeit zu Zeit wurden die Tataren unruhig und bekämpften sich gegenseitig, aber Moskaus Herrschaft über Astrachan und die Volgagebiete wurde nicht ernstlich angetastet.

Die Moskoviter waren jetzt hochgemut. Sie hatten erlebt, daß die Tataren, zwar tapfer und furchtbar im Angriff, in der Verteidigung doch feige sein konnten; dies galt vor allem für die Krimtataren, die sie am meisten gefürchtet hatten. Ivan zeigte dieses neue moskovitische Selbstvertrauen deutlich, als er im Sommer 1555 beschloß, einen Angriff auf die Krim zu wagen. Er war der erste moskovitische Herrscher, der den Krieg in das Krimkhanat hineintrug: eine offenkundige Demonstration, daß Moskovien, nachdem es sich so viele Jahre hindurch in der Verteidigung befunden hatte, jetzt zur Offensive überging.

Im Sommer 1555 fiel der Krimkhan Devlet Girej mit einer Armee von 60000 Mann in Moskovien ein. Sogleich schickte Ivan den Fürsten Ivan Mstislavskij mit Truppen nach Kolomna und folgte selbst in Begleitung des Fürsten Vladimir Andrejevič nach, um das Kommando zu übernehmen. Als der Khan erfuhr, daß der Zar ihn an der Spitze seiner Armee erwartete, zog er sich mit seiner Horde zurück. Der Bojar Ivan Šeremetev nahm mit 21000 Mann die Verfolgung der flüchtenden Tataren auf und verwickelte sie, obwohl seine Truppen schon stark dezimiert waren, in ein Gefecht; nach einem langen und schweren Kampf wurde er geschlagen. Dieser kleine Sieg hob die Stimmung der Tataren, und der Khan machte kehrt, um wieder gegen Tula vorzurücken. Einige von Ivans Befehlshabern äußerten Bedenken, dem Khan und seiner großen Streitmacht entgegenzutreten und rieten zum Rückzug, um Moskau verteidigen zu können. Aber Ivan war entschlossen, den Khan in offener Schlacht zu schlagen, und führte seine Armee in Richtung auf Tula. Er war auf dem Marsch, als ihm gemeldet wurde, daß die Tataren sich eiligst auf die Krim zurückzogen.

Im März des folgenden Jahres schickte Ivan zwei Erkundungstrupps aus, um Gewißheit über Meldungen zu erlangen, denen zufolge der Khan schon wieder einen Einfall plane. Er selbst zog mit seinen Truppen nach Tula, um in Bereitschaft zu sein. Der Khan rückte gegen die Grenze vor, trat aber alsbald den Rückzug an, sowie er erfuhr, daß Ivan kampfbereit sei. Indessen ging der Sommer nicht ohne Kampfhandlungen vorüber. Sekretär Rševskij, der einen der Erkundungstrupps anführte, schlug sich kühn etwa 1100 Kilometer den Dnjepr abwärts bis zum Tataren-Hafen Očakov am Schwarzen Meer durch. Er richtete in feindlichen Niederlassungen erheblichen Schaden an und zog sich dann ungefährdet zurück.

Dieser Gewaltstreich erschreckte den Khan so sehr, wie er Ivan entzückte. Devlet Girej glaubte, dies kündige eine regelrechte moskovitische Invasion an. Seine Furcht wuchs, als der ukrainische Kosakenführer, Fürst Dmitrij Višneveckij, der vor kurzem seine Gefolgschaftstreue von Litauen auf Moskovien übertragen hatte, auf der Insel Chortica im Dnjepr eine Festung errichtete. Von hier aus bedrohte Višneveckij die Lagerplätze der Tataren, und als der Khan die Kosakenabteilungen zu vertreiben suchte, erlitt er eine schmähliche Niederlage. Die Kosaken zogen erst im Herbst ab, als ihre Vorräte erschöpft waren.

Der Khan war jetzt am Verzweifeln. Seine Hilferufe an den Sultan hatten keinen Erfolg gehabt, da die Türken anderweitig stark engagiert waren. Ende 1558 wurde dem Khan jedoch gemeldet, daß der Zar mit seinen Truppen nach Livland marschiert sei. Schnell brachte er eine Streitkraft von 100000 Mann auf und zog nach Moskovien. Aber Ivan war in Moskau und seine Truppen standen der Grenze entlang in Bereitschaft. Wieder einmal mußte der Khan umkehren, da er den Kampf nicht wagte.

Entschlossen, die Initiative zu behalten, schickte Ivan Anfang 1559 zwei starke Stoßtrupps nach Süden. Višneveckij führte 5000 Mann den Don hinunter und Daniil Adašev kam mit 8000 den Dnjepr abwärts gezogen. Beide Unternehmungen hatten rühmlichen Erfolg, Višneveckij fügte den tatarischen Stellungen um Azov herum schweren Schaden zu. Adašev schiffte seine Leute in Očakov ein, segelte ins Schwarze Meer hinaus, kaperte zwei türkische Schiffe und landete an der Halbinsel Krim. Dort verwüstete er Tatarenlager und befreite, ehe er seine Truppen ohne ernstliche Verluste zurückführte, moskovitische und litauische Gefangene. Dies war ein verblüffendes und beispielloses Heldenstück – fast als ob man dem Sultan den Bart versengt hätte.

Während des Sommers 1559 hielt Ivan sich bereit, dem Tatareneinfall zu begegnen, der nach diesen kühnen Attacken unvermeidlich schien. Aber der Khan zeigte sich nicht. Die Kosaken vom Don und aus der Ukraine, die Nogai und die Astrachaner machten alle unabhängig voneinander Einfälle in das Krimkhanat, wo die Tataren zudem schon durch eine schwere Hungersnot geschwächt waren. Der Khan schickte Friedensangebote nach Moskau und beklagte sich, daß er von allen Seiten angegriffen werde. Aber seine Beschwerden brachten ihm von Ivan nichts ein als einen strengen Tadel wegen seiner früheren Raubzüge, eine Ermahnung, in Zukunft gegenüber seinen Nachbarn eine friedliche Politik zu verfolgen, und die

Drohung, die Russen wüßten den Weg auf die Krim jetzt zu Wasser wie zu Lande zu finden[6].

Die großen russischen Siege über die Tataren erhielten jetzt eine würdige Gedenkstätte. Nach der Eroberung von Kazanj und Astrachan hatte Ivan geschworen, er werde, um diese großen Ereignisse während seiner Regierung festzuhalten, eine monumentale Kirche errichten. Für ihre Lage wurde das Südende des Roten Platzes in Moskau gewählt, und von 1555 bis 1560 erbauten zwei russische Architekten, Postnik und Barma, die Kathedrale des Hl. Vasilijblažennij, eines der Ruhmesstücke russischer Architektur.

Der gewaltige, achteckige Turm der Hauptkirche, auf einem hohen Sockel errichtet, war von vier großen und vier kleineren achteckigen Kapellentürmen umgeben, die verschieden hoch waren und auch im Material und in der Farbe voneinander abstachen. Der ganze Komplex lag hart am Rande des Flußufers. Es entstand ein Bauwerk, das, reich an Erfindungskraft, verwirrend, aber überwältigend wirkt. Der russischen Tradition verpflichtet, zeigte es dennoch in diesem Rahmen eine starke Eigenart.

In dieser Kathedrale kam das Wesen der neu erstehenden russischen Nation sieghaft zum Ausdruck. Ganz besonders aber gab sich Ivan selbst darin zu erkennen, in seiner ganzen Einfachheit und mit all seinen Maßlosigkeiten. Gleich ihm war die Vasilij-Kathedrale echt russisch. Noch heute den Roten Platz beherrschend, steht sie als bleibendes Denkmal für einen durch und durch russischen und überragenden Zaren und als Wahrzeichen für die Geburt der Nation[7].

14

DER DRANG NACH WESTEN
1553–1564

Einem starken Instinkt folgend, suchten die Russen sich jetzt bis an die natürlichen Grenzen des Landes auszubreiten. Sie hatten die tatarischen Feinde besiegt, so stand nach Osten dem Handel und der Kolonisierung keine Schranke entgegen. Sie hatten die Offensive gegen die Krimtataren ergriffen, und 1560 schien es, als könnten sie ohne Schwierigkeit ihre Grenzen bis an die Küsten des Schwarzen Meeres vorschieben.

Besonders stark und beharrlich war bei den Russen jedoch der Drang nach Westen. Novgorod, Kiev und der Dnjepr hatten einen wesentlichen Anteil an ihrer frühesten Geschichte gehabt und waren für sie gleichbedeutend mit dem Verkehr und der Verbundenheit mit Westeuropa, die erst der Tatareneinfall unterbrochen hatte. Auch brannten sie darauf, die noch von orthodoxen Russen bewohnten Gebiete wiederzuerlangen, die ihre westlichen Feinde ihnen entrissen hatten, während Rußland unter dem Tatarenjoch darniederlag. Ivan III. und andere moskovitische Fürsten hatten diese Lande als ihr Erbgut beansprucht. Aber Schweden, der Deutschritterorden, Litauen und Polen hatten sich immer entschieden gegen Rußland gestellt, und ihre Feindschaft wurde jetzt heftiger, da sie die gewaltige Nation fürchteten, die sich im Osten rührte.

Während der Feldzüge gegen die Tataren hatten Ivans Gedanken sich zunehmend mit dem Westen beschäftigt. Der größte Ruhm, den er nach der Eroberung von Kazanj gewinnen konnte, war die Rückeroberung der russischen Lande aus dem Besitz seiner westlichen Feinde und die Wiederbelebung des moskovitischen Handels mit dem Westen über die Ostsee. Außerdem war es eine praktische Notwendigkeit. Ivan wußte, daß das Zarenreich, verglichen mit Westeuropa, rückständig war. Dies galt vor allem für das Waffenhandwerk und für die Kriegskunst, die sein Volk beherrschen mußte, wenn es stark und tüchtig genug sein sollte, sich zu verteidigen und die ihm rechtmäßig zustehenden Gebiete zurückzuerobern. Er wollte Moskovien den Völkern Europas auf jedem Gebiet ebenbürtig sehen, damit es am freien Austausch von Ideen und materiellen Gütern teilhaben konnte.

Diese Pläne Ivans entsprachen dem Streben des Volkes. Aber Silvester und viele Bojaren waren in diesem Stadium gegen Ivans Westpolitik. Sie drängten ihn, die Feigheit und Schwäche der Krimtataren, die bei Adaševs und Višneveckijs kühnen Unternehmen offenbar geworden war, auszunützen und die Krim zu erobern, wie er ja auch Kazanj und Astrachan erobert hatte. Von Kreuzzugseifer entflammt, dachte Silvester nur noch daran, dem Kreuz einen weiteren großen Sieg über den Halbmond zu erringen. Darin sah er die wahre Mission des orthodoxen Zaren, nicht aber in einem Krieg gegen die Livländer und Litauer, die immerhin Christen waren und eher durch große Glaubenstaten und freundlichen Zuspruch als durch das Schwert dem orthodoxen Glauben gewonnen werden konnten. Trotz des Druckes, den man auf ihn ausübte, verfolgte Ivan hartnäckig seine eigene Politik, und Silvester mußte sich voller Zorn dareinfinden, daß sein Rat zurückgewiesen wurde.

Ivan war noch nicht bereit, die Eroberung der Krim zu wagen. Er sah deutlich die gewaltigen Hindernisse und ließ sich nicht, wie Silvester und seine Anhänger, von den Siegen über Kazanj und Astrachan oder durch Kreuzzugseifer blenden. Er erkannte, daß die verwegenen Unternehmen von Adašev und Višneveckij nicht zu wiederholen seien, wenn ein Heer von 100 000 Mann oder mehr durch die Steppe ziehen mußte, was bei einem großen Angriff gegen die Krimtataren notwendig gewesen wäre. Die ernsteste Gefahr bestand jedoch darin, daß ein solcher Feldzug ihn mit Gewißheit in einen Krieg mit dem großen türkischen Reich verwickelt hätte, das damals auf dem Höhepunkt seiner Macht stand. Der Krimkhan war Vasall des Sultans und hatte auch bei seinen Zügen gegen Moskovien eine Verstärkung seiner Horde durch türkische Janitscharen bekommen. Ivan wußte, daß jeder Versuch, mit Gewalt in die Krim einzubrechen, ihn in Konflikt mit dem Sultan bringen würde. Als Adašev türkische Gefangene mitbrachte, hatte Ivan sich beeilt, sie dem Pascha in Očakov zurückzuschicken mit der Botschaft, der Zar führe Krieg gegen seinen Feind Devlet Girej, mit dem Sultan hingegen wünsche er nur ewigen Frieden.

Die Zeit war noch nicht reif für die Eroberung der Krim, und die Geschichte hat die Weisheit von Ivans Entscheidung bestätigt. Es sollte noch über zwei Jahrhunderte dauern, bis Rußland imstande war, die Halbinsel zu erobern und die widerspenstigen Krimtataren zu unterwerfen.

Ein unerwartetes Ereignis im Jahre 1553 hatte Ivan in seinem Eifer bestärkt, nach Westen vorzudringen. Ein englischer Seefahrer namens Richard Chancellor war mit seinem Schiff ins Weiße Meer gesegelt und hatte damit bewiesen, daß die Ostsee nicht der einzige Handelsweg nach dem übrigen Europa sei. Chancellor war Kapitän der *Edward Bonaventura* und Hauptpilot einer Expedition von drei Schiffen unter dem Kommando Sir Hugh Willoughbys, welche die Nord-Ost-Passage zu den sagenhaften Reichtümern von Cathay (China) ausfindig machen sollte. Die Schiffe waren am 18. Mai 1553 von Gravesend in See gestochen und dann in der Höhe des Nordkaps durch einen Sturm getrennt worden. Willoughbys *Bona Speranza* lief mit der *Bona Confidentia* in einen abgelegenen Fjord ein; er und die Mannschaften beider Schiffe erfroren dort während des arktischen Winters.

Richard Chancellor, ein tüchtigerer Seemann als Willoughby, segelte weiter östlich in das Weiße Meer hinein und ging an der Dvina-Mündung vor Anker. Dort erfuhr er von Fischern, daß er sich im Reich des Zaren von Moskovien befinde; einige Zeit darauf wurde er nach Moskau beordert. Man empfing ihn im Kreml mit großer Höflichkeit, und die Pracht dieser Umgebung machte ihm gewaltigen Eindruck. In der Vorhalle, wo er wartete, »saßen hundert oder mehr Herren, alle sehr reich in Gold gewandet, und von da kam ich in den Ratsaal, wo der Herzog selbst mit seinen Edlen saß, welches eine erlauchte Gesellschaft war: sie saßen erhöht ringsum im Saal, doch so, daß er selbst viel höher saß als irgendeiner seiner Edlen, auf einem güldenen Stuhl und in einem langen Gewand aus lauterem Gold, mit einer Kaiserkrone auf dem Haupt und einem Stab aus Kristall und Gold in seiner Rechten, und seine andere Hand ruhte auf dem Stuhl«[1].

Chancellor übergab einen Brief von Edward VI., der gerichtet war »an die Könige, Fürsten und andere Potentaten, welche die nordöstlichen Teile der Welt bewohnen gegenüber dem mächtigen Reich Cathay«[2] mit der Bitte um freien Durchzug, Hilfe und Handelserlaubnis »für diese Unsere Diener«[3]. Nach einem Austausch formeller Höflichkeiten war die Audienz beendet. Chancellor zog sich zurück, wurde aber zwei Stunden später zum Essen geladen, was an sich eine Geste hoher Gunst war. Wiederum machte ihm der Reichtum des Hofes großen Eindruck, obwohl er bemerkte, die Bankettshalle sei »nicht so groß wie die der Königlichen Majestät von England«. Der Zar saß in einem silbernen Gewand zu Tisch und trug die Krone »und ein ganzes Ende von ihm entfernt saß keiner«[4]. Die Schaustellung von Gold, das eigens diesem Zweck diente, bezeugte den Reichtum und die Macht des Zaren. Zweihundert Menschen waren beim Bankett und allen wurde in goldenem Geschirr serviert, »auch die Becher waren aus Gold und sehr schwer«[5].

Bei seiner Abschiedsaudienz erhielt Chancellor die formelle Antwort des Zaren an Edward VI., von dessen Tod man in Moskovien noch nichts wußte. Ivan sprach seine Bereitschaft aus, englische Schiffe aufzunehmen und nach Verhandlungen mit »einem von Eurer Majestät Räten« allen englischen Kaufleuten in seinem ganzen Reich »freien Markt mit allen Freiheiten« zu gewähren[6].

Chancellor trat die Rückreise aus dem Weißen Meer im Februar 1554 an und nahm den Brief des Zaren mit. Im folgenden Jahr wurde durch eine Königliche Verleihungsurkunde die Russische oder Moskovitische Kompanie gegründet, und wieder segelte Chancellor nach Rußland, diesmal in Begleitung von Agenten der Kompanie und mit einem Brief von Philipp II. und Maria, in dem um Handelsprivilegien nachgesucht wurde. Wieder empfing Ivan die Engländer äußerst höflich; besonders angetan war er von George Killingworth, einem der Agenten, der einen Bart trug, »der nicht nur dicht, breit und gelbfarben war, sondern fünf Fuß (ca. anderthalb Meter) lang und zwei Zoll (ca. fünf Zentimeter) stark.«[7] Offenbar gewährte Ivan der Kompanie weitgehende Handelsrechte, da aber die Agenten nicht ermächtigt waren, seine Bitten um Kriegsmaterial und Handwerker zu erfüllen, bestimmte er eine Gesandtschaft, die in London verhandeln sollte.

Im Juli 1556 stach Chancellor mit der *Edward Bonaventura* wieder in See und nahm Osip Nepea mit, den ersten russischen Gesandten in England; aber die Reise fand ein tragisches Ende. Bei einem Schiffbruch an der Küste von Aberdeenshire kam Chancellor ums Leben, während der russische Botschafter gerettet wurde. Doch erst im Februar 1557 traf Nepea mit neun Überlebenden seines Gefolges in London ein. Er wurde in Audienz empfangen und sehr gastfreundlich aufgenommen, aber das Königliche Schreiben, das er nach Moskau zurückbrachte, sah viel geringere Handelsprivilegien vor, als sie der Kompanie gewährt waren. Es ist nicht bekannt, was über den Verkauf von Waffen an den Zaren vereinbart wurde, doch erhielten englische Handwerker die Erlaubnis, in moskovitische Dienste zu treten.

Nachdem die Kompanie einmal installiert war, ging es ihr darum, ihre Privilegien zu erweitern, Monopole zu erlangen wie auch das Recht, auf dem Landwege über Moskovien mit asiatischen Ländern Handel zu treiben. Mit der Durchführung dieser Geschäfte wurde Anthony Jenkinson beauftragt, ein ebenso mutiger Seefahrer wie Chancellor. Auf seinem Schiff machte Nepea die Überfahrt, als er im Mai 1557 wieder von England abfuhr. In Moskau gewann Jenkinson schnell Ivans Wohlwollen und Achtung; auch sollte er in den Beziehungen zwischen Ivan und Königin Elisabeth, die sich schwierig gestalteten, eine entscheidende Rolle spielen. Er erreichte von Ivan alles, um was er ihn bat. Er selbst leitete das erste Unternehmen, das den Handelsverkehr mit Asien zu Lande eröffnete, und gelangte, da ihm alle Erleichterungen verschafft wurden, bis nach Bochara. Seine Berichte über die sich dort bietenden Märkte veranlaßten die Kompanie, mehrere Expeditionen nach Persien auszuschicken, denen Ivan alle erdenklichen Privilegien gewährte. Gleichzeitig erweiterte er die Rechte der Kompanie, so daß sie tatsächlich ein Monopol auf den europäischen Handel mit Moskovien besaß.

In den dreizehn Jahren, die auf Chancellors Entdeckung der Nordseeroute folgten, empfing Ivan alle Engländer huldvoll und ließ es gegenüber der Kompanie nicht an Großmut fehlen. Doch trug ihm das wenig ein. Er hatte eine Anzahl erfahrener Handwerker engagiert, wohl auch eine kleinere Menge von Waffen eingeführt, aber sichere Beweise dafür gibt es nicht, weil dies alles geheimgehalten wurde. Die wenigen russischen Kaufleute, die auf Schiffen der Kompanie nach England reisten, gewöhnlich, um im Auftrag des Zaren Handel zu treiben, waren zwar von der Fremdensteuer befreit, genossen aber sonst keinerlei Vorrechte. Vielmehr ermutigte Elisabeth, die 1558 auf den Thron gelangt war, ihre Kaufleute entschieden, sich jeden Vorteil zunutze zu machen, aber möglichst wenig dagegen zu leisten.

Ivans Forderungen brachten Elisabeth jedoch in Unannehmlichkeiten, und er sah nicht ein, daß sie mit Vorsicht handeln mußte. Schon hatten die Könige von Polen, Schweden und Dänemark und der habsburgische Kaiser in London Protest erhoben gegen den englischen Handel mit Moskovien, vor allem gegen die Einstellung englischer Fachleute und den vermuteten Verkauf von Waffen. 1561 hatten die Senate der Freien Städte Köln und Hamburg sogar Schiffsladungen mit Waffen nach England gestoppt, bis die Königin förmlich versicherte, diese Waffen seien zu ihrem eigenen Gebrauch, nicht aber zu weiterer Verschiffung bestimmt. Elisabeth gab ihr königliches Wort, daß das ganze Rüstungsmaterial lediglich zur Verteidigung ihres Reiches dienen solle. Damals erließ sie ein Verbot gegen die Ausfuhr von Waffen, aber die Proteste von Polen, Schweden und Dänemark dauerten an, und wahrscheinlich waren sie nicht unbegründet.

Dieser heftige Widerstand gegen Englands Handel mit Moskovien zeigte, wie tief in den baltischen und osteuropäischen Ländern die Furcht vor dem Zaren eingewurzelt war. Auch ging daraus deutlich hervor, mit welch starken Hemmnissen Ivan zu rechnen hatte, wenn er den Handel und Verkehr mit dem übrigen Europa wiederaufnehmen wollte. Seinen westlichen Nachbarn lag besonders daran, Moskovien die Errungenschaften auf technischem und militärischem Gebiet vorzuenthalten, die der Westen vervollkommnet hatte, solange die Russen unter sich gespalten und von den Tataren unterdrückt waren. Da er selbst keinen Küstenstrich an der Ostsee besaß, war Ivan die von den Engländern entdeckte Route durch das Weiße Meer sehr willkommen gewesen, weil er auf diesem Weg die Blockade zu sprengen hoffte.

Denn eine Blockade war es tatsächlich. Die baltischen Länder ließen Handel mit Rußland nur für Waren zu, die weder militärischen noch industriellen Wert hatten, und machten heftige Anstrengungen, alle geschulten Kräfte vom Dienst beim Zaren fernzuhalten. Als Peter Friasin 1539 nach Livland geflohen war, hatte man ihn gefragt, ob ihm ein Deutscher namens Alexander im Dienst des Zaren bekannt sei. Friasin erwiderte, er kenne den Mann, und fügte hinzu, Alexander habe die Bojaren darüber unterrichtet, daß ein Freund von ihm in Dorpat in der Geschützkunst sehr erfahren und zudem bereit sei, dem Zaren zu dienen. Darauf machten die Livländer diesen Artilleristen sofort ausfindig und ließen ihn verschwinden.

1547 schickte Ivan einen Sachsen namens Schlitte nach Deutschland, wo er möglichst viele geschulte und tüchtige Leute für den Dienst in Moskovien anwerben sollte. Nachdem

Schlitte die Genehmigung dazu von Kaiser Karl V. erlangt hatte, brachte er 123 Mann auf und ließ sie nach Lübeck kommen. Die Livländer gerieten in Aufregung, wurden beim Kaiser vorstellig und wiesen darauf hin, welch schwere Gefahren daraus erwüchsen, wenn man den Moskovitern erlaube, sich Fertigkeiten in der modernen Kriegskunst anzueignen. Mit ihren Beschwerden fanden sie Gehör beim Kaiser, der sie alsbald ermächtigte, die Reise der angeworbenen Männer nach Moskovien zu verhindern. Die Gruppe wurde aufgelöst und Schlitte gefangengesetzt. Ein gewisser Meister Hans jedoch zeigte mehr Schneid als die andern und versuchte, sich allein nach Moskau durchzuschlagen; er wurde ergriffen und eingesperrt. Kaum war er frei, unternahm er einen neuen Versuch, wurde aber wieder kurz vor der Grenze gefangen und diesmal enthauptet[8].

Diese Bestrebungen, sein Land im Zustand der Schwäche und Rückständigkeit niederzuhalten und es vom Handel abzuschneiden, erbitterten Ivan maßlos. Er fand es unerträglich, daß Moskovien der direkte Zugang zur Ostsee verwehrt sein sollte, worauf es seiner Meinung nach geschichtlichen Anspruch hatte. Er war um so mehr entschlossen, an der Ostseeküste Fuß zu fassen, als dies die Voraussetzung war zur Verwirklichung seiner ehrgeizigen Pläne, die Macht Moskoviens auszudehnen. Deshalb richtete er nach der Einnahme von Kazanj seine ganze Aufmerksamkeit auf Livland, den schwächsten und feindseligsten seiner westlichen Gegner.

Livland gehörte zum Herrschaftsgebiet des Deutschritterordens, der nach dem dritten Kreuzzug entstanden war. Diese reichen und kriegerischen Ritter, die ihren eigenen Hochmeister wählten, hatten in ihren Eroberungszügen großen Erfolg gehabt und 1237 den verwandten Orden der estnischen Schwertbrüder in sich aufgenommen. Ihrem Vordringen nach Osten gegen die Russen wurde jedoch Einhalt geboten, als Alexander Nevskij, der Großfürst von Novgorod, sie auf dem zugefrorenen Peipus-See schlug. Indessen beherrschte der Deutsche Orden bis zur Mitte des 14. Jahrhunderts die baltischen Gebiete von Estland und Livland und Pommerellen. Nach der Niederlage, die König Jagiello von Litauen dem Orden 1410 bei Tannenberg beibrachte, ging es mit der Ritterschaft rasch bergab; ihr Kreuzzugseifer war erloschen, Reichtum und Macht wirkten sich verderblich aus.

Moskovien hatte lange Jahre mit dem Orden in Frieden gelebt, hauptsächlich weil es von andern Seiten bedrängt wurde. Ivans Vater, Vasilij III., machten Litauen und die Tataren von Kazanj und der Krim zuviel zu schaffen, als daß er sein Bündnis mit dem Hochmeister – trotz mancher Streitigkeiten – gefährden wollte. Während Ivans Minderjährigkeit hatten die Bojaren die Interessen des Landes vernachlässigt. Jetzt aber war Ivan entschlossen, noch offenstehende Streitfragen zu bereinigen und dem Orden den direkten Zugang zur Ostsee abzunötigen.

1554 waren livländische Gesandte nach Moskau gekommen, um den abgelaufenen Friedensvertrag zu erneuern. Alexej Adašev, der beauftragt war, mit ihnen zu verhandeln, wies unwirsch darauf hin, Livländer hätten russische Kaufleute beleidigt, sie nicht des Wegs ziehen lassen und außerdem russische Kirchen für den eigenen Gottesdienst verwendet. Die Hauptbeschwerde Moskaus richtete sich aber gegen Dorpat, das es unterlassen hatte, dem Zaren Tribut zu zahlen; dies sollte den Vorwand für den Krieg abgeben. Dorpat, das unabhängig war und von seinem Bischof regiert wurde, hatte den Großfürsten von Moskovien lange Tribut geleistet. Ein Vertrag, der 1503 mit dem Bischof geschlossen worden war, bestätigte die Tributpflicht, doch waren seit fünfzig Jahren keine Zahlungen erfolgt. Aus all diesen Gründen, sagte Adašev, sei der Zar gegen den Hochmeister, den Bischof und das ganze Land »ergrimmt«, und deshalb weigere er sich, den Friedensvertrag zu erneuern[9].

Die livländischen Gesandten bestritten zunächst, von Tributpflicht etwas zu wissen. Dies zog ihnen einen strengen Tadel von Adašev zu, in dem die moskovitische Haltung deutlich zum Ausdruck kam.

»Wie bemerkenswert ist es doch, daß ihr nicht mehr wissen

wollt, daß eure Vorfahren von jenseits des Meeres nach Livland kamen und in die Erblande der russischen Großfürsten eindrangen, was viel Blutvergießen zur Folge hatte. Da die Vorfahren des Herrschers nicht wünschten, daß noch mehr Christenblut fließe, erlaubten sie den Deutschen, in den Landen zu wohnen, die sie in Besitz genommen hatten, unter der Bedingung, daß sie den Großfürsten Tribut zahlten; aber die Deutschen haben ihr Wort gebrochen, sie haben keinen Tribut geleistet und müssen jetzt alle Rückstände zahlen.«[10]

Angesichts der unnachgiebigen moskovitischen Haltung verzichteten die livländischen Gesandten auf weitere Ausflüchte und verbürgten sich dafür, daß in Zukunft der Tribut geleistet und alle Rückstände innerhalb von drei Jahren gezahlt würden. Auch sicherten sie zu, daß alle orthodoxen Kirchen in Livland, die von protestantischen Eiferern verschandelt worden waren, den russischen Einwohnern wieder überlassen und diese fortan ungehindert ihren Gottesdienst ausüben sollten. Russische Kaufleute sollten mit livländischen und anderen Kaufleuten alle Waren handeln dürfen, außer Panzerhemden. Fremde, die sich dem Dienst des Zaren verpflichtet hatten, sollten freien Durchzug durch Livland haben; dem Großfürsten von Litauen und König von Polen sollte jeder Beistand gegen Moskovien versagt werden.

Als der Vertreter des Zaren nach Dorpat kam, um den Vertrag zu ratifizieren, begegnete er jedoch neuen Ausflüchten. Jetzt behaupteten die Livländer, sie müßten vor der Ratifizierung die Zustimmung ihres Oberherrn, des Römischen Kaisers, einholen. Aber nachdem sie die zornigen Vorwürfe von Ivans Gesandten angehört hatten, unterzeichneten sie dann doch. Drei Jahre später kamen wieder livländische Gesandte nach Moskau. Noch war kein Tribut gezahlt worden, und jetzt forderten sie dreist, die Tributzahlung solle gestrichen werden.

Ivans Geduld war zu Ende. Im November 1557 ernannte er den Tataren Šig Alej zum Befehlshaber einer Armee von 40000 Mann, die Stellungen nahe der livländischen Grenze bezog. Im Dezember traf in Moskau eine neue Abordnung von Livländern ein mit Vorschlägen zur Zahlung der rückständigen Tribute; sobald Ivan aber erfuhr, daß sie wieder mit leeren Händen gekommen waren, befahl er zornig, sie zurückzuschicken.

Im Januar 1558 fielen russische Truppen, von Pskov vorrückend, in Livland ein und verwüsteten das Land über eine Strecke von etwa 250 Kilometern. Dann zog Šig Alej sich zurück und schickte einen Kurier an den Hochmeister mit der Aufforderung, sich dem Zaren zu unterwerfen. Der Hochmeister forderte sicheres Geleit für seine Botschafter, worauf Ivan sofort die Kampfhandlungen einstellen ließ. Dann aber kam die Nachricht, daß Livländer in Narva trotz der Waffenruhe den Angriff auf die russische Festung Ivangorod fortsetzten. Über diesen Verrat empört, gab Ivan seiner Armee Befehl, die Stadt einzunehmen; sie fiel am 11. Mai 1558.

Diese Eroberung erfüllte Ivan mit Genugtuung. Die moskovitischen Großfürsten hatten schon lange nach dem Besitz von Narva getrachtet. Am linken Ufer der Narova, etwa 15 Kilometer vor ihrer Mündung in den Finnischen Meerbusen gelegen, war es zur Zeit der Hanse einer der blühendsten Ostseehäfen gewesen. Auch jetzt kam Narva als Hafen und Festung noch erhebliche Bedeutung zu: so war die Einnahme der Stadt ein sieghafter Auftakt zu diesem Feldzug, mit dem Ivan sich den Zugang zur Ostsee sichern wollte.

Eine livländische Gesandtschaft war schon in Moskau, um über den Waffenstillstand zu verhandeln, als die Nachricht von der Eroberung Narvas eintraf. Daraufhin verlangte Ivan noch entschiedener, daß seine Bedingungen uneingeschränkt angenommen würden. Der Hochmeister und der Bischof sollten persönlich in Moskau erscheinen, den Tribut des ganzen Landes mitbringen, demütig Gehorsam schwören und Narva samt anderen Städten förmlich dem Zaren übergeben. Die livländische Gesandtschaft reiste sofort von Moskau ab, um dem Hochmeister diese Forderungen mitzuteilen, und der Krieg wurde fortgeführt.

Jetzt stürmte Ivans Armee durch ganz Livland. Viele Städte ergaben sich, ohne daß ein Schuß fiel. Der Meister des Ordens,

Fürstenberg, ein alter Mann, floh nach Walk, wo er sein Amt niederlegte; an seiner Stelle wählten die Ritter Gotthard Kettler zum Hochmeister. Im Juli 1558 nahm Fürst Pjotr Šujskij mit starken Streitkräften Dorpat ein. Bis zum Herbst befanden sich zwanzig große und kleinere livländische Städte in Händen der Moskoviter. Ivan war jetzt überzeugt, Livland in seiner Gewalt zu haben, und belehnte sogar schon Angehörige des moskovitischen Adels mit Gütern aus den neu eroberten Ländern.

Der Feldzug gegen Livland war so erfolgreich verlaufen, daß sich die Hauptarmee, nachdem in allen Städten Garnisonen errichtet waren, im September nach Moskovien zurückzog. Diesen Rückzug benützte der tatkräftige Kettler, um die Garnisonen anzugreifen. Aber sein kühnes Vorgehen erfuhr eine rasche Vergeltung. Im Januar 1559 fiel ein russisches Heer von 130000 Mann in Livland ein und verwüstete das Land systematisch; alle Gefangenen wurden getötet und nicht einmal kleine Kinder verschont.

Kettler suchte jetzt verzweifelt, Geld und Truppen aufzutreiben. Zuerst wandte er sich an Erik, den Sohn König Gustav Wasas von Schweden, und bot ihm als Entgelt für aktive Hilfe gegen die Moskoviter Gebiete von Livland an. Erik wäre nur zu gern darauf eingegangen, aber der alte König hielt ihn zurück. Er selbst hatte 1554 wegen einer Grenzstreitigkeit mit Ivan Krieg angefangen, war aber genötigt gewesen, um Frieden zu bitten. Damals hatte er auf den Beistand Polens und Livlands gerechnet, die aber zu sehr mit eigenen Angelegenheiten befaßt waren und nicht in einen Krieg gegen die Russen verwickelt werden wollten. Gustav Wasa hatte mit Ivan einen Friedensvertrag geschlossen und beabsichtigte nicht, ihn Livlands wegen zu brechen.

Unabhängig davon ersuchte Reval den dänischen König Christian III. um Hilfe. Eingedenk dessen, daß dieses Gebiet Estlands früher einmal eine Provinz Dänemarks gewesen war, bat ihn die Bevölkerung von Reval, sie jetzt wieder als seine Untertanen anzunehmen. Aber Christian III. war wie Gustav

Wasa ein alter Mann und keineswegs gewillt, sich den Zaren zum Feind zu machen. Indessen erklärte er sich bereit, in Moskau für Reval zu intervenieren; doch er starb, nachdem er eine Gesandtschaft ernannt hatte, die dann im Namen seines Nachfolgers, Friedrichs II., aufbrach.

In Moskau baten die Dänen schüchtern den Zaren, er möge seine Truppen davon abhalten, in Livland einzufallen, welches dänisches Territorium sei. Ivan wies den dänischen Annäherungsversuch nicht zornig zurück. Ihm lag jetzt daran, seine Truppen an die südlichen Grenzen zu verschieben, um einem vermutlichen Einfall der Krimtataren begegnen zu können. Deshalb erwiderte er, aus Achtung für den dänischen König wolle er dem Orden einen Waffenstillstand von Mai bis November 1559 gewähren. Aber er betonte, zu dieser Geste finde er sich bereit in der Erwartung, daß der Hochmeister selbst nach Moskau komme oder seine Gesandten schicke, um den Treueid zu schwören und einen Vertrag über einen ewigen Frieden zu unterzeichnen.

Inzwischen war Kettler an den Großfürsten von Litauen und König von Polen, Sigismund II. August, herangetreten und hatte am 16. September 1559 ein Bündnis mit ihm geschlossen. Sigismund August verpflichtete sich als Großfürst von Litauen, den Orden gegen den Zaren zu verteidigen; der Hochmeister erklärte sich dafür bereit, den südöstlichen Teil Livlands mit Dünaburg an Litauen abzutreten.

Sigismund August war weder ein starker Herrscher noch eine machtvolle Persönlichkeit, und zeitweilig schien er von dem Zaren völlig eingeschüchtert zu sein. Genußliebend und träge, hatte er den Beinamen »König Morgen«, wegen seiner Gewohnheit, zu zaudern und die Dinge hinauszuschieben – eine Haltung, die Ivan zu nützen verstand. Aber in der zweiten Hälfte seiner Regierung zeigte er wachsende Voraussicht und Entschlossenheit, als er sich der Aufgabe unterzog, Litauen und Polen zu vereinigen und sie zu einer Nation zusammenzuschweißen.

Zu dieser Zeit waren Polen und Litauen, wiewohl seit 1386

durch Personalunion verbunden, noch unabhängig voneinander. Litauen war ein riesiges Land, dem es unter der Herrschaft der Jagellonen-Dynastie gelungen war, sich ganz Weißrußland, einen großen Teil der Ukraine, einschließlich Kievs, und weite Gebiete östlich des Dnjepr einzuverleiben. Diese östlichen Besitzungen Litauens, die von orthodoxen Russen bevölkert waren und ehemals unter russischer Herrschaft gestanden hatten, wurden von Ivan und seinen Vorgängern als Teil ihres Erbgutes betrachtet. Polen, kaum halb so groß wie Litauen, war von Rußland durch das umfangreiche Gebiet seines dynastischen Partners getrennt. Da aber die Russen seit Mitte des 15. Jahrhunderts immer stärker nach Westen drängten, wünschten die Polen die Vereinigung der beiden Staaten zu festigen. Die Litauer zögerten indessen, da sie die Herrschaft der Polen fürchteten.

Sigismund August hatte mit wachsender Besorgnis beobachtet, wie unter Ivans Regierung die moskovitische Macht zunahm; er erkannte, daß der Konflikt unausweichlich bevorstand. Doch lag ihm daran, den Krieg zumindest solange zu vermeiden, bis er die Polen dazu gebracht hätte, Seite an Seite mit den Litauern gegen den moskovitischen Feind zu kämpfen. Zwischen 1549 und 1556 hatte Sigismund August als Großfürst von Litauen dreimal einen Vertrag auf einen Dauerfrieden vorgeschlagen. Das äußerste, wozu Ivan sich jeweils bereitfand, war ein Waffenstillstand auf beschränkte Zeit. Einem Dauerfrieden stand seine Absicht entgegen, an der Ostseeküste Fuß zu fassen und außerdem Kiev und andere in litauischem Besitz befindliche Städte zurückzuerobern. Seine feindselige Haltung wurde durch den Umstand verschärft, daß Sigismund August sich weigerte, seinen Zarentitel anzuerkennen. Trotzdem ging Ivan auf die Waffenstillstandsvorschläge ein: das erste Mal, weil die Feldzüge gegen Kazanj seine ganze Kraft beanspruchten, das zweite Mal, weil er gegen Schweden Krieg führte, das dritte Mal, weil er den livländischen Krieg möglichst rasch zu Ende führen wollte.

Mit der Geschmeidigkeit und Langmut, die für die Regierungskunst seines Großvaters, Ivans III., charakteristisch gewesen waren, stellte Ivan jetzt die Eroberung des Kiever Gebiets zurück hinter die Notwendigkeit, sich ein Stück der Ostseeküste zu sichern. Zugleich erwog er die Möglichkeit, mit Litauen ein zeitweiliges Bündnis gegen den Krimkhan zu schließen. Die zu Litauen gehörigen Lande am Dnjepr grenzten an das Krimkhanat und hatten ebenso wie Moskovien unter den Raubüberfällen der Tataren zu leiden. Von einem solchen Bündnis versprach Ivan sich zweierlei: es würde ihn von der Verteidigung gegen die Tataren entlasten und damit instandsetzen, den livländischen Krieg schneller zu beenden.

1558 machte er auch tatsächlich Sigismund August Vorschläge zu diesem Bündnis. Die Unterhandlungen zwischen den Gesandten gelangten aber auf einen toten Punkt, weil die Litauer darauf bestanden, daß zuerst die von Ivans Vorgängern eroberten Städte, vor allem Smolensk, zurückgegeben werden müßten. Das wahre Hindernis für ein Bündnis war jedoch, wie die litauischen Gesandten offen zugaben, ihre Angst vor Moskovien, das ihnen bedrohlicher erschien als das Krimkhanat.

Der livländische Krieg, ein Hauptgrund für Ivan, sich mit Litauen zu verständigen, löste schließlich den Krieg zwischen Moskovien und Litauen-Polen aus. Sigismund August begriff, daß er nicht länger zögern durfte, der moskovitischen Gefahr entgegenzutreten. In seinem Bündnis mit dem Hochmeister hatte er sich verpflichtet, den Orden zu verteidigen; im Januar 1560 kam sein Gesandter nach Moskau und überreichte eine formelle Note mit der Forderung, der Zar solle alle Kampfhandlungen gegen Livland einstellen. Ivans Antwort war schroff und ließ keine Hoffnung auf einen Kompromiß. »Nach dem allmächtigen Willen Gottes«, erklärte er, »sind die livländischen Lande seit den Zeiten des großen russischen Herrschers Rurik rechtmäßig ein Teil Unseres Zarenreiches.«[11] So war der Krieg mit Litauen unvermeidlich geworden.

15

DIE SCHRECKENSHERRSCHAFT BEGINNT
1560–1564

Das Jahr 1560 war für Ivans Regierung bedeutsam, insofern es seine unbeschränkte persönliche Herrschaft einleitete. Historiker haben es oft als das Jahr einer dramatischen Wesenswandlung beschrieben, aus welcher der fromme und demütige Zar plötzlich als grausamer und eigenmächtiger Tyrann hervorgegangen sei. Doch handelt es sich dabei eher um eine scheinbare als um eine wirkliche Wandlung. Zur Maßlosigkeit hatte er von jeher geneigt; dieser Zug war ihm, wie seinem Volk, tief eingewurzelt. Aber zwei Ereignisse dieses Jahres – seine Befreiung von der Vormundschaft Silvesters und Adaševs und bald darauf der Tod seiner geliebten Zarin[1] – wirkten sich dahin aus, daß er hinfort herrschte, ohne sich irgendwelchen Zwang aufzuerlegen. Auch fühlte er sich durch diese beiden Ereignisse furchtbar vereinsamt, litt darunter und geriet in noch heftigere Angstzustände.

Ivans Stellung und Ansehen waren um diese Zeit schon völlig unangreifbar, und zwar weitgehend kraft seiner Persönlichkeit und seines Verstandes. Er war hoch von Wuchs, eine machtvolle Erscheinung mit einer gebieterischen Adlernase und kleinen, lebhaften grauen Augen, die durchdringend blickten. Er konnte gütig und huldvoll oder furchterregend sein, immer aber war er der Zar, eine echte Führernatur und das Haupt der Nation.

Auf ausländische Besucher im Kreml machte er stets starken Eindruck. So schrieb Anthony Jenkinson über seinen Aufenthalt in Moskovien im Jahre 1557: »Ivan übertrifft seine Vorgänger gleichen Namens ... ja nach dem, was man hört, übertrifft er sie an unerschütterlichem Mut, Heldenhaftigkeit und vielem anderem mehr ... Er wird von seinen Edelleuten und dem gemeinen Volk nicht nur geliebt, sondern in all seinen Landen lebt man in Furcht und Schrecken vor ihm, so daß ich glaube, kein Fürst der Christenheit wird von den Seinen mehr gefürchtet als er, keiner aber auch mehr geliebt.«[2]

Nachdem er selbst die Macht innehatte, behielt Ivan Silvester, Adašev und ihre Anhänger noch sieben Jahre lang am Hof in ihren maßgeblichen Stellungen. Es entging ihm nicht, daß sie sich an die Macht klammerten und ihm seine Unabhängigkeit verargten. Der Widerstreit zwischen seinem und ihrem Willen muß oft zu wilden Ausbrüchen geführt haben. Ivan legte sich Zurückhaltung auf, weil er ihre Dienste brauchte, doch war er im Umgang mit ihnen jetzt stets auf der Hut und bestand darauf, seine eigene Politik durchzusetzen. Allmählich jedoch wurde ihre Gegenwart ihm unerträglich, und es scheint, daß ihre Feindseligkeit gegen die Zarin Anastasija zuletzt seine Geduld erschöpfte.

Im Oktober 1559 waren Ivan und Anastasija in Mošajsk, etwa 100 Kilometer südwestlich von Moskau; dort erreichte ihn die Nachricht, daß die Livländer den zu Anfang des Jahres für sechs Monate vereinbarten Waffenstillstand gebrochen hätten. Der Winter hatte früher als gewöhnlich eingesetzt, und es herrschte eine strenge Kälte. Mächtige Schneemassen versperrten die Straßen und machten die Reise zu Pferd oder im Schlitten fast unmöglich. Ivan war jedoch über die Vorgänge in Livland derartig beunruhigt, daß er sogleich mit seiner Gemahlin nach Moskau aufbrach. Ungemach und Kälte, unter denen sie auf dieser gewaltsamen Fahrt durch Schnee und Eis litten, hatten zur Folge, daß Anastasija erkrankte.

Später schrieb Ivan darüber: »Wie gut erinnere ich mich der harten Reise von Mošajsk nach der Hauptstadt mit Unserer leidenden Zarin Anastasija!«[3] Für ihn blieb es eine bittere Erinnerung. Er beschuldigte Silvester und seinen Anhang, daß sie es damals versäumt hätten, der Zarin ärztliche Hilfe zu verschaffen. Ferner bezichtigte er sie, ihn und seine Familie durch »listige Anschläge« um allen Segen gebracht zu haben, der ihnen aus ihren Pilgerfahrten und Gebeten um ihr Seelenheil und ihre leibliche Gesundheit hätte erwachsen können[4]. Solches hätten sie aus Feindschaft gegen den Zaren, vor allem aber gegen die Zarin getan.

Die Gründe für diesen Haß gegen Anastasija sind unbekannt. Ivan äußerte sich dunkel darüber: »Um eines einzigen kleinen Wortes willen galt sie ihnen als wertlos, und sie warfen ihren Zorn auf sie.«[5] Natürlich waren sie zur Zeit von Ivans Krankheit gegen sie gewesen, weil sie die Familie repräsentierte, welche die Macht erlangt hätte, wenn der Zarevič als Minderjähriger auf den Thron folgte. Seit damals jedoch hatte sich der Haß »um eines einzigen kleinen Wortes willen« gegen Anastasija persönlich gerichtet. Dies war eine erstaunliche Entwicklung. Nach allen zugänglichen Quellen scheint Anastasija eine sanfte, fromme Frau gewesen zu sein, keine Intrigantin, ja nicht einmal eine starke Persönlichkeit mit ausgesprochenen Vorlieben und Abneigungen. Sicher war Silvester, wie so mancher fanatische Priester, starker Haßgefühle fähig. Aber Adašev, der die Armen speiste und zehn Leprakranke in seinem Haus aufnahm und sie sogar eigenhändig wusch, war allgemein beliebt als guter Mensch und glühender Christ; es ist kaum glaubhaft, daß er diese schlichte Frau gehaßt oder ihr absichtlich geschadet haben soll, indem er ihr ärztliche Hilfe vorenthielt.

Seit der Reise von Mošajsk wandte Ivan sich von Silvester und Adašev ab. Noch aber übte er Zurückhaltung; er entließ sie nicht, noch verfolgte er sie mit seinem Zorn. Im Frühjahr 1560 erhielt Adašev das Kommando über eine Armee in Livland und im Sommer wurde er zum Gouverneur der frisch eroberten Stadt Fellin ernannt.

Um dieselbe Zeit, als Adašev Moskau verließ, zog sich Silvester in das Kloster Kirillo-Beloozerskij zurück, wo er zum Mönch geschoren wurde[6]. Selbst in diesem Stadium behandelte ihn Ivan mit Achtung. Indessen erklärte er seine Haltung später folgendermaßen: »...Der Priester Silvester ging, da er sah, daß sein Rat in den Wind geschlagen wurde, aus freien Stücken. Wir aber gaben ihm Unseren Segen und entließen ihn nicht; nicht, weil Wir Uns dessen schämten, sondern weil Wir ihn nicht hier auf Erden abzuurteilen wünschten, sondern in der zukünftigen Welt, vor dem Lamm Gottes, wegen alles Bösen, das er mir zugefügt hat, während er mir diente und mich auf seine listige Weise dennoch überging. Dort wird mir Gerechtigkeit widerfahren wegen allem, was ich seelisch und leiblich von seiner Hand erduldet habe. Deshalb habe ich seinen Sohn bis zum heutigen Tage unbehelligt gelassen – nur von Unserer Gegenwart ist er ausgeschlossen.«[7]

In diesen Monaten siechte Anastasija dahin. Von der Winterreise nach Moskau hatte sie sich nie ganz erholt, und im Juli 1560 erkrankte sie ernstlich. Ihr Befinden wurde durch Angstzustände verschlimmert, denn wieder war im Arbat ein schreckliches Feuer ausgebrochen, das Moskau bedrohte. Ein starker Wind trieb große Rauchwolken über den Kreml, und die Flammen drangen bis zum Zarenpalast. Da Anastasija fürchtete, daß sie vom Feuer umzingelt würden, ließ Ivan sie zur Sicherheit in das Dorf Kolomenskoje bringen. Er selbst blieb zurück, um das Feuer zu bekämpfen, setzte sich kühn der Gefahr aus und spornte durch sein Beispiel andere an, Wasser herbeizutragen und Häuser niederzureißen, damit die Flammen sich nicht weiter ausbreiteten. Viele Menschen kamen ums Leben, viele wurden verletzt, bevor das Feuer endgültig gelöscht war.

Dann eilte Ivan nach Kolomenskoje, aber Anastasijas Kräfte schwanden, und die Ärzte konnten nichts mehr für sie tun. Am 7. August starb sie. Sie war eine hingebungsvolle, doch ängstliche Gattin und Mutter gewesen. In den dreizehn Jahren ihrer Ehe hatte sie sechs Kinder geboren und mit ansehen müssen, wie vier von ihnen, nach moskovitischer Sitte fest in Windeln gepackt, als Säuglinge starben[8]. Sie hatte Ivan herzlich geliebt, denn ihr war er Gatte und Beschützer zugleich. Immer hatte sie gewußt, daß ihr, falls er stürbe, die Kinder genommen würden, denen dann ein schnelles gewaltsames Ende oder langsames

Dahinsterben mangels jeglicher Fürsorge in irgendeinem fernen, schneeverwehten Kloster sicher gewesen wäre. Deshalb waren ihre Abschiede von Ivan jedesmal so herzzerreißend und tränenreich, und während seiner Krankheit muß diese verzweifelte Angst sie schwer bedrückt haben, da die offene Feindseligkeit Silvesters und anderer ihr keinen Zweifel daran ließ, welches Schicksal sie im Fall von Ivans Tod erwartete. Überhaupt muß sie in ständiger Furcht gelebt haben, in den Frauengemächern des Terems und auch wenn sie die dunklen Kirchen des Kremls aufsuchte, wo alte Ikonen, vom Rauch der Öllampen geschwärzt, wie Bilder düsteren Verhängnisses von den Wänden herniederblickten.

Das einfache Volk hatte Anastasija als gütige und fromme Zarin geliebt, und die Moskauer waren über ihren Tod betrübt. Eine große Menschenmenge folgte ihrem Sarg, als er zum Novodevičij-Kloster getragen wurde, während der Zar in Tränen hinterdrein schritt.

Ivan und der Hof legten tiefe Trauer an, doch nur für kurze Zeit. Schon acht Tage nach ihrem Tod machten der Metropolit, die hohe Geistlichkeit und die Bojaren Ivan ihre Aufwartung und ersuchten ihn förmlich, eine neue Gemahlin zu nehmen. In diesen Zeitläuften, da das Leben grausam und kurz war und der Tod immer lauerte, machte sich die ganze Nation Sorgen wegen der Thronfolge. Auch Ivan lag alles daran, die Erbfolge zu sichern, da niemand wissen konnte, ob seine beiden Söhne, der sechsjährige Zarevič Ivan und der drei Jahre jüngere Feodor, ihn überleben würden. Deshalb gab er am 18. August bekannt, daß er die Schwester Sigismund Augusts zu heiraten gedenke. Gleichzeitig hob er die Trauer auf. Der Kreml hallte wider vom Lärm der Bankette und Festgelage, und niemand blieb nüchtern. Angewidert hielten einige ältere Bojaren sich von diesen wüsten Zechereien zurück, doch erlebten sie nur, daß die jungen Höflinge sich über sie lustig machten und ihnen übel mitspielten, indem sie ihnen Wein über den Kopf schütteten.

Zu allen Zeiten haben Menschen dazu geneigt, lange währenden Gram als Beweis von Liebe, kurze Trauer hingegen als Zeichen von Herzlosigkeit und Gleichgültigkeit anzusehen. Doch Ivans plötzlicher Übergang zu Lustbarkeiten und Trinkgelagen entsprang weder Lieblosigkeit noch Gefühlskälte. Er hatte Anastasija nicht vergessen. Siebzehn Jahre später beklagte er die Trennung »von meiner Jungen«[9]; es war der Aufschrei eines Mannes, der sich der Zeit erinnerte, da er die stille Gemeinschaft mit einer Gattin genossen hatte, die er liebte, da er im Frieden mit sich selbst lebte. Den Klöstern vom Berge Athos schickte er reiche Geschenke, damit die Mönche für Anastasijas Seelenruhe beten sollten. Nie vergaß er diesen einen Menschen, von dem er sich geliebt wußte und der des Verrats unfähig war.

Während der Zechgelage nach dem Tod der Zarin scharte Ivan eine Gruppe neuer Günstlinge um sich, zuvörderst den Bojaren Alexej Bazmanov und seinen Sohn Feodor, sodann Fürst Afanasij Vjazemskij, Vasilij Grjasnoj und Maljuta Skuratov-Belskij. Diese Männer hatten nicht das Format von Silvester und Adašev, sondern waren kaum mehr als Zechkumpane. Nach Fürst Andrej Kurbskij reizten sie Ivans Haß gegen die Anhänger Silvesters und Adaševs und waren verantwortlich für die ersten Hinrichtungen in der Schreckensherrschaft. Aber es ist wahrscheinlicher, daß diese Opfer sich selbst den Zorn Ivans zuzogen[10].

Nach der Entfernung von Silvester und Adašev hatte Ivan ihre Anhänger milde behandelt. Er befahl ihnen lediglich, ihre früheren Führer weder zu sehen noch Verbindung zu ihnen aufzunehmen, und verlangte, daß sie ihm als Zaren aufs neue den Treueid leisteten. Seine Milde erwies sich jedoch bald als unangebracht. Nach Ivans Worten »mißachteten sie den Eid auf das Kreuz; sie unterließen es nicht nur, sich von jenen Verrätern fernzuhalten, sondern halfen ihnen nur noch mehr und schmiedeten Pläne aller Art, um sie in ihre frühere Würde einzusetzen, und intrigierten um so wilder gegen Uns; da nun ihre Bosheit sich als unausrottbar und ihr Wille sich als unbeugsam erwies – aus diesem Grunde wurden die Schuldigen gemäß ihrer Schuld bestraft«[11].

Ivan schlug unbarmherzig zu. Die Witwe Maria Magdalnia, beschuldigt, mit Adašev in Verbindung zu stehen und Zauberei zu üben, wurde mit ihren fünf Söhnen hingerichtet. Daniil Adašev und sein zwölfjähriger Sohn, sein Schwiegervater Turov, die drei Brüder Satinij, desgleichen Ivan Šiškin mit Frau und Kindern – sie alle wurden der Beziehung zu Adašev für schuldig befunden und hingerichtet[12].

Andere, wie Fürst Andrej Kurbskij, waren nicht so tief in diese Angelegenheit verwickelt und wurden milde bestraft. Diese Anstrengungen seiner Freunde und Anhänger, mit ihm in Fühlung zu bleiben, führten offenbar dazu, daß Adašev weiter fort nach Dorpat versetzt wurde, wo er am Fieber starb[13]. Silvester wurde in das Soloveckij-Kloster auf den öden Inseln im Weißen Meer verbannt und starb dort.

Seit diesen Hinrichtungen verfuhr Ivan sehr viel grausamer mit seinen Bojaren und mit jedem, der ihm trotzte oder Widerstand leistete. Bloße Kritik reizte ihn zur Wut; zum Jähzorn hatte er immer geneigt, jetzt aber geriet er durch zuviel Trinken leicht in Raserei, und es gab niemanden, der ihn beschwichtigen oder zurückhalten konnte. Eines Abends, als er sich mit seinen Kumpanen verlustierte, die Masken trugen und auf russische Art tanzten und den Boden stampften, hielt Fürst Michail Repnin ihm zornig vor, dies Betragen sei eines christlichen Zaren unwürdig. Die orthodoxe Kirche verurteilte jede Art von Tanz, Lustbarkeit und besonders das Tragen von Masken, was Ivan sehr wohl wußte. Aber als Antwort stülpte Ivan Repnin nur eine Maske über den Kopf und sagte: »Komm, sei lustig und leiste uns Gesellschaft.« Repnin riß die Maske herunter, zertrampelte sie wütend und schrie: »Mir, einem Bojaren, steht es nicht an, den Narren zu spielen und mich zu erniedrigen...« Jetzt wurde auch Ivan wütend und schickte ihn aus dem Palast. Einige Tage später wurde Repnin, als er in der Kirche bei der Intonierung der Evangelien vor dem Ikonostas stand, auf Befehl des Zaren grausam ermordet[14]. Am selben Tage wurde auch Fürst Jurij Kašin niedergemacht, als er die Kirche betrat; doch sind die Gründe dafür nicht bekannt.

Der junge Fürst Dmitrij Obolenskij-Ovčinin, ein Neffe des Günstlings von Ivans Mutter Jelena, büßte das Leben ein, weil er bei einem Streit mit dem jungen Feodor Bazmanov schrie: »Ich und meine Vorfahren haben dem Herrscher immer nützlich gedient, ihr aber dient durch gemeine Unzucht!«[15] Fürst Dmitrij Kurljatev, der Silvester und auch Adašev nahegestanden hatte, wurde mit seiner Frau und seinen Töchtern in ein weit entferntes Kloster verbannt, wo sie alle das Gelübde ablegen mußten und, nach Kurbskij, später erdrosselt wurden. Doch strafte Ivan nicht immer so unbarmherzig. Entschieden besser erging es dem Fürsten Michail Vorotynskij, der mit seiner Familie nach Beloozero verbannt war. Seine Wächter schrieben Ende 1564, im vergangenen Jahr habe der Fürst keinen frischen Stör erhalten und auch nicht die ihm zustehenden Trauben, Pflaumen und Feigen. Vorotynskij selbst beschwerte sich über das Ausbleiben seiner Rente und einer langen Reihe von Dingen, darunter 200 Zitronen, was alles zu seiner normalen Exilration gehörte.

Im übrigen konnte Ivan wider Erwarten milde und versöhnlich sein, selbst gegen einzelne Bojaren, die sich des Verrats schuldig machten. Fürst Ivan Belskij, den er im Verdacht hatte, nach Litauen fliehen zu wollen, ließ Ivan auf das Kreuz schwören, daß er weder das Reich noch sein Fürstentum verlassen werde. Außerdem mußten neunundzwanzig Mann für ihn bürgen, für die wiederum 120 Mann zu bürgen hatten. Trotz dieser außergewöhnlichen Sicherheitsmaßnahmen bekannte Belskij sich etwas später des Verrats schuldig; er hatte Botschaft an Sigismund August geschickt und um sicheres Geleit nach Litauen gebeten. Ivan verzieh ihm dennoch, und auch andere erfuhren ähnliche Milde von diesem unberechenbaren Zaren.

Inzwischen ging der Krieg in Livland weiter. Ein förmliches Ersuchen Sigismund Augusts im Januar 1560, er möge alle Kriegshandlungen gegen den Deutschen Orden einstellen, hatte Ivan abgelehnt. Aus Furcht vor der moskovitischen Kampfesstärke und durch eine schwere Finanzkrise in Litauen verhindert, Söldner anzuwerben, auf die er weitgehend angewiesen war, zögerte Sigismund August, zur Offensive überzugehen. Der Hochmeister Kettler hatte zwar einigen Widerstand geleistet, aber nichts gegen die russische Armee ausgerichtet, die jetzt weitere livländische Gebiete besetzte; im August 1560 nahm Fürst Kurbskij die wichtige Festung Fellin ein.

Unter diesem Druck fiel das Ordensgebiet auseinander. Die große Insel Oesel trug Friedrich II. Lehnspflicht an und ging in dänischen Besitz über. Im Juni 1561 leistete die Bevölkerung von Reval König Erik von Schweden, dem Sohn und Nachfolger Gustav Wasas, den Lehnseid.

Die livländischen Ritter und Kaufleute drängten auf Vereinigung mit Polen-Litauen. Kettler trat mit Nikolaj Radziwill dem Schwarzen, dem Wojwoden von Wilna, in Verhandlungen, die im November 1561 zum Abschluß kamen. Nachdem den Bürgern ihre Rechte zugesagt waren, wurde Livland formell Teil von Polen-Litauen. Kettler selbst erhielt mit dem erblichen Herzogstitel das Herzogtum Kurland, das aus dem südwestlichen Gebiet Livlands geschaffen wurde. Der Deutschritterorden hatte aufgehört zu bestehen, und drei Mächte – Moskovien, Schweden und Polen-Litauen – bereiteten sich auf den Krieg vor, der über den Besitz Livlands, vor allem der Ostseehäfen, entscheiden sollte.

König Erik XVI. von Schweden machte, nachdem er Reval in Besitz genommen hatte, dem Zaren sogleich ein Friedensangebot, da er wußte, daß Polen-Litauen versuchen würde, die Schweden aus Livland zu vertreiben. Ivan seinerseits legte keinen Wert darauf, gleichzeitig zwei starke Feinde gegen sich zu haben. Er ließ die Streitfrage wegen Reval – nach dem er trachtete – auf sich beruhen und empfing die schwedischen Gesandten; darauf wurde zwischen Moskovien und Schweden ein Friedensvertrag auf sieben Jahre unterzeichnet[16].

Damals hatte Ivan beschlossen, den Streit mit Litauen durch eine Heirat mit einer der Schwestern des Königs beizulegen. Derartige dynastische Heiraten waren im 16. Jahrhundert durchaus üblich als politische Maßnahmen; Ivan verfolgte mit seinem Antrag zwei Zwecke. Erstens versprach er sich einen entschiedenen Vorteil davon für die endgültigen Friedensverhandlungen über seine Eroberungen in Livland. Sein zweites Ziel lag weiter entfernt. Sigismund August, der Letzte aus der berühmten Jagellonen-Dynastie, war kinderlos; heiratete Ivan seine Schwester, so würde er beim Tode des Königs Anrecht auf den Thron von Polen-Litauen haben und damit seine Ansprüche nicht nur auf Livland, sondern auch auf Weißrußland und die Ukraine leichter durchsetzen können.

Seiner Sache gewiß, daß Sigismund aus dem Bestreben, mit Rußland in Frieden zu leben, eine solche Heirat begrüßen würde, gab Ivan seinem Gesandten Feodor Sukin genaue Anweisungen für die Wahl zwischen Anna und Kateryna, den beiden Schwestern des Königs. Sukin sollte sich gründlich über sie befragen, wenn möglich, beide selbst ansehen und die schönere, gesündere und liebenswürdigere der Schwestern wählen. In Moskau erörterte Ivan schon den Übertritt der Braut zur orthodoxen Kirche und traf Anstalten für ihre Unterbringung bis zur orthodoxen Taufe und der anschließenden Hochzeit.

Er sollte sich jedoch in seinen Erwartungen getäuscht sehen. Sigismund August war bereit, eine solche Heirat zu erwägen, doch erst nach Abschluß eines Friedensvertrages auf dreißig Jahre. Außerdem bestand der litauische Gesandte Šimkovič, als er in Moskau eintraf, darauf, daß die Vertreter beider Parteien an der Landesgrenze miteinander verhandeln und in der Zwischenzeit alle Kriegshandlungen eingestellt werden sollten. Der Vorschlag, die Verhandlungen irgendwo anders als in Moskau stattfinden zu lassen, stieß bei den Moskovitern auf unüberwindliche Hindernisse, weil dies einen Bruch mit der Tradition bedeutet hätte, bei der es um Ansehen und Würde der Dynastie ging. Man eröffnete dem Gesandten, solche Zusammenkünfte könnten – wie es eh und je Brauch gewesen sei – nur in Moskau stattfinden. Er kehrte zurück, und von Heiratsanträgen und Friedensangeboten war nicht mehr die Rede.

Jetzt marschierte der polnische Kosakenführer, Hetman Radziwill, gegen die Russen in Livland. Im September 1561 eroberte er nach fünfwöchiger Belagerung die kleine Stadt Tarvast. Aber die Russen schlugen die litauische Armee bei Pernau und machten darauf Tarvast dem Erdboden gleich. Während des Jahres 1562 gingen die Kampfhandlungen weiter, aber Sigismund August machte, ohne das Heiratsprojekt wieder aufzugreifen, verzweifelte Anstrengungen, neue Friedensverhandlungen einzuleiten. Er verfügte über keine Armee, die imstande gewesen wäre, die Russen aufzuhalten, und die Polen, ja sogar viele seiner litauischen Untertanen hatten ihm bislang aktive Unterstützung gegen den Zaren verweigert. Er suchte Zeit zu gewinnen. Doch Ivan ließ sich nicht täuschen. Er beschuldigte Sigismund unumwunden, daß er gar keinen Frieden wolle, sondern insgeheim den Krimkhan aufstachle, in Moskovien einzufallen.

Zu Anfang des Jahres 1563 führte Ivan selbst eine starke Armee an die litauische Grenze. Sein Ziel war Polock, die Stadt an der westlichen Dvina, die als Grenzfestung und auch als Durchgangspunkt für den Handel nach Riga wichtig war. Nach einer Belagerung von zwei Wochen ergab sich Polock. Ivan triumphierte. Nichts war ihm wichtiger als dieser Kampf um den Zugang zur Ostsee, und er gewann ihn mit dem Besitz von Polock, das ihm die volle Herrschaft über die Wasserstraße der Dvina sicherte. Ehe er nach Moskau zurückkehrte, übertrug er den Befehl über die Stadt drei Heerführern – Pjotr I. Šujskij, Vasilij und Pjotr S. Serebrjannij – und gab ihnen genaue Anweisungen zur Verstärkung der Verteidigungsanlagen.

Der Fall von Polock, das er für uneinnehmbar gehalten hatte, beunruhigte Sigismund August heftig. Zudem rückten die Moskoviter jetzt auf Wilna vor. Die Litauer zeigten sogleich großen Eifer zu neuen Verhandlungen, doch Ivan eilte es damit nicht. Er nahm zuversichtlich an, daß er seinen siegreichen Vormarsch nach Litauen nach seinem Belieben fortführen könne. Dennoch gewährte er in diesem Stadium Sigismund August einen Waffenstillstand von sechs Monaten, weil er nach Moskau gehen und sich mit den Krimangelegenheiten näher befassen wollte.

Am 26. Februar 1563 brach Ivan von Polock auf. Seine Truppen legte er in der Umgebung von Velikije Luki in Quartier, dann eilte er nach Moskau. Seine Reise wurde zu einem Triumphzug, ähnlich seiner Rückkehr von Kazanj vor über zehn Jahren. Das Volk drängte sich an den Straßen, um Väterchen Zar zu sehen, der immer wieder die Feinde niederwarf. Es schien auch insofern eine Wiederholung der Heimfahrt von Kazanj, als am 31. März ein Bojar stürmisch angeritten kam und ihm meldete, daß die Zarin einen Sohn geboren habe, der Vasilij getauft wurde: Als nämlich Ivan 1561 erkannte, daß Sigismund August auf das Eheprojekt nur unter unannehmbaren Bedingungen eingehen wollte, hatte er den Plan dieser Heirat fallenlassen. Er hatte es ungern getan und mit einem Gefühl der Demütigung, das seinem Angriff auf Polock eine gewisse Schärfe verlieh. Jedoch war er sogleich auf neue Brautschau gegangen, diesmal bei den asiatischen Fürsten. Er hatte erfahren, daß Temgrjuk, ein Tscherkessenfürst, eine ausnehmend schöne Tochter besaß, ließ sie nach Moskau kommen und verliebte sich auf den ersten Blick in sie. Der Metropolit selbst bereitete sie auf die Taufe vor, und am 31. August 1561 wurde sie unter dem Namen Marija Ivan angetraut. Jetzt hatte sie durch die Geburt Vasilijs sein Herz erfreut. Aber das Kind blieb nur fünf Wochen am Leben, und auch die Ehe hatte keinen Bestand. Marija war eine asiatische Schönheit, von wildem und grausamem Wesen, so ganz anders als die fromme und pflichtbewußte Anastasija, deren Gedächtnis Ivan hochhielt. Nach Äußerungen von Zeitgenossen hat sie ihn bestärkt in seiner Neigung zu Grausamkeit und Ausschweifung. Indessen scheint sie nur seine Sinnlichkeit gereizt zu haben, und als diese befriedigt war, erlosch sein Interesse an ihr[17].

Zur Zeit seiner zweiten Heirat bemühte Ivan sich eifrig um eine gewisse Verständigung mit dem Krimkhan. Während er gegen Litauen Krieg führte, mußte er die Grenzen im Süden gegen Angriffe der Tataren sichern; in dem Brief, den er Devlet Girej schrieb, mischte er klug Drohungen und Schmeichelei: er erinnnerte an das nutzbringende Bündnis Ivans III. mit Mengli Girej und hob die Macht Moskoviens hervor, die er durch die Eroberungen von Kazanj, Astrachan und einem großen Teil Livlands dargetan habe. Privatim versicherte sein Gesandter Afanasij Nagoj dem Khan, daß Adašev und andere entlassen worden seien, weil sie der Freundschaft des Zaren mit dem Khan entgegengearbeitet hätten[18].

Dieser Annäherungsversuch kam im rechten Augenblick. Der Khan war des Drucks überdrüssig, den Sultan Suleiman auf ihn ausübte, während er nichts weiter begehrte als Unabhängigkeit und Freiheit zum Plündern und Rauben. Deshalb deckte der Khan Nagoj das große Projekt des Sultans auf. Es ging dabei um nichts Geringeres als um die Verbindung von Don und Volga durch einen Kanal und um die Errichtung von Festungen bei Zaricyn und Perevolok und eine dritte am Kaspischen Meer. Von diesen Basen aus gedachten die Türken mit Unterstützung aller Muslim aus den Steppen Kazanj und Astrachan zurückzuerobern und Moskovien zu überrennen. Dem Khan behagte dieser Plan jedoch nur wenig. Er sah voraus, daß seine Horde der Wucht dieses großen Feldzuges ausgesetzt sein und noch stärker unter türkische Oberhoheit geraten würde. Einstweilen allerdings stand das Projekt des Sultans lediglich zur Debatte, und der Khan versicherte dem Zaren, daß er auf seine Freundschaft zählen könne.

Gegen Ende des Jahres 1563 wurde Ivan durch zwei Todesfälle schmerzlich bewegt. Als erster starb sein Bruder Jurij, der Gefährte seiner Kindheitsleiden. Jurij war einfältig, sei es von Natur oder, was wahrscheinlicher ist, infolge der Schrecken, die er als zartes Kind durchlitt. Immer wenn Ivan abwesend war, fungierte er als Gouverneur von Moskau, doch war das eine rein nominelle Funktion, da Jurij geistig ganz unfähig war, wirkliche Autorität auszuüben. Ivan hatte ihn stets liebevoll unter seinen Schutz genommen; jetzt, bei seinem Tode, schickte er Geschenke an die Mönche vom Berg Athos, damit sie für sein Seelenheil beteten.

Gegen Jurijs Witwe Julija benahm Ivan sich höchst seltsam. Sie war wie Anastasija fromm und demütig und wurde vom Volk geliebt und hochgehalten als ein Idealbild moskovitischer

Weiblichkeit. Beim Tode ihres Gatten hatte sie erklärt, sie wolle sich von der Welt zurückziehen und Nonne werden. Um ihr Gelübde zu erfüllen, pilgerte sie zu Fuß vom Kreml nach dem Novodevičij-Kloster; ihr folgten der Zar, die Zarin, Fürst Vladimir Andrejevič und eine große Menge Volkes. Aber als Ivan im Kloster ankam, befahl er in jäh aufwallendem Zorn, die kahle Zelle, in der sie ihre Tage im Gebet zu beschließen gedachte, mit Möbeln und allem Luxus des Hofes auszustatten, und ernannte ein Gefolge für sie. Es war, als wolle er ihr den Frieden des Gebets und der inneren Versenkung verwehren, nach dem ein Teil seiner selbst verlangte, ohne ihn je finden zu können.

Am letzten Tag des Jahres 1563 starb der Metropolit Makarij in ehrwürdigem Alter, nachdem er einundzwanzig Jahre das hohe Amt des Metropoliten innegehabt hatte. Als Erzbischof von Novgorod, vor seiner Erhebung zu dieser höchsten Würde, war er eine beherrschende Gestalt gewesen, in Moskau aber hielt er sich im Hintergrund. Eine Zeitlang schien er durch den einfachen Priester Silvester in den Schatten gestellt. Doch trat er aus seinem frommen Gelehrtendasein hervor, sobald die Interessen der Kirche gefährdet waren. Bei der Stoglav-Versammlung hatte er die Bestrebungen der Transvolga-Eremiten bekämpft, die mit Unterstützung des Zaren den Besitz der Kirche abschaffen wollten. Damals hatte er die Kirche kühn verteidigt und auch eine Reihe wichtiger Reformen eingeführt, die im Stoglav festgelegt wurden.

Von anderen kritischen Situationen hingegen hielt er sich offenbar fern. Als während Ivans Krankheit der Streit um die Thronfolge entbrannte, hätte man erwartet, daß die Stimme des Metropoliten eine Klärung herbeiführte; aber Makarij war nicht anwesend, oder falls er es war, beteiligte er sich nicht an den Auseinandersetzungen. Indessen hat er sich nicht Ivans Zorn oder Mißtrauen zugezogen. Es scheint vielmehr, daß Makarij, ein Mann des tätigen Glaubens, ein Reformer und Gelehrter, seine Kraft ganz in den Dienst der Kirche stellte und politische Angelegenheiten und den direkten Verkehr mit dem

Zaren, soweit es anging, gern Silvester überließ. Viele hielten ihn für unentschlossen und feige, vor allem, weil er das sündhafte Treiben des Zaren nicht öffentlich anprangerte und es bei vielen Gelegenheiten unterließ, den gewaltigen Einfluß seines Amtes geltend zu machen. Aber wenn er auch gegenüber den Vorgängen am Hofe neutral blieb, so haben ihn manche Ereignisse zweifellos doch sehr bekümmert. In seinem Testament, das er wenige Tage vor seinem Tod niederschrieb, versicherte er, daß er, von Gram überwältigt, mehrmals entschlossen gewesen sei, sein Amt niederzulegen und sich in ein entferntes Kloster zurückzuziehen. Jedesmal aber hätten ihn der Zar und die hohe Geistlichkeit zum Bleiben bewogen[19].

Makarijs bedeutendste Leistung war die Sammlung russischer Heiligenleben in der *Mineja Četja* und die Fortführung der Lebensberichte über die russischen Herrscher in der *Stepennaja Kniga,* die im 9. Jahrhundert mit Rurik begannen. Es war das Werk eines Gelehrten und eines Historikers, der die Nation neu erstehen sah und diesen Vorgang kommenden Geschlechtern übermitteln wollte – ein Werk, das Makarij mehr am Herzen lag als die Spannungen und Konflikte, die sein Amt mit sich brachte.

Stark beteiligt war Makarij auch an der Einführung der Buchdruckerkunst in Rußland. Die Erfindung des Druckens war den Russen seit langem bekannt, und ihre Bedeutung war den Großfürsten keineswegs entgangen. Ivan III. hatte dem berühmten Lübecker Drucker Bartolomeo eine Rente gezahlt, doch ist nicht bekannt, für welche Gegenleistung. 1547 gab Zar Ivan Anweisung, Drucker in Deutschland zu verpflichten, die seine Untertanen in Moskau ausbilden sollten. 1561 gründete er eine Druckerei, die von zwei russischen Meistern geleitet wurde: Ivan Feodorov, einem Kirchendiakon, und Pjotr Mstislavec, die zwei Bücher der Bibel und auch ein Stundenbuch herausbrachten.

Ivans Absicht ging dahin, die Evangelien vollständig, unter Benützung der frühesten Quellen zu drucken, um Fehler auszumerzen, die sich im Lauf von Jahrzehnten beim Abschreiben eingeschlichen hatten. Bei diesem Plan hatte er die volle Unterstützung Makarijs, der vielleicht sogar die Anregung dazu gab. Beim Volk aber und bei der niederen Geistlichkeit stieß er auf heftigen Widerstand. Die Evangelien waren ihnen in der überlieferten Form heilig, jede Änderung des Textes – mochte er fehlerhaft sein oder nicht – war ein Sakrileg. Die beiden Drukker waren der Verfolgung ausgesetzt und offenbar auf Makarijs Schutz angewiesen. Nach seinem Tod mußten sie nach Litauen fliehen. Die Druckerei wurde dann nach Alexandrovsk verlegt, und dort entstanden unter dem Schutz des Zaren verschiedene religiöse Bücher[20].

Zu Anfang des Jahres 1564 versammelten sich alle Bischöfe in Moskau und wählten einen Mönch des Čudov-Klosters, namens Afanasij, zum Metropoliten. Er war früher Erzpriester an der Blagoveščenskij-Kathedrale und Beichtvater des Zaren gewesen. Zweifellos hatte Ivan ihn zu diesem Amt bestimmt, und die versammelte Geistlichkeit wählte, seinen Wünschen gehorsam, Afanasij zum Metropoliten.

16

DER ABFALL KURBSKIJS
1564

Fürst Andrej Kurbskij gehörte einer alten Fürstenfamilie an, die ihren Ursprung unmittelbar von Vladimir Monomach herleitete, sich also rühmen konnte, von ebenso erlauchtem Geschlecht wie der Zar zu sein. Im 14. Jahrhundert hatte sich einer der Vorfahren Kurbskijs selbst zum Großfürsten von Jaroslavl gemacht. Seine Nachkommen waren jedoch zahlreich, und da das Recht der Primogenitur nicht beobachtet wurde, zerfiel das Fürstentum in etwa vierzig kleine Güter. Im folgenden Jahrhundert eigneten sich die Großfürsten von Moskovien das ganze Fürstentum an, doch nahm die Familie Kurbskij diesen Vorgang offenbar widerspruchslos hin und diente mit unverminderter Treue. Nicht einmal während Ivans Minderjährigkeit, als die meisten Fürstenfamilien sich unehrenhaft oder verräterisch benahmen, hatten die Kurbskijs ihren Namen befleckt. Sie waren eine Familie von unanzweifelbarer Loyalität.

Fürst Andrej, der älteste von drei Söhnen, zeichnete sich aus durch Intelligenz und Tüchtigkeit. Er war tatkräftig und tapfer und konnte, obwohl er erst Anfang der Dreißig war (zwei bis drei Jahre älter als Ivan), auf eine glänzende Laufbahn zurückblicken. Als Befehlshaber hatte er sich bei der Eroberung von Kazanj, im livländischen Krieg und auch sonst hervorgetan. Als sechs Monate nach dem Kazanj-Feldzug die Tataren rebellisch wurden und die Votjak- und Čeremis-Stämme russische Garnisonen angriffen, betraute Ivan Kurbskij und zwei andere Generäle mit der Aufgabe, wieder Ordnung herzustellen. Im

Winter 1553/54 schlug Kurbskij sich in zwanzig größeren Gefechten und zwang diese neuen Untertanen des Zaren schließlich wieder zum Gehorsam. Aus Dankbarkeit erhob ihn Ivan 1556 in den Bojarenrang.

Kurbskij war jedoch nicht nur ein mutiger und draufgängerischer Heerführer, nach den Begriffen jener Zeit war er auch hochgebildet und anderen Fürsten und Bojaren durch seine fortschrittlichen Anschauungen weit überlegen. An Büchern und Wissen lebhaft interessiert, studierte er begeistert die jüngsten Ideen und geistigen Entwicklungen des Westens. Seine hohe Intelligenz, seine Vitalität, sein hinreißendes, zuweilen überschäumendes Temperament ließen ihn auf den ersten Blick als einen der anziehendsten Männer am Hofe erscheinen.

Gegen Ende des Jahres 1559 ließ Ivan Kurbskij kommen und sprach zu ihm: »Ich muß entweder selbst gegen die Livländer ins Feld ziehen oder dich, meinen Günstling, schicken: geh und diene mir redlich!«[1] Kurbskij stand damals in Gunst, doch sollte seine Stellung bald geschwächt werden durch die Entfernung Adaševs und Silvesters und die Hinrichtung vieler ihrer Anhänger. Kurbskij hatte zu ihrem engsten Kreis gehört und wurde damals auch bestraft, vermutlich weil er weiterhin Beziehungen zu Adašev in Fellin unterhielt. Doch fiel er nicht in Ungnade. Noch war er einer der bevorzugten Offfziere, genoß das Vertrauen des Zaren und behielt ein wichtiges Kommando an der livländischen Grenze.

Bei all seiner Intelligenz, Bildung und Tüchtigkeit war Kurbskij jedoch ein Mensch, der keine Treue kannte und auf nichts und niemanden Rücksicht nahm: er war nur auf sich bedacht. Nach der Hinrichtung so vieler, die Adašev und ihm nahegestanden hatten, fühlte er sich unsicher und fürchtete, dasselbe Schicksal könne ihn treffen. Gegen Ivan hegte er einen tiefen Groll, den er vielleicht schon seit langem heimlich nährte, der aber auch entstanden sein mochte, als Ivan begann, allein zu regieren. Dieser Groll wandelte sich bald in Haß und Rachsucht.

Zu Anfang des Jahres 1564 wurde Kurbskij, der eine Armee von 15 000 Mann befehligte, bei der Stadt Nevel, etwa 100 Kilometer nördlich von Vitebsk, von einer 4000 Mann starken polnischen Einheit geschlagen. Er wurde im Kampf verwundet, doch mehr als seine Wunden peinigte ihn die Furcht vor Ivans Zorn nach einer so schmählichen Niederlage. Offenbar beschloß Kurbskij zu diesem Zeitpunkt, nach Litauen zu fliehen.

König Sigismund August und seine Räte waren über Kurbskijs wankende Loyalität informiert und machten alle erdenklichen Anstrengungen, ihn für sich zu gewinnen. Sein Ruhm als General war über die Grenzen Moskoviens hinausgedrungen; sein Abfall würde einen moralischen und politischen Sieg über den Zaren und zugleich einen großen militärischen Gewinn für Litauen bedeutet haben. Der König schrieb selbst an Kurbskij, und ein zweiter Brief, unterzeichnet von dem litauischen Hetman Nikolaj Radziwill dem Schwarzen, dem Vizekanzler Volovič und einer Gruppe von Senatoren, wurde ihm gleichzeitig in Dorpat vor seiner Flucht überbracht. Beide Briefe forderten ihn auf, sein Lehensverhältnis auf Litauen zu übertragen, wo man ihn freundschaftlich aufnehmen werde. Weitere Botschaften vom König und von Radziwill sagten ihm die königliche Gunst wie auch seinem Rang angemessene Reichtümer und Besitzungen zu.

Nachdem Kurbskij seinen Entschluß gefaßt hatte, nahm er in Dorpat bewegten Abschied von seiner Frau und seinem neunjährigen Sohn. Er fragte seine Frau, was ihr lieber sei: ihn tot vor sich zu sehen oder ihn am Leben zu wissen und sich für immer von ihm zu trennen. Pflichtschuldig erwiderte sie, sein Leben sei wichtiger als ihr Glück. Unter Tränen schieden sie voneinander, und Kurbskij segnete seinen Sohn[2]. Ob der Bericht über diese Trennung von seiner Familie zutrifft oder nicht – fest steht jedenfalls, daß er nicht zögerte, seine Frau und seinen Sohn im Stich zu lassen und sie der Gefahr der Hinrichtung oder zumindest der Verbannung auszusetzen, während er selbst nach Litauen floh, wo ihn Geborgenheit und Reichtum erwarteten. Offensichtlich machte er keinen Versuch, den Seinen zur Flucht zu verhelfen oder sie in Sicherheit zu bringen, was von Dorpat aus sich wohl hätte einrichten lassen.

Am letzten Apriltag 1564 schlich Kurbskij bei Nacht aus Dorpat und fand hinter der Stadtmauer zwei gesattelte Pferde, die ein zuverlässiger Diener dort versteckt hielt. Auf dem Ritt zur litauischen Grenze traf er Kuriere, die ihm einen Geleitbrief des Königs und ein weiteres Schreiben litauischer Senatoren aushändigten, darin das Versprechen ehrenhafter Behandlung nochmals bekräftigt wurde. Er ritt bis zur Stadt Wolmar, die von den Litauern in Livland besetzt war; dort wurde ihm ein königlicher Empfang bereitet.

Nachdem er sich im litauischen Lager in Sicherheit befand, verwandte Kurbskij seine ganze Energie auf einen unbarmherzigen Kampf gegen seinen ehemaligen Herrn. Er war jetzt vom Haß gegen Ivan geradezu besessen. Er setzte den Litauern zu mit Plänen für einen Angriff auf Moskovien, und wenn sie zögerten, warf er ihnen vor, sie seien unfähig, einen kühnen Krieg zu führen. Unermüdlich bedrängte er Sigismund August, den Krimkhan durch reiche Geschenke zu einem Einfall in Moskovien anzustacheln. Seine Bemühungen hatten Erfolg, denn Devlet Girej führte 60000 seiner Tataren zu einem schweren Überfall auf das Gebiet von Rjazanj, während Ivan den Khan noch für seinen Verbündeten hielt.

Ivan war damals in Suzdalj und wartete täglich auf den von Devlet Girej unterzeichneten Bündnisvertrag; da erreichte ihn die Nachricht vom Einfall der Tataren. Er hatte in Rjazanj keine Truppen, aber zwei seiner neuen Günstlinge, der Bojar Alexej Bazmanov und sein Sohn, hielten sich auf ihren Gütern in dieser Gegend auf. Sie riefen ihre Leute unter die Waffen und vertrieben mit ihnen die Eindringlinge. Ivan hatte, sobald er von dem Überfall erfuhr, die Zarin und seinen Sohn in Alexandrovsk zurückgelassen und sich von Moskau aus mit Truppen in Marsch gesetzt. Aber er hatte erst eine kurze Strecke zurückgelegt, als ihm eine Meldung von Bazmanov zuging, daß die Tataren sich in voller Flucht befänden. Kurbskij rückte zu gleicher Zeit mit einer zusammengewürfelten Armee von 70000 Mann gegen die russische Garnison in Polock vor, doch erwies sich sein Unternehmen als völliger Fehlschlag.

In seinem verzweifelten Bemühen, den Zaren anzugreifen, ihm Hohn und Schmach zuzufügen, hatte Kurbskij keinen Gedanken mehr für Moskovien und für seine früheren Landsleute. Tatarenhorden und die Feinde aus dem Westen mochten das Land verwüsten, Moskau und andere Städte niederbrennen und die Bevölkerung fortschleppen – das alles galt ihm nichts, solange es zu Ivans Demütigung und Niederlage beitrug.

Kurbskijs Zwecken dienlicher als alle Ränke und militärischen Angriffe waren seine Schriften. Er benützte sein beachtliches literarisches Talent und propagandistisches Geschick mit dem Erfolg, daß Ivans Ruf für alle Zeiten verunglimpft blieb, weit über den Tod aller Beteiligten hinaus.

Generationen von Historikern sind in der Deutung Ivans und Kurbskijs von Karamzin beeinflußt worden; bei ihm findet sich die Geschichte, wie Kurbskijs erster Brief an Ivan gelangte; danach überreichte ihn Kurbskijs Diener Vaška Šibanov dem Zaren auf der Roten Treppe, vor dem Haupteingang zum Palast, mit den Worten: »Von meinem Herrn, deinem verbannten Untertan, Fürst Andrej Michajlovič.« Zornentbrannt durchbohrte der Zar ihm den Fuß mit der eisernen Spitze des Stabes, den er immer bei sich trug. Dann lehnte er sich auf den Stab und befahl Šibanov, ihm den Brief vorzulesen. Ohne zu wanken, las Šibanov den Brief vor, während das Blut aus seinem Fuß quoll[4]. Diese Geschichte im Stil so vieler grimmig gefärbter Geschichten über Ivan hat wenig Wahrscheinlichkeit für sich[5]. Vermutlich wurde der Brief, der ja den Zaren diffamieren sollte, veröffentlicht und nicht persönlich übergeben.

Seinen ersten Brief schrieb Kurbskij in Wolmar, bald nach seiner Flucht. Er schrieb noch mehrere Briefe und auch die herabsetzende *Geschichte des Großen Moskovitischen Fürsten*[6]. Von Bedeutung sind diese Briefe und die *Geschichte* heute, vierhundert Jahre nach ihrer Entstehung, vor allem deshalb, weil sie Ivan zu zwei langen Erwiderungen veranlaßten, welche diesen Schriftwechsel zu einem der aufschlußreichsten Dokumente der russischen Geschichte machen.

Beide Männer waren leidenschaftliche Polemiker. Ivan war

noch gebildeter und drückte sich kraftvoller aus als sein Gegner. Außerdem kam es ihm zugute, daß er aus ehrlicher Überzeugung schrieb und sich nicht wie Kurbskij durch Bosheit zum Lügen und Entstellen der Tatsachen verführen ließ. Immerhin gewährten Kurbskijs Schreiben einen gewissen Einblick in die Unzufriedenheit und Opposition der Bojaren. Ivan hingegen gab sich in seinen langen, zorngeladenen Briefen als Monarch mit starkem Verantwortungs- und Sendungsbewußtsein zu erkennen.

Kurbskij verfolgte mit seinen Briefen zwei Ziele; er wollte Ivan herabsetzen und zugleich sich rechtfertigen, denn sein Abfall hatte in Moskovien und Osteuropa Aufsehen erregt. Er wies auf die »glänzenden Siege« hin, die er zum Ruhm des Zaren errungen, auf die Leiden und Wunden, die er »in verschiedenen Schlachten von barbarischen Händen« erlitten habe – »Dir aber, o Zar, war dies alles ein Nichts...«[7]. Und er rief aus: »Welche Übel und Verfolgungen habe ich nicht von dir erduldet! ... Aber ich kann jetzt nicht die mannigfachen Bedrängnisse aufzählen, in die du mich gebracht hast, weil ihrer zu viele sind ... alles ist mir genommen; aus dem Lande Gottes bin ich vertrieben worden, schuldlos, von dir gehetzt!«[8]

Seine Beschuldigungen und Klagen klangen wie Wahrheit und wurden in Litauen bereitwillig geglaubt. In Wirklichkeit waren sie übertrieben und nahezu unbegründet. In einer der gelasseneren Stellen seiner Antwort schrieb Ivan: »Ungerechte Übel und Verfolgungen hast du von mir nicht erfahren; und Krankheiten und Bedrängnisse haben Wir nicht über dich gebracht; es geschah um deines Verbrechens willen, denn du warst im Bunde mit Unsern Verrätern. Falschheit und Verrätereien, die du nicht begangen hast, unterstellen Wir dir nicht.«[9]

Aus den Briefen geht klar hervor, daß Kurbskij um seiner Zwecke willen die Tatsachen beliebig verdrehte. Ivan, der sich zwar auch rechtfertigen wollte, leugnete nicht, was er getan hatte, sondern gab seine Handlungen zu und verteidigte oder entschuldigte sie.

Kurbskijs Bosheit entsprang persönlichem Haß und seinem

Widerstand gegen Ivans Entschluß, allein und unabhängig zu herrschen. Die Großfürsten von Moskovien, behauptete Kurbskij, hätten immer mit Rat und Beistand der Bojaren regiert, und dies sei die Stärke Moskoviens gewesen. Das Abweichen von dieser Tradition habe unter dem verderblichen Einfluß der griechischen Prinzessin Sofija, der Gemahlin Ivans III. und Ivans Großmutter, begonnen und sei von Ivans Mutter, der Ausländerin Jelena Glinskaja, fortgesetzt worden. In seiner *Geschichte* erging er sich über den segensreichen Einfluß der Bojarenduma zu der Zeit, da sie als Ratskörper bedeutende Macht innegehabt habe und an der Regierung des Landes beteiligt gewesen sei. Aber Kurbskij beschränkte die Funktion von Rat und Beistand nicht auf seine eigene Bojarenklasse. Er dehnte sie aus auf das Volk, wobei er offenbar an die Landesversammlung (Zemskij Sobor) dachte, die erstmalig 1550 einberufen worden war.

Damit erklärte er sich für den neuen, unter dem Zaren geeinten Staat; er machte nicht etwa den Versuch, die alten unabhängigen Fürstentümer wiederherzustellen. Sein einziges politisches Ziel war eine Regelung, bei welcher der Zar nicht allein, sondern mit Rat und Hilfe der Bojaren und des Volkes regieren würde[10].

Trotz seiner politischen Ideen, wie er sie in seinen Briefen und in der *Geschichte* niederlegte, gehörte Kurbskij aber der Zeit an, da Moskovien in unabhängige Fürstentümer zersplittert war. Im Grund seines Herzens war er der Herrscher eines Fürstentums und mit seiner Loyalität und seinen Interessen auf diese kleine Domäne beschränkt. Die Einigung Moskoviens unter der starken Herrschaft des Großfürsten und die Geburt der Nation bedeuteten für ihn nur den Verlust seiner Unabhängigkeit; neue Treueverpflichtungen waren für ihn daraus nicht erwachsen. Er hatte nur persönlicher Ehre und Gewinnes halber gedient; als diese gefährdet waren, floh er.

Ähnlich war die Einstellung vieler Bojaren und Fürsten, denen Ivan mißtraute und die er fürchtete. Weder als einzelne noch als Klasse versuchten sie, das bestehende Regime zu stürzen. Dies hatten sie in den zehn Jahren von Ivans Minderjährigkeit bewiesen, als sie, unbeschränkt in ihrer Herrschaft, großzügige Veränderungen hätten durchführen können. Aber sie hatten nichts geändert, sondern nur durch ihre ständigen Streitereien die Regierung des Landes ins Chaos gebracht. Ivan jedoch hielt es für erwiesen, daß die Bojaren ihn zu ermorden und die Nation zu vernichten planten. Kurbskijs Verrat und seine wilden Anstrengungen, ihn anzugreifen und Moskovien zugrunde zu richten, schienen ihm auf dramatische Weise seinen schlimmsten Verdacht zu bestätigen.

In heftigsten Zorn geriet Ivan jedoch über die maßlose Verwegenheit Kurbskijs, in einem öffentlichen Schreiben den Zaren aller möglichen Verbrechen, Grausamkeiten und mangelnder Verantwortung zu beschuldigen.

Dies war mehr, als er ertragen konnte. Gewöhnlich hätte er den Brief eines Verräters mit Verachtung übergangen. Dieser Brief aber las sich wie eine Aufforderung an andere Bojaren, Kurbskijs Beispiel zu folgen; sein Versuch, den Zaren zu verunglimpfen und sich zum Treubruch zu bekennen, konnte nicht ignoriert werden.

Ergrimmt erwiderte Ivan ihm, und sein Brief, der in einer bestimmten Ausgabe sechsundachtzig Seiten einnimmt, ist, verglichen mit Kurbskijs etwas mehr als vier Seiten langem ersten Brief, ein großartiges Dokument[11]. Ivan schrieb ihn in der Weißglut des Zornes, deshalb geht er oft sprunghaft von einem Argument zum anderen über. Sein Brief ist nicht leicht zu lesen, aber er enthält eine Fülle von erhellenden Sätzen und Aussprüchen. Er zeigt, daß Ivan nicht nur die Geschichte seines eigenen Volkes genau kannte, sondern mit dem griechischen und römischen Altertum, mit der Vergangenheit von Byzanz und Persien vertraut war; und Geschichte war für ihn nicht eine Chronik längst vergangener Ereignisse, sondern der lebenatmende Bericht von Herrschern und Völkern, die ähnliche Prüfungen zu bestehen gehabt hatten, wie sie ihm drohten. Das beherrschende Element in seinen Briefen aber war die Bibel. Er hatte sie so gründlich gelesen und durchforscht, daß sie seinen Geist geprägt hatte und in sein Denken eingegangen war. Der drohende Ton mancher Stellen verleiht seinen Briefen einen Klang, der an die Bücher des Alten Testaments erinnert.

Zu Beginn des Briefes berief Ivan sich auf seine Vorfahren, von denen die Autokratie »Uns, dem demütigen Zepterträger des russischen Zarenreichs, überkommen ist«. Dann erklärte er das Wesen und den Ursprung seiner Macht und verurteilte Kurbskij, weil er nicht bloß Verrat begangen habe, sondern abtrünnig geworden sei.

»Durch die Gnade Gottes und mit dem Segen Unserer Vorväter und Väter – wie Wir zum Herrschen geboren waren, so sind Wir aufgewachsen und haben den Thron auf Gottes Geheiß bestiegen ... Dieses ist Unsere christliche und demütige Antwort an ihn, der ehemals Bojar, Rat und Wojwode Unseres autokratischen Staates und des wahren christlichen Glaubens gewesen, jetzt aber zu einem Verräter geworden ist an dem heiligen, lebenspendenden Kreuz des Herrn und zu einem Zerstörer der Christenheit, zum Diener jener Feinde der Christenheit, die von der Verehrung der göttlichen Ikonen abgewichen sind und alle die heiligen Gebote mit Füßen getreten, die heiligen Tempel zerstört und geschändet haben und auf die heiligen Gefäße und Bilder getreten sind wie Isurian und jener, der da heißt Verwesung, und der Armenier ... ihm, der sich mit allen diesen gemein gemacht hat, dem Fürsten Andrej Michajlovič Kurbskij, der sich auf verräterische Weise zum Herrn von Jaroslavl machen wollte, sei dies kundgetan!«[12]

Dann wandte Ivan sich unmittelbar an Kurbskij. »Warum hast du dich selbst zum Lehrer über meinen Leib und meine Seele bestellt? Warum hast du dich zum Richter erhoben oder dir Autorität über mich angemaßt?«[13] fragte er. »Was schreibst du, Schurke, warum jammerst du, da du so Böses getan hast? Was soll dein Rat, der schlimmer als Mist stinkt, nütze sein?«[14]

Ivans gewaltiger Zorn beruhte in diesem Punkt weniger darauf, daß sich die Anklagen gegen ihn richteten, als daß Kurbskij es überhaupt wagte, irgendeinen Menschen zu kritisieren, da er sich selbst der Abtrünnigkeit, der größten aller Sünden, schuldig gemacht hatte. Mit dem Verrat an dem von Gott erwählten Zaren hatte er Gott verraten [15].

Aus Ivans Briefen geht deutlich sein unbeirrbarer Glaube an den göttlichen Ursprung seiner Macht hervor. Daneben beherrscht ihn die Vorstellung, daß die junge Nation einer starken zentralen Herrschaft bedürfe, die zu schaffen seine Pflicht sei. Kurbskijs Hinweis auf jene, die dem Zaren »wohlgesinnt« seien, nämlich Silvester und Adašev, tut er mit zornigen Worten ab: sie seien nichts als schlimme Ratgeber gewesen, darauf bedacht, sich seine Macht anzueignen und damit die Nation zugrunde zu richten [16]. Kurbskijs Taten seien »teuflischen Plänen« entsprungen: »Da du mit dem Priester [Silvester] Rat pflogest, daß ich nur dem Namen nach, in Wirklichkeit aber du und der Priester herrschen sollten ... Besinne dich recht: ernannte Gott, als er Israel aus der Gefangenschaft führte, einen Priester, daß er über Menschen befehle, oder viele Statthalter? Nein, er machte Moses zum Herrn über sie, wie einen Zaren.« [17]

Ivan hielt es für seine heilige Pflicht, seine Zarenmacht so auszuüben, wie er glaubte, daß seine Vorfahren sie ausgeübt hatten, denn »von Anbeginn herrschten sie über all ihre Gebiete, nicht die Bojaren und nicht die Magnaten« [18]. Er berief sich auf die griechische und römische Geschichte zum Beweis, daß Völker und Reiche rasch von ihrer Größe herabstürzen, wenn sie nicht »unter einer Autorität« geeint sind [19].

In seiner Erwiderung versuchte Kurbskij, den Brief des Zaren abzutun als »großsprecherische und langatmige Rede, ausgespien in wütendem Zorn mit giftigen Worten, wie sie sich nicht einmal für einen einfachen Soldaten schicken, geschweige denn für einen Zaren, der in der ganzen Welt groß und herrlich dasteht« [20].

Kurbskijs Schmähungen waren jedoch nicht frei von Prahlerei. Wie ein Mensch, der die Tür eines Schmelzofens öffnet und vor der herausschlagenden Hitze zurückweicht, so fühlte er sich zuerst von dem heftigen Zorn des Zaren und von seinen wilden Verwünschungen vernichtet. Doch waren seine Anwürfe bis zu einem gewissen Grad nicht unberechtigt. Ivan hatte sich erniedrigt, als er Kurbskijs Brief, noch dazu bis ins einzelne, beantwortete und sich damit auf die Ebene des Verräters begab. Dennoch schrieb er nicht aus Zorn, sondern voll leidenschaftlicher Aufrichtigkeit, als dränge es ihn, sich selbst zu erklären, seine absolute Macht zu behaupten und darzutun, daß es seine Pflicht sei, sie über Moskovien auszuüben.

Ivans zweiter Brief an Kurbskij war viel kürzer und gelassener im Ton. Er schrieb ihn 1577, als er mehrfach Verrat erfahren und Verzweiflung gekostet hatte; auf den ersten Seiten drückt sich die Bestürzung eines Mannes aus, der nicht begreift, warum er so viel betrogen und vom Unglück heimgesucht worden ist – die Verfassung eines Menschen, der sich Hiob gleich fühlte. Der überhebliche Glaube, der von Gott erwählte Zar zu sein, war gemildert durch größere Einsicht in die menschliche Hinfälligkeit, besonders in die eigene Schwachheit. Im Kampf zwischen Anmaßung und Demut, den er ständig in sich austrug, obsiegte jetzt häufiger die Demut, doch konnte sie jederzeit durch seine unvorhersehbaren Zornesausbrüche zunichte gemacht werden.

In seinem zweiten Brief traten die heftigen Gegenbeschuldigungen zurück hinter Klagen und Gewissensbissen. »Und warum habt ihr mich von meiner Gemahlin getrennt?« fragte er und rief die Erinnerung wach an die Harmonie seiner ersten Ehe und an Anastasijas Tod vor siebzehn Jahren, an dem er Silvester und Adašev schuld gab.

»Hättet ihr mir doch nicht meine Junge genommen, dann hätte es keine ›Opfer für Chronos‹ gegeben. Du wirst sagen, ich sei nicht imstande gewesen, diesen Verlust zu ertragen und ich hätte meine Reinheit nicht bewahrt – nun, wir alle sind Menschen ... Hättest du dich nur nicht mit dem Priester gegen mich verbündet! Dann wäre nichts von alledem geschehen; dies alles entsprang deiner Eigensucht.«[21]

Dann wiederholte Ivan seine Verwünschungen, doch am Schluß des Briefes schärfte er Kurbskij ein: »Denke über diese Dinge nach und halte sie dir klar vor Augen. Und dies alles haben Wir dir nicht geschrieben, um Uns zu rühmen oder aufzublähen – Gott weiß es –, sondern um dich zu mahnen, daß du auf deine Wege achten, daß du an die Rettung deiner Seele denken mögest.«[22] In dieser geläuterten Verfassung, viele Jahre nach dem Ereignis geschrieben, konnte der Brief den Eindruck erwecken, als sei Ivan bereit, Kurbskij, wenn er es wagte, nach Moskau zurückzukehren, wie einen verlorenen Sohn aufzunehmen.

In diesen zwei Briefen an Kurbskij enthüllte Ivan die Zwiespältigkeit seines Charakters und seine inneren Kämpfe. Er strebte nach Mäßigung und Selbstbeherrschung, doch meistens erfolglos. Er hatte ein hohes Sendungsbewußtsein gegenüber Moskovien und fühlte sich seinem Volk verantwortlich, zu Zeiten jedoch überkam es ihn, und da er nur ein Mensch war, überließ er sich der Ausschweifung. Sein Glaube an die ihm von Gott verliehene Macht machte ihn überheblich, dann wieder empfand er Demut vor dem Ausmaß seiner Macht. Stürme von Zorn und Rachsucht überfielen ihn, und er bereute sie und seine wilden Verwünschungen. Je mehr Unglück ihm widerfuhr, desto stärker wurde er sich seiner Sündenlast bewußt, denn jedes Unglück betrachtete er als eine Strafe Gottes.

17

DIE OPRIČNINA

KURBSKIJS VERRAT traf Ivan wie ein vernichtender Schlag. Es war nicht das erste Mal, daß ihn ein Mann verriet, dem er vertraut hatte, und jeder Verrat schmerzte und verwundete ihn tief. Aber Kurbskij hatte an Tücke alle andern überboten. Nicht genug, daß er, einer der tüchtigsten Feldherren des Zaren und sein bevorzugter Günstling, zum Feind übergegangen war – jetzt erdreistete er sich noch, öffentlich Klage gegen seinen früheren Herrn zu erheben, und stachelte zudem die Feinde Moskoviens an, in das Land einzufallen und die Bevölkerung niederzumachen.

Am meisten jedoch erregte Ivan der wütende Haß Kurbskijs, und zwar, weil er in ihm nicht nur einen Mann sah, der sich seiner Strafe entzogen hatte, sondern den Vertreter der ganzen Bojarenklasse, deren unversöhnlichem Haß gegen ihn er seine Stimme lieh. In seinem Mißtrauen aufs neue bestätigt, glaubte er ohne weiteres, daß die Bojaren ihn und seine Dynastie haßten. Alle sannen sie auf Verrat. Alle warteten nur darauf, Kurbskijs Beispiel zu folgen, der in der Sicherheit des feindlichen Lagers ihre verderblichen Gedanken aussprach.

Wie in seiner Kindheit fühlte sich Ivan vereinsamt und von Feinden umgeben. Es steigerte seine Wut, daß er in der Regierung und in der Heeresführung auf eben diese Bojaren und Fürsten angewiesen war, denn außer ihnen gab es niemand, der genügend Erfahrung besessen hätte, um derartige Verantwortungen zu tragen. Aber Ivan konnte nie Machtlosigkeit hinnehmen oder Furcht und Verdacht hegen, ohne zu handeln. Jetzt verfiel er auf einen listigen und verzweifelten Plan, um diesem Zustand der Abhängigkeit und Gefährdung ein Ende zu machen.

Zu Beginn des Winters 1564 verbreitete sich in Moskau das Gerücht, der Zar habe vor fortzugehen. Sein persönliches Gefolge hatte Anweisung, sich bereitzuhalten. Aus entfernten Städten wurden Militärdienstpflichtige herbeibeordert mit dem Befehl, ihre Frauen und Kinder mitzubringen. Niemand wußte, wohin der Zar gehen wollte. Die Vorbereitungen waren in Dunkel gehüllt. Die Gerüchte klangen unheilverkündend.

In der Morgenfrühe des 3. Dezember stand der Hof des Kremls voll mit Schlitten. Sogleich beluden die Diener des Zaren sie mit heiligen Ikonen, mit Gewändern, dem ganzen privaten Schatz des Zaren und mit dem Goldgeschirr, das den Reichtum und das Ansehen des Hofes darstellte. Die Bevölkerung beobachtete alles mit Unruhe, denn derartige Vorbereitungen waren nie getroffen worden, wenn der Zar sich auf eine Pilgerfahrt oder zur Jagd und Erholung aufs Land begab.

In der Uspenskij-Kathedrale warteten die hohe Geistlichkeit und die Bojaren, als Ivan erschien. Der Metropolit zelebrierte die Messe, und Ivan betete inbrünstig. Nachdem er den Segen des Metropoliten empfangen hatte, verabschiedete er sich von der Versammlung und reichte den Bojaren und Kaufleuten huldvoll die Hand zum Kuß. Mit der Zarin und zweien seiner Söhne stieg er in den Schlitten, und Diener wickelten sie der grimmigen Kälte wegen in Pelze. Begleitet von Alexej Bazmanov, Michail Saltykov, Fürst Afanasij Vjazemskij und anderen seiner neuen Günstlinge, fuhr er sodann mit einer Eskorte der berittenen Garde aus Moskau fort.

Im Dorf Kolomenskoje mußte er sich zwei Wochen aufhalten. Schwere Regengüsse hatten unzeitiges Tauwetter gebracht, die Wege waren voller Schlamm und die gefrorenen Flüsse nur unter Gefahren zu überqueren. Als er endlich von Kolomenskoje aufbrechen konnte, reiste er nach dem Troica-Kloster und von dort weiter nach Alexandrovsk, wo er am Weihnachtstag eintraf.

In Moskau waren die Geistlichkeit, die Bojaren und die Bevölkerung beunruhigt. Die geheimnisvolle Reise des Zaren, die Vorsorge, mit der er all sein persönliches Hab und Gut mitgenommen hatte, ließen nichts Gutes ahnen. Ein Monat verging, ohne daß irgendwelche Nachrichten kamen. Am 3. Januar 1565 brachten dann Kuriere aus Alexandrovsk zwei Schriftstücke, deren eines an den Metropoliten, das andere an die Kaufleute und die Bevölkerung gerichtet war.

In seiner Botschaft an den Metropoliten ging Ivan wiederum auf die Umtriebe und Untaten der Bojaren während seiner Minderjährigkeit ein. Dann beschuldigte er sie, daß sie sich keineswegs geändert hätten. Feldherren verrieten sein Vertrauen und verbündeten sich mit dem Khan und anderen Feinden, um Moskovien zu verwüsten. Wenn aber der Zar in gerechtem Zorn diese unwürdigen Untertanen strafe, so setzten der Metropolit und andere Geistliche sich für sie ein und durchkreuzten seinen Willen und seinen Rechtsspruch.

»Da Wir nun eure Verräterei nicht länger erdulden wollten«, schrieb Ivan, »haben Wir mit Gram im Herzen das Zarenreich verlassen und sind gegangen, wohin immer Gott Uns führen möge!«[1]

Die zweite Botschaft wurde den versammelten Kaufleuten, Händlern und der Moskauer Bevölkerung vorgelesen. Darin versicherte Ivan seinen getreuen Untertanen, daß sein Zorn sich nicht gegen sie richte, sondern sein Wohlwollen ihnen gewiß sei.

Nachdem diese beiden Schriftstücke verlesen worden waren, brach unter den Moskovitern eine Panik aus. Der Zar hatte abgedankt, er ließ sie allein, ohne Führer oder Beschützer. Er war Mitte und Kern des ganzen Volkes, und kein schlimmeres Unglück konnte ihnen widerfahren als die Abdankung ihres Zaren, zumal Ivans, des Zar-Eroberers und Befreiers.

In der Stadt stockte das Leben. Die Märkte und die Regierungskanzleien standen leer, das Volk drängte sich in Haufen und bejammerte sein Schicksal. »Der Herrscher hat uns verlassen! Wir werden zugrunde gehen! Wer wird uns gegen die Ausländer verteidigen? Was soll aus den Schafen ohne ihren Hirten werden?«[2]

Auch die Bojaren, die Fürsten und die Geistlichkeit wurden von der allgemeinen Panik erfaßt. Gemeinsam mit andern bedrängten sie den Metropoliten, er möge nach Alexandrovsk gehen und den Zaren anflehen, daß er zurückkehre. Einstimmig erklärten alle: »Möge der Zar die Übeltäter hinrichten; sein Wille entscheidet über Leben und Tod, aber das Zarenreich kann nicht ohne sein Haupt sein! Er ist unser Herrscher, uns von Gott gegeben; einen anderen kennen wir nicht. Wir alle wollen bis auf den letzten Mann mit euch gehen, um den Herrscher anzuflehen und vor ihm zu weinen.«

Drohender ließen die Kaufleute und das Volk sich vernehmen: »Möge der Zar uns die Verräter zeigen. Wir werden sie selbst vernichten!«[3]

Eilig wurden Anstalten für die Reise nach Alexandrovsk getroffen. Man kam überein, daß der Metropolit in der Hauptstadt bleibe, in der es von Unruhe gärte. Statt seiner sollten der Erzbischof Pimen von Novgorod und Levkij, der Archimandrit des Čudov-Klosters, dem Zaren die Bitten vortragen. Sie brachen unverzüglich auf, gefolgt von einer erregten Menge, in der alle Schichten der Bevölkerung vertreten waren.

Nach mühsamem Marsch durch den Schnee erreichten die beiden Geistlichen mit der Menge am 5. Januar 1565 Alexandrovsk, das in die dichten Wälder nördlich Moskaus eingebettet lag. Sie hatten den Weg, für den Ivan drei Wochen gebraucht hatte, in anderthalb Tagen zurückgelegt.

Von Ivan empfangen, flehten die Geistlichen ihn an, er möge seinen Zorn vom Volk wenden, das Zarenreich nicht im Stich lassen, sondern regieren, wie es ihm gut dünke. Dann baten sie ihn, die Bojaren vorzulassen. Ivan empfing die Bojaren und die Vertreter des Adels, der Kaufleute und des Volkes. Er hörte ihre tränenvollen Bitten an, dann sprach er streng von der Verräterei, die er erduldet habe. Endlich fand er sich bereit, in seine Hauptstadt zurückzukehren, doch nur unter bestimmten Bedingungen. Die erste lautete, daß er regieren könne, wie er es für notwendig erachte, insbesondere, daß er frei und unbehindert von Einmischungen oder Vorwürfen Verräter strafen dürfe.

Hocherfreut, daß er sich zur Rückkehr entschlossen zeigte, waren alle bereit, ihm jede Bedingung zuzubilligen, die er nur stellen mochte. Die Geistlichen verrichteten die Gebete, in die Ivan und wer sonst zugegen war, einstimmte. Dann eilten sie auf Ivans Geheiß nach Moskau zurück, damit das Leben in der Stadt keinen Stillstand leide.

Die Moskauer Bevölkerung erwartete ungeduldig die Rückkehr ihres Zaren; aber erst am 3. Februar 1565 hielt er seinen feierlichen Einzug. Am folgenden Tag ließ er die Kirchenfürsten, die rangältesten Bojaren und Beamten vor sich kommen, und alle, die ihn jetzt sahen, erschraken zutiefst.

Bei seiner Abreise vor zwei Monaten, ja noch vor einem Monat in Alexandrovsk war Ivan ein kräftiger und stattlicher Mann gewesen: seine kleinen grauen Augen blickten wachsam und feurig, und sein üppiges Haar, der dichte Bart und der buschige Schnurrbart verliehen ihm ein imponierendes Aussehen. Jetzt aber war er kaum wiederzuerkennen. Er hatte eine gebückte Haltung, und sein Gesicht war so eingefallen, daß er wie ein alter Mann wirkte. Er war plötzlich kahl geworden, und der einst so lebhafte Blick seiner ausdrucksvollen Augen war jetzt matt. Offensichtlich hatte er in Alexandrovsk eine schwere geistige und seelische Krisis durchgemacht, die ihn körperlich mitgenommen und vorzeitig gealtert hatte.

Auf dieser Versammlung gab er die zweite Bedingung für seine Rückkehr nach Moskau bekannt – eine Bedingung, die alle betroffen machte. Zur Sicherheit seiner Person und des Zarenreichs, sagte er, wolle er sich eine besondere Leibwache und eine private Domäne schaffen. Dieser Bereich, bekannt als *Opričnina*, wurde ein unabhängiger Staat im Zarenreich, dem Zaren gehörig, von ihm allein, doch nicht als Zar, sondern als

Eigentümer beherrscht. Damit schuf sich Ivan ein eigenes unabhängiges Fürstentum, oder wie Ključevskij es nannte, eine Parodie der alten unabhängigen Fürstentümer[5]. In dieses private Reich wollte er sich dann zurückziehen, um sich von den Bojaren und Fürsten, denen er mißtraute, und sogar vom Volk abzusondern. Es war ein grotesker Einfall, der Wirren und Leiden für das ganze Land nach sich ziehen sollte.

Die ersten Schritte zur Errichtung der *Opričnina* waren die Beschlagnahme von Land und die Auswahl besonderer Leibwächter, der *Opričniki*. Land zu diesem Zweck wurde zuerst hauptsächlich in den Zentralgebieten beschlagnahmt, bald aber in größerem Ausmaß, besonders nach Norden zu, bis fast der halbe Grund und Boden des riesigen Zarenreichs dazugehörte.

Nach welchem Prinzip das Land genommen wurde, steht nicht fest. Viele Bojaren wurden enteignet, weil Ivan ihnen besonders mißtraute. Vor allem ging es ihm jedoch offenbar darum, die *Opričnina* autonom und vom übrigen Staat unabhängig zu machen. Das beschlagnahmte Land, manchmal aus einzelnen Gütern oder Teilen von Gütern und Teilen von Städten zusammengestückelt, bestand aus drei Kategorien. Die erste war ein innerer Bezirk, hauptsächlich im Osten und Südosten von Moskau, der die *Opričnina* mit Nahrungsmitteln und anderem Bedarf zu versorgen hatte. Die zweite Kategorie umfaßte die nördlichen Gebiete, die zu abgelegen waren, um als Güter für die Militärdienstklasse in Frage zu kommen; es handelte sich dabei hauptsächlich um »schwarzes Land«, wo die Bauern nach Abschaffung des »Unterhalts«-Systems Steuern direkt an den Fiskus zahlten; aus dieser Kategorie bezog die *Opričnina* ihre Einnahmen. Die Ländereien der dritten Kategorie erstreckten sich über das weite Gebiet von Vologda und Galič nordöstlich Moskaus bis nach Mošajsk im Westen, wo die *Opričniki* auf Gütern angesiedelt wurden.

Zur ersten und dritten Kategorie gehörten viele Erbgüter aus dem Besitz der bojarenfürstlichen Aristokratie, die jetzt summarisch enteignet wurde. Diese Familien hatten Anspruch auf gleichwertige Güter irgendwo außerhalb der *Opričnina*.

Manchen wurde ausdrücklich Land zugeteilt, häufiger jedoch mußte der Grundbesitzer, der sich plötzlich von dem Gut vertrieben sah, das seiner Familie seit Generationen gehörte, nach freiem Land suchen. In dem bitterkalten Winter von 1565 waren etwa 12000 Gutsherren genötigt, mit ihren Familien, doch mit nur wenig Besitz ihr Heim zu verlassen und nach Osten zu wandern – viele von ihnen zu Fuß –, um dort neues Land zu finden.

Dieser Treck dauerte in den nächsten sieben Jahren an, da immer neue Gebiete für die *Opričnina* konfisziert wurden. Viele der Enteigneten wurden im Norden ansässig, in der Gegend von Svijašsk, Kazanj und an der unteren Volga. Aber solange sie sich in diesen unentwickelten Bezirken ansiedelten, mußte der Staat auf ihren Militärdienst verzichten, und im Zentralgebiet war die Tradition der Dienstpflicht unterbrochen.

Mit Hilfe Alexej Bazmanovs, Maljuta Skuratovs und anderer neuer Favoriten wählte Ivan seine Leibgarden aus und teilte ihnen die der *Opričnina* einverleibten Güter zu. Die Zahl dieser Leibgarden war anfangs auf 1000 festgesetzt, eine Ziffer, die an den fünfzehn Jahre zurückliegenden, mißglückten Versuch erinnert, als Ivan ein besonderes Korps aus 1000 ausgewählten Männern hatte bilden wollen. Damals hatte er in Übereinstimmung mit dem Gewählten Rat geplant, sie auf Gütern in der Nähe Moskaus anzusiedeln. Der Plan war gescheitert, weil die verfügbaren Ländereien nicht ausreichten. Der Gewählte Rat hätte nie seine Zustimmung dazu gegeben, daß Mitglieder der Bojaren-Aristokratie von ihren Erbgütern vertrieben würden, und damals hatte Ivan sich nicht stark genug gefühlt, um eine so rücksichtslose Aktion allein durchzuführen.

Aber er hatte ein langes Gedächtnis und brauchte dringend die Sicherheit, die ihm ein Korps zuverlässiger Garden geben konnte. Zweifellos hatte er es nicht verwunden, daß es ihm mißglückt war, seine »Tausend« aufzustellen, und wahrscheinlich ging die Schaffung der *Opričnina* auf die Erinnerung daran zurück[7].

Die Leibgarden wählte Ivan mit großer Sorgfalt aus. Viele prüfte er selbst und forschte nach ihren Vorfahren und Verwandtschaftsverhältnissen, um sicher zu sein, daß sie nicht mit der alten Aristokratie liiert waren. Aber auch darin hing vieles von seiner persönlichen Laune ab. Im allgemeinen wurden die Garden aus dem niederen Adel gewählt, aus den »Bojarenkindern« – den Nachkommen von Bojaren, die nicht mehr den Bojarenrang besaßen –, und aus der Klasse der Militärdienstpflichtigen, die Ländereien weit entfernt vom Zentralgebiet besaß, in dem die bojarenfürstliche Aristokratie seit der Zeit der unabhängigen Fürstentümer ihre Güter hatte. Doch wählte Ivan manche seiner *Opričniki* gerade aus der Klasse, die er unablässig beschimpfte. Fürst Vasilij Šujskij, aus dem Geschlecht Ruriks und ein Angehöriger der Familie, die Ivan während seiner Minderjährigkeit unterdrückt hatte, wurde persönlich zum Dienst in der *Opričnina* berufen, desgleichen Ivans Schwager Ivan Romanovič und vermutlich auch Boris Godunov, dessen Schwester den Zarevič Feodor heiraten sollte[8].

Alle Leibgarden mußten Ivan persönlich bedingungslose Treue schwören. Sie verpflichteten sich, alle Verräter zu melden, keinerlei Freundschaften außerhalb der *Opričnina* zu schließen und jegliche Bindung an Eltern, Familie oder an das Land zurückzustellen hinter ihr Treueverhältnis zu ihm. Als Gegenleistung erhielten die *Opričniki* Güter, oft mitsamt der übrigen konfiszierten Habe der früheren Besitzer, ferner Sold und beachtliche Privilegien.

Zu diesem abgesonderten Herrschaftsgebiet Ivans gehörten jedoch nicht nur die *Opričniki,* sondern eigene Bojaren und Beamte, ein Gefolge von Höflingen und eine große Dienerschaft, darunter Zimmerleute, Bäcker und Köche. Alle diese Leute wurden sorgfältig daraufhin geprüft, daß sie keine Beziehung zu jenen Elementen hatten, die Ivan für verräterisch hielt.

In Moskau wurden bestimmte Straßen und Vorstädte einschließlich des Arbat, der halben Nikickaja und der Gegend bis zum Novodevičij-Kloster in die *Opričnina* einbezogen. Alle

Bürger, die in diesen Stadtteilen gewohnt hatten und nicht für die *Opričnina* ausgewählt wurden, mußten fortziehen. Im Gebiet zwischen dem Arbat und den Nikickaja-Straßen außerhalb des Kremls ließ Ivan einen besonderen Palast erbauen und mit einer Steinmauer umgeben; hier sollten der Hof und das Hauptquartier der *Opričnina* untergebracht werden [9].

Die übrigen, von der *Opričnina* ausgeschlossenen Teile des Zarenreichs hießen von nun an die *Semščina*; mit ihrer Regierung betraute Ivan die Fürsten Ivan Belskij und Ivan Mstislavskij sowie andere angesehene Bojaren. Er ordnete an, daß alle Staatsministerien ihre bisherigen Funktionen beibehalten und die Verwaltung des Landes durchführen sollten. Die Ministerien hatten den Bojaren Bericht zu erstatten, und die Bojaren waren ermächtigt, wichtige Fragen, besonders Heeresangelegenheiten, dem Zaren persönlich vorzutragen.

So blieb Ivan auch jetzt Herrscher über das ganze Land. Daneben herrschte er wie ein unabhängiger Fürst früherer Zeiten über sein Fürstentum – die *Opričnina* –, doch als Eigentümer. Viele Zeitgenossen, besonders in Polen-Litauen, glaubten irrtümlich, der Zar habe sein Reich in zwei Teile geteilt; dieser Auffassung trat Ivan immer aufs entschiedenste entgegen. Tatsächlich arbeiteten auch die Parallel-Einrichtungen der *Opričnina* und *Semščina* häufig zusammen. Das Auswärtige Amt *(Posolskij-Prikaz)* leitete weiterhin die Verhandlungen mit ausländischen Regierungen, und die Finanzministerien mußten ihre Arbeit in vieler Hinsicht aufeinander abstimmen. Nicht die *Opričnina* an sich, wohl aber die Wirren, zu denen es bei ihrer Errichtung kam, und das Verhalten ihrer Mitglieder drohten eine Zeitlang das Zarenreich zu spalten.

Welches Ziel Ivan mit der Schaffung der *Opričnina* verfolgte, ist unklar. Etliche Jahre stimmten die Historiker darin überein, daß es sein oberstes Ziel gewesen sei, die Nachkommen der unabhängigen Fürsten von ihren angestammten Besitzungen zu vertreiben und die bojarenfürstliche Aristokratie auszurotten, die ihn während seiner Kindheit terrorisiert hatte und durch fortgesetzte verräterische Umtriebe die Nation zugrunde zurichten drohte. Neuere Forschungen über die Umstände, unter denen die *Opričnina* gegründet und Ländereien für ihre Mitglieder beschlagnahmt wurden, lassen diese These als nicht haltbar erscheinen. Ivan verfuhr bei der Wahl der *Opričniki* und bei der Konfiskation der Güter oft so willkürlich, daß kein deutlicher Plan zutage tritt. Klar jedoch war sein nächstliegendes Ziel: nämlich sich eine gesonderte Domäne unter seiner direkten und persönlichen Herrschaft zu schaffen, wo er sich sicher fühlen konnte[11].

18

DER TERROR DAUERT AN
1565-1572

Zwei Tage nach seiner Rückkehr nach Moskau machte Ivan wahr, was er sich in Alexandrovsk ausbedungen hatte: unbehindert von Einmischung oder Vorwürfen alle zu strafen, die er für Verräter hielt.

Das erste Opfer war Fürst Alexander Gorbatyj-Šujskij, der aus altem Geschlecht stammte und sich in vielen Feldzügen ausgezeichnet hatte. Als Mitschuldiger Kurbskijs angeklagt, dem Zaren, der Zarin und ihren Kindern nach dem Leben getrachtet zu haben, wurde er jetzt mit seinem siebzehnjährigen Sohn zum Tode verurteilt. Vater und Sohn schritten furchtlos Hand in Hand zur Richtstätte. Dann ging der Sohn voraus, weil er nicht mit ansehen wollte, wie sein Vater enthauptet wurde, und kniete vor dem Block nieder. Der Vater riß ihn zurück mit den Worten: »Aber ich kann dich nicht tot sehen.« So mußte der Sohn Zeuge sein, wie der Scharfrichter sein Schwert schwang. Er hob das Haupt seines Vaters auf und küßte es auf die Lippen. Dann beugte er sich ruhig nieder, und auch ihm wurde mit einem Hieb der Kopf abgeschlagen[1].

Am selben Tag wurden vier weitere Männer von Rang hingerichtet. Fürst Dmitrij Ševyrjov starb einen furchtbaren Tod. Man spießte ihn auf einen zugespitzten und eingefetteten Pfahl, der sich unter dem Gewicht seines Körpers durch seine Eingeweide bis zum Herzen hindurchbohrte; aber er litt einen ganzen Tag lang Todesqualen, bevor er starb[2]. Die Fürsten Ivan Kurakin und Dmitrij Nemoj wurden gezwungen, als Mönche in entfernte Klöster zu gehen. Der Bojar Ivan Jakovlev, ein naher Verwandter der Zarin Anastasija, hatte sich Ivans Ungnade zugezogen, wurde aber milder behandelt; er mußte sich auf einem von den Bischöfen unterzeichneten Schriftstück verpflichten, weder nach Litauen noch an den päpstlichen Stuhl noch zum Kaiser oder zum Sultan zu fliehen oder plötzlich gemeinsame Sache mit Fürst Vladimir Andrejevič zu machen.

Eine andere überraschende Entscheidung betraf den berühmten Heerführer Fürst Michail Vorotynskij. Nach Beloozero verbannt, lebte er dort seit etwa vier Jahren, erhielt aber regelmäßig seine Pension und reichliche Zuwendungen von Lebensmitteln. Jetzt rief Ivan ihn zurück, setzte ihn in die Bojarenduma ein und ernannte ihn zum Gouverneur von Kazanj. Doch mußte er, wie mehrere andere Bojaren, sich schriftlich verpflichten, nicht zu fliehen, und Sicherheiten stellen.

Um diese Zeit war Ivan vorwiegend davon in Anspruch genommen, die *Opričniki* auszuwählen. Ursprünglich hatte er 1000 Mann vorgesehen, doch erhöhte er ihre Zahl bald auf 6000. Für sie dachte er sich eine düstere Uniform aus, deren bloßer Anblick alsbald bei der Bevölkerung Schrecken auslöste. Jeder *Opricnikij* trug eine schwarze Uniform und ritt ein schwarzes Pferd, an dessen Sattel die Embleme eines Hundekopfes und eines Besens angebracht waren – ein Hinweis darauf, daß diese Garden Jagd auf Verräter machten und sie zum Land hinausfegten.

Die *Opričniki* waren privilegierte Truppen. Ihnen gegenüber konnte niemand Rechte geltend machen oder Schutz beanspruchen. Die Bewohner der *Semščina* nannten sie bald verächtlich nur noch *Kromeštiki* – Außenseiter –, weil sie außerhalb des Gesetzes standen. Ivan störte es wenig, daß seine Garden beim Volk verhaßt und gefürchtet waren, vielmehr sah er darin eine weitere Gewähr für ihre Abhängigkeit und Ergebenheit. Geradezu besessen von dem Verlangen nach persönlicher Sicherheit, sah er über das schändliche Treiben seiner Garden hinweg, die in schamloser Weise vor allem Kaufleute und Städter ausplünderten.

Die *Opričniki*, meist aus den unteren Schichten des Dienstadels kommend, waren wie berauscht von dem plötzlichen Reichtum und den Vorrechten, die ihre neue Stellung ihnen gewährte. Viele stürzten sich in ein verschwenderisches Leben voll wilder Ausschweifungen, und ihre Immunität vom Gesetz gab ihnen reichlich Gelegenheit zur Befriedigung ihrer Lüste. Da sie jedoch ständig im Dienst waren, konnten sie sich nicht um ihre Güter kümmern. Es drängte sie auch nicht, diese neu erworbenen Ländereien wirtschaftlich hochzubringen, noch fühlten sie sich mit dem Grund und Boden verwachsen. So war ihr Interesse darauf beschränkt, möglichst hohe Einnahmen daraus zu ziehen, und bald fingen sie an, ihren Bauern neue Lasten aufzuerlegen. Verzweifelt suchten die Bauern sich diesem Druck durch Flucht zu entziehen. Bald standen ganze Dörfer leer und das Land verwahrloste, weil es überall an Arbeitskräften mangelte.

Diese Nöte schien Ivan gar nicht wahrzunehmen. Seine Sorge galt damals der Ausdehnung und Festigung des Zarenreichs und seiner eigenen Sicherheit. Obwohl sein neuer Palast, außerhalb des Kremls, mit seinen Steinmauern einer Festung glich, fühlte er sich in Moskau nicht wohl. Er hatte eine Abneigung gegen die Stadt gefaßt und hielt sich mit seiner Familie und der gesamten Organisation der *Opričnina* immer mehr in Alexandrovsk auf. Dort hatte er sich inmitten der dichten Wälder eine befestigte, uneinnehmbare Stadt erbaut. Sein Palast war von einem Burggraben und steinernen Mauern umgeben und durch Wälle geschützt. Die Hofbeamten und seine Garden waren in besonderen Quartieren untergebracht, und niemand wagte, sich ohne Ivans Wissen zu entfernen. Außerdem waren die Zugänge zu Alexandrovsk auf eine Entfernung von drei Kilometern streng bewacht, so daß niemand ohne Erlaubnis hinein- oder hinausgelangen konnte.

In diesem Refugium führte Ivan ein Leben, in dem extreme Andachtsübungen mit wilden Zerstreuungen abwechselten. Um vier Uhr morgens stand er auf und ging mit seinen beiden Söhnen und Maljuta Skuratov zur Frühmesse. Ivan hatte aus dreihundert ausgewählten *Opričniki* die sogenannte »Bruderschaft« gebildet; sie fungierten, in Nachahmung echten Klosterlebens, als Mönche, über die Ivan als Abt präsidierte. Die dreihundert »Brüder« hatten bei der Frühmesse zu erscheinen; wer es nur einmal versäumte, wurde sogleich für acht Tage eingesperrt. Bei diesen Morgenandachten, die zwei bis drei Stunden dauerten, betete Ivan inbrünstig und warf sich oft so heftig zu Boden, daß seine Stirn Schrammen zeigte.

Um zehn Uhr vormittags speisten die »Brüder« in ihrem Refektorium, wobei jeden Tag Wein und Schnaps in Strömen floß und riesige Mengen üppiger Speisen verzehrt wurden. Aber Ivan aß nicht mit ihnen zusammen. Er stand am Lesepult und las ihnen, während sie sich gütlich taten, aus der Heiligen Schrift vor. Nachher, wenn er selbst speiste, unterhielt er sich gern über die Vorschriften der orthodoxen Kirche, besonders über theologische Streitfragen. Manchmal suchte er nach dem Essen die Folterkammern auf und hörte die Vernehmung der Unglückseligen mit an, die auf irgendwelchen Verdacht der *Opričniki* verhaftet worden waren. Um acht Uhr abends ging er zur Vesper, um zehn Uhr zog er sich in sein Schlafgemach zurück, wo ihm Blinde abwechselnd Geschichten erzählen mußten, bis er einschlief. Aber er schlief nicht lange. Um Mitternacht stand er auf und begab sich wieder zur Messe.

Oft nahm Ivan in seiner Kapelle Berichte entgegen und erteilte auch dort seine Befehle. Die für die staatlichen Angelegenheiten der Semščina verantwortlichen Bojaren wagten nicht, selbständig Entscheidungen zu treffen, und wandten sich um Rat regelmäßig an ihn. Wenn irgendwelche Gesandten von Wichtigkeit nach Moskau kamen, empfing Ivan sie mit dem ganzen Prunk seines Hofes, umgeben von den *Opričniki,* die bei solchen Anlässen goldene Uniformen trugen. Von Zeit zu Zeit verließ er auch Alexandrovsk, um besondere Klöster zu besuchen, Grenzbefestigungen zu inspizieren oder um in den Wäldern zu jagen, wobei er die Bärenhetze bevorzugte[3].

In Alexandrovsk hatte Ivan gewisse neue Günstlinge, deren Anwesenheit den *Opričniki* ein Ärgernis, den orthodoxen

Priestern ein Greuel war. Es handelte sich dabei um deutsche Lutheraner. Im Juni 1565 hatte er die Bürger von Dorpat aus der Stadt vertrieben, weil sie geheime Verbindung mit ihrem früheren Herrn unterhielten, und sie mitsamt ihren Familien östlich von Moskau angesiedelt. Jedoch hatte er sie ausnehmend rücksichtsvoll behandelt und ihnen sogar ihren lutherischen Pastor, Wettermann, gelassen, der von Ort zu Ort reiste, um seine Herde zu betreuen.

Ivan fand Gefallen an der Gesellschaft dieses Pastors, den er für einen intelligenten und aufrichtigen Mann hielt, und beauftragte ihn, seine Bibliothek zu ordnen. Auch nahm er vier andere deutsche Lutheraner in seine Dienste und erlaubte außerdem, daß in Moskau eine lutherische Kirche erbaut und eingeweiht wurde. Als Buße für irgendeine Beleidigung, die einem der Lutheraner zugefügt worden war, auferlegte er sogar dem Metropoliten eine größere Geldstrafe. Es mag sein, daß Ivan eine geheime Genugtuung darin fand, die orthodoxe Geistlichkeit auf diese Art zu provozieren, immerhin ist es beachtlich, wie tolerant und aufgeklärt er in diesem Zeitalter der Bigotterie war, denn den Umgang mit dem Pastor und den übrigen Lutheranern scheint er tatsächlich genossen zu haben.

In den Umwälzungen dieser Zeit wagte niemand, sich zu beklagen oder mit Bittgesuchen an den Zaren heranzutreten, alle fürchteten Ivans Strafe oder mehr noch, daß er sie wieder verlassen könne. Bojaren erlebten, daß mit ihren Gütern *Opričniki* belehnt wurden, während sie selbst sich mit ihren Familien auf die Suche nach neuem Land machen mußten. Hochstehende wurden hingerichtet. Die *Opričniki* raubten das Volk aus und mißhandelten es. Aber der Zar tat nichts. Ja er nahm die Familie Stroganov, verschiedene englische Kaufleute und bestimmte Klöster in den Verband der *Opričnina* auf, um sie vor den Gewalttätigkeiten der *Opričniki* zu schützen; womit er dartat, daß er nicht beabsichtigte, seinen Garden irgendeinen Zwang aufzuerlegen.

Gelegentlich leistete Ivan dem gesetzlosen Treiben der *Opričniki* sogar Vorschub. An einem Abend des Juli 1568 drangen mehrere seiner Favoriten, darunter Fürst Afanasij Vjazemskij, Maljuta Skuratov und Vasilij Grjaznoj, mit einer Abteilung von Garden in die Häuser verschiedener hoher Beamter und reicher Kaufleute ein; von denen man wußte, daß sie schöne Frauen hatten. Die Frauen wurden mit Gewalt fortgeschleppt. Später am Abend gesellte sich Ivan mit einer großen Eskorte zu ihnen, und seine Favoriten stellten ihm die Frauen zur Schau. Einige wählte er für sich aus, die andern überließ er ihren Entführern. Mit seinen Garden ritt er in die Umgebung Moskaus, steckte die Häuser von Bojaren und Fürsten, die in Ungnade gefallen waren, in Brand und trieb ihr Vieh auseinander. Dann kehrte er nach Moskau zurück und befahl, die geschändeten Frauen wieder in ihre Häuser zu schaffen.

Die einzige Persönlichkeit, auf die alle, die nicht zur *Opričnina* gehörten, stumm ihre Hoffnung setzten, war der Metropolit. Er stellte die zweite Macht im Lande dar, und es war seine anerkannte Pflicht, den Schwachen und Unglücklichen beizustehen. Metropolit Afanasij war jedoch ein alter Mann und mußte sich 1566 seiner schwachen Gesundheit wegen zurückziehen. Die Wahl eines neuen Metropoliten war Sache der versammelten Erzbischöfe und Bischöfe, sodann hatte der Zar ihre Wahl zu bestätigen. Aber Ivan, dem daran lag, einen fähigen und frommen Mann zu finden, nahm die Angelegenheit selbst in die Hand. Seine Wahl fiel auf den Erzbischof German von Kazanj. In einem Gespräch vor der versammelten Geistlichkeit, die zusammengekommen war, um die Wahl des Zaren formell zu bestätigen, merkte Ivan, daß German in dem drohenden Ton eines alttestamentlichen Propheten sprach. Später wiederholte er dies Gespräch seinem Günstling Alexej Bazmanov und fragte ihn um seine Meinung. »Uns dünkt, Herrscher«, erwiderte Bazmanov, »daß German ein zweiter Silvester sein möchte...«[4]

Darauf begann Ivan sogleich nach einem neuen Kandidaten zu suchen und fand den Mann, den er brauchte, in dem Abt Filip des Soloveckij-Klosters. Er war der Sohn des Bojaren Kolyšov und schon in früher Jugend Mönch geworden. Seine Fähigkeit, Tatkraft und Frömmigkeit hatten ihn bald weit über die vereisten Inseln des Weißen Meeres hinaus berühmt gemacht. Als Abt des Soloveckij-Klosters schuf er ganz neue Voraussetzungen für das Leben der Mönche, die ihrem Glauben zuliebe alle Härten des arktischen Winters erduldeten. Er schaffte Rentierherden und anderes Vieh an, baute Straßen und organisierte den Fischfang, so daß die Mönche neben ausreichender Nahrung nützliche, gesunde Beschäftigungen hatten.

Von Filips Wirken hatte Ivan schon vor Jahren gehört und dem Kloster goldenes Gerät, Perlen, reiche Gewänder und Ländereien gestiftet. Auch in anderer Weise gewährte er dem Abt jede Hilfe, um die Insel und das Kloster hochzubringen, das im Ruf großer Heiligkeit stand, weil sich dort die Reliquien von Savvatij und Zosima befanden, zwei der am meisten verehrten Heiligen der russischen orthodoxen Kirche.

Als er Filip für das Amt des Metropoliten aussersah – eine Wahl, an die sonst offenbar niemand gedacht hatte –, handelte Ivan als frommer und verantwortungsbewußter Zar, der ein würdiges Oberhaupt der Kirche suchte. Aber der Konflikt konnte nicht ausbleiben. Ivan muß gewußt haben, daß Filip den ihm so verhaßten Silvester, der sich ins Soloveckij-Kloster zurückzog, geliebt und in seinen letzten Lebensjahren wie ein Sohn umsorgt hatte. Diese längst vergangenen Dinge genügten, um in Ivans Seele Mißtrauen und Feindseligkeit keimen zu lassen.

Nach Moskau beordert, erfuhr Filip zu seinem Erstaunen, daß er zum Metropoliten erhoben werden sollte. Unter Tränen bat er, in sein arktisches Kloster zurückkehren zu dürfen, aber Ivan blieb hart. Dann erklärte Filip sich bereit, das Amt zu übernehmen, doch unter der Bedingung, daß der Zar die *Opričnina* abschaffe. »Möge es hinfort nur ein einziges Rußland geben!« bat er. »Jedes geteilte Reich muß nach dem Wort des Herrn zugrunde gehen. Ich kann dir nicht aufrichtig meinen Segen geben, wenn ich den Jammer des Vaterlandes sehe!«[5] Ivan lehnte es ab, auf Bedingungen einzugehen, und gebot dem Abt Schweigen, bestand aber darauf, daß er das Amt annehme. Schließlich gab Filip unter dem Drängen der Erzbischöfe und Bischöfe seinen

Widerstand auf. Es sei nicht seine Pflicht, sagten sie, sich dem Willen des Zaren zu widersetzen, wohl aber, seinen Zorn zu dämpfen, wann immer es ihm möglich sei. Filip fand sich sogar bereit, ein Schriftstück des Inhalts zu unterzeichnen, daß er den Erzbischöfen und Bischöfen sein Wort gegeben habe, nichts gegen die *Opričnina* zu unternehmen und auch nicht von seinem Amt zurückzutreten, weil der Zar seinen Rat oder seine Bitten abgelehnt oder ihm untersagt habe, sich in weltliche Angelegenheiten einzumischen[6].

Darauf wurde Filip feierlich zum Metropoliten geweiht. Er hielt seine Antrittspredigt in Gegenwart des Zaren und sprach eindringlich über die Pflicht der Herrscher, Vater ihres Volkes und Wahrer der Gerechtigkeit zu sein. Er warnte vor schlimmen Schmeichlern, die sich oft um den Thron scharten und den Blick des Herrschers für das wahre Wohl des Landes trübten. Ivan hörte ihm schweigend zu und es schien, als verfehlten die Worte nicht ihren Eindruck auf ihn. Er erwies Filip weiterhin jede Gunst, doch sollte dies nicht von Dauer sein.

Im Jahr 1567 kam es wieder zu einer Reihe von Hinrichtungen. König Sigismund August hatte einen gewissen Kozlov, der aus Moskau gebürtig, aber in Litauen verheiratet und ansässig war, als Boten zu Ivan geschickt. Nach seiner Rückkehr von dieser Mission berichtete Kozlov dem König, es sei ihm gelungen, viele moskovitische Magnaten zum Abfall zu überreden. Er wurde wieder nach Moskau geschickt, diesmal mit Botschaften vom König und von dem Hetman Chodkevič an die Fürsten Belskij, Mstislavskij, Vorotynskij und den Bojaren Ivan Čeljadin, darin sie aufgefordert wurden, in ein Lehnsverhältnis zu Litauen zu treten. Diese Schreiben wurden abgefangen, und Ivan ließ dem König und dem Hetman durch Kozlov seine empörte und zornige Antwort überbringen[7]. Belskij, Mstislavskij und Vorotynskij vermochten der Ungnade und Strafe zu entgehen. Čeljadin aber wurde, obwohl er ein alter Mann war, zusammen mit seiner Frau hingerichtet[8].

Unter den übrigen, die um diese Zeit hingerichtet wurden, befanden sich drei Fürsten von Rostov, die während Ivans

Krankheit im Jahre 1553 nach Litauen hatten fliehen wollen, ferner die Fürsten Pjotr Ščenjatev und Turuntaj-Pronskij, welche die Thronfolge des Fürsten Vladimir Andrejevič sehr befürwortet hatten. Nichts davon hatte Ivan vergessen, und sein einmal gewecktes Mißtrauen war selten zu beschwichtigen.

Fürst Vladimir Andrejevič war seit damals, als man ihn zuerst zum Nachfolger Ivans vorgeschlagen hatte, unbehelligt geblieben. 1553 und nochmals im folgenden Jahr hatte er feierlich schwören müssen, den Söhnen des Zaren zu dienen, wenn einer von ihnen den Thron besteigen sollte. Außerdem waren ihm strenge Verpflichtungen auferlegt worden, die jeden Versuch, ihn auf den Thron zu bringen, zunichte machten. Ivan behandelte ihn mit großer Höflichkeit, ja mit Zuneigung und gab ihm einen prächtigen Palast im Kreml. Aber hinter diesem zur Schau getragenen Wohlwollen verbarg sich ein tiefes Mißtrauen gegen seinen Vetter.

Ivan vergaß nie, daß Fürst Andrej Starickij, Fürst Vladimirs Vater, ihm und seiner Mutter, als sie Regentin war, Treue geschworen und doch vier Jahre später geplant hatte, sich des Thrones mit Waffengewalt zu bemächtigen, wobei er Novgorod als Ausgangsbasis benützen wollte. Die Annahme lag nahe, daß der Sohn den Verrat des Vaters wiederholen würde. Ivan umgab Fürst Vladimir mit Spähern und beobachtete scharf jedes leise Anzeichen von Unbotmäßigkeit.

1563 schickte Savluk Ivanov, ein Sekretär im Dienst Fürst Vladimirs, einen Bericht nach Moskau, in dem es hieß, Fürstin Jefrosinja und ihr Sohn fügten dem Zaren großen Schaden zu. Es war eine vage Beschuldigung wie manche andere, die nur aus Bosheit erhoben, aber jedesmal ernst genommen wurden. Savluk mußte im Kreml erscheinen, und nachdem seine Behauptungen geprüft worden waren, wurde Jefrosinja zur Nonne geschoren. Mit Fürst Vladimir verfuhr Ivan nachsichtiger. Er ersetzte alle Bojaren und hohen Beamten in seinen Diensten durch andere, unternahm aber sonst nichts gegen ihn. Drei Jahre später jedoch entfernte Ivan ihn von seinem väterlichen Besitz, den er für sich selbst beschlagnahmte, und gab ihm gleichwertige Güter bei Dmitrov und Zvenigorod. Dies war, wie der Austausch höherer Dienstleute, ein Mittel, dessen sich schon Ivans Vater und Großvater bedient hatten, um die Anhänglichkeit der Bevölkerung an eine seit alters regierende Familie zunichte zu machen.

Ivans nie ruhender Verdacht wurde 1568 aufs neue entfacht durch Gerüchte, nach denen Fürst Vladimir nach Litauen überzugehen gedenke. Es kam hinzu, daß Ivan dem Fürsten ein Truppenkommando bei Nišnij-Novgorod gegeben hatte, aber in Unruhe geriet über den allgemeinen Jubel, mit dem man ihn dort empfing. Aus Furcht, der Fürst könne einen Volksaufstand herbeiführen, rief ihn Ivan nach Alexandrovsk zurück. Über das Ende des Fürsten Vladimir und seiner Familie existieren viele düstere Berichte; fest steht jedoch, daß er im Januar 1569 starb[9].

Verzweifelt über diese Hinrichtungen und die wachsende Bedrückung von seiten der *Opričniki*, setzten die Bojaren und Kaufleute jetzt ihre ganze Hoffnung auf den Metropoliten Filip. Er war immer ein Mann der Tat gewesen, von ihm mußte ihnen Hilfe und Schutz kommen. Aber um diese Zeit hatte Ivan Filip schon im Verdacht, daß er im Bündnis mit den Bojaren die *Opričnina* vernichten wolle.

Zum heftigen Zusammenstoß zwischen diesen beiden starken Herrschernaturen kam es in der Uspenskij-Kathedrale. Ivan erschien mit dem Gefolge seiner Garden und fand Filip vor dem Ikonostas stehend, der goldenen Wand, die, von juwelengeschmückten Ikonen schimmernd, den großen Kirchenraum von dem Allerheiligsten trennte. Ivan schritt vor und wartete auf den Segen des Metropoliten. Filip starrte unbeweglich auf die Ikonen und blieb stumm. Schließlich sagten einige Bojaren zu ihm: »Heiliger Vater, der Herrscher ist da! Segne ihn!«[10]

Filip weigerte sich und begann, Ivan mit harten Worten zu züchtigen.

»In den allerheidnischsten und barbarischsten Reichen gibt es Recht und Gerechtigkeit, gibt es Mitgefühl für das Volk –

nicht aber in Rußland! Hab und Gut und das Leben unserer Bürger sind ohne Schutz! Überall Raub, überall Mord – und diese Taten geschehen im Namen des Zaren!«

Ein paar Minuten noch setzte er seine donnernden Anklagen fort.

Ivan lauschte, vor Zorn bebend. Plötzlich stieß er seinen Stab hart auf den Boden.

»Schweig, denn ich will sprechen! Schweig, heiliger Vater!« schrie er. »Schweig und gib mir deinen Segen!«

»Unser Schweigen«, erwiderte Filip, »wird als Sünde auf deiner Seele lasten und ihr den Tod bringen!«

»Die mir nahe sind, haben sich wider mich erhoben und suchen, mir zu schaden – wie aber kommt es dir zu, daß du dich in die Ratschlüsse des Zaren einmischst?«

»Ich bin der Hirt der christlichen Herde!«

»Filip, durchkreuze nicht Unsere Macht, denn du wirst dir Unseren Zorn zuziehen!« antwortete Ivan und fügte hinzu: »Besser wäre es dir, du gäbest das Metropolitenamt auf.«

»Ich habe nicht um dieses Amt gebeten, nicht durch andere oder durch Bestechung es zu erlangen gestrebt. Warum hast du mich aus meiner Wüste geholt?« erwiderte Filip.

Darauf stürmte Ivan aus der Kathedrale. Schon erwog er, wie er mit diesem rebellischen Kirchenmann verfahren könne. Als nächstes schickte er zwei Priester mit dem Fürsten Vasilij Tjomkin, dem er vertraute, zum Soloveckij-Kloster, um belastendes Material gegen Filip zu suchen. Die Mönche dort sprachen mit Hochachtung von ihrem früheren Abt, aber schließlich wurde irgend etwas Belastendes gefunden – oder erfunden –, und der neue Abt Paisij, ein Rivale Filips, der ihm als Metropolit zu folgen hoffte, legte bereitwillig Zeugnis gegen ihn ab.

Sobald die Zeugen aus dem Norden zurück waren, wurde der Metropolit vor ein Gericht aus Geistlichen und Bojaren gestellt, bei dem Ivan den Vorsitz hatte. Aber Filip wies die Anklagen und gegen ihn vorgebrachten Zeugenaussagen verächtlich zurück und begann wieder, den Zaren öffentlich zu tadeln[12].

Schließlich schritt er aus dem Gerichtssaal hinaus, ohne sein Urteil abzuwarten.

Am 8. November 1568, als Filip in der Uspenskij-Kathedrale einen feierlichen Gottesdienst zu Ehren des Erzengels Michail zelebrierte, drang Bojar Alexej Bazmanov mit einer Schar *Opričniki* in schwarzer Uniform in die Kirche ein. Die Gemeinde der Gläubigen erstarrte vor Entsetzen. Bazmanov ließ ein Schriftstück verlesen, das den Urteilsspruch eines geheimen geistlichen Gerichts über Filip bekanntgab: er wurde seines Amtes als Metropolit enthoben. Die *Opričniki* rissen ihm vor der versammelten Gemeinde die prächtigen Gewänder vom Leib und zogen ihm eine einfache weiße Mönchskutte über. Dann schleppten sie ihn in das nahe gelegene Bogojavlenskij-Kloster. Tags darauf wurde er vor das Gericht geführt, über das Ivan den Vorsitz hatte, um sein Urteil zu hören. Er war vieler Verbrechen für schuldig befunden, unter anderen der Zauberei, und wurde zu einer lebenslänglichen Gefängnisstrafe verurteilt. Ein Archimandrit des Troica-Klosters namens Kirill, ein frommer, aber gefügiger Mann, wurde sogleich an seiner Stelle zum Metropoliten ernannt.

Eine Zeitlang war Filip im Nikolajevskij-Kloster am Ufer der Moskva untergebracht. Da aber die Bevölkerung sich dort in Massen versammelte, weil sie den heiligmäßigen Mann zu sehen hoffte, fürchtete Ivan, Filip könne zu einem volkstümlichen Märtyrer werden, und ließ ihn in ein Kloster bei Tverj schaffen. Dort wurde er ein Jahr später, im Dezember 1569, von Maljuta Skuratov, Ivans zuverlässigstem Favoriten, in seiner Zelle erdrosselt[13].

Seit längerem schon hegte Ivan wachsendes Mißtrauen gegen Novgorod. Einst hatte die Stadt »Großnovgorod« geheißen und ihre Bürger, stolz auf ihre Unabhängigkeit und den Reichtum, den sie aus dem Handel mit dem Westen zogen, hatten mit einer gewissen Überheblichkeit auf Moskau herabgeblickt. Moskau war mächtiger geworden, aber die Novgoroder hatten es viele Jahre verstanden, sich der Annexionsgelüste Moskoviens und Litauens zu erwehren. Dann hatte Ivans Großvater,

Ivan III., da Novgorod zu Litauen überzugehen drohte, die Stadt erobert und annektiert, ihre vornehmsten Bürger in anderen Gegenden angesiedelt und sie durch zuverlässige Untertanen aus den Zentralgebieten Moskoviens ersetzt. Trotzdem hielten die Novgoroder an der überlieferten Unabhängigkeit fest, und die einst mächtigen, Moskovien feindlich gesinnten Parteien waren keineswegs ausgerottet.

So war Ivans Mißtrauen gegen Novgorod nie ganz erloschen. Hatte nicht Fürst Andrej Starickij, der Vater des Fürsten Vladimir, als er 1537 einen bewaffneten Aufstand plante, auf Novgorods Beistand gerechnet? Zwar hatte die Stadt ihn nicht unterstützt, doch waren immerhin dreißig bis vierzig ihrer vornehmsten Bürger als Mitverschworene hingerichtet worden. Und war nicht er selbst 1545 in der Nähe von Kolomna von einer Schar bewaffneter Novgoroder bedroht worden? Es waren in Wirklichkeit harmlose Bittsteller gewesen, aber Ivan hatte das nie glauben wollen. Verrat und Aufsässigkeit schienen ihm die Grundübel dieser Stadt, und jetzt, da er voll finsteren Mißtrauens im ganzen Zarenreich Verschwörungen und Aufruhr unter der Oberfläche schwelen sah, war er nur allzu geneigt, jede Anschuldigung gegen Novgorod für wahr zu halten.

Im Sommer 1569 behauptete ein Wolhynier namens Pjotr in Alexandrovsk, die Bevölkerung von Novgorod plane Verrat und wolle geschlossen zu Litauen übergehen. Ein Dokument, unterschrieben von dem Erzbischof Pimen von Novgorod und vornehmen Bürgern, sei hinter der Gottesmutter-Ikone in der Kirche der heiligen Sofija versteckt. In diesem vermutlich an König Sigismund August gerichteten Schreiben hätten sie den Wunsch geäußert, ihm den Treueid zu leisten.

Ivan schickte Pjotr sofort in Begleitung eines zuverlässigen Offiziers nach Novgorod, damit er das belastende Dokument hole. Nach den Berichten wurde es in der Kathedrale hinter der besagten Ikone gefunden, und die Unterschriften schienen echt zu sein. Doch hieß es damals, Pjotr sei nur ein Vagabund, der in Novgorod bestraft worden sei und sich jetzt rächen wolle. Er sollte das Schriftstück selbst verfaßt und die Unterschriften sehr geschickt gefälscht haben. Ivan jedoch hielt das Dokument für echt. Es bestätigte sowohl seinen Verdacht gegen die niederträchtigen Novgoroder wie gegen Sigismund August, der hinterlistig dem Zaren seine Untertanen abspenstig machte.

Jetzt beschloß Ivan, Novgorod zu zerstören. Er wollte es nicht nur bestrafen, sondern dieses Zentrum abscheulichen Verrats wirklich ausrotten. Im Dezember 1569 brach er von Alexandrovsk auf und zog nördlich von Moskau nach Klin im Randgebiet von Tverj. Auf der etwa 300 Kilometer langen Strecke von Klin bis Novgorod plünderten und zerstörten seine Truppen alle Dörfer und Städte.

Am 2. Januar 1570 erreichte die Vorhut Novgorod. Die Stadt war fast so groß wie Moskau und besaß viele Wahrzeichen vergangener Größe. Östlich des Volchov wohnte die Kaufmannschaft; die andere Stadtseite, westlich des Flusses, hieß nach der großen Kathedrale die Sofijskaja; beide Teile waren durch eine Holzbrücke verbunden. Den westlichen Stadtteil beherrschte der von einem Burggraben umgebene steinerne Kreml mit der Kathedrale. Rings um die Stadt liefen Erdwälle, die von Balkenwerk und Steintürmen verstärkt waren.

Die Vorhut des Zaren zog sofort einen Kordon um die Stadt, damit niemand entweichen konnte. Dann ritten Abteilungen in die Klöster außerhalb der Stadt und versiegelten dort die Schatztruhen. In Novgorod wurden 500 Mönche und Äbte bis zur Ankunft des Zaren unter Aufsicht gehalten. In der Stadt festgenommene Priester und Diakone wurden von morgens bis abends geprügelt, wenn sie sich nicht mit je zwanzig Rubel auslösten. Alle Paläste, die großen Häuser und Speicher, die den reichen Bürgern gehörten, wurden versiegelt. Kaufherren, Beamte und Handelsleute mit Frauen und Kindern wurden streng bewacht.

Am 6. Januar traf Ivan in Begleitung seines Sohnes, des Zarevič Ivan, und mit einer Eskorte von 1500 Garden im Stadtteil der Kaufleute ein. Am nächsten Tag begann das Massaker.

Ohne Gerichtsverfahren oder Verhör wurden alle festgenommenen Äbte und Mönche zu Tode geprügelt und ihre Leichname zur Beerdigung in die Klöster fortgeschafft.

Der folgende Tag war ein Sonntag. Ivan begab sich zur Sofien-Kathedrale. Auf der Volchov-Brücke kam ihm Erzbischof Pimen entgegen, um ihn, wie es Brauch war, mit dem Kreuz zu segnen. Ivan trat zurück und sagte zornig: »Du Gotteslästerer, du hältst nicht das lebenspendende Kreuz in der Hand, sondern eine Waffe, und mit dieser Waffe willst du mich ins Herz treffen. Du und deine gleichgesinnten Verräter, ihr wolltet Unser Erbland, das Große Novgorod, an eine fremde Dynastie verraten... Von nun an bist du weder Hirt noch Lehrer, sondern Wolf, Zerstörer, Verderber, Verräter an Unserem kaiserlichen Purpur und Schänder Unserer Krone!«[14]

Trotz dieser wütenden Beschimpfungen befahl Ivan Pimen, zur Kathedrale voranzuschreiten und den Gottesdienst zu zelebrieren, an dem er teilnahm. Ständig von seinen Garden umgeben, ging er darauf zum Essen in den erzbischöflichen Palast. Er nahm seinen Platz ein, ließ sich mit dem ganzen Pomp des moskovitischen Hofes bedienen und hatte eben zu essen begonnen – da stieß er einen furchtbaren Schrei aus. Es war das Signal für seine Garden: sie packten Pimen und alle im Palast anwesenden Novgoroder und nahmen sie gefangen. Dann raubten die Garden alles, was sie an reichen Gewändern und Goldgeschirr im Palast fanden, und plünderten anschließend die Kirchen und Klöster innerhalb der Stadtmauern.

Darauf zogen Ivan und der Zarevič in Prozession zu ihren Hauptquartieren im östlichen Stadtteil und hielten Gericht. Die Novgoroder wurden zum Verhör vor sie gebracht. In der Anwendung unmenschlicher Foltern ähnelten diese Verhöre denen der spanischen Inquisition. Mit Feuerbränden und erhitzten Pfannen wurde den Opfern das schon durch gräßliche Geißelungen bloßgelegte Fleisch gebrannt. Mit glühenden oder kalten Zangen wurden ihnen die Rippen aus dem Leib gerissen. Nägel wurden in die Knochen gebohrt, mit Nadeln die Nägel an Händen und Füßen gelockert. Manche wurden gepfählt und starben, oder sie quälten sich stundenlang dahin, bis man sie brutal totschlug.

In diesen Wochen hallte die ganze Stadt wider von dem furchtbaren Jammergeschrei der Frauen und Männer, die im Verhör waren. Waren die Angeklagten einmal gefoltert, so wurden ihnen, ohne Rücksicht auf ihr Geständnis, Arme und Beine im Rücken gebunden. Dann wurden sie hinter Schlitten bis zur Volchov-Brücke geschleift und in den Fluß geworfen, der in dieser Gegend nicht zufror. Frauen und Kinder erlitten dasselbe Schicksal. Kleine Kinder wurden den Müttern auf den Rücken gebunden und mit ihnen in das eisige Wasser geworfen. Damit keiner mit dem Leben davonkomme, patrouillierten die Garden in Booten auf dem Fluß und stießen mit Bootshaken und Spießen nach jedem, der an die Oberfläche kam.

Fünf Wochen lang wurde dieses Massaker Tag für Tag fortgesetzt. Schnee und Eis auf der Brücke und an den Ufern des Flusses waren dunkelrot von Blut. Im Fluß stauten sich die Leichen. Über die Stadt senkte sich ein Schweigen des Entsetzens, das nur durch das Gebrüll der Garden und die Angstschreie von Männern, Frauen und Kindern durchbrochen wurde.

Nachdem er Gericht gehalten hatte, ritt Ivan um die Stadt herum. Seine Leute schickte er aus zum Räubern und Brandschatzen der Klöster und Häuser; alles Vieh wurde abgeschlachtet. Als er in die Stadt zurückkam, befahl er, das Zerstörungswerk fortzusetzen. Die Novgoroder, die dem Schrecken der Folter und dem Tod entgangen waren, standen stumpf, unfähig sich zu verbergen, daneben, während ihre Häuser dem Erdboden gleichgemacht wurden. Am Morgen des 13. Februar befahl Ivan, die noch am Leben gebliebenen, angesehensten Bürger jeder Straße vor ihn zu bringen. Sie kamen, manche zitternd, in der gewissen Erwartung eines qualvollen Todes, die meisten wie betäubt von Schrecken bei dem Gedanken, ihrem furchtbaren Zaren gegenübertreten zu müssen. Aber Ivan sprach huldvoll zu ihnen. »Ihr Leute von Novgorod«, sagte er, »bleibt am Leben! Betet zu Gott dem Herrn, zu seiner heiligen Mutter und zu allen Heiligen Unseres gesegneten Zarenreichs ... daß der Herr euch den Sieg gebe über eure sichtbaren und unsichtbaren Feinde. Gott wird den Erzbischof Pimen und seine schlimmen Ratgeber und Mitschuldigen richten, die an euch und an mir zu Verrätern geworden sind. Für all dieses Blut werden die Verräter zur Rechenschaft gezogen werden. Grämt euch nicht um alles, was geschehen ist. Lebt ehrenhaft in Novgorod. An meiner Stelle lasse ich euch als Gouverneur meinen Bojaren und Feldherrn Pjotr Danilovič Pronskij zurück.«[15]

Die überlebenden Novgoroder, noch von Furcht gelähmt, faßten es kaum, daß der Terror ein Ende gefunden hatte. Ihre Verwandten und Mitbürger, etwa 60000 Männer, Frauen und Kinder, waren getötet worden. Es vergingen etliche Monate, bis der Schock nach diesem Massaker zu schwinden begann. Und erst nach einem halben Jahr war der Volchov wieder gesäubert von Leichen, abgetrennten Gliedmaßen, Köpfen und unkenntlichen Rümpfen. Inzwischen war es Frühling und Sommer geworden, sie brachten die Pest und andere Seuchen mit sich, und da es keine Ernte und auch kein Geld gab, um Lebensmittel zu kaufen, raffte die Hungersnot viele der am Leben Gebliebenen dahin. Ein Morden in solchem Ausmaß hatte man bisher nur unter den Tataren erlitten.

Von Novgorod zog Ivan sogleich weiter nach Pskov. Den Erzbischof und seine nächsten Anhänger hatte er unter Bewachung nach Alexandrovsk geschickt, wo sie später abgeurteilt werden sollten. Jetzt war Ivan begierig, die Verräter in Pskov auszurotten. Dort hatte die Bevölkerung von den Novgoroder Greueln gehört und zweifelte nicht, daß ihr unweigerlich ein ähnliches Schicksal bevorstünde. Aber sie beratschlagten mit ihrem Gouverneur, dem Fürsten Jurij Tokmakov, und einem glaubensstarken Eremiten namens Nikolaj. An dem Sonnabend, an dem Ivan in einem Kloster in der Nähe abgestiegen war, versammelten sich um Mitternacht alle Einwohner in den Kirchen. Sie beteten und sangen mit einer Inbrunst, als ob das Jüngste Gericht bevorstünde. Das Läuten der Glokken und der Gesang sollen das Herz des Zaren gerührt haben[16].

Als Ivan am nächsten Morgen in die Stadt einzog, fand er zu seinem Erstaunen alle Einwohner vor ihren Häusern stehen. Sie verbeugten sich tief zum Willkommensgruß und reichten ihm Brot und Salz, das althergebrachte russische Zeichen der Gastfreundschaft. Unter dem Eindruck dieser Treuekundgebungen schwand Ivans Verdacht dahin. Er befahl, niemand hinzurichten, und seine Garden mußten sich darauf beschränken, Ikonen, Priestergewänder und Klosterglocken zu rauben. Dann brach er seinen Aufenthalt in Pskov ab und kehrte nach Moskau zurück.

Aber Ivan gab sich damit nicht zufrieden. Er glaubte, daß Pimen mit anderen außerhalb Novgorods konspiriert habe, um die Stadt zusammen mit Pskov an Litauen zu bringen. Pimen war von Alexandrovsk nach Moskau gebracht worden, und die folgenden Untersuchungen brachten erschütternde Ergebnisse. Als Mitschuldige an dieser Verschwörung wurden die Männer angeklagt, die Ivan am nächsten standen, die er zu Führern seiner *Opričniki* ausgewählt und denen er die Verantwortung auferlegt hatte, die Verräterei auszurotten. Es waren Alexej Bazmanov und sein Sohn Feodor, der Schatzkämmerer des Zaren, Funikov, sein Kanzler Ivan Viskovaty und Fürst Afanasij, aus dessen Händen allein Ivan Medizin genommen hatte, wenn er krank war. Alle diese Günstlinge, denen er vertraut hatte, waren unmittelbar in den Verrat verwickelt. Insgesamt wurden 350 Menschen angeklagt; und unter Anklage stehen hieß für schuldig befunden werden.

Am 27. Juli 1570 wurden in Moskau unheilverkündende Vorbereitungen getroffen, die das Volk in Schrecken versetzten. Es schien, als wolle der Zar ihnen dasselbe Schicksal bereiten, das die Novgoroder erduldet hatten. Achtzehn Galgen wurden errichtet und zahlreiche Folterwerkzeuge aufgestellt. Über einem großen Feuer wurde ein riesiger Wasserkessel aufgehängt. Es war klar, daß die Stadt bald von den Schmerzensschreien der gefolterten Opfer widerhallen würde; aus Furcht, selbst in diese Vorgänge hineingezogen zu werden, versteckten sich die Leute. Als Ivan erschien, fand er den Platz leer bis auf sein Gefolge, die *Opričniki* und die Angeklagten. Er wollte aber den Moskovitern mit diesen Hinrichtungen ein abschreckendes Beispiel geben und befahl deshalb, die Einwohner herbeizuschaffen, damit sie Zeugen der Gerechtigkeit des Zaren seien.

Sobald sich der Platz mit einer schweigenden und verängstigten Volksmenge gefüllt hatte, begann das Verfahren. Zuerst begnadigte Ivan aus freiem Entschluß 180 Männer, die sich am wenigsten schuldig gemacht hatten. Dann wurden die Anklagen auf Verschwörung mit den Feinden des Zaren, insbesondere auf Beihilfe zum Novgoroder Verrat, laut verlesen und die Gefangenen hingerichtet. Viskovatyj wurde nackt ausgezogen, an den Füßen aufgehängt und langsam zerstückelt. Der Schatzkämmerer Funikov wurde zuerst in siedendes, dann in kaltes Wasser getaucht und dieser Prozeß solange fortgesetzt, bis er unter furchtbaren Qualen starb. Die anderen wurden gehängt oder zerstückelt. Insgesamt wurden im Lauf von vier Stunden 200 Menschen hingerichtet.

Bei diesem öffentlichen Schauspiel fehlten drei der vornehmsten Angeklagten. Fürst Vjazemskij war bei dem Verhör unter der Folter gestorben. Alexej Bazmanov wurde, wie es hieß, auf ausdrücklichen Befehl des Zaren von seinem Sohn Feodor hingerichtet, dann wurde der Sohn getötet. Erzbischof Pimen wurde seines Amtes enthoben und auf Lebenszeit in ein Kloster bei Tula geschickt. Um den Verdacht des Zaren zu beschwichtigen, mußten aber in den nächsten Tagen noch andere seiner nächsten Vertrauten sterben, so Fürst Pjotr Obolenskij-Serebrjannij, Ivan Voroncov und Michail Lykov.

Wie die Novgoroder hatten auch die Moskoviter nach diesen Hinrichtungen unter Pest und Hungersnot zu leiden. In der Stadt und auf den Landstraßen fielen die Menschen tot um, und Hunderte flohen nach Osten und Süden, um Krankheit und Tod zu entrinnen. Die Straßen zu den Orten, wo die Pest wütete, wurden auf Befehl des Zaren abgesperrt, damit sich die Seuche nicht im Land ausbreite.

In den nächsten zwei Jahren hatte Moskovien noch mehrmals unter Pest und Hungersnöten zu leiden. Aber das Volk murrte nicht. Die Menschen beteten und ertrugen diese Leiden mit außerordentlicher Geduld als Strafen Gottes. In derselben Gesinnung nahmen sie die wilden Massaker, die blutigen Hinrichtungen und die Verfolgungen der *Opričniki* hin. Alle diese Vorgänge minderten nicht ihre Achtung und Treue, ja, seltsamerweise auch nicht ihre Verehrung für Ivan. Er war ein starker Zar, von Gott zu ihrem Herrscher eingesetzt. Er hatte ihre Feinde besiegt, die Kazanjer vor allem, und der Ruchlosigkeit der Bojaren und Fürsten, unter denen sie zu leiden hatten, ein Ende gemacht. Sie liebten und fürchteten ihn, wie sie den Herrn, den furchtbaren Gott Israels, liebten und fürchteten.

19

DER LIVLÄNDISCHE KRIEG UND DIE NIEDERBRENNUNG MOSKAUS 1565-1572

Ivan war nicht wankend geworden in seinem Entschluß, Livland zu erobern und im baltischen Küstengebiet festen Fuß zu fassen. Weder Kurbskijs Verrat noch die kleineren Niederlagen bei Nevel und Orša vermochten seine Tatkraft zu lähmen. Kurbskijs Flucht hatte damals zwar großes Aufsehen erregt, doch keinen der anderen Feldherren dazu verführt, seinem Beispiel zu folgen; und die Niederlagen waren durch spätere moskovitische Siege wettgemacht worden.

Von Besorgnis erfüllt über die wachsende Macht Moskaus und die gleichzeitige Schwäche Litauens, war Sigismund August eifrig bemüht, die Feindseligkeiten zum Abschluß zu bringen. Im Mai 1565 kamen seine Gesandten mit einem Waffenstillstandsangebot nach Moskau, in dem der König sich bereit erklärte, Polock und alle von den Moskovitern besetzten Teile Livlands abzutreten, während er selbst die in seinen Händen befindlichen livländischen Gebiete zu behalten gedachte. Das Angebot war erwägenswert, aber Ivan schlug es aus und verlangte Riga und andere Städte, wogegen er Kurland und bestimmte Städte westlich der Düna herausgeben wollte. Die Gesandten konnten auf seinen Gegenvorschlag nicht eingehen, meinten aber, daß der Zar und der König sich leichter bei einer persönlichen Begegnung verständigen könnten. Zuerst nahm Ivan diese Anregung wohlwollend auf, bekam dann aber Bedenken wegen der Etikette, der die Moskoviter immer übermäßiges Gewicht beilegten.

Dennoch lockte ihn das Angebot des Königs, alle von Moskovitern besetzten Städte und Länder an ihn abzutreten. Ein Frieden, bei dem ihm Dorpat und Polock zufielen, war nicht zu verachten. Der livländische Krieg stellte schon jetzt hohe Anforderungen an seine Truppen und drohte, sich noch viele Jahre hinzuziehen. Außerdem plante damals der Sultan einen Feldzug, um Astrachan zurückzuerobern, was die Tataren in Kazanj und in den Volgagebieten zu neuen Aufständen ermutigen konnte. Wenn aber die Truppen des Zaren zugleich an der Volga und in Livland zu kämpfen hatten, würde der Krimkhan unweigerlich in Moskovien einfallen. Ivans Lage wäre erschwert worden durch die gewaltigen Entfernungen zwischen den zu verteidigenden Gebieten. Astrachan lag über 1300 Kilometer, Livland und Kazanj je über 600 Kilometer von Moskau entfernt. Es war nicht daran zu denken, im Notfall Truppen von einer Front an die andere zu verschieben. Deshalb war Frieden mit Litauen von größter Wichtigkeit.

Ivan erfaßte die Lage zweifellos vollkommen richtig; aber noch zögerte er, die litauischen Vorschläge anzunehmen. Nach der Eroberung von Kazanj war jetzt das Hauptziel seiner Außenpolitik der Besitz von ganz Livland, und zu Kompromissen verstand er sich ungern, es sei denn als taktisches Mittel. Trotzdem beschloß er, über dieses Friedensangebot Beratungen abzuhalten und sich zu vergewissern, daß der Krieg allgemeine Unterstützung finde, vor allem beim Dienstadel, der die Hauptlast des Kampfes zu tragen haben würde. Da er sich noch gut des heftigen Widerstands erinnerte, den der Gewählte Rat und die Bojaren einem livländischen Krieg entgegengesetzt hatten, wollte er sich nicht nur auf die Bojarenduma verlassen, zumal er die Bojaren stets des Verrats und der Treulosigkeit verdächtigte. So berief er zum zweitenmal in seiner Regierung den *Zemskij sobor* ein.

Diese Landesversammlung trat im Sommer 1565 in Moskau zusammen; sie war größer und repräsentativer als die erste vor sechzehn Jahren einberufene. Zu den 374 Abgeordneten gehörten Mitglieder des Kirchenrates und der Bojarenduma, die

Vertreter der wichtigsten Schichten des Heeres, Kanzleiräte der Moskauer Ministerien, Kaufherren und bestimmte Grundbesitzer aus den Gebieten an der litauischen Grenze. Sie repräsentierten nicht etwa in demokratischem Sinne das Volk, sondern die verschiedenen Organe der Zentralregierung. Es waren hohe Beamte, auf die der Zar in der Heeresführung und bei der Verwaltung des Reiches angewiesen war.

Die Geistlichkeit vertrat die Kirche, die, mächtig durch ihren riesigen Landbesitz und durch ihren Einfluß auf das Volk, den Zaren häufig in weltlichen Angelegenheiten beriet. Die Bojaren waren traditionsgemäß hohe Würdenträger, und ihre Duma hatte zumindest noch nominell die Aufgabe, den Zaren zu beraten. Am zahlreichsten vertreten waren die Wehrpflichtigen, der Kleinadel, auf den der Zar sich immer stützte. Kaufherren und Handelsleute – insgesamt fünfundsiebzig – waren zu der ersten Landesversammlung nicht zugezogen worden, hatten aber seither wegen ihrer wachsenden Bedeutung für den Fiskus einen halboffiziellen Status erlangt; deshalb hielt man diesmal ihre Anwesenheit für notwendig.

Eine Ausnahme von der Regel, nach dem alle Abgeordneten verantwortliche Kirchen- oder Staatsdiener sein mußten, wurde lediglich zugunsten der Landbesitzer aus den westlichen Randgebieten gemacht. Vermutlich ließ man sie kommen, weil sie die örtlichen Verhältnisse genau kannten und am unmittelbarsten betroffen waren.

Ivan eröffnete die Versammlung mit einer Ansprache, in der er unumwunden die Frage stellte, ob er die Bedingungen des Königs annehmen und Frieden schließen oder den Krieg fortsetzen solle, bis ganz Livland erobert sei. Die Abgeordneten hatten sich vorher mit dem Problem beschäftigt und gaben wohldurchdachte Antworten, wobei jede Gruppe ihre besonderen Interessen vertrat. Bis auf eine Ausnahme sprachen sich alle für Fortsetzung des Krieges aus[1]. Der Zar habe das Recht auf seiner Seite, sagten sie und gelobten, alles, auch ihr Leben, im Kampf einzusetzen. Es war eine Bekundung leidenschaftlicher Vaterlandsliebe und Ergebenheit für den Zaren. Die Versammlung endete mit einer Resolution, auf welche die Abgeordneten das Kreuz küßten; damit verpflichteten sie sich eidlich, ihre Worte durch die Tat zu bekräftigen.

Diese einmütige Bereitschaft der Versammlung zerstreute einstweilen Ivans Bedenken. Unverzüglich schickte er den Bojaren Umnoj-Količov nach Litauen und ließ dem König sagen, ohne Überlassung ganz Livlands gebe es keinen Waffenstillstand. Außerdem bestand Ivan jetzt auf zwei Bedingungen, auf deren Erfüllung er früher vielleicht verzichtet hätte: erstens müsse der König Ivans Zarentitel anerkennen, zweitens müsse er Kurbskij den Beamten des Zaren ausliefern. Sigismund August wies beide Forderungen zurück, erklärte, wenn auch widerstrebend, Moskovien den Krieg und setzte seine Truppen wieder in Marsch. Anfang 1568 belagerte Hetman Chodkevič die Festung Ulu, mußte aber dem grimmigen Widerstand der moskovitischen Garnison weichen.

Ivan selbst hatte aber immer noch Bedenken wegen seiner Ablehnung der litauischen Friedensbedingungen. Er als einziger seines Volkes erkannte die Gesamtlage, er allein vermochte die Stärke des Moskoviterheeres und die Anforderungen, vor die es gestellt sein würde, richtig abzuschätzen. Bei der Rückkehr nach Alexandrovsk schrieb er an seine Bojaren und forderte sie auf, das Angebot des Königs nochmals zu prüfen. Die Bojaren gaben eine ausweichende Antwort. Prompt ging ihnen von Ivan die Weisung zu, unmißverständlich zu erklären, welche Bedingungen sie für annehmbar hielten, falls sie für Frieden seien. Die Bojaren erwiderten darauf, der Frieden hänge davon ab, was für Vorschläge der König bei Eröffnung neuer Verhandlungen mache – daß er dies tun werde, sei ihnen gewiß.

Um diese Zeit war Sigismund August mehr denn je darauf bedacht, mit Ivan einen Dauerfrieden oder zumindest einen Waffenstillstand zu schließen. Er hatte sogar einen Bündnisantrag des türkischen Sultans abgelehnt, um alles zu vermeiden, was die Beziehungen zum Zaren verschlechtern konnte. Ein wesentlicher Grund für sein Friedensbedürfnis war der geschwächte Zustand Litauens. Vor allem wollte er vom Krieg verschont sein, um die Union von Lublin zu festigen, die am 28. Juni 1569 zustande kam und von folgenschwerer Bedeutung für Osteuropa sein sollte.

In den ersten vierzehn Jahren von Sigismund Augusts Regierung waren keinerlei Schritte zu einer engeren Vereinigung von Litauen und Polen unternommen worden; weder der König noch das Land waren dafür, und die Polen drängten vergeblich. Den Umschwung in der Haltung des Königs und seiner litauischen Untertanen hatte Ivan selbst herbeigeführt. Der Verlauf des livländischen Krieges zeigte, daß Litauen sich nicht gegen die Macht Moskoviens würde behaupten können. Auch bei den Polen setzte sich die Erkenntnis durch, daß Moskovien eine direkte Bedrohung für ihr Land sein würde, sobald Ivan die Litauer besiegt und seine Herrschaft in Livland gefestigt hätte. Das immer entschiedenere Vordringen Ivans nach Livland gab der Tendenz zu einer organischen Vereinigung beider Länder neuen Auftrieb. Schließlich kamen im Juni 1569 der polnische und der litauische Sejm auf einer Versammlung in Lublin überein, eine Union unter *einem* König und *einem* Sejm zu schaffen. Der König sollte in Zukunft gemeinsam gewählt werden, hingegen jedes der Länder sein eigenes Heer, eigene Finanzverwaltung, eigene Beamtenschaft und Heeresführung behalten. In auswärtigen Angelegenheiten jedoch und im Krieg würden die beiden Länder unter Führung des Königs einen geschlossenen Staat darstellen.

Wie man in Moskau vorausgesehen hatte, erschienen 1570 zwei litauische Gesandte, Jan Krotoševskij und Nikolaj Tavroš, mit neuen Friedensangeboten. Ihre Vorschläge wurden zunächst abgelehnt; darauf verlangten sie, den Zaren persönlich zu sprechen und eröffneten Ivan interessante Aspekte. Der Sejm, sagten sie, habe über die Thronfolge beraten und sich dahin geeinigt, einen neuen Herrscher aus den slavischen Völkern zu wählen; dabei sei die Wahl auf den Zaren und seine Dynastie gefallen.

Ivan nahm diesen Antrag keineswegs freudig auf. Er hatte

schon früher erfahren, daß es in Litauen manche gab, die dafür waren, ihn oder seinen Sohn als Nachfolger auf den Thron zu wählen; es mag sein, daß ihn allein der Gedanke, vom Adel gewählt zu werden, schon beleidigte. Auf jeden Fall war er einstweilen viel stärker an Livland interessiert. »Wenn ihr wollt, daß Wir über euch herrschen«, rief er aus, »so tätet ihr gut daran, alles zu vermeiden, was Uns erzürnt, vielmehr tut, was Wir unsere Bojaren angewiesen haben, euch zu heißen, damit die Christenheit in Frieden leben könne!«[2] Dann sprach er ausführlich über die Beziehungen zwischen Moskovien und Litauen während seiner Regierung und betonte zuletzt, daß für die Kämpfe zwischen beiden Ländern nicht er, sondern der König verantwortlich sei[3]. Schließlich wurde ein Waffenstillstand auf der Grundlage vereinbart, daß die derzeitige Lage in Livland und im Gebiet um Polock bestehen bleibe.

Auch die moskovitischen Gesandten, die zur Ratifizierung dieses Waffenstillstands nach Litauen geschickt wurden, berichteten von dem allgemeinen Wunsch der Polen und Litauer, daß der Zar oder sein Sohn dem König auf den Thron folgen möge. Der Sejm, sagten sie, wünsche weder einen muselmanischen Türken noch eine Kreatur des Kaisers Maximilian II., der in Böhmen den Adel unterdrückt habe und ihnen keinen wirksamen Beistand gegen ihre Feinde leisten werde. In Warschau sollte sich der Adel auf die Wahl des Zaren geeinigt haben[4], manche Polen hatten in Erwartung ihres neuen Herrschers sogar schon angefangen, moskovitische Tracht zu tragen und moskovitischen Sitten zu huldigen.

Die Gesandten waren sicherlich falsch unterrichtet über das wirkliche Interesse an der Wahl des Zaren; vielleicht haben sie auch übertrieben. Aber an manchen Stellen begeisterte man sich tatsächlich für dieses Projekt, und das war damals immerhin erstaunlich. Die Polen und Litauer kannten Ivans Strenge gegen seine Bojaren, auch war ihnen das Massaker von Novgorod nicht unbekannt, zumal da Ivan seine Gesandten angewiesen hatte, alle Fragen, die man ihnen in Warschau wegen Novgorod stellen würde, wahrheitsgetreu zu beantworten.

Auch gab es unter den polnischen und litauischen Magnaten wohl kaum einen, der nicht direkt oder durch andere Kurbskijs Schilderungen von Ivans Grausamkeit gehört hätte. Trotz alledem war die Stimmung der Wahl Ivans oder seines Sohnes günstig: der Grund lag darin, daß Ivan damals der weitaus bedeutendste Herrscher in Osteuropa war und daß seine Persönlichkeit auch den Völkern jenseits seiner Landesgrenzen ungeheuren Eindruck machte. Die Litauer und viele Polen sahen in ihm eine starke Führernatur, und das war in einem Zeitalter, da Verteidigung, Sicherheit und verständige Regierung des Landes ganz von der Begabung des Herrschers abhingen, das oberste Erfordernis für jede Nation.

Ivan aber bewahrte gegenüber dem Thron von Litauen-Polen eine kühle Haltung. Seine Hauptsorge galt der Eroberung Livlands. Noch immer beunruhigte es ihn, daß der livländische Krieg sich voraussichtlich jahrelang hinziehen und seine beschränkten Streitkräfte und Hilfsquellen erschöpfen würde. Um dieser kostspieligen Kriegsführung ein Ende zu machen, entwarf er einen neuen Plan, nämlich: einen König in Livland einzusetzen, der zu ihm in demselben Verhältnis stünde wie der Herzog von Kurland zu Sigismund August. Angeregt wurde dieser Plan wahrscheinlich von den zwei livländischen Gefangenen Taube und Kruse, die nach Moskovien gebracht und von Ivan gnädig behandelt worden waren. Sie schlugen Fürstenberg oder Kettler vor, die beiden letzten Hochmeister des Deutschritterordens; aber beide lehnten die livländische Krone ab. Dann fiel Ivans Wahl auf Prinz Magnus von Dänemark.

Durch das Testament seines Vaters war Friedrich II. von Dänemark verpflichtet, seinem Bruder Magnus bestimmte holsteinische Lande abzutreten. Statt dieser Gebiete hatte Friedrich ihm jedoch Oesel und Pilten angeboten, und Magnus war auf den Tausch eingegangen. Er akzeptierte auch Ivans Angebot und wurde, als er 1570 nach Moskau kam, zum König von Livland proklamiert. Er hatte auf Bedingungen einzugehen, die ihn zwar belasteten, doch nicht überforderten; zudem verpflichtete sich der Zar, ihm Waffenhilfe gegen jede livländische Stadt zu leisten, die sich weigerte, ihn als König anzuerkennen.

Im Waffenstillstandsvertrag zwischen Ivan und Sigismund August war vereinbart worden, daß die Moskoviter keine Stadt in litauisch-polnischem Besitz angreifen dürften. Reval jedoch war von den Schweden besetzt, und der 1563 zwischen König Erik und Ivan geschlossene Waffenstillstand lief demnächst ab. Aber auch aus dem Krieg mit Schweden erwuchsen Schwierigkeiten.

Oberflächlich betrachtet, bestanden zwischen Ivan und Erik gewisse Ähnlichkeiten. Gustav Wasa hatte Erik als Thronerben eingesetzt und seinen anderen Söhnen Herzogtümer vermacht. Erik bestieg nach dem Tode seines Vaters den Thron, lebte aber in ständiger Furcht vor dem Adel, den er gegen sich verschworen glaubte; am meisten mißtraute er seinen Brüdern, und ganz besonders Herzog Johann von Finnland. Zum Krieg zwischen Erik und Sigismund August war es gekommen, als letzterer versuchte, die Schweden aus Reval zu vertreiben; dabei hatten die Schweden Pernau und Wittenstein erobert. Johann von Finnland unterstützte jedoch die Polen und drängte Erik, die beiden eroberten Städte zurückzugeben und sich mit Sigismund August gegen Moskovien zu verbünden. Eriks Antwort bestand darin, daß er die Finnen gegen die Polen in Livland marschieren ließ und seinen Bruder in Stockholm vor Gericht stellen wollte. Herzog Johann lehnte sich gegen ihn auf, konnte aber den königlichen Truppen keinen Widerstand leisten und mußte sich zwei Monate später ergeben.

Dieser Aufstand wirkte sich auf Erik verhängnisvoll aus. Er wurde krankhaft mißtrauisch gegen alle, bis auf ein paar Favoriten geringer Herkunft. Vom Adel schloß er sich völlig ab und soll sogar Anfälle von Wahnsinn gehabt haben. Hinrichtungen, bis dahin in Schweden eine Seltenheit, fanden jetzt häufig statt. Doch weigerte sich Erik gegen den Rat seiner nächsten Umgebung, seinen Bruder, den er gefangenhielt, hinrichten zu lassen.

Ob er, wie seine Feinde behaupteten, damals wahnsinnig war

oder nicht – jedenfalls lenkte er maßgeblich die Politik des Königreichs. Er führte Krieg gegen Sigismund August und gegen Friedrich von Dänemark: deshalb strebte er nach einem Bündnis mit Ivan. Schon seit einiger Zeit standen die beiden Monarchen in direktem Schriftwechsel, vielleicht einander nähergebracht durch das Gefühl von Unsicherheit und Furcht, unter dem sie beide litten. Ein Bündnis war unter den Bedingungen geplant, daß der Zar Schweden gegen Sigismund August unterstützen, Frieden mit Dänemark vermitteln und Estland Schweden überlassen solle. Dagegen verpflichtete sich Erik, die Frau seines gefangenen Bruders an Ivan auszuliefern. Es war dies Kateryna Jagellon, die Schwester Sigismund Augusts, um deren Hand Ivan angehalten hatte. Sein Wunsch, Kateryna als seine Gefangene zu haben, mag auf den verwundeten Stolz des abgewiesenen Bewerbers zurückzuführen sein, wahrscheinlicher ist es jedoch, daß er sie als Geisel betrachtete, die er ihrem Bruder gegen günstige Bedingungen in bezug auf Livland zurückgeben würde.

Als Ivans Gesandte nach Stockholm kamen, fanden sie jedoch Erik in einem Zustand von Geistesverwirrung. Einem Impuls folgend, hatte er seinen Bruder freigelassen und lebte jetzt in der Wahnvorstellung, daß sein Bruder regiere, er selbst sich aber im Gefängnis befinde. Die Bemühungen der moskovitischen Gesandten um die Auslieferung Katerynas waren ergebnislos. Schließlich kam es am 29. Dezember zu einem Aufstand gegen Erik, der mit seinem Sturz und der Erhebung des Herzogs Johann von Finnland auf den Thron endete.

Empört über die Behandlung, welche die Schweden ihrem rechtmäßigen Monarchen hatten zuteil werden lassen, betrachtete Ivan Schweden jetzt als seinen Feind, um so mehr, als der neue König verpflichtet war, ein Bündnis mit Sigismund August zu schließen. Deshalb sagte er König Magnus von Livland volle Unterstützung zu, als dieser mit Plänen zur Eroberung Revals nach Moskau kam.

Im August 1570 begann Magnus mit einem großen deutschen Söldnerheer und 25 000 russischen Soldaten Reval zu belagern.

Aber seine Hoffnung, die Stadt auszuhungern und dadurch zur Übergabe zu zwingen, schwand dahin, als schwedische Schiffe an der Küste vor Anker gingen und Proviant ins Binnenland schickten. Dreißig Wochen belagerte Magnus Reval, dann mußte er sich geschlagen geben; er zog seine Armee zurück und schickte die russischen Truppen nach Narva.

Diese Niederlage beunruhigte Magnus vor allem, weil er dem furchtbaren Zaren darüber Rechenschaft geben mußte. Auch Taube und Kruse, denen er vorwarf, sie hätten ihn über die Verhältnisse in Reval falsch informiert, fürchteten sich, dem Zaren gegenüberzutreten. Sie flohen nach Dorpat und machten heimlich Sigismund August das Anerbieten, Dorpat an ihn zu verraten. Es gelang ihnen auch, den Befehlshaber der deutschen Truppen im Dienst des Zaren zu einem unvermuteten Angriff auf die russische Garnison zu überreden. Der Anschlag wäre fast geglückt, aber alle Russen in der Stadt schlossen sich zusammen und vertrieben die Aufrührer; Taube und Kruse hatten sich schon aus Dorpat davongemacht und wurden in Litauen vom König freundlich aufgenommen. Magnus aber war von noch größere Bedrängnis geraten, weil er fürchtete, nicht nur für die Niederlage bei Reval, sondern auch für den Verrat in Dorpat zur Verantwortung gezogen zu werden. Er suchte Zuflucht auf der Insel Oesel, erhielt dort aber bald die beruhigende Nachricht, daß der Zar ihm verziehen habe.

Die Berichte vom Sturz des unglückseligen Erik und von seinem Tod im Gefängnis hatten Ivan zweifellos verstört. Es war das Schicksal, das er immer für sich gefürchtet hatte. Entgangen war er ihm seiner Meinung nach nur, weil er, anders als Erik, jeden Aufruhr sofort und unbarmherzig niedergeschlagen hatte. Förmlich besessen davon, alle Verräterei auszurotten, witterte er auch Verrat, wo vielleicht keiner vorlag. Nie war er frei von Furcht und dem Gefühl der Unsicherheit. Er hatte sich mit der Opričnina eine Hausmacht geschaffen, aber auch sie gewährte ihm nicht die ersehnte Sicherheit. Ja, er fühlte sich zuweilen derart von Gefahren umdroht, daß er meinte, vielleicht im Ausland Asyl suchen zu müssen. Dies war einer der Gründe, die ihn eine Annäherung an Elisabeth von England suchen ließen.

Den englischen Kaufleuten war es in Moskovien bislang gut gegangen, sie genossen immer größere Privilegien und den besonderen Schutz Ivans. Sein Wohlwollen gegen die Engländer schien keine Grenzen zu haben. Er machte der Russischen Kompanie sogar noch größere Zugeständnisse: sie erhielt das Monopol für den gesamten Handel über das Weiße Meer, während ausländische und auch andere englische Kaufleute davon ausgeschlossen wurden. Ferner gestattete er der Kompanie, von Rußland aus freien Handel nach Persien und Cathay zu treiben. Aber mit diesem Entgegenkommen bahnte er seine eigenen Forderungen an. Anthony Jenkinson, der sich um diese Zeit in Moskau aufhielt, nahm auf der Heimfahrt einen formellen Brief des Zaren mit, außerdem ein Geheimschreiben, das Elisabeth und ihre Minister in einige Verlegenheit brachte.

In der Geheimbotschaft stellte Ivan neue und weitgehende Forderungen. Er bat die Königin, »zu genehmigen, daß Handwerksmeister zu ihm kämen, die Schiffe zu machen und mit ihnen zu segeln verstünden«[5], auch möge sie ihm erlauben, »aus England Geschütze jeder Art und sonstige für den Krieg erforderliche Dinge zu haben«[6]. Sodann folgte die Bitte – die Elisabeth in Staunen versetzte –, sie möge ihm in England Asyl gewähren, wenn irgendein Mißgeschick ihn zwinge, aus seinem Land zu fliehen; eine ähnliche Zuflucht werde auch er ihr gewähren, wenn sie je dessen bedürfe. Schließlich schlug er ein Offensiv- und Defensivbündnis vor, damit sie »ganz eins« seien und sie »Freund seiner Freunde, Feind seiner Feinde wäre und so per contra«. Seine Botschaft schloß mit dem Ersuchen, ihm bis zum 29. Juni 1568 – also in wenigen Monaten – auf seine Vorschläge Antwort zu geben[7].

Elisabeth ließ sich nicht zu übermäßiger Eile drängen. Erst im Juni ernannte sie Thomas Randolph, einen Berufsdiplomaten, zum Botschafter beim Zaren; auch erteilte sie ihm vor seiner Abreise sehr genaue Instruktionen. Er sollte den Dank der Königin für die ihren Untertanen erwiesene Gunst aussprechen und dem Zaren versichern, daß er in England stets willkommen sein und eine sichere Zuflucht finden werde. Was jedoch sie selbst anging, so sollte Randolph erwidern, sie benötige ein solches Asyl nicht; denn: »Wir haben keinerlei Zweifel an der Beständigkeit Unserer friedlichen Regierung, ohne Gefahr von seiten Unserer Untertanen oder Unserer auswärtigen Feinde.«[8] Den Vorschlag zu einem Offensiv- und Defensivbündnis sollte Randolph »mit Stillschweigen übergehen«[9].

Als Ivan keine Nachrichten über Jenkinsons Rückkehr zu dem vorgesehenen Datum erhielt, begann er, einen Druck auf die Kompanie auszuüben, indem er anderen, konkurrierenden Kaufleuten Privilegien gewährte. Die Kompanie hatte in ihrer Gründungsurkunde das Monopol für den englischen Handel mit Moskovien erhalten und konnte es ohne Schwierigkeit durchsetzen, solange der Handel über das Weiße Meer gehen mußte. Nachdem Ivan jedoch 1558 Narva an der Ostsee erobert hatte, benützte eine Gruppe englischer Kaufleute, die nicht der Kompanie angehörten, diesen Hafen als Ausgangspunkt für einen unabhängig betriebenen Handel[10]. Diesen Eindringlingen gewährte Ivan jetzt Handelsprivilegien.

Nun hatte Elisabeth es eilig, das Monopol der Kompanie zu verteidigen. Sie schickte Lawrence Manley und einige Monate später George Middleton zum Zaren mit dem Ersuchen, er möge »diese garstigen Engländer«, die privat Handel trieben, festnehmen lassen und nach England zurückschicken[11]. Ivan jedoch widerstrebte es durchaus, die beiden Hauptübeltäter Glover und Rutter festzunehmen, da sie durch ihre Dienste seine Gunst gewonnen hatten[12]. Zudem hatte ihm weder Manley noch Middleton Antworten Elisabeths auf seine dringenden Bitten gebracht, und so hielt er sie beide einfach hin und ignorierte ihre Aufträge.

Thomas Randolph traf im Oktober 1568 in Moskau ein, mußte aber vier Monate auf eine Audienz warten und wurde während dieser Zeit auf Befehl des Zaren praktisch in Hausarrest gehalten. Schließlich wurde er in aller Morgenfrühe empfangen, doch ohne die Ehrerbietung, die gegenüber Gesandten befreundeter Monarchen sonst üblich war[13]. Ivan zeigte unverhohlen sein Mißfallen.

Aber einige Tage darauf wurde Randolph zu nächtlicher Stunde, als Russe verkleidet, in den Kreml geholt[14]. Leider ist über diese geheime Audienz kein Bericht erhalten; doch scheint Randolph sich strikt an seine Weisungen gehalten zu haben, denn später beklagte sich Ivan darüber, daß der Gesandte »grob und nur von Handelsgeschäften, ganz wenig jedoch von Unseren fürstlichen Angelegenheiten« gesprochen habe[15]. Dennoch erhielt er Weisung, dem Zaren nach Vologda zu folgen, und dort wurde er dann gnädiger aufgenommen.

Trotz seiner Enttäuschung über Elisabeths unbefriedigende Antwort auf seine Vorschläge war Ivan entschlossen, die Verhandlungen fortzusetzen. In Vologda ließ er im Juni 1569 Randolph wissen, daß er der Kompanie weitere Privilegien gewähre, die ihr günstigere Handelsbedingungen denn je in Moskovien verschaffe. Auch erklärte er in seinem Bestätigungsschreiben an Elisabeth, daß er Glover, Rutter und anderen Eindringlingen die ihnen gewährten Privilegien entzogen habe und sie nach England zurückschicken werde. Doch bat er Elisabeth nachdrücklich, »sie um Unsertwillen mit Wohlwollen zu behandeln und ihnen Ungnade zu ersparen«[16].

In Begleitung von Ivans Botschafter Andrej Savin segelte Randolph im Juli 1569 wieder nach England. Ivan glaubte jetzt zuversichtlich, daß Elisabeth sich seinen Forderungen nach einem Bündnis nicht mehr entziehen könne; auch wünschte er ihre feste Zusage, daß er notfalls ein sicheres Asyl in England finden werde. Einen Vertrag über diese und andere Fragen hatte er Savin mitgegeben und erwartete offenbar, daß die Königin ihn billigen und ohne weiteres unterzeichnen werde.

Ivans Hauptforderung betraf wieder das Bündnis gegen seine Feinde. Dieser Wunsch wurde dringender, als 1570 die Feindseligkeiten zwischen Dänemark, Polen und Schweden zu einem Ende kamen und er damit rechnen mußte, daß diese baltischen Staaten sich zusammenschließen würden, um Moskovien den Zugang zur Ostsee zu verwehren.

Elisabeth befand sich jetzt in einer heiklen Lage. Eine glatte Ablehnung von Ivans Forderungen konnte eine Sperre von Lieferungen herbeiführen, die für ihre Flotte wichtig waren, und bestimmt würden die Handelsmonopole der Kompanie damit erloschen sein. Sie war aber nicht gewillt, die Feinde des Zaren zu ihren Feinden zu machen. Deshalb arbeitete sie einen Kompromiß aus. Sie stimmte einem Bündnis zu, doch unter starken Vorbehalten: sollte dem Zaren durch irgendeinen anderen Monarchen Schaden zugefügt werden, so wolle sie als seine Verbündete – wenn sie von seiner gerechten Sache überzeugt sei – den Angreifer auffordern, von seinem Tun abzulassen; bleibe dies ohne Wirkung, so werde sie dem Zaren Beistand leisten. Abschließend erklärte sie sich bereit, alle seine übrigen Bitten zu erfüllen[17].

Savin kehrte mit zwei Antwortschreiben Elisabeths nach Moskau zurück. Das eine war ein »Geheimschreiben«, in dem sie Ivan und seiner Familie Asyl in England versprach, falls er »durch irgendein unglückliches Ereignis, sei es heimlicher Verrat oder Feindseligkeit von außen« aus Moskovien vertrieben würde. Sie werde dann ihm und den Seinen eine Residenz anweisen, doch auf seine eigenen Kosten, und »mit allen Aufmerksamkeiten und Höflichkeiten Euch, lieber Bruder Kaiser und Großfürst, in Euer eigenes Land oder wohin es Euch beliebt, ziehen lassen«[18].

Elisabeths Zugeständnisse waren keineswegs großzügig, ihre Forderung, daß Ivan seinen Unterhalt in England selbst bestreiten müsse, war geradezu kleinlich. Das Bündnis, wie sie es sich vorstellte, hatte kaum einen realen Wert. Aber anscheinend glaubte sie, ihre Antwort werde Ivan zufriedenstellen, zumindest so weit, daß er die Kompanie auch in Zukunft mit Wohlwollen behandle. Darin aber täuschte sie sich entschieden.

Ivan geriet über ihre Antwort in Wut. Er widerrief sogleich die Privilegien der Kompanie und beschlagnahmte ihre Waren. Dann schrieb er einen zornigen Brief, in dem er offen alle seine Beschwerden aufzählte und ihr vorwarf, seine »großen Angelegenheiten« beiseite gesetzt zu haben. Sodann erklärte er geradeheraus, Elisabeth habe gezeigt, daß sie nur dem Namen nach Herrscherin sei, denn »jetzt erkennen Wir, daß in Wirklichkeit andere herrschen, und nicht Männer, sondern Grobiane und Kaufleute, welche nicht auf Wohl und Ehre Unserer Majestäten bedacht sind, sondern ihren Handelsvorteil suchen«[19].

Dieser Brief muß Elisabeth, die mehr an die schwülstigen Schmeicheleien ihres Hofes gewöhnt war, einen ziemlichen Schock versetzt haben. Trotzdem sollte sie ihn mit Zurückhaltung und Würde beantworten. Vor dem Brief des Zaren jedoch traf in London die Nachricht ein, daß die Rechte der Kompanie widerrufen worden seien, und darauf hatte Elisabeth sofort einen Protest geschrieben. Danach erst kam der Zornesbrief des Zaren. Es mußte sogleich etwas geschehen, um ihn zu beschwichtigen. Unter anderem hatte Ivan sich darüber beschwert, daß die Königin es unterlassen habe, mit Savin »ihren großen Gesandten« zur Überlieferung ihrer Antwort zu schicken. Nun beauftragte Elisabeth Anthony Jenkinson, um den Ivan mehrmals gebeten hatte, diese heikle Angelegenheit zu regeln.

Ivan schrieb eine Erwiderung auf Elisabeths ersten Protest, bevor er etwas von der Ernennung Jenkinsons wußte. Er riet ihr, seinen vorausgehenden Brief nochmals zu lesen, wenn sie »den Anlaß zu Unserem Ärger« verstehen wolle[20]. Weiter schrieb er, sie könne seinen Zorn nur besänftigen, wenn sie zur Behandlung »der ärgerlichen Angelegenheiten« ihren Gesandten schicke[21]. Noch bevor er den Brief schloß, erfuhr er jedoch, daß Jenkinson in Nordrußland eingetroffen sei, und fügte hinzu: »Und soeben haben Wir Nachrichten, daß Anton [Jenkinson] hier angekommen ist, und wenn Anton zu Uns kommt, so wollen Wir ihn gerne anhören...«[22]

Jenkinson hatte Ende Juli 1571 das Weiße Meer erreicht; von Cholmogory aus berichtete er Lord Burghley »über die elenden Zustände« in Moskovien. Die Hungersnot habe die Bevölkerung so weit gebracht, daß sie Brot aus Baumrinde esse und »in manchen Gegenden haben sie einer den anderen aufgefressen«. Der Zar habe »durch mannigfache Martern einen großen Teil seines Volkes zu Tode gebracht«. Auch habe die Pest etwa

300000 Menschen dahingerafft. Es war tatsächlich eine Zeit furchtbarer Leiden für Ivan und sein Volk, zumal die Nation von einer noch schlimmeren Katastrophe heimgesucht wurde, als die Tataren des Krimkhans bei einem erfolgreichen Angriff Moskau niederbrannten; dabei kamen wieder Tausende in den Flammen um [23].

Während es Ivan hauptsächlich um die Eroberung Livlands zu tun war, mußte er doch ständig vor Angriffen im Süden auf der Hut sein. Er bemühte sich heftig um ein Abkommen mit Devlet Girej, und die Zeit schien diesem Vorhaben günstig. Der Sultan drängte die Krimhorde, in gemeinsamen Feldzügen mit ihm Astrachan und Kazanj zurückzuerobern und in den Volgaländern wieder die Herrschaft des Halbmonds aufzurichten. Der Khan sträubte sich dagegen. Er wußte, daß seine Horde die Hauptlast des Krieges zu tragen haben würde und daß diese Politik unweigerlich auf eine verstärkte türkische Herrschaft über die Tataren hinauslief, die aber ihre Unabhängigkeit hochhielten. Aus diesen Gründen neigte der Khan dazu, mit dem Zaren Frieden zu schließen. Um diese Zeit jedoch trat Sigismund August an ihn heran und bot ihm eine Summe Geldes – weit höher als die Geschenke des Zaren –, wenn er wieder die Feindseligkeiten gegen Moskovien eröffne. Der Khan konnte reichen Gaben nie widerstehen und unternahm sofort einen Überfall in das Gebiet von Rjazanj.

Die Verhandlungen zwischen Ivan und Devlet Girej gingen trotzdem weiter. Im Spätjahr 1565 machte der Khan nach einem eiligen Rückzug seiner Truppen nach ihrem mißglückten Überfall ein Angebot auf ewigen Frieden, unter der Bedingung, daß Ivan ihm Kazanj und Astrachan abtrete. Ivan erwiderte schroff, er habe keine albernen Vorschläge gemacht und wünsche auch keine solchen zu hören [24]. Er hatte umfassende Vorsichtsmaßregeln getroffen, um Kazanj und das obere Volgagebiet fest in der Hand zu haben: nicht weniger als sieben befestigte Städte waren erbaut, die tatarischen Bewohner nach dem Innern Moskoviens und sogar nach Novgorod und Pskov umgesiedelt und statt ihrer dort russische Familien ansässig gemacht worden.

Jetzt plante er zur Verstärkung von Astrachan eine Festung am Terek zu errichten, offenbar auch zum Schutz von Temgrjuk, des Vaters seiner zweiten Frau. Dieser Plan beunruhigte den Khan und trübte die Beziehungen. Zu Ivans Botschafter Nagoj sagte er zornig: »Wenn er [der Zar] eine Stadt am Terek baut, so mache ich mit ihm keinen Frieden, und wenn er mir einen Berg von Gold gäbe...«[25]

Im Jahre 1566 starb Sultan Suleiman, bekannt als »der Prächtige« und »der Gesetzgeber«. Ihm folgte sein Sohn Selim, ein Schwächling, dessen Regierung den Verfall des großen osmanischen Reiches einleitete. Beherrscht von der Vorstellung, mit der großen Regierung seines Vaters wetteifern zu müssen, griff Selim sogleich den Plan auf, Astrachan zurückzuerobern, und bemühte sich um ein Bündnis mit Sigismund August gegen Moskovien. Im Frühjahr 1569 landeten türkische Truppen, 17000 Mann stark, in Kafa auf der Halbinsel Krim, rückten weiter vor nach Azov und donauaufwärts bis nach Perevolok; dort begannen sie einen Verbindungskanal zwischen Don und Volga zu bauen. Verstärkt durch 50000 Krimtataren sollten die Türken dann die Volga hinunter ziehen und Astrachan erobern. Aber die Augusthitze und Mangel an Proviant zwangen sie, den Kanalbau aufzugeben. Außerdem brach unter ihnen eine Panik aus, als sie sich Astrachan näherten und erfuhren, daß eine große russische Streitmacht zur Verteidigung der Stadt anrücke. Der kommandierende Pascha ließ alles verbrennen, was er nicht mitnehmen konnte, und befahl eilig den Rückzug nach Azov.

Dieser schmählich mißglückte Versuch, Astrachan zurückzuerobern, machte Ivan nicht blind gegen die ernste Gefahr, die Moskovien drohte, seit die Türken es sich wieder zum Ziel gesetzt hatten, die Volga zu beherrschen. 1570 schickte er Novosilcev als seinen persönlichen Botschafter nach Konstantinopel, damit er dem Sultan zu seiner Thronbesteigung gratuliere, ihn an die ehemals freundschaftlichen Beziehungen ihrer beiderseitigen Vorfahren erinnere und der Hoffnung Ausdruck gebe, dieser Zustand möge andauern. Selims Antwort klang wenig ermutigend. Im März 1571 schickte Ivan einen neuen Botschafter, Kuzminskij, der dem Sultan eröffnen sollte, daß der Zar bereit sei, die Festung am Terek aufzugeben und im Interesse des Friedens noch weitere Zugeständnisse zu machen. Jetzt aber verlangte der Sultan die Herausgabe von Kazanj und Astrachan und zeigte sich unverhohlen feindselig.

In dieser Periode verfolgte Ivan auch gegenüber dem Krimkhan eine Versöhnungspolitik. Er hatte sich sogar bereit erklärt, dem Khan Gold und Geschenke von erheblich höherem Wert als bisher zu senden. Trotzdem hielten während des Sommers 1570 wiederholte Meldungen von ausgedehnten Tatareneinfällen die russischen Truppen an der Oka in Alarmbereitschaft. Zweimal eilte Ivan selbst an die Oka, um den Khan zurückzutreiben; aber die Tataren erschienen nicht, und die russischen Truppen wurden für den Winter entlassen.

Im Frühjahr 1571 gelangten wieder beunruhigende Nachrichten von einem schweren Tatareneinfall nach Moskau. Die Oberbefehlshaber – Fürst D. Belskij, Fürst Ivan Mstislavskij, Fürst Michail Vorotynskij, Fürst Ivan A. Šujskij und Fürst Ivan P. Šujskij – bezogen mit 50000 Mann Stellungen an der Oka. Ivan wartete mit seinen Opričniki in Serpuchov.

Diesmal war es keine Falschmeldung. Der Khan hatte an der moskovitischen Grenze ein Heer von 120000 Mann zusammengezogen. Dort ging eine Gruppe von Moskovitern, die durch die Notlage demoralisiert waren, zu ihm über, und auch Mstislavskij war in den Verrat verwickelt. Die Überläufer berichteten dem Khan, daß die Städte im Innern Rußlands seit zwei Jahren unter Hungersnöten und der Pest litten, wodurch die Bevölkerung stark zusammengeschmolzen sei. Auch habe der Zar viele seiner tüchtigsten Leute hinrichten lassen, und ein Großteil der moskovitischen Truppen stehe in Livland, während der Zar in Serpuchov nur wenige Garden bei sich habe. Sie erboten sich, dem Khan einen Übergang über die Oka zu zeigen, wo er Kämpfe mit den moskovitischen Truppen vermeiden könne; dann sei es ein leichtes, Moskau zu erobern.

Der Khan ging auf den Plan ein. An einer nicht näher bekannten Stelle setzten seine Tataren über die Oka und rückten auf Moskau vor. Ivan, der sich von seiner Hauptstreitkraft abgeschnitten sah, zog sich in Eile nach Alexandrovsk und von dort nach Rostov zurück; mit seinen hoffnungslos unterlegenen Garden den Khan anzugreifen, wagte er nicht. Außerdem vermutete er – wenn er es nicht wußte –, daß Verräter den Tataren geholfen hatten; und bei seinem tief eingewurzelten Mißtrauen befürchtete er das Schlimmste und sah einen Massenaufstand voraus. Jedenfalls war sein Rückzug ein Akt der Klugheit; dasselbe hatten in ähnlichen Lagen Dmitrij Donskoj und andere von Ivans Vorgängern ohne zu zögern getan[26].

Als die moskovitischen Befehlshaber erfuhren, daß der Khan über die Oka nach Norden vorgedrungen war, setzten sie eiligst ihre Truppen in Marsch, um die Hauptstadt zu verteidigen. Am 23. Mai erreichten sie Moskau und bezogen Stellung in den Randbezirken. Die Tataren erschienen am folgenden Tag, ließen sich aber auf keine Gefechte mit den Moskovitern ein, sondern steckten die Vorstädte in Brand. Es war ein schöner, klarer Tag, doch ging ein starker Wind. Das Feuer griff schnell um sich, und bald war die brennende Stadt in dichte Rauchwolken gehüllt. Die moskovitischen Truppen befanden sich in ihren Verteidigungsstellungen wie in einem Schmelzofen, und viele von ihnen verbrannten. In der Stadt drängte sich das Volk zusammen, das beim Anrücken der Tataren innerhalb der Mauern Schutz gesucht hatte, und auch hier fanden Tausende den Tod.

Das Feuer raste mit so wütender Gewalt, daß die Tataren nicht einmal plündern konnten; der Khan mußte den Rückzug befehlen, doch schleppten seine Leute eine Menge Gefangener fort – wie es hieß, 150000 –, um sie als Sklaven zu verkaufen. In drei Stunden war die stolze Hauptstadt in Asche gelegt. Nur der Kreml blieb stehen. Seine Tore waren geschlossen worden, auch vor den Moskovitern, die verzweifelt darum kämpften, hinter seinen hohen Mauern eine Zuflucht vor dem Feuer und dem Feind zu finden. So verbrannten viele bei lebendigem Leibe, noch bevor sie sich vor den Flammen in die Moskva retten konnten. Im Fluß stauten sich die Leichen, und um sie fortzuschaffen, mußte Hilfe aus den nördlichen Städten herbeigeholt werden.

Ivan hatte immer eine hohe Meinung von seiner Majestät und empfand es jetzt als furchtbare Demütigung, daß seine Hauptstadt in Asche gelegt war. Dennoch bewahrte er Ruhe. Noch immer war es seine oberste Sorge, Livland zu halten, während er weitere Angriffe des Khans und des Sultans abwehrte. Aber seine Selbstbeherrschung wurde auf eine empfindliche Probe gestellt, als ihn bei seiner Rückkehr nach Moskau zwei tatarische Kuriere erwarteten. Der Khan triumphierte und schlug in seiner Botschaft an den Zaren einen überheblichen Ton an. »Ich brenne nieder und verwüste alles, was vor mir ist, wegen Kazanj und Astrachan... Ich bin gegen dich gezogen. Ich habe deine Stadt verbrannt. Ich wollte deinen Kopf und deine Krone, aber du bist nicht erschienen und hast dich uns nicht gestellt, und noch immer fühlst du dich als großmächtiger Monarch von Moskovien!« Das Schreiben schloß mit der Drohung, daß die Tataren wiederkämen, wenn nicht Kazanj und Astrachan aufgegeben würden[27].

Ivan schickte eine versöhnliche, ja demütige Antwort. Er bot die Übergabe Astrachans an und beauftragte mit Rücksicht auf die tatarische Geldgier seinen Botschafter, dem Khan zu sagen, der Zar werde sich vielleicht bereit finden, ihm größere Summen denn je zu zahlen. Damit verfolgte er das Ziel, den Khan von einem weiteren schweren Angriff im nächsten Jahr abzuhalten. Aber es war ihm klar, daß Devlet Girej, der das Gefühl hatte, die Moskoviter seien ihm auf Gnade und Ungnade ausgeliefert, marschieren mußte.

Im Sommer 1572 rückte der Khan wieder mit 120000 Mann an die Oka vor. Ivan war in Novgorod, hatte aber ein starkes Heer unter dem Befehl des Fürsten Michail J. Vorotynskij in Serpuchov aufgestellt. Der Khan schickte 2000 Tataren ins Gefecht gegen Vorotynskij, während er selbst mit seiner Hauptstreitkraft die Oka überquerte und wieder gegen Moskau zog. Aber der russische Feldherr ließ sich durch diese Finte nicht irreführen. Er holte die Tataren etwa zwanzig Kilometer vor der Hauptstadt ein und brachte ihnen in mehreren Gefechten eine schwere Niederlage bei. Der Khan mußte mit seinen restlichen Truppen fliehen. Als bald darauf die Verhandlungen wieder aufgenommen wurden, schrieb der Khan nicht mehr in überheblichem Ton, sondern mit der üblichen Achtung für den Zaren.

20

IVANS VERMÄCHTNIS
1572

Während die Jahre dahingingen, hatte Ivan immer verzweifelter darum gerungen, Moskovien zu einem starken, zentralisierten Staat zu machen. Die große Aufgabe, der er seine Regierung gewidmet hatte, schien zuzeiten unlösbar. Wenn ihn Zweifel und Ängste überkamen, verfiel er in schwere Depressionen. Er fürchtete nicht die Feinde im Ausland. Mit Waffengewalt und durch kluge Diplomatie hatte er seine Politik erfolgreich gegen sie durchgesetzt und die Grenzen des Zarenreichs gehalten und verteidigt. Die Tataren hatten sie zwar einmal durchbrochen und Moskau in Brand gesteckt, aber seine Armeen hatten rasche Vergeltung geübt. Nicht seine ausländischen Gegner, sondern die Feinde im Zarenreich ließen ihn verzweifeln, denn der Kampf gegen sie schien kein Ende zu nehmen.

Auch bedrückte Ivan jetzt zunehmend eine Ahnung von Unheil, das über ihm und seiner Dynastie schwebte. Die Krone des Monomach, ihm als heiliges Unterpfand von seinen Vorfahren überkommen, war ständig in Gefahr. Wütend kämpfte er gegen den hartnäckigen Verrat, dessen Wurzeln er in der bojarenfürstlichen Aristokratie vermutete. Bei diesem Kampf ging es ihm nicht nur um die Fortdauer der Dynastie, sondern um den Bestand des Reiches; und hierin lag der Grund für seine wilden Zornesausbrüche und die grausamen Hinrichtungen.

Wenngleich Ivan die Feinde im Innern bekämpfte, betrachtete er doch ihre Verräterei als eine Strafe Gottes, die demütig hinzunehmen war. Wie die verheerenden Seuchen, die Hungersnöte und die großen Brände Moskaus war auch dies der Nation, seiner Familie und ihm seiner Sünden wegen auferlegt. Ivan war sich seiner Sündenlast stets bewußt. In den Briefen an Kurbskij hatte er mehrmals zugegeben, er sei »von Natur ganz und gar in Schwachheit gewandet«[1]. Täglich verbrachte er Stunden in glühendem Gebet vor den heiligen Ikonen und flehte den Erlöser und die Heiligen um Fürsprache und Beistand an. Mochte aber die Widersetzlichkeit gegen seinen großgedachten Plan auch eine Strafe Gottes sein, den Kampf konnte er deshalb nicht aufgeben; jede Meldung von Verrat versetzte ihn in solche Raserei, daß er erbarmungslos zuschlug. Allmählich jedoch fühlte er sich müde und erschöpft, denn der Kampf nahm ihn schwer mit.

Einsamkeit verschlimmerte seine Qualen. Er hatte Gefährten und Favoriten, wie Maljuta Skuratov und Boris Godunov. Maljuta Grigorij Lukjanovič Skuratov-Belskij, bekannt als Maljuta Skuratov, war der ergebene Sklave Ivans und diente ihm treu, bis er 1572 bei dem Sturm auf Wittenstein den Tod fand. Sein Schwiegersohn Boris Godunov, ein junger Höfling, war mit der Familie der ersten Frau von Ivans Vater, Großfürst Vasilij, verwandt. Durch das Wohlwollen, das Maljuta Skuratov am Hofe genoß, gelangte Boris rasch in Gunst und wurde, da er Ivan gefiel, einer seiner Favoriten. Er besaß ein äußerst gewinnendes Wesen, angeborenen Takt, Intelligenz und vermied es klug, sich Feinde zu machen. Nach dem Tode Maljuta Skuratovs wurde er Ivans erster Favorit und gewann großen Einfluß auf ihn. Diese Favoriten vermochten jedoch nicht, ihm das Gefühl der Verlassenheit zu nehmen, und so gingen Ivans Gedanken jetzt häufig zu Anastasija zurück, die er zärtlich geliebt und deren Liebe ihn so oft getröstet hatte. Wahrscheinlich begann er in der Hoffnung, nochmals eine solche Frau zu finden, ernstlich an eine Wiederverheiratung zu denken.

Seine zweite Frau, Zarin Marija, die asiatische Schöne, war am 1. September 1569 plötzlich gestorben. Ivan und der Hof hatten Trauer angelegt, und in allen Kirchen des Landes waren

Seelenmessen für sie gelesen worden. Aber weder Ivan noch das Volk hatten wirkliche Liebe für Marija gefühlt, und die Trauer war förmlich gewesen, ohne öffentliche Kundgebungen von Schmerz wie bei Anastasijas Tod. Es ging das Gerücht, Marija sei von Feinden vergiftet oder durch Zauberei getötet worden, und diejenigen, auf die der Verdacht fiel, wurden hingerichtet.

Achtzehn Monate später gab Ivan bekannt, daß er eine dritte Frau zu nehmen gedenke. In alle Teile des Landes erging die Aufforderung an die Väter von schönen und tugendhaften Mädchen, ihre Töchter zur Vorwahl den Ortsbehörden vorzustellen. Schließlich fanden sich in Alexandrovsk über 2000 Mädchen aus großen und angesehenen Familien zusammen[2]. Zwölf von ihnen wählte Ivan aus und übergab sie zu genauerer Untersuchung seinem Arzt und älteren Hofdamen. Schönheit, guter Charakter und Intelligenz waren die Hauptkriterien, doch mußten die ausgewählten Mädchen auch sonst ohne Makel sein und durften keine schlechten Angewohnheiten haben, wie etwa nachts zu schnarchen.

Ivan entschied sich für Marfa, die schöne Tochter des Novgoroder Kaufherrn Vasilij Sobakin. Auch wurde aus dieser letzten Gruppe von Mädchen Evdokija Saburova als Braut für Zarevič Ivan, den älteren Sohn, ausgewählt. Die Väter der beiden Bräute wurden sogleich zu Bojaren gemacht, ihre Onkel und Brüder in hohen Rang erhoben, und alle erhielten reiche Besitzungen. Als Eltern und Verwandte der Zarin und der Gemahlin des Zarevič bekamen sie einflußreiche Stellungen am Hofe.

Marfa war kaum gewählt worden, als sie dahinzusiechen begann. Aufgewachsen in der Abgeschlossenheit der Frauengemächer, mag sie als Mädchen beängstigende Geschichten gehört haben und durch die Aussicht, den gefürchteten Zaren zu heiraten, erschreckt worden sein. Viele aber behaupteten, es sei Zauberei am Werk oder Ivans Feinde hätten ihr ein langsam wirkendes Gift beigebracht. Marfas Zustand verschlechterte sich. Der Verdacht richtete sich gegen die Familien von

Ivans zwei ersten Frauen. Fürst Michailo Temgrjukovič, Marijas Bruder, wurde gepfählt. Andere wurden hingerichtet oder vergiftet, doch gehörten nicht alle Opfer den besagten Familien an; manche hatten sich vielleicht einer Pflichtversäumnis oder des Verrats beim Angriff des Khans auf Moskau schuldig gemacht. Grigorij Grjaznoj, ein früherer Favorit Ivans, starb damals qualvoll an Gift, aber man weiß nicht, was ihm zur Last gelegt wurde.

Am 28. Oktober 1571 heiratete Ivan Marfa, und sowohl Boris Godunov wie Maljuta Skuratov standen bei der Trauung im Vordergrund. Sechs Tage später heiratete der Zarevič Evdokija. Marfa war zur Zeit der Hochzeit krank, und Ivan sprach die Hoffnung aus, daß sie durch seine Liebe und Gottes Gnade genesen werde. Aber sie verfiel zusehends, und nach sechzehn Tagen einer nicht vollzogenen Ehe ging das Mädchen dahin, das ihrer Schönheit und ihres guten Charakters wegen unter 2000 ausgewählt worden war[3].

Ivan muß dieses tragische Ende seiner Braut als ein deutliches Zeichen von Gottes Zorn empfunden haben. Aber er reagierte mit verzweifelter Ungeduld, als sei das Verlangen nach einer Frau und Gefährtin in ihm übermächtig. Zwei Monate nach Marfas Tod heiratete er wieder. Seine vierte Gemahlin war Anna Alexejevna Koltovskaja, ein schönes Mädchen von bescheidener Herkunft. Diese Heirat fand plötzlich und fast heimlich statt, ohne Proklamation und die sonst übliche Versammlung heiratsfähiger Mädchen. Die Eile und Heimlichkeit rührten daher, daß es nach Kirchenrecht verboten war – was Ivan sehr wohl wußte –, eine vierte Frau zu nehmen. Sehr bald aber bedachte er voll Schrecken, daß er durch diesen Verstoß seine Sündenlast vermehrt habe, und aus Furcht, der Herr könne auch dieser Ehe ein tragisches Ende bereiten, suchte er die Vergebung und den Segen der Kirche zu erlangen.

Der formellen Aufforderung folgend, versammelten sich die Bischöfe in der Uspenskij-Kathedrale unter Leitung des Novgoroder Erzbischofs Leonid, da der Metropolit Kirill soeben gestorben war. Ivan sprach vom Tod seiner beiden ersten Gemahlinnen, die von seinen Feinden durch Zauberei oder Gift ums Leben gebracht worden seien. »Ich wartete eine Weile«, fuhr er fort, »dann entschloß ich mich zu einer dritten Heirat, teils wegen meines leiblichen Verlangens... Denn es ist nicht gut, ohne Frau in der Welt zu leben, die voller Versuchungen ist.«[4] Mit bewegenden Worten schilderte er Marfas Ende; dann sagte er: »Aus Gram und Verzweiflung wünschte ich mich dem Mönchsleben zu weihen, aber wiederum sah ich das zarte Alter meiner Söhne und sah das Zarenreich rings von Verderben bedroht, und so wagte ich, eine vierte Frau zu nehmen.«[5] Demütig unterwarf er sich dem Spruch des Kirchenrats und bat um seinen Segen.

Die Bischöfe berieten über seine Bitte, auferlegten ihm gewisse Bußen, aber sie anerkannten die Ehe und verpflichteten sich, für Anna zu beten. Damit aber niemand sich versucht fühlen sollte, dem Beispiel des Zaren zu folgen, drohten sie jedem, der eine vierte Frau nähme, den Kirchenbann an. Dann gingen sie zur Wahl des neuen Metropoliten über und wählten mit Ivans Zustimmung den Erzbischof Anton von Polock.

Zarin Anna erfreute sich nur etwa drei Jahre der Zuneigung Ivans. Das mag daran gelegen haben, daß sie während dieser Zeit nicht empfing und deshalb als unfruchtbar galt; wahrscheinlich aber wurde Ivan einfach ihrer überdrüssig. 1575 wurde sie in das Tichvinskij-Kloster geschickt und zur Nonne geschoren, was einer Scheidung gleichkam. Im selben Jahr machte er Anna Vasilčikova zu seiner fünften Frau, doch ohne jede kirchliche Zeremonie; auch erschien ihre Familie nicht bei Hofe, wie es bei einer formellen Ehe zu sein pflegte. Eine fünfte Frau zu nehmen, war etwas nie Dagewesenes und hätte den besonderen Dispens der Kirche erfordert. Deshalb nahm Ivan Anna zweifellos nur als seine Mätresse zu sich. Dasselbe gilt für seine sechste Frau, eine sehr schöne Witwe namens Vasilisa Melentjevna, die allgemein nur »die Frau« hieß[6].

Im Sommer 1572 schrieb Ivan, während er sich in Novgorod aufhielt, seinen letzten Willen nieder. Es ist ein bewegendes Dokument, das Einblick in sein innerstes Wesen gewährt, das seinen Mut, seine Mannhaftigkeit, sein starkes Pflichtgefühl erkennen läßt. Daneben wird wieder die Sorge laut, daß er und seine Dynastie sich auf dem Throne nicht sicher fühlen könnten: bekämpfe er nicht unerbittlich seine Feinde, so müßten er und seine Familie sicherlich aus dem Lande fliehen und als bedauernswerte Emigranten in der Fremde umherirren. Außerdem glaubte er, sein Tod sei nahe.

Das Testament begann mit dem Eingeständnis körperlicher und geistiger Erschöpfung und Schwäche; dabei war Ivan erst zweiundvierzig Jahre alt. »Mein Leib wird schwach. Meine Seele ist krank. Gebrechen des Leibes und des Geistes mehren sich, und es gibt keinen Arzt, der mich heilen könnte. Ich wartete, daß einer mit mir trauern würde – aber ich fand keinen, der mich tröstete. Alle haben mir Gutes mit Bösem, Liebe mit Haß vergolten...«[7]

Ivans Unterweisungen an seine Söhne, die den Hauptteil des Testaments ausmachen, begannen mit den Worten Christi: »Das ist mein Gebot, daß ihr euch untereinander liebet.« Dem ließ Ivan seine eigenen Vorschriften folgen: »Ihr müßt in Liebe leben und auf jede erdenkliche Weise die Kriegskunst beherrschen.« Das Wesentliche seiner Botschaft an seine beiden Söhne war die Ermahnung, fest zusammenzuhalten, bis der Verrat im Lande ausgerottet sei und Zarevič Ivan sicher auf dem Thron sitze. Ihre Gefolgsleute sollten sie an sich binden, doch nie in der Wachsamkeit nachlassen. Jenen, die ihnen treu dienten, sollten sie Liebe und Gunst erweisen, die bösen hingegen strafen, aber nicht vorschnell und im Zorn, wie er es so oft getan habe, sondern nach reiflicher Überlegung.

Die Prinzen sollten sich über alle staatlichen und kirchlichen Angelegenheiten gut informieren, desgleichen über Sitten und Bräuche aller Volksschichten in Moskovien wie auch in anderen Ländern, dazu sich mit der Politik, besonders im Umgang mit fremden Regierungen, vertraut machen. »Wenn ihr diese Dinge nicht versteht, so werdet nicht ihr in eurem Reich herrschen, sondern andere werden regieren.«[8]

Sodann schärfte Ivan seinen Söhnen nochmals ein, wie notwendig es für sie sei, angesichts der dem Zarenreich drohenden Gefahren fest zusammenzustehen. »Wegen der Menge meiner Sünden hat Gott seinen Zorn ausgeschüttet ... und meine Sünden haben viel Unglück über euch gebracht; aber im Namen Gottes, werdet nicht schwach in der Anfechtung. Bis die Zeit kommt, da Gott verzeiht und euch von Unglück befreit, dürft ihr in keinerlei Dingen uneins sein.«[9]

Dann wandte sich Ivan in dem Testament an jeden einzelnen seiner Söhne. Hierin wich er von den üblichen Vorschriften seiner Vorgänger ab, die lediglich allen Söhnen befohlen hatten, ihrem ältesten Bruder wie einem Vater zu gehorchen. Das hatte jedoch in der Vergangenheit nicht genügt, den Thronerben gegen rivalisierende Ansprüche zu sichern. Ivan verlangte von Zarevič Feodor, daß er seinem Bruder bis zum Tode gehorsam sei, nie gegen ihn auftrete und selbst wenn er durch ihn gekränkt worden sei nie die Waffen gegen ihn erhebe. Zum erstenmal wurde der jüngere Sohn dem älteren völlig untergeordnet. Damit war jeder Vorwand für Rivalitäten in der Familie ausgeschaltet und hinfort galt Rebellion gegen den Bruder, der den Thron bestiegen hatte, als Verrat.

Neu geregelt wurde in diesem Testament auch das Vermächtnis des Zarenreiches. Zwar hatten die Großfürsten von Moskau den Brauch eingeführt, daß der größte Teil des Reiches dem ältesten Sohn zufiel, doch waren die übrigen Söhne immer mit bedeutenden, unabhängigen Fürstentümern bedacht worden. Diesem Brauch machte Ivan ein Ende. Er erteilte dem Zarevič Ivan seinen Segen als seinem Nachfolger und Erben der Krone des Monomach mit allen Würden des Zarentitels und des gesamten Zarenreiches. Dem Zarevič Feodor wurden nur vierzehn Städte vermacht, aber kein Anteil an Moskau. So wurden Macht und Besitz des älteren Sohnes noch auf Kosten des jüngeren verstärkt, dem jede wirkliche Unabhängigkeit genommen war.

In einer der Schlußklauseln des Testaments ging Ivan auf die Opričnina ein; seine Anweisungen spiegeln seine Enttäuschung über diese Einrichtung und seine Leibgarden wider. Die Prinzen, schrieb er, sollten die Opričnina beibehalten oder abschaffen, wie sie es für zweckmäßiger hielten. Doch diese Entscheidung hatte er selbst ihnen binnen weniger Wochen abgenommen.

Im August 1572 hielt Ivan sich in Novgorod auf, als ihm Kuriere meldeten, daß Vorotynskij den Tataren Devlet Girejs eine verheerende Niederlage beigebracht hatte. Ivan triumphierte, denn dieser Sieg löschte die Demütigung aus, welche ihm der Khan mit der Niederbrennung Moskaus zugefügt hatte. Bald darauf erfuhr er, daß am 7. Juli 1572 sein großer Gegner, König Sigismund August, gestorben war. Eilig kehrte er nach Moskau zurück, hielt einen triumphalen Einzug und wurde von seinem Volk mit Jubel empfangen.

Zum erstenmal seit vielen Jahren war die Moskauer Bevölkerung wieder in der Stimmung, Feste zu feiern. Die Pest war vorüber, es gab ausreichend Nahrung für alle, und endlich hatten ihre Truppen die verhaßten Tataren geschlagen. Freudig begrüßten sie den Zaren, ihren Führer, ihr Väterchen. Ivan jedoch verbrachte die Zeit nicht mit Festlichkeiten. Er traf Vorbereitungen für den Einfall in Estland. Außerdem führte er geheime Verhandlungen über seine oder seines Sohnes Nachfolge auf den Thron Sigismund Augusts. In diesen Wochen löste er auch die Opričnina auf[10].

Seit zwei Jahren oder gar länger war Ivans Vertrauen in die Opričnina im Schwinden. Sie hatte ihm nicht die Sicherheit zu geben vermocht, die er brauchte. Sie hatte nicht verhindern können, daß Zarin Marfa durch Zauberei ums Leben kam. Sein Vertrauen zu seinen Leibgarden war erschüttert. Mehrere ihrer vornehmsten Leute waren mit Pimen in den Novgoroder Verrat verwickelt gewesen und hingerichtet worden. Im Vorjahr hatten sie bei der Verteidigung Moskaus gegen die Tataren versagt und damit bewiesen, daß man ihnen die Verteidigung des Reiches nicht anvertrauen konnte. Die Semščina hingegen hatte unter Führung ihrer eigenen Bojaren die zweite Invasion des Khans abgewehrt und einen glanzvollen Sieg errungen.

Noch zwei weitere Faktoren wirkten bei Ivans Entschluß

mit, die Opričnina aufzulösen. Zunächst der Haß, den sie im Volke erregte. Früher hatte er dies hingenommen und sogar geglaubt, es sichere ihm die Ergebenheit seiner Garden. Aber es hatte sie nicht davon abgehalten, ihn zu verraten. Das Volk jedoch war ihm treu geblieben und hatte Leiden und Elend ohne Murren ertragen. Ein weiterer Grund jedoch war der schlimme Ruf der Opričnina, der die Polen und Litauer beunruhigen und seine gegenwärtigen Verhandlungen gefährden konnte.

Die Opričnina wurde deshalb aufgehoben, aber es brauchte einige Zeit, um die komplizierten Verhältnisse, die sie geschaffen hatte, zu entwirren. Dies galt einmal für die Gliederung und Rangordnung des Dienstadels, dessen Angehörige teils in der Opričnina, teils in der Semščina gedient hatten. Das größte Problem ergab sich jedoch aus der Neuzuteilung von Land. Heinrich Staden, ein Deutscher, der als Opričnik gedient hatte, berichtete, daß der Semskij-Adel, der die Tataren besiegt hatte, mit Erbgütern belohnt wurde. Opričniki wurden enteignet und mußten irgendwo anders gelegene Ländereien als Dienstlehen annehmen. Schwierigkeiten erwuchsen auch daraus, daß die Grundbesitzer ihre ehemaligen, für die Opričniki beschlagnahmten Güter in verwahrlostem Zustand vorfanden und ohne ihre Bauern, die inzwischen davongelaufen waren.

Ivan III. hatte Novgoroder Familien auf Pachtgütern, hauptsächlich an der Ostgrenze, ansässig gemacht, aber er hatte diese Umsiedlung in strikter Ordnung durchgeführt und damit sein Ziel erreicht, den Grundbesitz in den neuen Gebieten zu festigen. Die regellose Rückkehr der alten Eigentümer auf ihre Güter nach Abschaffung der Opričnina und die Umsiedlung der Opričniki zogen sich lange Zeit hin; dadurch wurde der Militärdienst unterbrochen, das Land verarmte und die Heeresmacht wurde bis zu einem gewissen Grad geschwächt.

Ivan war damals jedoch ausschließlich daran interessiert, Livland zu gewinnen, und sei es durch Annahme des Thrones von Polen-Litauen; außerdem fühlte er sich wieder vom Verrat der Bojaren bedroht. Fürst Ivan Mstislavskij, der an Rang und

Adel alle Fürsten und Bojaren überragte und zusammen mit anderen die Regierung der Semščina innegehabt hatte, bekannte sich 1571 des Landesverrats schuldig: er hatte Devlet Girej den Übergang über die Oka ermöglicht. Auf Fürsprache des Metropoliten und anderer Geistlicher hatte Ivan ihm verziehen, ihn jedoch schwören lassen, daß er nicht zu den Feinden des Zaren übergehen wolle. Für ihn mußten drei Bojaren Bürgschaft leisten und für diese drei wiederum 285 andere einstehen[11].

Daß Mstislavskij einen solchen Verrat üben konnte, bewies, daß Ivans Angst und Mißtrauen kein bloßes Hirngespinst waren. 1574 wurden verschiedene Bojaren, der Archimandrit des Čudov-Klosters, ein Erzpriester und weitere Personen in Moskau enthauptet und ihre Köpfe in den Vorhof von Mstislavskijs Palast geworfen. Die Opfer waren zweifellos an seinem Verrat beteiligt gewesen, hatten aber mit dem Tode dafür büßen müssen.

Im folgenden Jahr befahl Ivan die Hinrichtung des Fürsten Nikita Odojevskij, Michail Morozovs mit seiner Frau und zwei Söhnen, Peter Kurakins und des Bojaren I. A. Buturlin; sie alle waren angeklagt, den Khan unterstützt oder den Tod Marfas, der Braut des Zaren, verschuldet zu haben. Auch eine Anzahl Opričniki wurden hingerichtet. Überraschend kam die Verhaftung des großen Heerführers Fürst Michail Vorotynskij. Er war früher einmal im Beloozerskij-Kloster gefangengehalten worden, dann aber hatte Ivan ihn zurückberufen und in ein hohes Amt eingesetzt, in dem er sich mit Auszeichnung bewährt hatte. Jetzt wurde er aus nicht näher bekannten Gründen wieder in das Kloster verbannt; auf dem Wege dorthin starb er[12].

Weitere Hinrichtungen sind während der letzten acht Jahre von Ivans Regierung nicht verzeichnet[13], sei es, daß er es überdrüssig war, Verräter und Verdächtige in den Tod zu schicken, sei es, daß er zu dem Schluß gelangte, die Verrätereien des Adels seien durch Hinrichtungen nicht auszurotten. Vielleicht hatte gerade Mstislavskijs Verrat ihm bewiesen, daß Hinrichtungen kein genügendes Abschreckungsmittel seien. Während seiner ganzen Regierung hatte Ivan an allen, die ihn oder die Nation verrieten, wütende Vergeltung geübt. Jetzt aber, gegen Ende seiner Regierung, verzichtete er auf Strenge und überließ, wie er es bei Silvester getan hatte, die Strafe der Verräter und anderer Übeltäter dem Jüngsten Gericht.

Dennoch lasteten die ständige Angst vor Verrat und die Bürde der Autorität schwer auf Ivan. Zuzeiten verlangte es ihn, der Verantwortung für das Reich und für seine Dynastie enthoben zu sein. Einmal entschloß er sich sogar zu einer Art von Scharade: er ernannte den getauften Tataren Fürst Semeon Bekbulatovič an seiner Stelle zum Zaren und lebte selbst unter dem Namen Ivan Moskovskij als Bojar in der Petrovka-Straße in Moskau. Es sind sogar Dokumente erhalten, ausgefertigt von »Großfürst Semeon von ganz Rußland«. Zwei Jahre lang saß Semeon auf dem Thron, und Bojar Ivan Moskovskij lebte still für sich, ging durch die Straßen Moskaus und nahm bei Hof seinen Platz in einiger Entfernung vom Thron unter den geringeren Bojaren ein. Plötzlich aber wurde Semeon entthront und in ehrenvolles Exil nach Tverj geschickt. Ivan, der ihm nur den äußeren Prunk der Stellung abgetreten hatte, nahm wieder den Platz auf dem Thron ein. Er hatte erkannt, daß er sich der Verantwortung für das Amt, zu dem er geboren war, nicht begeben konnte.

21

STEFAN BATHORY UND DAS ENDE DES LIVLÄNDISCHEN KRIEGES
1576-1582

Nach dem Tode Sigismund Augusts, der keine Erben hinterließ, trafen die Polen und Litauer eilig Anstalten für die Wahl eines neuen Königs. In der Vergangenheit war die Monarchie erblich gewesen, denn der König war immer aus der Dynastie der Jagellonen gewählt worden; doch sollte es eine freie Wahl sein. Jetzt war das Land sogleich in Parteien gespalten, deren jede ihre eigenen Interessen verfocht. Die Litauer, die Unterdrückung von seiten der Katholiken fürchteten, hielten stark am Protestantismus fest. Die Polen waren, obwohl katholisch, an sich tolerant, aber die Kirche in Polen stand unter der Herrschaft des streitbaren Jesuitenordens und strebte danach, alle Macht in den Händen der Katholiken zu behalten. Außerdem waren Polen und Litauer in regionale und ständische Parteien geteilt, und besonders heftig war die Rivalität zwischen den Magnaten und dem Kleinadel.

Ivan, einer der fünf Thronanwärter, wurde hauptsächlich von den orthodoxen Litauern unterstützt, die großenteils Russen waren und in ihm ihren gegebenen Herrscher sahen. Anhänger hatte er auch unter den Protestanten, die von ihm religiöse Toleranz erwarteten, und unter dem Kleinadel, der darauf hoffte, daß Ivan die Magnaten demütigen und das Land gegen den Kaiser und den Sultan verteidigen werde. Gegen seine Wahl waren die Katholiken mit allen Gefolgsleuten, die sie auftreiben konnten.

Ivan neigte dazu, sich zurückzuhalten. Er hatte keine rechte

Begeisterung für den polnischen Thron gezeigt, als man zwei Jahre zuvor, zu Sigismund Augusts Lebzeiten, deswegen an ihn herangetreten war. Damals hatte ihn der Thron lediglich als Mittel gelockt, um seine politischen Ziele für Moskovien zu erreichen. Wäre er gewählt worden, so hätte er Livland fester in die Hand bekommen und Kiev, die Ukraine und Weißrußland zurückgewonnen. Die Interessen Polen-Litauens ließen ihn gleichgültig.

Im Spätsommer 1572 war Ivan von Novgorod nach Moskau zurückgekehrt und hatte den Gesandten Woropai empfangen, der ihm die formelle Mitteilung vom Tode des Königs überbrachte mitsamt einer Botschaft des polnisch-litauischen Sejms, daß er die Wahl des Zarevič Feodor unterstützen wolle. Ivan hielt in Erwiderung auf diese Botschaft eine lange Rede und würdigte darin eingehend alle Umstände, die seine Kandidatur betrafen. Aber seine Ausführungen ließen auch erkennen, daß er mit sich selbst im Widerstreit war. Das Ansehen und die Macht, die er als Herrscher von Polen-Litauen und Moskovien besitzen würde, lockten ihn zweifellos. Zugleich aber erkannte er auch die ungeheuren Schwierigkeiten, mit denen er rechnen mußte, vor allem mit dem Widerstand der Polen und der katholischen Kirche. Ivan dachte praktisch und nüchtern und konzentrierte sich auf sein Hauptziel, ein starkes moskovitisches Reich zu schaffen. Dennoch war er nicht unempfänglich für die Verlockung des polnischen Thrones; in seiner Ansprache an Woropai zeigte er zunächst einen gewissen Eifer, gewählt zu werden.

Er begann damit, Woropai zu versichern, daß die polnischen und litauischen Pans, wenn sie ihn zum Herrscher wählten, an ihm einen starken Beschützer und Verteidiger des Glaubens haben würden. Und wenn ihre beiden Länder vereinigt seien, so wäre kein anderes Reich imstande, ihnen zu widerstehen. Dann verteidigte er sich selbst, da er wußte, daß sein persönlicher Ruf stark gegen seine Wahl sprechen würde. »In eurem Land sagen viele Menschen, ich sei streng; es ist wahr, daß ich streng und zum Zorn geneigt bin, aber mögen sie fragen, gegen wen ich streng bin. Darauf antworte ich: gegen jene, die Böses gegen mich im Schilde führen; denen aber, die mir treu dienen, will ich nicht diese meine Kette oder meinen Mantel mißgönnen.«[1]

Da er wußte, daß der polnische Adel Reichtum liebte und bestechlich war, sprach er von seinem eigenen Reichtum und behauptete, sein Kronschatz und seine Erbgüter seien doppelt so wertvoll wie die seines Vaters und Großvaters, die schon beim polnischen und litauischen Adel berühmt gewesen waren.

Sodann verteidigte er sich gegen eine etwaige Kritik, daß er 1571 Moskau nicht gegen den Khan verteidigt habe. Etliche seiner Untertanen, sagte er, hätten ihn an die Krimtataren verraten, die mit einem Heer von 40000 Mann gegen 6000 seiner Krieger angerückt seien. Ihn habe man in Unkenntnis der Lage gehalten und er habe sich erst zurückgezogen, als er den Verrat seines Volkes erkannt habe. Moskau sei schon in Flammen gestanden, als er erfahren habe, daß die Tataren seine Verteidigungslinien durchbrochen hatten. Aber er habe die Schuldigen gestraft, wie man ja auch in Litauen Verräter strafe.

»Wenn ich, so Gott will«, fuhr er fort, »der Beherrscher der polnischen und der litauischen Pans werde, so gelobe ich im voraus vor Gott und den Menschen, daß ich alle ihre Rechte und Vorrechte aufrechterhalten und sie, falls es not tut, noch erweitern werde. Ich will nicht von meiner Güte und Strenge sprechen; wenn die polnischen und die litauischen Pans ihre Söhne in meinen oder meiner Söhne Dienst schicken wollten, so würden sie einsehen, inwieweit ich streng und inwieweit ich gütig bin.«[2]

Zuweilen erweckte Ivans Rede den Eindruck, als habe er seine Bedenken aufgegeben und begeistere sich für seine Wahl. Er vertrat seine Sache und verteidigte sich überzeugend. Eindringlich legte er auch seine Einstellung gegenüber Kurbskij dar, der in Litauen Zuflucht gesucht und ihn so heftig und beharrlich geschmäht hatte. Als er jedoch auf Livland zu sprechen kam, zeigte er, daß es ihm um das baltische Küstenland mehr zu tun war als um den polnischen Thron. »Ist es aber nicht erwünscht, mich zu eurem Herrscher zu nehmen, dann schickt mir eure großen Gesandten, damit wir zu einer festen Vereinbarung gelangen. Ich bestehe nicht auf Polock und würde es mit all seinen Vorwerken und dem von jeher Moskau gehörenden angrenzenden Bezirk abtreten, falls man mir Livland bis zur Düna überläßt. Dann werden Wir einen ewigen Frieden mit Litauen schließen.«[3]

Nach der Abreise Woropais vergingen sechs Monate, bis eine weitere Gesandtschaft in Moskau eintraf. In der Zwischenzeit schickten andere, an der Wahl interessierte Monarchen ihre Gesandten nach Polen und taten, was ihnen nur möglich war, um durch Geschenke und Intrigen Anhang zu gewinnen. Ivan verschmähte es, für seine Wahl zu werben und schickte weder Gesandte noch Bestechungsgelder. Ja, es scheint, als habe er sich während dieser Monate wieder anders besonnen. Michail Haraburda, der nur vom litauischen Sejm entsandt war und nicht die Polen vertrat, fand ihn schwierig zu behandeln. Haraburda bat Ivan, endgültig zu erklären, ob er selbst oder sein Sohn für die Wahl kandidieren wollte. Allerdings, fügte er hinzu, werde der litauische Sejm, wenn die Wahl auf ihn oder seinen Sohn falle, von ihm die Abtretung gewisser Städte fordern. Ivan war darüber verärgert, besonders soweit die litauischen Bedingungen den Zarevič betrafen. »Unser Sohn ist nicht ein Mädchen, dem man eine Mitgift geben müßte!« rief er aus[4]. Überhaupt war er nicht dafür, daß einer seiner Söhne auf den polnischen Thron gewählt würde, da dies nur Zwietracht zwischen ihnen stiften könne. Hingegen empfahl er jetzt, Erzherzog Ernst, den Sohn des Kaisers, zu wählen, und sagte, ihn werde er genauso gern auf dem polnischen Thron sehen wie seinen eigenen Sohn.

Eine andere Lösung beschäftigte Ivan stark. »Wenn das Großherzogtum Litauen Unsere Herrschaft allein wünschen sollte und ohne die polnische Krone, so wäre Uns das noch angenehmer«, sagte er zu Haraburda[5]. Polen war für Ivan ein fernes Land, Litauen hingegen war ihm vertraut und weitgehend von Angehörigen seines Volkes bewohnt. Er drängte auf diese Lösung und begründete es damit, daß er schon alt sei und Mühe haben werde, Polen und Litauen neben Moskovien zu regieren. Er wußte aber, daß die erst vor kurzem geschlossene Union zwischen Polen und Litauen nicht leicht zu lösen war. Deshalb fügte er warnend hinzu, was auch immer der Adel beschließen möge, er solle nicht einen Franzosen zum König wählen, der eher die Interessen der Türken als die der Christenheit werde wahrnehmen müssen.

Die Berichte, die Haraburda und Woropai über die Einstellung des Zaren zu seiner Wahl und über seine Sinnesänderung nach Wilna und Warschau zurückbrachten, konnten seiner Sache kaum förderlich sein. Außerdem weigerte er sich weiterhin, Gesandte zu schicken, und ging ebensowenig auf die Anregungen polnischer und litauischer Anhänger ein, er solle Geld zu Bestechungszwecken senden oder mit seinen Truppen von Polock herbeiziehen und eine Entscheidung zu seinen Gunsten erzwingen. Er hatte inzwischen eingesehen, daß es nicht in seinem Interesse lag, gewählt zu werden, sondern daß es ihm allein auf Livland ankam.

Unter den Thronkandidaten hatten Erzherzog Ernst und Heinrich von Valois, der Sohn Katharinas von Medici, die stärkste Position. Die Magnaten begünstigten Erzherzog Ernst, aber die Vertreter des Kleinadels waren entschieden gegen ihn und erklärten, sie würden nie einen Habsburger akzeptieren, der sie bestimmt um ihre Rechte und Unabhängigkeit bringen würde. Sogar der türkische Sultan drohte mit Krieg, falls ein Habsburger gewählt würde.

Heinrich von Valois, der französische Kandidat, wurde von den Katholiken wie auch vom türkischen Sultan unterstützt. Der französische Gesandte in Polen, Bischof Montluc von Valence, verstand es ausgezeichnet, Heinrichs Sache zu fördern, dennoch stieß er auf beträchtlichen Widerstand. Das grausame Massaker der Bartholomäusnacht hatte nicht nur die Protestanten, sondern auch die polnischen Katholiken tief entsetzt. Eine Zeitlang waren sie sich einig in der Furcht vor religiöser Verfolgung und schlossen am 28. Januar 1573 einen Pakt, bekannt als die Warschauer Konföderation, in dem religiöse Toleranz für das ganze Land gewährleistet wurde. Als Heinrich von Valois, weitgehend dank der Anstrengungen Montlucs, zum König gewählt wurde, mußte er diese Konföderation formell unterzeichnen und außerdem zusichern, daß er die polnische Verfassung achten und alle Rechte des Adels anerkennen werde.

Heinrich wurde am 21. Februar 1574 in der Kathedrale von Krakau gekrönt. Aber es zeigte sich bald, daß man keine unglücklichere Wahl hätte treffen können. Ohne Verantwortungsgefühl, verwöhnt, zu Ausschweifungen neigend, besaß Heinrich keinerlei Voraussetzung für die Aufgaben eines Herrschers, die ihm überdies erschwert wurden durch Parteistreitigkeiten am Hofe und durch die Forderungen des polnischen Adels. Er dachte nicht entfernt daran, seinen Verpflichtungen nachzukommen, und ergab sich einem üppigen Leben. Als unerwartet sein Bruder starb und seine Mutter ihn nach Paris zurückrief, verließ er Polen heimlich; damit kam seine Herrschaft zu einem schmählichen Ende.

Ivan und Kaiser Maximilian waren einander nähergekommen in ihrer beiderseitigen Ablehnung eines Franzosen auf dem polnischen Thron. Frankreich war der Verbündete, Österreich hingegen der traditionelle Gegner der Hohen Pforte, und ein französischer König auf dem Thron Polen-Litauens hätte die Macht des Sultans gegen den Kaiser wie gegen den Zaren stärken können. Maximilian hatte sogar vorgeschlagen, Ivan solle Litauen nehmen, Polen Österreich überlassen und mit ihm ein Bündnis gegen die Türkei schließen. Beide Fürsten waren entsetzt über das Massaker der Bartholomäusnacht, und Ivan zumal empörte sich über die Grausamkeit des französischen Königs, der »so viel Blut ohne Grund« vergossen habe [6]. Religiöse Intoleranz war für Ivan kein ausreichender Grund für solches Blutvergießen, wohl aber war es gerechtfertigt, wenn Verrat eine Nation in ihrem Bestand gefährdete.

Verärgert und gedemütigt durch Heinrichs verächtliche Haltung gegenüber ihrer Krone, waren viele Polen und Litauer bereit, den Thron für vakant zu erklären. Auf Beharren des Primas wurde Heinrich jedoch freigestellt, bis zum 12. Mai

1575 zurückzukehren, wenn er den Thron behalten wolle. Inzwischen hatten Botschafter und Agenten ihre Werbetätigkeit in Polen wieder aufgenommen und verteilten Geschenke, um für ihre Kandidaten in dem zu erwartenden Wahlkampf Stimmung zu machen. Die Rivalität zwischen den Häusern Habsburg und Valois flammte wieder auf. Der Kaiser war jetzt eifriger bemüht, seinen Sohn, Erzherzog Ernst, gewählt zu sehen, um den französischen Einfluß in Osteuropa zu schwächen und Ungarn auf Kosten des türkischen Sultans vollständig in seinen Besitz zu bringen.

Im Januar 1576 kamen die kaiserlichen Gesandten Hans Kobenzl und Daniel Prinz nach Moskovien. Ivan empfing sie in Mošajsk mit einem Aufwand, wie er nie zuvor gegenüber ausländischen Gesandtschaften gemacht worden war. Er hatte seine prunkvollsten Gewänder angelegt, und die Bojaren und Höflinge umstanden seinen Thron ebenfalls in goldenen Gewändern. Das moskovitische Zeremoniell, schwerfällig, aber unvergleichlich glanzvoll, versetzte die kaiserlichen Gesandten bei diesem wie bei den folgenden Empfängen in Staunen. Kobenzl berichtete nach Wien: »Ich habe die Schätze Eurer Kaiserlichen Majestät, der Könige von Spanien, Frankreich, Ungarn, Böhmen und des Herzogs von Toskana gesehen, aber so etwas wie die Reichtümer Ivans habe ich noch nicht gesehen ... Als wir nach Rußland reisten, erschreckten uns die polnischen Magnaten mit Geschichten über die unerträgliche Roheit des Moskoviterhofes. Was aber haben wir gesehen? Weder in Rom noch in Spanien wäre uns ein besserer Empfang zuteil geworden, denn der Zar weiß, mit wem er es zu tun und wie er uns zu behandeln hat.«[7]

Wenn Ivan den Gesandten auch alle Achtung erwies, so ging er doch keineswegs auf alle Vorschläge ein, die sie ihm vom Kaiser überbrachten. Er erklärte sich bereit, die Wahl Erzherzogs Ernst auf den polnischen Thron zu unterstützen; die Forderung jedoch, daß er Livland räumen solle, auf das vom Kaiserreich Anspruch erhoben wurde, war für ihn völlig unannehmbar. Kobenzl sprach beredt von der Notwendigkeit eines

Zusammenschlusses der christlichen Mächte unter Führung des Zaren und des Kaisers; gemeinsam würden sie den Sultan aus Konstantinopel hinaus in die Wüsten Arabiens treiben und dann werde das alte griechische Kaiserreich dem Zaren gehören. Das war eine großartige Konzeption, doch nicht von der Art, daß sie Ivans praktischer Vernunft zusagte; ihm war es nicht um den Bosporus und den Hellespont zu tun, sondern um das baltische Küstenland. Kühl erwiderte er, Litauen und Kiev müßten ewig mit Moskovien verbunden sein und Livland gehöre dem Zaren, wie es ihm immer gehört habe. Die kaiserlichen Gesandten gestanden widerstrebend Moskoviens Ansprüche auf Kiev und Livland zu, wiesen jetzt aber darauf hin, daß es schwierig sein werde, Litauen und Polen zu trennen. Sodann warnte Kobenzl Ivan, daß viele Polen geneigt seien, Stefan Bathory, den Fürsten von Siebenbürgen und Vasallen des Sultans, auf den Thron zu wählen. Ivan jedoch, dem es nur darum ging, daß der Kaiser formell seinen Besitz von Livland anerkannte, wollte sich von solchen Gerüchten nicht irritieren lassen[8].

Von Stefan Bathory war bei der ersten Wahl nicht die Rede gewesen, jetzt aber übte sein Name auf den polnischen Adel eine starke Faszination aus. Von Geburt Ungar, war Bathory durch seinen Kampf gegen den Kaiser in Siebenbürgen und Ungarn schon zum Nationalhelden geworden. Der polnische Kleinadel, der die eigenen Magnaten und die Habsburger fürchtete, sah in ihm den idealen Thronkandidaten. Auch sprach es zu seinen Gunsten, daß der Sultan ihn unterstützte.

Am 14. Dezember 1575 wählte der Adel Bathory auf den Thron unter der Bedingung, daß er Prinzessin Anna, die Schwester des verstorbenen Sigismund August, heirate, damit eine gewisse Verbindung zur Jagellonen-Dynastie gewahrt bleibe. Zwei Tage vorher hatten jedoch die Magnaten auf einer Senatssitzung in Warschau Maximilian II. zum König von Polen gewählt. Gegen diese Wahl erhob der Kleinadel heftigen Widerspruch, die Magnaten hingegen weigerten sich, Bathory anzuerkennen. Der Kleinadel schickte eilig Abgesandte an

Bathory, die Magnaten schickten ihrerseits Gesandte an Maximilian, die Botschafter unterrichteten jeden der Kandidaten, daß er gewählt sei und sich eilig zur Krönung nach Krakau begeben müsse. Fast schien es, als könne die Verwirrung nur durch einen Wettlauf nach Krakau gelöst werden, wobei der Sieger dann zum König gekrönt würde. Aber Maximilian reagierte äußerst zurückhaltend; er wollte unbedingt die Zusage des Zaren abwarten, um dessen Beistandes gewiß zu sein. So unterzeichnete er die Urkunde über seine Annahme der polnischen Krone erst am 23. März 1576. Jetzt aber war es zu spät.

Bathory hatte die Krone sogleich angenommen und bei zwei Gelegenheiten öffentlich erklärt, daß er alle vom polnischen Adel gestellten Bedingungen anerkennen und ehren wolle. Mitte März machte er sich auf die Reise nach Krakau, die zu einem Triumphzug wurde, hielt einen prächtigen Einzug in die alte Stadt und wurde von seinen künftigen Untertanen mit Jubel empfangen. Am 29. April wurde er gekrönt, und anschließend fand seine feierliche Vermählung mit Anna statt.

Wenige Monate nach der Krönung hatten die Polen aus allen Teilen des Landes Bathory den Treueid geleistet. Eine Ausnahme machte nur das mächtige Danzig, das den polnischen Ostseehandel beherrschte. Die Danziger Bürger hatten bei der zweiten Wahl Kaiser Maximilian II. unterstützt, weil sie hofften, daß er als König von Polen der Hansestadt ihre alten Rechte wiederverleihen und ihren Handel fördern würde. Bathory hatten sie als kleinen Teilfürsten, der nichts vom Handel verstünde, abgelehnt.

Auf diese Herausforderung reagierte Bathory mit einer Schärfe, die selbst den Polen überraschend kam. Er erklärte die Danziger Bürger in die Acht und verhängte über ihre Schiffahrt die Handelssperre. Da sie ihm weiterhin Trotz boten, begann er im Juni 1576 die Stadt zu belagern, doch gelang es ihm erst im Dezember 1577, fast zwei Jahre nach seiner Krönung, Danzig die Leistung des Treueids abzunötigen.

Ivan hatte die Wahl Stefan Bathorys anscheinend gleichmütig hingenommen. Im Spätjahr 1576 waren dann polnische

Gesandte nach Moskau gekommen und hatten ein Angebot zu ewigem Frieden überbracht, da Bathory alle Schwierigkeiten mit Moskovien vermeiden wollte, solange er gegen Danzig zu kämpfen hatte. Die polnische Note entfachte jedoch nur Feindseligkeit, da sie unter bewußter Mißachtung der Etikette Ivan den vollen Zarentitel versagte, Bathory hingegen als König von Livland bezeichnete.

Jetzt beschloß Ivan, Livland ganz zu erobern. Während Bathory noch in den Kampf um Danzig verwickelt war, wollte er die in schwedischem und polnischem Besitz befindlichen Städte Livlands einnehmen und sich dann zu Verhandlungen über einen ewigen Frieden bereitfinden. Gegen Ende des Jahres 1576 stand sein Heer in Stärke von 50000 Mann bereit, von Novgorod auszurücken, und am 23. Januar 1577 begannen die Moskoviter mit der Belagerung von Reval. Aber die schwedische Garnison und die Bevölkerung verteidigten die Stadt mutig, und nach sechs Wochen waren die Moskoviter durch die strenge Kälte und Krankheiten im Heer gezwungen, die Belagerung abzubrechen und sich zurückzuziehen.

Im Frühjahr 1577 begab sich Ivan mit seinen beiden Söhnen nach Novgorod. Er hatte dort und in Pskov Truppen aus allen Teilen des Zarenreichs zusammengezogen, wohl die größte Streitkraft, die in Moskovien je aufgestellt worden war. Allgemein glaubte man, Ivan wolle diesmal einen vernichtenden Schlag gegen Reval führen. Aber er schickte, obwohl der Waffenstillstand mit Polen noch in Kraft war, seine Truppen in die südlichen Gebiete von Livland, die von den Polen besetzt waren. Dieser Einfall kam so unerwartet, daß die polnischen und deutschen Garnisonen beim Anrücken des Moskoviterheeres alle Disziplin verloren und sich ergaben; innerhalb weniger Wochen waren sechs wichtige Städte erobert.

Magnus, dem Ivan die Niederlage vor Reval vom Jahre 1570 verziehen hatte, wagte endlich, in Pskov vor Ivan zu erscheinen. Er wurde huldvoll empfangen und erhielt den Befehl, mit seinen deutschen Truppen die Stadt Wenden einzunehmen. Aber Ivan mißtraute Magnus schon seit längerem, und sein Mißtrauen wuchs, als ihm gemeldet wurde, daß Magnus im Bündnis mit den Polen sei. Sein Zorn wurde aufs neue gereizt, als Magnus den Befehl, direkt auf Wenden zu marschieren, außer acht ließ und unterwegs haltmachte, um die Ergebenheitserklärungen verschiedener livländischer Städte entgegenzunehmen. Ivan schrieb ihm einen strengen und drohenden Brief, erfuhr dann aber, daß Magnus mit dem Herzog von Kurland Verbindung aufgenommen hatte und überdies plante, die livländischen Städte, die sich ihm ergeben hatten, an Bathory auszuliefern. Ivan ließ Magnus vor sich bringen, warf ihm Betrug und Undankbarkeit vor und behielt ihn in Haft.

Inzwischen waren die Russen, ohne auf Widerstand zu stoßen, in Wenden eingerückt. Den Einwohnern geschah kein Leid; es wurden nur starke Wachen aufgestellt und für den Zaren und sein Gefolge Quartier gemacht. In der Stadt herrschte Ordnung. Nun aber schlossen sich deutsche Truppen, die unter Magnus gedient hatten, mit ihren Familien und ihrer Habe in der Festung inmitten der Stadt ein. Magnus wurde geholt und mußte ihnen zureden, die Tore zu öffnen und sich zu ergeben; sie weigerten sich jedoch, schossen auf die russischen Truppen und töteten viele. Jetzt ließ Ivan aus allen Geschützen auf die Festung feuern. Nach einem dreitägigen pausenlosen Bombardement begannen die Mauern einzustürzen und die Deutschen sahen, daß sie der Gefangennahme nicht entgehen konnten. Darauf schafften sie ihre gesamte Munition in die Keller der Festung, und während Männer, Frauen und Kinder zum Gebet niederknieten, warf sich einer von ihnen mit einer Brandfackel auf das Pulver. Die Explosion zerstörte die Festung vollständig, tötete alle, die sich darin befanden, und richtete beträchtlichen Schaden in der Stadt an. Jetzt mußten die Bürger von Wenden, obwohl sie an dieser Verzweiflungstat ganz unbeteiligt waren, den vollen Zorn der Moskoviter über sich ergehen lassen. Männer, Frauen und Kinder wurden niedergemacht; die Stadt war bedeckt mit Toten. Dieses Massaker von Wenden trug Ivan und seinen Truppen mehr als irgendein anderes Kriegsvorkommnis den Haß der Livländer ein[9].

Ivan setzte seinen Siegeszug durch Südlivland fort. Bei seinem Anrücken ergaben sich Festungen und Städte, und es kam zu keinen weiteren Massakern. Nur Reval und Riga blieben noch zu erobern. Aber in diesem Stadium zog sich Ivan nach Wolmar zurück, um seine Siege zu feiern[10]. Dann begab er sich nach Dorpat und verzieh dort, zur Überraschung seines Hofes, Magnus, der unter Bewachung herbeigebracht worden war und schon den Tod erwartete. In Dünaburg verzieh Ivan auch Taube und Kruse, die ihn 1570 an Sigismund August verraten hatten. Von da reiste er über Pskov nach Alexandrovsk. Er konnte mit den Ergebnissen dieses Feldzugs zufrieden sein, denn abgesehen von Riga und Reval hatte er ganz Livland erobert. Jetzt durfte er daran denken, den Handel mit Westeuropa auszubauen, neue technische Errungenschaften einzuführen und die Entwicklung seines Landes voranzutreiben. Aber Livland sollte ihm nicht lange gehören.

So stolz Ivan auf den Erfolg seines Heeres und den glücklichen Ausgang seiner Politik war, übersah er doch nicht die Notwendigkeit, Verbündete zu haben. Er schickte einen Gesandten nach Wien, um Kaiser Rudolf, der nach Maximilians Tod im Jahr 1576 auf den Thron gefolgt war, seine Glückwünsche auszusprechen. Er hoffte, Rudolf zu einem Bündnis zu gewinnen, mit dem Ziel, Bathory zu stürzen, Litauen von Polen zu trennen und im Verein mit den übrigen christlichen Mächten das türkische Reich zu erobern. Aber Rudolf war nicht der Mann, sich einer so kühnen Politik zu verschreiben; die Verhandlungen zerschlugen sich.

Inzwischen hatte König Friedrich von Dänemark durch seine Botschafter dem Zaren ein Bündnis angetragen, da er Schweden mißtraute und ein Gegner Bathorys war. Ivan nahm gegen den dänischen König eine überhebliche, herablassende Haltung ein, die vielleicht von seiner Enttäuschung über Magnus beeinflußt war. Einen Vertrag über ewigen Frieden lehnte er ab; allenfalls wollte er auf einen Waffenstillstand von fünfzehn Jahren eingehen, doch unter Bedingungen, die Friedrichs Interessen zuwiderliefen.

Ganz anders verhielt sich Ivan gegen den Krimkhan. Nachdem Devlet Girej im Juni 1577 gestorben war, wollte er mit dessen Sohn und Nachfolger, Mahomet Girej, ein Dauerbündnis schließen. Im vorhergehenden Jahrhundert hatte Ivans Großvater, Ivan III., sich durch ein Bündnis mit Mengli Girej die nötige Bewegungsfreiheit verschafft, um seine Truppen gegen Litauen-Polen einzusetzen; dieselbe Politik gedachte Ivan jetzt zu verfolgen. In dieser Hoffnung fühlte er sich bestärkt, weil Mahomet Girej bald nach seiner Thronbesteigung Raubüberfälle in litauisches Gebiet, nicht aber nach Moskovien unternommen hatte.

Ivans Botschafter, Fürst Mosalskij, überbrachte dem Khan nicht nur Grüße, sondern auch reiche Geschenke, die an Kostbarkeit alles übertrafen, was der Zar je gesandt hatte. Mahomet Girej aber forderte als Preis für das Bündnis die Rückgabe Astrachans und verlangte, daß der Zar die Kosaken vom Don und vom Dnjepr abziehe. Darauf erwiderte Ivan, die Donkosaken seien Vaganten und Räuber und würden bei Gefangennahme durch seine Truppen auf seinen Befehl getötet; für die Dnjeprkosaken hingegen sei der König von Polen verantwortlich. Was Astrachan anging, so erklärte er nachdrücklich, es gehöre zu Rußland und werde zu einem christlichen Zentrum ausgebaut werden. Ivans Bündnispläne gediehen nicht voran, und Mahomet Girej sollte sich als unversöhnlicher Gegner erweisen.

Inzwischen gelangte 1577 eine Abteilung schwedischer Truppen auf dem Seeweg nach Narva, setzte die hölzernen Befestigungswerke in Brand und nahm eine Anzahl Russen gefangen. Ein anderer schwedischer Trupp verwüstete das Gebiet um Kexholm. Zur gleichen Zeit nahmen litauische Truppen Dünaburg ein. Schwerwiegender war der erfolgreiche Überfall in Bathorys Dienst stehender deutscher Truppen auf Wenden. Sie machten die Mannschaften der Garnison nieder – die meisten im Schlaf – und besetzten die Verteidigungsanlagen. Um dieselbe Zeit beging auch Magnus endgültig Verrat; er floh zu Bathory und leistete ihm den Treueid. Danach hielt er sich in der kleinen Stadt Pilten in Kurland verborgen mitsamt seiner Gemahlin Marija, der Tochter Vladimir Andrejevičs, die Ivan ihm vor vier Jahren zur Frau gegeben hatte. Obwohl dies alles keine bedeutenden Rückschläge waren, brachten sie Ivan doch auf, besonders der Verlust von Wenden. Er schickte seine Oberbefehlshaber einschließlich Mstislavskijs aus, mit dem Befehl, die Stadt zurückzuerobern; aber ihr Angriff wurde abgeschlagen, und vor neu anrückenden, von Bathory entsandten Truppen mußten sie zurückweichen.

Nachdem Bathory sich Danzig gefügig gemacht hatte, richtete er sein Augenmerk auf Moskovien; aber er stürzte sich nicht unbesonnen in den Krieg. Er wußte, daß viele Polen noch kein Vertrauen zu ihm hatten und die Macht des Zaren fürchteten. So konnte er nicht damit rechnen, daß ihm der Sejm die nötigen Mittel bewilligen werde. Außerdem hinderten ihn Uneinigkeiten mit den Türken und Schweden. Aber er brannte darauf, der bedrohlichen moskovitischen Macht entgegenzutreten.

Im Januar 1578 kamen Gesandte Bathorys zu Friedensverhandlungen nach Moskau. Sie erklärten, dem König liege daran, zu seinen Nachbarn, besonders zu Moskovien, freundschaftliche Beziehungen zu unterhalten. Zwar habe der Zar durch den Einfall in Livland den gültigen Waffenstillstand gebrochen, dennoch seien sie ermächtigt, mit ihm zu verhandeln. Dann aber forderten sie die Abtretung von ganz Livland und der alten russischen Länder von Kaluga bis Černigov und der Düna. Dagegen stellte der Zar die Forderung, ihm Kiev, Kanjev, Vitebsk und andere Städte abzutreten, ferner die Zusage, daß der König weder Livland noch Kurland antasten werde. Derartige Forderungen waren offensichtlich unannehmbar, und beide Parteien wußten genau, daß ein ewiger Friede zwischen ihnen unmöglich sei. Trotzdem gingen die Gesandten auf einen Waffenstillstandsvertrag über drei Jahre ein, doch als sie nach Polen zurückkamen, weigerte sich der König, ihn zu ratifizieren [11].

Während seine Gesandten in Moskau waren, erschien Bathory vor dem Sejm und verlangte Subsidien, um ein Heer aufzustellen und gegen Moskovien zu marschieren. Er stellte dem polnischen und litauischen Adel eindringlich vor Augen, daß Rußland mit dem Besitz Livlands die Herrschaft über die Ostsee erlange und daß der Zar von Livland aus weitere Teile von Ostpreußen und Litauen erobern werde. Der Sejm zögerte jedoch, einen Angriffskrieg zu billigen, und gewährte lediglich Subsidien für einen Verteidigungskrieg. Bathory begann trotzdem sogleich mit den Vorbereitungen für den Feldzug, denn er hatte hochfliegende Pläne. Dem päpstlichen Nuntius und seinem Kanzler Jan Zamojski eröffnete er seine zwei Hauptziele: erstens Livland zurückzuerobern, zweitens Moskovien zu unterwerfen. Aus strategischen Gründen wollte er zuerst Polock erobern, was ihm die Möglichkeit gab, sowohl Litauen wie Livland gegen weitere moskovitische Angriffe zu schützen; außerdem konnte er von dieser vorgeschobenen Stellung aus auf Moskau vorrücken, sobald er nur bereit war.

Bathory hatte gehofft, seinen Feldzug 1578 beginnen zu können, doch brachte er bis dahin nicht die nötige Heeresmacht auf. Der Kampf um Danzig hatte die Staatskasse geleert, und es brauchte Zeit, um die nötigen Steuern für die vom Sejm bewilligten Subsidien einzutreiben. Viele Polen vermochten sich nicht für den Krieg gegen Moskovien zu begeistern. Es schien ihnen besser, von den zwei großen Feinden Polens zuerst einmal die Krimtataren und später dann Moskovien zu bekämpfen. Bathory aber überwand alle diese Widerstände durch sein gewinnendes Wesen, seine Tatkraft und sein Führertalent.

Im Juni 1579 schickte er Ivan eine formelle Kriegserklärung und rückte im folgenden Monat mit seiner Armee von Svir auf Polock vor. Er hatte 60000 gutausgerüstete Krieger, die unter ihm eine ausgezeichnete Disziplin hielten. Aber auch Ivan war in diesen Monaten nicht untätig gewesen. Er überlegte, daß Bathory entweder seine Garnisonen in Livland angreifen oder, da er verwegen und ehrgeizig war, in Moskovien einfallen würde. Den Angriff auf Livland hielt er für wahrscheinlicher. Deshalb hatte er seine Truppen in diesem Jahr früher mobilisiert und an den strategisch wichtigen Punkten an den Ufern der Volga, des Don, der Oka und des Dnjepr Abteilungen zur Verteidigung gegen Angriffe der Tataren aufgestellt. Seine Hauptstreitkräfte hatte er in Novgorod und Pskov zusammengezogen.

Polock war durch zwei Festungen gesichert – die Strelckaja und den Ostrog, beide durch die Wasserläufe der Düna und Polota mit natürlichen Burggräben versehen. Ivan hatte die Stadt sechzehn Jahre zuvor nur einnehmen können, weil sich die litauische Garnison schnell ergab. Da er jetzt annahm, Bathory werde in Livland einmarschieren, hatte er keine Anstalten zur Verteidigung der Stadt getroffen. Am 11. August eröffnete Bathory die Belagerung mit einem Geschützfeuer, das mehrere Wochen lang andauerte. Er stellte der Garnison großmütige Bedingungen, wenn sie sich ergeben wolle; aber sein Angebot wurde abgelehnt und die Verteidigung fortgesetzt. Die Truppen glaubten, der Zar werde zu ihrem Entsatz herbeimarschieren. Allmählich jedoch zermürbten das anhaltende Bombardement und die in der Augusthitze rasch um sich greifenden Brände ihre Widerstandskraft, zumal es keine Anzeichen dafür gab, daß der Zar ihnen zu Hilfe komme. Schon plante ein Teil der Truppen, lieber die eine Festung in die Luft zu sprengen, als sich zu ergeben. Da aber nahm Pjotr Volynskij, der Kommandant des Ostrog, Verhandlungen mit dem Feind auf. Schließlich fand sich Bathory bereit, allen Offizieren und Mannschaften freien Abzug mit ihren Familien und ihrer Habe nach Rußland zu gewähren. Er versuchte zwar noch, sie durch großzügige Angebote in seinen Dienst hinüberzuziehen; die Russen aber lehnten es einmütig ab, was um so beachtlicher war, als sie nach dem Rückzug auf den Zorn des Zaren, vielleicht sogar auf Bestrafung gefaßt sein mußten[12]. Danach nahmen die Polen die kleine Stadt Sokol ein, brannten sie nieder und töteten alle Einwohner bis auf den letzten Mann.

Während der Belagerung von Polock war Ivan in Pskov und hatte seine Hauptstreitkräfte dort sowie in Novgorod und Smolensk stationiert. Anfang August schickte er 20000 seiner asiatischen Truppen nach Kurland und etliche Abteilungen zur Verteidigung von Karelien und Izborsk gegen die Schweden, außerdem verstärkte er die Garnisonen in Livland. Auch hatte er eine kleine Streitkraft zum Entsatz von Polock geschickt; aber ihr Befehlshaber wagte nicht, Bathory in seinen Belagerungsstellungen anzugreifen und zog sich schnell wieder zurück.

Die Frage bleibt offen, warum Ivan nicht mit seiner Hauptstreitkraft gegen Bathory vorrückte; er hätte die Polen leicht überwältigen können. Die Erklärung ist wahrscheinlich darin zu suchen, daß er nicht alles in einem einzigen Unternehmen aufs Spiel setzen wollte, zumal da er seinen Bojaren mißtraute und Angriffe von den Schweden und vielleicht auch den Tataren gewärtigen mußte. Bathory konnte sich wohl auf ein solches Wagnis einlassen, Ivan jedoch, vorsichtig von Natur und in der Haltung seinen Vorgängern ähnlich, hätte dies als Unbesonnenheit betrachtet.

Die Großfürsten hatten Moskaus Hegemonie nicht durch verwegene Unternehmungen oder durch Siege in offener Schlacht erreicht, sondern durch kluge Diplomatie, durch stetige Erweiterung ihres Gebiets, indem sie sich die Schwächen des Gegners zunutze machten. Diese Taktik hatten sie sich unter dem Tatarenjoch aneignen müssen, weil die Goldene Horde damals eine Macht ausübte, der Moskau nicht offen Trotz bieten konnte. Aber auch nachdem sie von der Tatarenherrschaft befreit waren, mußten die Moskoviter diese Taktik beibehalten. Denn inzwischen hatten ihre westlichen Feinde in der Kriegskunst technische Fortschritte gemacht und verfügten zudem über reguläre Truppen, meistens Söldner, die den rasch ausgehobenen, ungeschulten Kriegern der Großfürsten weit überlegen waren. Dieses Gefühl militärischer Unterlegenheit war der Grund für die traditionelle moskovitische Vorsicht und auch für Ivans Zögern, den Polen in offener Schlacht gegenüberzutreten.

Bathory kehrte im Triumph nach Wilna zurück und schickte Ivan von dort eine Botschaft, in der er ihn für das Blutvergießen von Polock und Sokol verantwortlich machte. Ivan erwiderte mit einem Schreiben, darin er seine Friedenswünsche beteuerte und polnische Botschafter zum Verhandeln nach Moskau einlud. Darauf erhielt er am März 1580 von Bathory die arrogante Antwort, er möge seine Gesandten nach Polen schicken. Weiter schrieb Bathory, sein Pferd stehe gesattelt und er sei bereit, seine Armee zu führen, wohin auch immer Gott den Weg weisen möge; doch wolle er fünf Wochen – vom 14. Juni an gerechnet – auf die Gesandten des Zaren warten. Dies war nichts als ein Einschüchterungsversuch; in Wirklichkeit wollte Bathory Zeit gewinnen, bis seine Armee marschbereit war. Der Sejm, der in Warschau tagte, hatte ihm Subsidien für einen zweiten Feldzug bewilligt, aber das Eintreiben der Steuern ging langsam voran. Außerdem waren seine Truppen noch nicht vollständig mobilisiert, und er hatte Schwierigkeiten, genügend Fußvolk auszuheben.

Auch Ivan versuchte auf jede Weise, die Erneuerung der Feindseligkeiten hinauszuzögern. Er schickte einen Kurier zu Bathory mit der Botschaft, daß zu seinem Bedauern seine Botschafter kaum zu dem angegebenen Termin in Wilna sein könnten. Aber jetzt war keine Zeit zu verlieren. Da Ivan sich im klaren war, daß Bathory marschieren würde, sobald er bereit war, beschleunigte er seine Kriegsvorbereitungen. Er zog seine Truppen zusammen und befestigte wie im vorhergehenden Jahr alle Verteidigungspunkte an der Süd- und Südostgrenze gegen Angriffe der Tataren. Auch stellte er Truppenverbände im Nordwesten auf, da die Schweden das Engagement der Polen bei Polock wahrgenommen und Narva und Kexholm angegriffen hatten.

Bathorys Ziel in seinem zweiten Feldzug war die Eroberung von Velikije Luki, damit er seine Angriffsfront weiter und tiefer nach Moskovien hinein vorschieben konnte. Von dieser Festung aus war es ihm möglich, die drei moskovitischen Hauptverteidigungspunkte Novgorod, Pskov und Smolensk zu bedrohen und außerdem relativ leicht einen Vorstoß gegen Moskau zu machen. Bathory führte diesen Feldzug äußerst geschickt durch.

In einem Ablenkungsmanöver schickte er 2000 Mann gegen Smolensk vor und zog dann mit seiner Hauptstreitkraft von 50000 Mann in Eilmärschen nach Velikije Luki, wo man ihn am wenigsten erwartete. Dort wurden die moskovitischen Gesandten, die seit einigen Wochen unterwegs waren, in das polnische Lager gebracht und zu Bathory geführt. Aber es war klar, daß er in diesem Stadium nicht daran dachte, über Frieden zu verhandeln, und die Gesandten wurden mit beleidigender Unhöflichkeit behandelt. Sie durften jedoch einen Kurier an den Zaren schicken, um neue Instruktionen einzuholen.

Inzwischen hatten die Polen Velikije Luki unter Geschützfeuer genommen und die hölzernen Mauern der Festung in Brand gesetzt. Die moskovitische Garnison, deren Moral allein schon durch die überraschende Belagerung geschwächt war, trat bald in Verhandlungen wegen der Übergabe. Aber die ungarischen Truppen in Bathorys Diensten fürchteten, durch eine solche Vereinbarung um die Möglichkeit des Plünderns gebracht zu werden. Ihre Befehle mißachtend, fielen sie in die Stadt ein und machten zusammen mit den nachfolgenden polnischen Truppen die Einwohner nieder. Danach wurde Velikije Luki zur Plünderung freigegeben.

Bathorys zweiter Feldzug endete mit der Einnahme Velikije Lukis, doch dauerten die Kampfhandlungen noch während des Winters 1580–81 an. Die Polen eroberten mehrere kleine Städte in Moskovien und Livland. Zu Ivans großer Beunruhigung fielen außerdem im November 1580 die Schweden in Karelien ein, nahmen Kexholm und töteten dabei 2000 Russen. In Estland zwangen sie die Garnison von Padis, nicht weit von Reval, durch Aushungern zur Übergabe. Dann marschierten sie nach Livland und eroberten Wesenberg. Aber auch die Russen wurden aktiv und zerstörten litauisches Gebiet um Dubrovna, Orša und Mogilev; ferner schlugen sie die von Bathory nach Smolensk entsandten Truppen.

Der Verlust von Velikije Luki und der andern Städte traf Ivan schwer, zumal da er fürchtete, weitere Verluste nicht verhindern zu können. Die Türken und Krimtataren waren zwar in Auseinandersetzungen mit Persien verwickelt, aber sie konnten jederzeit wieder genügend Bewegungsfreiheit gewinnen, um in Moskovien einzufallen, und dann würden sie die Tataren längs der Volga zu gleichzeitigen Angriffen aufstacheln. Das bedeutete für Ivan, daß er, um den Bestand des Reiches zu sichern, gegen mehrere Feinde würde kämpfen müssen, ohne Aussicht, sie alle zurückschlagen zu können.

Die beiden Gesandten, die er im Frühjahr 1580 zu Bathory geschickt hatte, hielten sich noch im polnischen Lager auf. Sie hatten Not zu leiden und mußten Kränkungen hinnehmen, denn die in ihrem Siegesgefühl überheblichen Polen ließen sich die Gelegenheit nicht entgehen, auf diese Weise den Zaren zu demütigen. Doch obwohl Ivan sonst äußerst empfindlich war in allem, was seine Würde anging, und auf strikte Beachtung des Protokolls bestand, machte er von dieser Behandlung seiner Gesandten kein Aufhebens. Ja, er ernannte jetzt zwei neue Botschafter, Ivan Puškin und Feodor Pisemskij, und wies sie an, nicht auf Wahrung des Protokolls zu bestehen. Es bewies, daß Ivan sich Zurückhaltung auferlegen konnte, wenn er es aus politischen Gründen für angebracht hielt.

Puškin und Pisemskij unterbreiteten Bathory die neuen Konzessionen, zu denen sich Ivan jetzt um des Friedens willen bereit fand. Diese Zugeständnisse offenbarten seine verzweifelte Stimmung, denn sie besagten nichts Geringeres, als daß er Livland bis auf vier Städte abtreten wollte. Aber Bathory lehnte das Angebot kurzerhand ab. Er erklärte, die Feindseligkeiten nur unter der Bedingung einstellen zu können, daß ihm ganz Livland mitsamt Sebeš abgetreten und 400000 Goldkronen als Entschädigung für seine Kriegskosten gezahlt würden. Jetzt eilten Kuriere zwischen den beiden Monarchen hin und her, und die Verhandlungen zogen sich in die Länge. Bathory ging so weit, Ivan zu verhöhnen, weil er es nicht gewagt habe, seine Truppen gegen ihn in die Schlacht zu führen[13].

In seinem Selbstvertrauen schien Bathory sich für unbesiegbar zu halten. Im Februar 1581 erschien er in Warschau vor dem Sejm und forderte neue Subsidien, um Moskovien zu erobern.

Aber der polnische Adel war kriegsmüde und sträubte sich, neue Kontributionen zu erheben. Der Sejm wünschte die Friedensverhandlungen jetzt einzuleiten, da Polen sich in einer Machtstellung befand; doch wiederum gelang es Bathory kraft seiner Persönlichkeit und Führerbegabung, die Bewilligung der Mittel für einen dritten Feldzug durchzusetzen.

Diesmal war es das Ziel der polnischen Unternehmungen, Pskov zu erobern, das von allen Städten Moskoviens – einschließlich der Hauptstadt – am stärksten befestigt war. Einmal im Besitz von Pskov, glaubte Bathory, ganz Livland gegen moskovitische Angriffe abschirmen zu können und überdies seinen Vorstoß nach Moskovien schon ein gutes Stück vorangetrieben zu haben. Aber er überschätzte seine Kraft und die Leistungsfähigkeit seiner Truppen erheblich und sah nicht voraus, wie entschlossen die Russen diese Festung verteidigen würden. Pskov war so stark befestigt, daß es nahezu uneinnehmbar war, und besaß eine Garnison von 50000 Mann Fußvolk und 7000 Mann Reiterei unter dem Befehl von V.F. Skopin Šujskij und Ivan P. Šujskij und hatte zudem reiche Vorräte. Am 26. August begann Bathory mit einem 100000 Mann starken Heer Pskov zu belagern. Die Geschütze rissen eine Bresche in die Mauern, aber bei dem Versuch, die Festung im Sturm zu nehmen, wurden die Polen nach anfänglichen Erfolgen mit schweren Verlusten zurückgeworfen. Dann stellte sich heraus, daß sie alles Pulver verschossen hatten und auf neuen Nachschub warten mußten. Weitere Bombardements und Sturmangriffe prallten an der Garnison wirkungslos ab. Der Herbst stand bevor, und viele Polen drängten auf Rückzug, aber Bathory war hartnäckig entschlossen, die Belagerung den Winter hindurch fortzusetzen. Von der Kälte und den Entbehrungen des langen Feldzugs zermürbt, standen die polnischen Truppen immer kurz vor der Meuterei. Nur durch äußerste Strenge vermochte Jan Zamojski im Heer einen Anschein von Disziplin aufrechtzuerhalten. Pskov hielt sich standhaft und machte Bathorys kühne Idee, Moskovien zu erobern, völlig zunichte.

Die Kampfhandlungen beschränkten sich jedoch nicht auf Pskov. Mit einer kleineren Streitkraft rückte der litauische Hetman Christof Radziwill östlich von Velikije Luki auf die Volga zu, mußte aber schnell den Rückzug antreten. Bedrohlicher waren die Angriffe der Schweden, die Narva und mehrere kleine Städte einnahmen, dann den Krieg auf russischen Boden vortrugen und Ivangorod, Jam und Koporje eroberten.

Ivan war jetzt verzweifelt darauf bedacht, die Feindseligkeiten zu beenden, und begrüßte deshalb dankbar die Vermittlung des von Papst Gregor XIII. entsandten Jesuitenpaters Antonio Possevino. Zu Anfang des Jahres 1580 hatte Ivan eine Gesandtschaft nach Wien geschickt und den Kaiser gebeten, zwischen ihm und dem polnischen König zu vermitteln. Dabei erinnerte er Rudolf an sein Versprechen, Gesandte zu Unterhandlungen wegen einer Allianz nach Moskau zu schicken. Rudolf aber, stets unentschlossen und furchtsam, wollte sich jetzt keinesfalls in ein Unternehmen gegen Bathory einlassen und entschuldigte sich damit, daß die von ihm für die Moskauer Mission ernannten Gesandten gestorben oder erkrankt seien.

Darauf hatte Ivan noch im selben Jahr einen Appell an Rom gerichtet, der nicht vergebens war. Sein Gesandter Ševrigin trug Gregor XIII. die Beschwerden des Zaren vor, daß Bathorys Krieg gegen Moskovien ein Racheakt sei, weil der Zar den Habsburger Thronkandidaten unterstützt habe. Ferner machte er geltend, daß er für die Christenheit kämpfe, Bathory aber ein Vasall und Verbündeter des Sultans sei. Er bat den Papst dringend, sich mit seiner ganzen Autorität für einen Frieden zwischen Moskovien und Polen einzusetzen.

Ivans respektvolle Bitten verfehlten ihre Wirkung auf Gregor XIII. nicht. Der Papst sah die Möglichkeit, erstens Moskovien in eine Liga der christlichen Nationen zum Kreuzzug gegen die muselmanischen Türken einzubeziehen und zweitens die Vereinigung der Ostkirche mit der Westkirche unter der Oberhoheit des Papstes herbeizuführen, wie sie 1439 in Florenz schon beschlossen worden war. Dasselbe Ziel hatte vor über hundert Jahren Papst Paul II. verfolgt, als er Ivan III. sein Mündel Zoe Palaeolog zur Gemahlin antrug, die Ivans Großmutter geworden war.

Papst Gregor ernannte sogleich den Jesuiten Antonio Possevino zum Führer einer Gesandtschaft, die zwischen dem König und dem Zaren Frieden stiften sollte. Possevino begab sich zuerst nach Wilna, wo ihm Bathory, der eben nach Pskov abrücken wollte, rundheraus erklärte, der Zar habe den Heiligen Vater getäuscht, und Polen werde einen Frieden, wie es ihn wünsche, durch Waffengewalt herbeiführen, ohne Vermittlung des Papstes.

Possevino zog weiter nach Moskovien und wurde am 18. August 1581 in Starica vom Zaren empfangen. Ein unternehmender Geist und erfüllt vom Eifer, zum Ruhme Roms und seines Ordens die Einigung der Kirchen zustande zu bringen, legte Possevino der Begegnung mit dem Zaren große Bedeutung bei. Ivan dachte nicht daran, auf die Einigung der Kirchen einzugehen oder die Oberhoheit des Papstes anzuerkennen, aber er war dringend auf Possevino angewiesen, um die polnische Aggression zum Stillstand zu bringen. Deshalb empfing er die Jesuitengesandtschaft mit noch größerer Prachtentfaltung als fünf Jahre zuvor die kaiserlichen Gesandten. Geflissentlich bekundete er seine Ehrerbietung für den Papst und studierte aufmerksam den schön gedruckten Band über die Florentiner Union, ein persönliches Geschenk des Papstes an ihn.

Nach diesem großartigen Empfang wiegte sich Possevino in der Hoffnung, sein Ziel zu erreichen; er trug zunächst Bathorys Friedensbedingungen vor, dann sprach er von der großen christlichen Allianz gegen den Türken und von der glorreichen Vereinigung der Kirchen. Ivan dankte mit herzlichen Worten für den Segen und die Geschenke des Papstes und rühmte sein großes Unternehmen gegen den Sultan. Die Vereinigung der Kirchen lehnte er nicht ab, erklärte aber, eine bindende Antwort darauf erst nach Unterzeichnung des Friedensvertrages mit Polen geben zu können. Den venezianischen Kaufleuten gewährte er das Recht auf freien Handel in Moskovien, auch sollten sie ihre eigenen Priester mitbringen und den Gottesdienst auf ihre Art halten dürfen, aber ihre eigenen katholischen Kirchen zu bauen sei ihnen nicht erlaubt, »denn Wir haben hier in der Vergangenheit keine römischen Kirchen gehabt und wollen auch in Zukunft keine haben«[14].

Ivan ließ keinen Zweifel daran bestehen, daß ihm der Friede mit Polen das Wichtigste war, und legte seinen Standpunkt im einzelnen dar. Die Bedingungen, die Possevino Barthory übermitteln sollte, enthielten weniger Zugeständnisse, als Puškin und Pisemskij im vorhergehenden Jahr mit Ivans Genehmigung gemacht hatten. Jetzt erklärte der Zar sich bereit, an Polen sechsundsechzig Städte in Livland, dazu Velikije Luki, Zavoločije, Nevel, Velis und Cholm abzutreten, für Moskovien aber wollte er fünfunddreißig Städte in Livland, dazu Dorpat, Narva und einige andere estnische Städte behalten.

Possevino hatte inzwischen wahrscheinlich erkannt, daß Ivan kaum bereit war, auf die Vereinigung der Kirchen einzugehen, worauf sein Eifer, die Sache Moskaus gegenüber Bathory zu vertreten – der immerhin katholisch war –, entschieden abflaute. Nachdem er im polnischen Lager eine Zusammenkunft mit Bathory gehabt hatte, schickte er Ivan eine Botschaft, daß der König bereit sei zu verhandeln, doch nur auf Grund der schon festgelegten Bedingungen. Bathory drohte weiterhin mit Krieg, wartete aber einstweilen auf das Eintreffen von Ivans Gesandten.

Zu diesen demütigenden Friedensverhandlungen wurden Dmitrij Jeleckij und Roman Olferijev entsandt. Sie trafen die polnischen Bevollmächtigten und Possevino in einem verwüsteten Dorf, etwa fünfzehn Kilometer von Zapolski Jam entfernt. Bathory war nach Warschau abgereist und hatte Weisungen hinterlassen, die Verhandlungen in drei Tagen zu Ende zu führen; indessen zogen sie sich fünf Wochen lang hin. Die Polen versuchten, ihre Bedingungen sogleich durchzusetzen; die Moskoviter aber verhandelten mit gemessener Würde, prüften jeden einzelnen Punkt genau und zögerten dadurch den Abschluß hinaus.

Nicht weit von diesem Dorf entfernt dauerte die Belagerung von Pskov an. Die polnischen Truppen waren jetzt schon rebellisch und hielten kaum noch Disziplin. Die moskovitische Garnison brachte ihnen in verwegenen Ausfällen schwere Verluste bei. Bathory hielt sich in Warschau auf, aber er wußte, daß er den Sejm schwerlich dazu bestimmen konnte, ihm weitere Subsidien für den Krieg zu gewähren; und auf jeden Fall war seine Armee erschöpft. Er brauchte den Frieden nötiger als Ivan, dessen Gesandte sehr wohl merkten, daß ihre Stellung sich mit der aussichtslosen Belagerung von Pskov verbesserte. Sie erhoben Einwände gegen jede der von den Polen gestellten Bedingungen und ersuchten Possevino, ihnen einen guten Dienst zu leisten – aber der Jesuit war jetzt entschlossen, die Sache Polens zu unterstützen.

Indessen hatten die moskovitischen Gesandten strikte Anweisungen, Frieden zu schließen, und wagten nicht, davon abzuweichen oder die endgültige Erschöpfung von Bathorys Armee abzuwarten. Am 6. Januar 1582 schlossen sie einen Waffenstillstand auf zehn Jahre, unter Bedingungen, die zwar für Ivan demütigend waren, jedoch gewisse Zugeständnisse der Polen einschlossen. Moskovien trat ganz Livland mitsamt Polock und Welisch an Polen ab. Aber Bathory mußte auf die Kriegsentschädigung von 400000 Goldkronen verzichten und Schweden aus dem Vertrag aussondern; damit hatte Ivan die Möglichkeit, sich unmittelbar mit dem König von Schweden über das künftige Geschick der estnischen Häfen zu verständigen. Außerdem willigte Bathory ein, alle von ihm eroberten russischen Lande zurückzugeben. Die Botschafter beider Parteien stritten noch ein paar Tage über die angemessenen Titel ihrer Monarchen, doch machte sich allgemein eine Erleichterung darüber spürbar, daß die Feindseligkeiten beendet waren, am meisten bei den Polen, die vor Pskov lagen.

Damit war für Ivan das baltische Küstenland verloren, das er für Moskovien hatte erobern wollen. Der Verlust traf ihn schwer, denn es bedeutete, daß die baltischen Staaten Moskovien wieder vom Verkehr mit Westeuropa ausschließen würden.

Die Politik der Schweden, Polen und Deutschen, die aus Selbstschutz die Entwicklung Rußlands zu hemmen suchten, erbitterte ihn aufs äußerste. Aber in diesem Stadium konnte er nichts dagegen tun, und Rußland mußte nahezu 150 Jahre warten, bis Peter der Große erreichte, was Ivan einmal gewonnen und dann wieder verloren hatte.

22

DIE LETZTEN JAHRE
1581-1583

GEGEN ENDE DES JAHRES 1581 hatte Ivan die ganze Bitterkeit der Niederlage auszukosten. Der Verlust von Polock und Velikije Luki und die Bedrohung von Pskov, das damals noch belagert wurde, hatten ihm den schweren Entschluß abgenötigt, Livland aufzugeben. Damit war seine nach Westen orientierte Politik, die er achtundzwanzig Jahre beharrlich verfolgt hatte, völlig zunichte gemacht. Aber das Zarenreich war in Gefahr, und deshalb mußte er unbedingt mit Polen Frieden schließen. Zur Zeit der stärksten seelischen Belastung, als seine Botschafter mit den Polen unterhandelten und er angstvoll auf den Ausgang dieser Gespräche wartete, traf ihn persönlich ein tragisches Geschick.

Zarevič Ivan, sein ältester Sohn von seiner geliebten ersten Gemahlin Anastasija, war jetzt siebenundzwanzig Jahre alt. Er besaß die hohe Intelligenz seines Vaters und versprach ein starker und tüchtiger Herrscher zu werden. Seit einigen Jahren war er der ständige Begleiter seines Vaters, und Ivans Testament bezeugte die Bande des Vertrauens und der Zuneigung zwischen Vater und Sohn. Sie waren selten getrennt, und wohl nicht nur, weil Ivan nach der Gesellschaft seines Sohnes verlangte, sondern auch, weil er ihn in die Pflichten eines Alleinherrschers einführen wollte. Bei formellen Audienzen, wenn Truppen eingestellt, Befehlshaber vereidigt, Verräter und Verbrecher hingerichtet wurden – immer war der Zarevič an der Seite seines Vaters. Auch bei dem Novgoroder Massaker war er zugegen gewesen und hatte diese Grausamkeiten offenbar ohne zu wanken mit angesehen. Es gibt wirklich keinerlei Anzeichen, daß er seinen Vater nicht in allen Dingen unterstützte; ihre Kameradschaft beruhte ganz deutlich auf Einverständnis und Zuneigung.

Im November 1581, als Ivan ungeduldig Nachrichten aus Pskov und von seinen Botschaftern erwartete, befand er sich in einem gereizten Zustand. Er war immer außerordentlich zornmütig gewesen, und der kleinste Zwischenfall konnte ihn in rasende Wut versetzen. Um diese Zeit machte der Zarevič in Alexandrovsk irgendeine Bemerkung, entweder über den notwendigen Entsatz von Pskov oder über eine familiäre Angelegenheit[1], jedenfalls geriet Ivan darüber in Wut. Er hob den Stab mit der eisernen Spitze, den er stets bei sich trug, und stieß damit nach seinem Sohn. Boris Godunov, der daneben stand, suchte den Schlag abzuwehren und wurde verletzt. Durch diese Einmischung nur noch mehr aufgebracht, stieß Ivan jetzt mit voller Wucht gegen seinen Sohn und traf ihn am Kopf. Der Zarevič sank zu Boden, und aus seiner Wunde strömte das Blut.

Entsetzt über seine jähe Tat, kniete Ivan nieder, nahm seinen Sohn in die Arme und versuchte, die Wunde mit seinen Fingern zuzuhalten. Er war jetzt außer sich vor Angst, schluchzte wild, rief nach Ärzten und schrie, er habe seinen Sohn getötet. Er betete, daß der Zarevič verschont sein möge, dann küßte er ihn und bat ihn um Verzeihung.

Der Sohn war schwach und etwas benommen, doch bei Bewußtsein. Er küßte seinem Vater die Hand und bat ihn, sich nicht dem Gram und der Verzweiflung hinzugeben. Die Ärzte kamen und ließen dem Zarevič jede erdenkliche Hilfe angedeihen. Aber sein Leben schwand dahin, und vier Tage später, am 19. November, starb er[2].

Ivan war untröstlich. Der Tod seines Sohnes war eine kummervolle Angelegenheit, aber den Sohn mit eigener Hand getötet zu haben, war eine Tragödie über allen Kummer hinaus. Drei Tage lang saß er neben dem offenen Sarg, in dem der Tote aufgebahrt war. Am 22. November kamen die Bojaren und

Priester in Trauergewändern und rüttelten ihn auf. Sie trugen den Sarg nach Moskau, gefolgt von Priestern und Mönchen, die, zu Fuß durch den Schnee schreitend, die Trauergesänge anstimmten. In tiefes Schweigen versunken, folgte Ivan der Bahre bis zur Erzengelkathedrale, wo zwischen den Gräbern der Vorfahren ein Platz für den Zarevič bereitet war. Ivan trug ein einfaches Trauergewand ohne irgendwelche Abzeichen seiner Zarenwürde. Er blieb stumm, während die Bojaren und das Volk weinten und für die Seele des Zarevič beteten. Als aber der Sarg in die Gruft gesenkt werden sollte, warf er sich mit einem wilden Aufschrei darüber, so daß es durch die ganze Kirche hallte.

Eine lange Zeit trauerte Ivan. Er fand keinen Schlaf und wanderte ruhelos durch seinen Palast, manchmal schrie er zum Himmel auf, daß seine Qualen über alles Ertragen gingen. Er suchte nicht die Schuld auf andere abzuladen und nannte den Tod seines Sohnes nicht einen Zufall. Der Zarevič war von seiner Hand getötet worden, weil er gesündigt hatte; dies war die Strafe Gottes. Des Schlafes beraubt, schritt er durch den Palast; nicht einmal vor den Ikonen, die, von Öllampen schwach beleuchtet, in der Ecke jedes Raumes hingen, machte er halt, um zu beten; seine Sündenlast und sein Gram konnten auch durch die Fürsprache der Heiligen nicht von ihm genommen werden. Schließlich sank er vor Erschöpfung irgendwo auf dem Boden in Schlaf. Dann kamen seine Diener, die sich seinem Blick ferngehalten hatten, und schoben ihm Kissen unter den Kopf und die Füße und deckten ihn gegen die Winterkälte zu. Wenn er erwachte, nahm er seine Wanderschaft wieder auf, ein Einsamer, der weder Ruhe noch Trost fand.

Allmählich fand Ivan wieder zu sich selbst; aber er blieb ein geschlagener Mann, von Spuren des Kummers gezeichnet. Er ließ die führenden Männer der Kirche und des Staates vor sich kommen und erklärte ihnen formell, nachdem Gott ihn also gestraft habe, bleibe ihm nichts, als seine Tage in der Einsamkeit eines fernen Klosters im Gebet zu beschließen. Zarevič Feodor könne nicht die Herrschaft übernehmen, deshalb sei es die Pflicht der Bojaren, einen Herrscher zu wählen, dem er sogleich die Regierung übertragen könne. Die Bojaren und die Geistlichkeit hörten mit Erstaunen diese Worte von seinen Lippen, und manche unter ihnen hatten den Verdacht, es sei eine List Ivans, um jene herauszufinden, deren Treue er nicht sicher war. Die meisten hatten jedoch den Eindruck, daß es ihm mit seinen Worten ernst war, und alle erwiderten: »Verlaß uns nicht! Wir wollen keinen anderen Zaren als den uns von Gott gegebenen – dich und deinen Sohn!«[3] Ivan beugte sich dem allgemeinen Willen. Damals wünschte er zweifellos, sich in ein Kloster zurückzuziehen. Aber er war seinem hohen Amt und dem Zarenreich zu leidenschaftlich ergeben, als daß er sich ihnen auf lange Zeit hätte entziehen können. Bald warf er sich wieder mit voller Kraft in die Staatsgeschäfte.

Boris Godunov hatte sich während dieser Wochen vom Hof ferngehalten. Es hieß, er müsse die Wunden ausheilen, die er beim Versuch, den Zarevič zu schützen, davongetragen hatte. Ivan hörte jedoch, es seien nicht die Wunden, die ihn fernhielten, sondern Ärger und Verdruß. In seiner Vereinsamung vermißte Ivan den Favoriten und suchte Godunov unvermutet auf, um den wahren Grund seines Fernbleibens zu erfahren. Er sah, daß Godunov sich tatsächlich noch von den Wunden erholen mußte, die der in solchen Sachen erfahrene Anika Stroganov genäht hatte[4]. Ivan umarmte Godunov und bezeugte ihm die größte Gunst, als wolle er ihm danken für seine Bemühungen, den Zarevič zu retten; auch mag es sein, daß er, da Godunovs Schwester Irina im Vorjahre mit Zarevič Feodor vermählt worden war, in seinem Günstling einen Mann sah, der seinem jüngeren Sohn in allen Herrscherpflichten zur Seite stehen konnte.

Etwa drei Monate nach dem Tode des Zarevič kam Possevino von den Verhandlungen mit den moskovitischen und polnischen Gesandten nach Moskau zurück. Von Stefan Bathory überbrachte er eine Botschaft des Wohlwollens und konkrete Vorschläge zur Zusammenarbeit. Dem König lag daran, den Handel zwischen Moskovien und Polen-Litauen zu beleben, deshalb regte er an, daß die beiden Nationen einander Handelsrechte gewährten. Außerdem drängte er zu einem gemeinsamen Vorgehen gegen die Krimtataren. Aber Ivan war nicht gewillt, sich auf neue Kriegszüge einzulassen, am wenigsten in Verbindung mit Bathory. »Es ist Uns nicht möglich«, sagte er zu Possevino, »Unser Heer nach Perekop zu schicken, denn Unsere Truppen sind von dem Krieg gegen König Stefan erschöpft.« Außerdem habe er gerade die Nachricht erhalten, daß sein Gesandter sich mit dem Khan über Friedensbedingungen einig geworden sei[5].

Dann kam Possevino zu dem Hauptziel seiner Mission, der Vereinigung der Kirchen. Er bat, mit dem Zar allein sprechen zu dürfen. »Wir sind bereit, mit euch zu sprechen, aber nicht allein«, erwiderte Ivan. »Wie könnten Wir dies ohne Unsere nächsten Ratgeber?« Ja, es widerstrebte ihm, auf dieses Gespräch überhaupt einzugehen. Er versicherte, Possevino habe ihm durch die Friedensvermittlungen zwischen Moskovien und Polen einen Dienst erwiesen. »Aber«, fuhr er fort, »wenn Wir anfangen über Religion zu sprechen, so wird jeder eifersüchtig seinen Glauben verteidigen und ihn hoch über den andern stellen. Das führt zu Streitereien, und Wir fürchten, es wird Feindschaft zwischen uns entstehen.«[6]

Possevino beteuerte jedoch, es werde zu keinem Streit kommen. Dann sprach er vom Wunsch des Papstes, daß es nur *eine* Kirche geben möge, und legte seine Gründe dar für die Vereinigung der griechischen und der römischen Kirche. Aber Ivan ließ sich nicht überzeugen. »Ihr sagt, euer römischer Glaube sei eins mit dem griechischen Glauben: Wir aber haben nicht den griechischen, sondern den einzig wahren christlichen Glauben.« Possevino verfocht beharrlich seine Gründe, erreichte aber nichts. Vielmehr zeigte sich deutlich, daß Ivan die Oberhoheit des Papstes nie anerkennen würde. »Der Papst ist nicht Christus«, sagte er. »Der Thron, auf den er geboren ist, ist nicht eine Wolke, und die ihn tragen, sind nicht die Engel. Auch ist es nicht recht von Papst Gregor, sich Christus gleichzustellen...«[7]

Der Jesuit fand sich damit ab, daß seine große Mission fehlgeschlagen war, versuchte aber zwei Zugeständnisse zu erwirken, die den orthodoxen Russen den Katholizismus näherbringen und eine Vereinigung der Kirchen in späteren Jahren erleichtern sollten. Er bat Ivan nochmals, die Errichtung katholischer Kirchen in Moskovien zu genehmigen und in Zukunft junge Russen zum Studium des Lateinischen nach Rom zu schicken. Aber Ivan ließ sich nicht irreführen. Er betonte, in Moskovien stünde es jedermann frei, seine Gebete gemäß dem eigenen Glaubensbekenntnis zu verrichten, auch dürften die Andersgläubigen ihre eigenen Priester haben. Hingegen wolle er weder den Bau katholischer Kirchen in seinem Reiche dulden noch zulassen, daß junge Russen in Rom ihrem Glauben abspenstig gemacht würden. Enttäuscht reiste Possevino von Moskau ab, er hatte dem Papst nichts als die Ergebenheit des Zaren zu übermitteln.

Inzwischen hatte Ivan die Herrschaft wieder in die Hand genommen. Seine angeborene Tatkraft, seine brennende Sorge um das Zarenreich behaupteten sich und entrissen ihn dem untätigen Grübeln über Leid und Niederlagen. Auch wurde ihm damals eine gewisse Genugtuung zuteil durch die Nachricht von neuen Eroberungen jenseits des Urals. Die mächtige Familie Stroganov, die er seit fünfundzwanzig Jahren auf jede Weise förderte, hatte neues Land kolonisiert und jetzt die Grenzen des Zarenreichs nach Osten vorgeschoben. Nichts konnte Ivan aber für den Verlust von Livland und dem baltischen Küstenland entschädigen, und so wird er diese große Neuerwerbung kaum in ihrer vollen Bedeutung gewürdigt haben. Da er jedoch ein weitblickender Mann war, erfüllte ihn dieses kühne Vordringen mit Befriedigung.

Die Stroganovs, die aus Novgorod stammten, waren eine Familie von Pionieren, Kolonisatoren und Abenteurern. Durch Kolonisieren und kluge Handelsgeschäfte waren sie groß geworden. Im 15. Jahrhundert hatten sie sich in Solvyčegodsk niedergelassen, hatten Salzbergwerke angelegt, Pelzhandel getrieben und ihre Besitzungen erweitert; sie waren wegen ihrer Schlauheit berühmt. Ihr Reichtum war so ungeheuer, daß einstmals sie allein imstande waren, das Lösegeld von, wie es heißt, 200000 Goldrubeln für den Großfürsten Vasilij Temnij aufzubringen, der von den Kazanj-Tataren gefangengenommen war. Die Stroganovs hatten es sich stets angelegen sein lassen, gute Beziehungen zu den Großfürsten von Moskau zu unterhalten. Luka Stroganov und nach ihm sein Sohn Anika wurden am Hof gern gesehen und mit Achtung behandelt[8].

Die Wasserstraßen nach Sibirien waren schon länger bekannt, aber erst die Eroberung von Kazanj und Astrachan machten die Kolonisation möglich[9]. Zunächst schien es nur nötig, das Gebiet zu einem Teil des Zarenreichs zu erklären. Im Januar 1555 hatte der sibirische Khan darum ersucht, Vasall des Zaren zu werden. Ivan hatte seine Treueerklärungen entgegengenommen und die Höhe des zu leistenden Tributs festgesetzt. Bald aber zeigte sich, daß die Tataren und andere sibirische Stämme durch Fehden zerspalten waren, und daß sie durch ihre Loyalitätserklärungen nur den Schutz des Zaren gegen Rivalen erlangen wollten.

Ivan war entschlossen, mit Gewalt in Sibirien Ordnung zu schaffen, aber er konnte nicht die dazu nötigen Truppen aufbringen. Da reichte 1558 Grigorij Stroganov – wahrscheinlich von Ivan selbst dazu angeregt – ein Gesuch ein, ihm die Besiedlung des Neulands längs der Kama und ihren Nebenflüssen südlich von Perm zu gestatten. Ivan ging bereitwillig darauf ein und legte in seiner Genehmigungsurkunde bis ins einzelne die Rechte fest, die er den Stroganovs auf die Dauer von zwanzig Jahren gewährte. Sie waren ermächtigt, Städte zu bauen, eigene Truppen zu halten und Waffen herzustellen; sie konnten das Land bebauen, Salzbergwerke anlegen, hatten Fischrecht für die Flüsse und waren von Steuern und Handelszöllen befreit. Sie durften nach Erz schürfen, mußten aber alle Funde von Kupfer, Zinn oder Silber dem Zaren melden, der sich das Recht auf eigene Bergwerke vorbehielt. Die Urkunde verbot ausdrücklich die Beschäftigung von entlaufenen Bauern, Sträflingen und Deserteuren aus dem Heer des Zaren. Kurz, sie waren ermächtigt, ein eigenes unabhängiges Fürstentum zu errichten, das nicht der Rechtsprechung des Gouverneurs von Perm unterstand, sondern von ihnen allein regiert, verwaltet und verteidigt wurde.

Die Stroganovs – der Vater Anika, eine großartige Patriarchengestalt, damals in den Siebzigern, aber von ungebrochener Kraft und Aktivität, und seine drei Söhne, Grigorij, Jakov und Semeon – kultivierten das Neuland erstaunlich schnell. Sie bauten die Stadt Kankor und sechs Jahre später, nach einem Gesuch an den Zaren, die Stadt Kergedan. Die unermeßliche Weite dieses Landes schreckte sie nicht; sein fruchtbarer Boden und der Reichtum an Wild und Pelztieren schien sie zu immer neuem Vordringen zu verlocken. Mehrmals kamen sie darum ein, weiter nach Osten hinein siedeln zu dürfen, und der Zar zögerte nicht, ihre Bitten zu genehmigen[10].

In den ersten vierzehn Jahren belästigten die Ostjaken, Čeremis, Mordva, Tataren und andere Stämme aus dem Kama- und Uralgebiet die russischen Kolonisten nicht. Aber 1572 erfuhr man in Moskau von Angriffen auf russische Siedlungen im Gebiet von Perm. Ivan schickte sofort Befehl an die Stroganovs, die rebellischen Stämme zu unterdrücken, jedoch mit allen, die loyal seien, freundlich zu verfahren. Sie führten seine Befehle prompt durch, sahen aber ernstere Unruhen voraus. Der neue sibirische Khan, Kučum, war den Russen feindlich gesinnt und hatte schon mehrere sibirische Stämme angegriffen, die Moskau Tribut zahlten. Im Juli 1573 fiel Kučums Sohn Mametkul in das Gebiet der Stroganovs ein, richtete erheblichen Schaden an, kehrte aber um, sobald er bis zu den Städten gelangte.

In ihrem Bericht über diesen Angriff baten die Stroganovs jetzt den Zaren um Machtbefugnisse für die Gebiete jenseits des Urals. Dann nämlich, erklärten sie, wäre es ihnen möglich, zweckmäßige Verteidigungsanlagen gegen den sibirischen Khan zu errichten und jene Stämme unter ihren Schutz zu nehmen, die dem Zaren den Treueid leisten und Tribut zahlen wollten. Zudem erboten sie sich, die Verteidigungsanlagen in diesen Gebieten aus eigenen Mitteln zu erstellen. Ivan ging ohne weiteres darauf ein und übertrug ihnen in der Genehmigungsurkunde das Recht, in den Gebieten jenseits des Urals zwischen Irtyš, Ob und Tobol Land zu kultivieren und Gewerbe zu treiben. Auch ermächtigte er sie, an wichtigen Plätzen Festungen zu erbauen und gegen das sibirische Khanat jederzeit Offensiv- und Defensivmaßnahmen zu ergreifen.

Die Stroganovs hielten schon längst eigene Truppen, mußten aber für dieses weitgreifende Unternehmen eine neue Privatarmee aufstellen. Die verschiedenen sibirischen Stämme, unter denen sie Leute hätten anwerben können, waren unzuverlässig und nicht geeignet; deshalb stützten sie sich lieber auf die Kosaken. Freibeuter, Jäger und Räuberbanden der Kosaken vom Don, Dnjepr und der Volga dienten dem Zaren, wenn sie Lust dazu hatten. Bei Streifzügen und Ausfällen gegen die Türken und Tataren konnte man sie gut verwenden, aber sie hielten sich an kein Gesetz und wurden oft zu einer Plage, besonders, wenn sie die Moskauer Handelsstraßen durch Raubüberfälle unsicher machten. 1570 hatte Ivan Truppen ausschicken müssen gegen plündernde Kosakenverbände, die Handel und Verkehr an der Volga lahmlegten. Eine 540 Mann starke Kosakenschar war unter Führung ihres Ataman Jermak Timofejev vor den Truppen des Zaren nach Norden geflüchtet und im Frühjahr 1579 im Gebiet der Stroganovs aufgetaucht, die sie sogleich in ihren Dienst nahmen.

Über zwei Jahre bewachten Jermak und seine Kosaken die Verteidigungsanlagen, ohne daß sich etwas ereignete. Aber im Juli 1581 machten Stämme aus dem Ural einen Überfall auf die russischen Niederlassungen, brannten Dörfer nieder und schleppten Gefangene fort. Auf ähnliche Überfälle mußte man sich gefaßt machen, und in den dichten Wäldern des Kamagebiets war es schwierig, sich wirksam dagegen zu schützen. Jedenfalls waren die Stroganovs nicht die Leute, geduldig einen Angriff abzuwarten. Sie entschlossen sich sogleich, aktiv vorzugehen und rüsteten Jermak und seine Kosaken zum Feldzug gegen den sibirischen Khan aus, dazu eine Truppe von

300 Mann aus Litauern, Deutschen und Tataren in ihrem Sold.

Jermak rückte mit seinen Kriegern am 1. September 1581 aus, und am selben Tag griffen asiatische Stämme aus allen Richtungen Siedlungen der Stroganovs und solche im Gebiet von Perm an. Semeon und Maxim Stroganov berichteten darüber nach Moskau und forderten Truppen und Waffen an; darauf befahl Ivan dem Gouverneur von Perm, ihnen 200 Mann zu Hilfe zu schicken. Im folgenden Jahr aber wurden die Stroganovs bei Ivan denunziert. Es hieß, sie hätten ihre eigenen Truppen nach Osten geschickt, um ihres eigenen Vorteils halber das sibirische Khanat zu erobern, anstatt ihre Niederlassungen und die Grenzen des Zarenreichs zu verteidigen.

Seit Ivan vor nahezu fünfundzwanzig Jahren den Stroganovs den ersten Freibrief gegeben hatte, war sein Interesse an Sibirien gewachsen. Er hatte sogar in Moskau ein Sibirisches Ministerium eingerichtet, was vielleicht auf den Einfluß Boris Godunovs zurückging, der, selbst tatarischen Ursprungs, sich lebhaft der Kolonisation im Osten annahm. Doch hatte sich Ivan von seinen ersten Regierungsjahren an um die Ausdehnung des Reiches bemüht und gleich nach der Eroberung von Kazanj und Astrachan seinen Blick auf das Land jenseits des Urals gerichtet. Zunächst war es ihm nur darum zu tun gewesen, seine Ostgrenze gegen tatarische Raubüberfälle zu schützen. Dann aber hatten ihn die Berichte der Stroganovs und anderer begierig gemacht nach der Weite und den Reichtümern Sibiriens. Während in diesem Jahrhundert andere europäische Nationen jenseits der Meere kolonisierten, fand er unmittelbar an seinen Grenzen jungfräuliches Land, das der Kolonisation harrte.

Auf die Denunziation hin schrieb Ivan den Stroganovs einen zornigen Brief und warf ihnen vor, ihre eigenen Interessen über die des Zarenreichs gestellt zu haben, indem sie Jermak nach Sibirien schickten, anstatt die russischen Siedlungen durch seine Kosaken verteidigen zu lassen. Auch erzürnte es ihn, daß sie ohne seine Genehmigung flüchtige Kosaken eingestellt hatten[11]. Jedoch blieb er maßvoll in seinem Zorn. Er wußte, daß die Stroganovs keine Verräter, sondern kühne und unternehmende Kolonisatoren waren, die seine Achtung und volle Unterstützung verdienten. Ihre unabhängige Gesinnung nahm er hin als notwendige Eigenschaft von Männern, die unerforschte, von feindlichen Völkerschaften bewohnte Länder jenseits der Grenzen erschlossen. In diesem Fall aber hatten sie seine Befehle mißachtet und von seinen Untertanen verlangte er nun einmal Gehorsam.

Inzwischen war Jermak mit seiner kleinen Streitkraft, dem Lauf der Tura folgend, nach Osten gezogen und hatte mehrere Tatarenlager eingenommen. Der Vormarsch ging schnell voran, da sie keinerlei Mangel zu leiden hatten; in den dichten Nadelwäldern Sibiriens gab es unendlich viel Wild, vor allem auch Pelztiere, und die mächtigen Ströme und ihre Nebenflüsse waren reich an Fischen. Aber der grimmig kalte Winter stand bevor, auch mußten sie dauernd auf der Hut sein vor Überfällen aus dem Hinterhalt, denn die Kunde von ihrem Unternehmen verbreitete unter den nomadisierenden Tataren Angst und Schrecken. Khan Kučum war äußerst beunruhigt durch das Gerücht, Jermak und seine Krieger seien unbesiegbar und mit feuerspeienden, todbringenden Waffen ausgerüstet. Aber er dachte nicht daran, sich zu ergeben. Er verstärkte seine Verteidigungsanlagen bei Isker am Irtyš und rief alle ihm untertanen Stämme auf, ihm ihre Krieger zum Kampf gegen die Eindringlinge zu schicken. Inzwischen rückte sein Sohn Mametkul mit der tatarischen Hauptstreitkraft gegen Jermak vor. Bei Babasan, einer Siedlung am Zusammenfluß von Tobol und Irtyš, kam es zur Schlacht zwischen Kosaken und Tataren. Die Kosaken wurden stark dezimiert, schlugen sich aber tapfer und errangen schließlich durch ihre Musketen den Sieg über die Bogenschützen. Am Irtyš griff Jermak eine weitere tatarische Streitmacht an und obsiegte wieder. Dabei wurden eine Anzahl Kosaken getötet, und nur wenige kamen ohne Verwundungen davon.

Jermak erkannte klar, in was für einer gefahrvollen Lage er sich jetzt befand, da er bis ins Innere Sibiriens vorgedrungen war. Zurück konnte er nicht; seine kleine Streitkraft schmolz infolge der ständigen Kämpfe immer mehr zusammen; der grimmige Winter stand unmittelbar bevor, und der Proviant und die Vorräte an Munition waren gering. Aber er wußte, daß ihm nichts übrig blieb als vorzurücken.

Beim Zusammenfluß von Tobol und Irtyš hatte Kučum seine Armee in einem stark befestigten Lager zusammengezogen. Dies wurde Jermaks Ziel. Am Morgen des 23. Oktober ließ er seine Kosaken zum Sturm gegen die Tataren vorgehen, die starken Widerstand leisteten. Aber durch ihren verwegenen Kampfesgeist und mit Hilfe des Gewehrfeuers gewannen die Kosaken die Oberhand. Die Tataren ergriffen die Flucht und desertierten in immer größerer Zahl. Jermak und seine Krieger hatten ihrem Ruf, unbesiegbar zu sein, Ehre gemacht. Drei Tage später zogen sie in Isker, der Hauptstadt des sibirischen Khans, ein; aber Kučum war geflohen, und damit hatte Jermak Sibirien erobert.

Ataman Ivan Kolzo zog mit einer kleinen Schar von Kosaken zurück, um den Stroganovs und dann dem Zaren über den Ausgang ihres Unternehmens zu berichten. Kolzo und seine Kameraden erschienen nicht ohne Bangigkeit vor Ivan, denn noch immer waren sie flüchtige Kosaken und nicht abgeurteilt. Aber im Kreml wurde ihnen ein herzlicher Empfang zuteil. Begierig lauschte Ivan ihrem Bericht und nahm huldvoll ihre kostbaren Gaben entgegen: Zobel-, Blaufuchs- und Biberpelze. Er verzieh ihnen, versicherte sie seiner Gunst und beschenkte sie reich. Auch anerkannte er die Dienste der Stroganovs und belehnte sie mit neuen Gütern. Dann beauftragte er Fürst Semeon D. Bolchovskij, mit 500 Musketieren nach Isker zu ziehen und als sein Stellvertreter von Jermak das Fürstentum Sibirien entgegenzunehmen[12].

In Moskau läuteten die Glocken, und in allen Kirchen wurde dieses große Ereignis durch Dankgottesdienste gefeiert. Auf den Kremlplätzen drängte sich das Volk zusammen, und man hörte es sagen: »Gott hat Rußland ein neues Fürstentum verliehen!«[13] Die Begeisterung war ähnlich wie nach der Eroberung von Kazanj. Damals aber hatte der Zar alle seine Truppen gegen einen starken Feind geführt. Die Eroberung Sibiriens hingegen war dem Weitblick und Unternehmungsgeist der Stroganovs und der Tapferkeit einer kleinen Kosakenschar zu verdanken. Es war ein Heldenstück, das bald zur Lieblingslegende der Russen wurde und noch künftige Geschlechter begeisterte.

Einen weiteren Beweis seiner politischen Initiative und Beharrlichkeit gab Ivan 1582, als er die Verhandlungen wegen eines Bündnisses mit Elisabeth von England wieder aufnahm. Seine Westpolitik konnte er im Grunde nie ganz aufgeben, und dies war ein Versuch, nach dem Waffenstillstandsvertrag mit Polen wenigstens noch etwas davon zu retten.

Zehn Jahre früher, als Elisabeth seine Bündnisvorschläge de facto zurückwies, hatte Ivan im Zorn der Russischen Kompanie alle Privilegien entzogen. Um ihn versöhnlich zu stimmen, hatte sie Anthony Jenkinson zu ihm geschickt. Ivan liebte »Anton«, wie er ihn kurz nannte, aufrichtig und behandelte überhaupt alle Engländer, die an seinen Hof kamen, mit besonderem Wohlwollen. Das geschah nicht nur aus Diplomatie; denen, die er schätzte und achtete, begegnete er immer mit echter, spontaner Zuneigung. Seine Ungnade und strenge Strafen wurden nur jenen zuteil, denen er mißtraute.

Jenkinsons Audienzen bei Ivan hatten einen glücklichen Verlauf genommen. Zufriedengestellt durch die »liebevollen und verständigen Briefe«, die der Botschafter ihm von Elisabeth überbrachte, versprach der Zar, der Kompanie alle Privilegien zurückzugeben[14]. Einige Zeit vorher hatte er sich über bestimmte Kaufleute heftig beschwert, als aber Jenkinson Näheres darüber wissen wollte, weigerte er sich, die Vergehen dieser Leute aufzuzählen oder auch nur ihre Namen zu nennen. »Es wäre nicht fürstlich«, sagte er, »zu verzeihen und nachher die Beteiligten zu verklagen; das könnte ihnen zu Hause die Ungnade Ihrer Majestät zuziehen.«[15]

In weiteren Audienzen setzte Jenkinson wenn nicht alle, so doch die meisten seiner Forderungen durch. Seine Mission hatte unerwartete Erfolge zu verzeichnen; aber dies lag hauptsächlich daran, daß Ivan nicht auf dem Bündnis bestanden hatte, obwohl er zu verstehen gab, daß seine Forderungen nur aufgeschoben seien.

In all diesen Jahren bestürmte Elisabeth Ivan ständig mit Forderungen für die Kompanie, und er ging stets willig darauf ein. Im August 1574 schrieb er jedoch plötzlich einen zornigen Brief; er beschwerte sich über die schlechte Aufführung bestimmter Kaufleute und behauptete ferner, Engländer hätten den Schweden gegen Moskovien Beistand geleistet; sodann schnitt er von neuem die Bündnisfrage an.

Darauf hatte Elisabeth aus Besorgnis, der Kompanie könnten ihre Privilegien wieder entzogen werden, im Mai 1575 Daniel Sylvester nach Moskau entsandt. Sylvester hatte zwei hitzige Unterredungen mit dem Zaren, der sich über die ständigen Ausflüchte der Königin bitter beklagte. Er verwies auf seine Großzügigkeit gegenüber der Kompanie und schwor, er werde, wenn man ihm nicht in gleicher Weise begegne, alle Handelsrechte den Venezianern und Deutschen geben.

Sylvester kehrte nach England zurück und schiffte sich bald darauf wieder nach Moskovien ein, doch sollte das Antwortschreiben der Königin, das er bei sich trug, nie in Ivans Hände gelangen. Nach seiner Ankunft in Cholmogory hatte Sylvester soeben »in einem oberen Zimmer seines Quartiers im Englischen Haus einen neuen gelbseidenen Frack anprobiert, und der Schneider war gerade die Treppe hinuntergegangen, als ein gewaltiges Gewitter kam und er mitsamt seinem Diener und seinem Hund vom Blitz erschlagen wurde; sein Schreibtisch, seine Briefe und das ganze Haus verbrannten im Nu.«[16] Als Ivan dies gemeldet wurde, murmelte er nur: »Gottes Wille geschehe!« Er war abergläubisch, und dieses Eingreifen des Schicksals mag beigetragen haben, daß er die angedrohten Maßnahmen gegen die Kompanie unterließ. Im übrigen nahm ihn jetzt der Krieg gegen Polen völlig in Anspruch, und die nächsten fünf Jahre scheint es keinen Schriftwechsel mit Elisabeth mehr gegeben zu haben.

1582 erneuerte Ivan seine Anträge, und zwar fast in derselben Form wie zwölf Jahre zuvor; nur war ein seltsames Ersuchen neu hinzugekommen: Ivan begehrte eine Engländerin zur Frau, und seine Wahl war auf Lady Mary Hastings, eine Kusine der Königin, gefallen. Diese Bitte war seltsam, weil sich Ivan erst vor kurzem zum siebentenmal verheiratet hatte. Seine letzte Gemahlin, die er ohne Zeremonie und den Segen der Kirche genommen hatte, war Marija Feodorovna, eine Tochter Feodor Nagojs; sie gebar ihm einen Sohn, der Dmitrij getauft wurde[17]. Aber diese frisch geschlossene Ehe hinderte Ivan nicht, um die Hand Lady Marys anzuhalten. Offenbar hatte er so wenig Bedenken, seine Frauen abzusetzen, wie Elisabeths Vater, Heinrich VIII[18].

Ivans Botschafter Feodor Pisemskij kam im September 1582 nach England mit dem Auftrag, über ein Bündnis zu verhandeln und Lady Mary in Augenschein zu nehmen. Die Verhandlungen gestalteten sich schwierig. Elisabeth lehnte ein Bündnis unter den vorgeschlagenen Bedingungen entschieden ab und beharrte auf ihren Vorbehaltsklauseln, die Ivan schon früher zurückgewiesen hatte. Zugleich aber forderte sie kühn eine bindende Zusage für das Monopol ihrer Kompanie auf den Handel im Weißen Meer.

Äußerst zurückhaltend behandelte Elisabeth auch das Heiratsprojekt. In den Berichten ihrer Gesandten und verschiedener englischer Kaufleute war Ivan in schwarzen Farben geschildert worden. Die Folterungen und Hinrichtungen so vieler Bojaren, ferner die Tatsache, daß er so oft verheiratet gewesen und seine letzte Frau noch am Leben war, und daß er, wie es hieß, ständig eine Schar von Konkubinen um sich hatte – dies alles sprach bei Elisabeth dagegen, ihm ihre Kusine zur Frau zu geben. Offenbar war auch Lady Mary selbst über die Gerüchte von Ivans Grausamkeit so entsetzt, daß sie die Königin bat, sie vor einer so »gefahrvollen Ehre« wie dieser Heirat zu bewahren[19].

Da Elisabeth dem Zaren nicht eine unverblümte Absage erteilen wollte, tat sie alles Erdenkliche, um seinen Gesandten zu entmutigen. Pisemskij erhielt nur nachteilige Auskünfte über Lady Mary. Elisabeth erklärte ihm selbst, sie fühle sich zwar durch Ivans Wunsch, ihr »näherzustehen«, geehrt, doch glaube sie nicht, daß Lady Mary, deren einzige Zierde ihre charakterlichen Vorzüge seien, einem »so bekannten Bewunderer und Verehrer der Schönheit« wie dem Zaren gefallen könne[20]. Lady Mary habe erst kürzlich die Pocken gehabt und ehe die häßlichen Narben nicht ganz verheilt seien, könne Pisemskij sie nicht sehen. Er hatte jedoch Weisung, sich die junge Dame anzusehen und ließ mit Bitten nicht locker. Endlich, am 5. Mai 1583, bekam er sie zu Gesicht, fünf Monate nachdem er zuerst darum ersucht hatte.

Die Begegnung fand im Garten des Lord Chancellors statt. Lady Mary ging dem Gesandten ein paar Schritte entgegen, begrüßte ihn mit einer leichten Verbeugung und blieb dann regungslos stehen, während er sie aufmerksam betrachtete. Dies dauerte ein paar Minuten, dann sagte er: »Das genügt«, und ging davon. In dem Bericht an den Zaren schrieb er: »Mary Hastings ist groß, schlank, hat ein bleiches Gesicht, graue Augen, blondes Haar, eine gerade Nase und lange, spitze Finger.«[21] Von entstellenden Pockennarben erwähnte er nichts, aber auch nichts von ihrer Schönheit; doch erhielt er ein Bild von ihr, um es mit nach Moskau zu nehmen.

Im Juni segelte Pisemskij von England ab, begleitet von Elisabeths Botschafter Sir Jerome Bowes, einem Mann von rauhem, hochfahrendem Wesen. Seine Aufgabe war zweifellos schwierig. Er hatte Weisung, in keinem Punkt von Elisabeths Bedingungen für das Bündnis abzugehen, ferner alles zu tun, was ihm möglich sei, um Ivan von der geplanten Heirat mit Lady Mary abzubringen, und zwar mit der Begründung, sie sei von schwacher Gesundheit und ihre Familie wolle sie deshalb nicht ziehen lassen. Bestätigen konnte er hingegen das Versprechen der Königin, dem Zaren in England Zuflucht zu gewähren; Ivan hatte wieder darum gebeten, obwohl es ihm schon mehrmals zugesagt worden war. Ungeachtet der abschlägigen Antworten, die Bowes auf zwei von Iwans drei Vorschlägen zu geben hatte, sollte er unbedingt das Monopol der Kompanie auf den Handel im Weißen Meer sicherstellen, zumal jetzt die Holländer daran partizipieren wollten [22].

Bowes hatte mehrere Unterredungen mit Ivan; manche verliefen stürmisch, und des öfteren wurde er ungnädig entlassen. Zweifellos trat er gelegentlich anmaßend auf; aber seine freimütige Art machte Ivan Eindruck, obwohl sie sich von der festen, aber höflichen Haltung Jenkinsons und Randolphs wesentlich unterschied, und schließlich lernte er den derben Engländer sogar schätzen. Bei einer bestimmten Redewendung des Zaren, der er eine Herabsetzung der Königin zu entnehmen glaubte, brauste Bowes zornig auf. Ivan befahl ihm, sich augenblicklich zu entfernen, ließ ihn aber gleich darauf wieder zurückholen und sagte zu ihm: »Wollte Gott, ich hätte einen so treuen Diener!« [23] Aber seine Sympathie für den Gesandten der Königin machte ihre Antworten auf seine Vorschläge keineswegs annehmbarer, und bei den Audienzen ging es weiterhin stürmisch zu.

Da Bowes ein Scheitern seines Auftrags befürchtete, zeigte er sich allmählich nachgiebiger und erweckte sogar Hoffnungen, daß die Königin ihre Politik vielleicht nochmals prüfen und sich anders besinnen werde. In seinen Berichten nach London behauptete er, Ivan sei entschlossen, eine neue Gesandtschaft zur Königin zu schicken, auch habe er versprochen, gewisse Privilegien der Kompanie zu bestätigen. Aber noch bevor Bowes diese Bestätigung erhalten hatte und bevor eine neue Gesandtschaft bestimmt war, bekam er am 18. März 1584 von dem moskovitischen Kanzler eine Nachricht, die erkennen ließ, daß Ivan beim Volk als ein Freund Englands galt; sie lautete: »Der englische Kaiser ist tot« [24].

23

IVANS TOD
1584

SCHON SEIT EINIGEN JAHREN hatte Ivan darüber geklagt, daß er sich alt und dem Tod nahe fühle. Aber seine physische und geistige Energie behauptete sich unvermindert. Er besaß eine kräftige Konstitution, der die ständige Belastung durch Angstzustände, Wutanfälle und die Ausschweifungen, die man ihm nachsagte, nichts anzuhaben schien. Abgesehen von der einen schweren Krankheit war er stets bei guter Gesundheit gewesen, oft unter Strapazen, denen die meisten Menschen erlegen wären. Doch im Winter 1584 zeigten sich die ersten Symptome einer verhängnisvollen Krankheit.

Wie seine Geburt so wurde auch sein Tod durch wunderbare Zeichen angekündigt. Zu Anfang des Jahres 1584 beobachtete Ivan zwischen den goldenen Kuppeln und Kreuzen der Uspenskij- und Blagoveščenskij-Kathedrale am Himmel einen Kometen, dessen Schweif ein nebelhaftes Kreuz bildete, eine vielleicht durch das Nordlicht hervorgerufene Sinnestäuschung. Von dieser Erscheinung betroffen, trat Ivan auf die Rote Treppe hinaus, den offiziellen Eingang zum Palast, und starrte lange zum Himmel hinauf. Dann verdüsterte sich seine Miene, und er sagte zu seinem Gefolge: »Das ist das Zeichen meines Todes.«[1]

Dies seltsame Vorzeichen ließ ihn nicht mehr zur Ruhe kommen. Er berief Sterndeuter aus allen Teilen Rußlands und sogar aus Lappland. Sechzig dieser Weisen wurden nach Moskau geholt und in einem besonderen Gebäude untergebracht. Täglich schickte Ivan Belskij zu ihnen, um sie zu befragen. Sie sagten übereinstimmend, sein Tod stünde nahe bevor und nannten sogar den Tag, nämlich den 18. März. Darauf befahl ihnen Ivan zu schweigen und keine Voraussagen mehr zu machen. Anfang März erging jedoch eine Botschaft an alle Klöster, der leidende Zar flehe alle Mönche an, für ihn zu beten, daß ihm seine Sünden vergeben und die Gesundheit wiedergeschenkt werden mögen[2].

Ivans Leiden hatten sich verschlimmert. Sein Körper war entsetzlich geschwollen und zeigte, nach damaligen Berichten, Anzeichen innerer Fäulnis. Die Kunde von seiner Krankheit verbreitete sich in Moskau und bald im ganzen Land. Das Volk strömte in die Kirchen, um für seine Genesung zu beten. Das geschah nicht unter äußerem Zwang, sondern weil die Russen ihren Zaren verehrten und ihn als ihren Beschützer liebten, ohne den sie verloren sein würden.

Ivan machte jetzt ein neues Testament, in dem er den Zarevič Feodor als Erben und Thronfolger einsetzte. Da aber Feodor physisch schwach und zurückgeblieben war, ernannte er einen besonderen Rat, der ihn leiten und ihm die Last der Verantwortung abnehmen sollte. Die führenden Männer dieses Rates waren Fürst Ivan Petrovič Šujskij, der sich bei der Verteidigung von Pskov ausgezeichnet hatte; Ivan Feodorovič Mstislavskij, ein naher Verwandter von Fürst Vasilij Mstislavskij; Nikita Romanovič Jurjev, der Bruder der ersten Zarin Anastasija; Boris Godunov und Belskij. Dem jungen Zarevič Dmitrij, den ihm seine letzte Gemahlin geboren hatte, vermachte er die Stadt Uglič mit dem dazugehörigen Gebiet; die Erziehung Dmitrijs übertrug er Belskij[3]. Seinem Erben Feodor gab er den Rat, mit Liebe und Güte zu regieren, Kriege gegen christliche Staaten zu vermeiden und dafür zu sorgen, daß sein Volk nicht unter den schweren Steuern und sonstigen Lasten zu leiden habe wie während seiner Regierung. Zuletzt befahl er, Verbrecher und Kriegsgefangene aus Litauen und Deutschland freizulassen.

Am 15. März fühlte Ivan eine gewisse Erleichterung von seinem Leiden. Er verbrachte einige Zeit mit dem Engländer

Jerome Horsey und zeigte ihm seine überaus kostbare Sammlung von Diamanten, Rubinen, Saphiren und anderen Edelsteinen. Als ihn später am Tag die junge Frau seines Sohnes Feodor besuchte, soll er sie mit so lüsternen Blicken betrachtet haben, daß sie entsetzt aus dem Zimmer floh[4]. Bald darauf begann er zu phantasieren und ängstlich nach Zarevič Ivan zu rufen, den er getötet hatte. Er glaubte ihn vor sich zu sehen und sprach zärtliche Worte zu ihm.

Zwei Tage später ging es Ivan anscheinend besser. Warme Bäder hatten ihm große Erleichterung verschafft. Er gab Befehl, daß der litauische Gesandte, den man seiner Krankheit wegen in Mošajsk zurückgehalten hatte, jetzt nach Moskau kommen solle; er werde ihn in Audienz empfangen. Nach Horsey fühlte er sich so kräftig, daß er die schlimmen Voraussagen widerlegt zu haben glaubte und »die lügenhaften Sterndeuter« schon hinrichten lassen wollte[5].

Am 18. März lag Ivan drei Stunden im warmen Bad, das ihm wieder sehr wohltat. Dann ruhte er auf seinem Bett und ließ sich das Schachbrett geben. Er stellte die Figuren auf, um mit Belskij eine Partie zu spielen – da brach er plötzlich zusammen. Die Ärzte versuchten ihn wiederzubeleben, der Metropolit sprach gemäß dem Brauch, wonach der Monarch vor dem Tode zum Mönch geschoren wird, über Ivan die Gebete, die ihn Gott weihten.

Die Moskauer Bevölkerung war wie betäubt von Ivans Tod. Ihnen war er nicht »der Schreckliche«, sondern ihr Zar, von Gott zum Herrn über sie gesetzt. Sie hatten ihn verehrt, weil er ein starker und fähiger Monarch war, der sich vollkommen mit der Nation gleichsetzte. Streng hatte er Verräter und die Bojaren und Fürsten gestraft, die sich gegen ihn auflehnten; alle Schichten des Volkes aber waren ihm ergeben und hatten ihm treu und ohne zu murren gedient: er war ihr Beschützer gegen die Bojaren und Fürsten, ihr Verteidiger gegen die Feinde des Zarenreichs. Die Eroberung von Kazanj und Astrachan hatte ihm in ihren Augen einen Glanz von Größe verliehen, und ihren Glauben an ihn als den großen Zaren hielten sie hoch.

Sie hatten Not und Ungemach erduldet und in den letzten Regierungsjahren Niederlagen hingenommen, aber das waren Strafen Gottes, für die man nicht ihren Zaren verantwortlich machen konnte. Vielleicht hatten sie auch eine Vorahnung der Schrecken, die ihnen in künftigen Jahren – in der russischen Geschichte die »Zeit der Wirren« genannt – bevorstanden, da sie, von Leiden heimgesucht, nach Ivans starkem Regiment verlangen sollten.

Zwei Tage lag der tote Zar im offenen Sarg, und das Volk strömte herbei, um Abschied von ihm zu nehmen. Am dritten Tage wurde er, von der ganzen Nation betrauert, in der Erzengelkathedrale im Kreml beigesetzt.

ANMERKUNGEN

1. Der Aufstieg Moskaus

[1] Jerome Blum, *Lord and Peasant in Russia* (Princeton, 1961) S. 59–60.
[2] Ebenda.
[3] Ebenda, S. 120.
[4] Richard Hakluyt, *The Principal Navigations, Voyages Traffiques and Discoveries of the English Nation* (London, 1809), S. 225, 262. In den folgd. Anm. als »Hakluyt« zitiert.
[5] V.O. Ključevskij, *Kurs russkoj istoriji* (Moskau 1956–1958), II, S. 158. In den folgd. Anm. als »Ključevskij« zitiert.
[6] Ebenda, S. 140.

2. Ivan III.

[1] Ključevskij, S. 117–118.
[2] J. Barbaro u. A. Contarini, *Travels to Tana and Persia*, aus d. It. v. W. Thomas u. S. A. Roy. (London, Hakluyt Society, 1873), S. 163.
[3] S. M. Solovjov, *Istorija Rossiji s drevnejšich vremjon* (15 Bde., Moskau 1960ff.) Bd. III, Buch V, S. 9.
In den folgd. Anm. als »Solovjov« zitiert.
[4] Sigismund von Herberstein, *Notes upon Russia;* übers. u. hrsg. von R. H. Major (London, Hakluyt Society, 1851–1852), I, S. 24.
[5] A. Contarini, *op. cit.*, S. 163.
[6] Sigismund von Herberstein, a.a.O.; G. Vernadsky, *A History of Russia*. Bd. IV. *Russia at the Dawn of the Modern Age* (Yale, 1959), S. 14, 75.
[7] J. L. I. Fennell, *Ivan the Great of Moscow* (London, 1961), S. 55.
[8] Ključevskij, S. 123–24.
[9] Sigismund von Herberstein, *op. cit.*, S. 24–25.

[10] A. Contarini, *op. cit.*, S. 163-64; G. Vernadsky, *op. cit.*, S. 125-26.
[11] Dieser verfehlte Versuch einer Vereinigung der Kirchen wurde auf dem Konzil von Florenz unternommen. Der Metropolit von Moskau, ein Grieche namens Isador, erklärte das Einverständnis der Russischen Orthodoxen mit der Vereinigung der Ost- und Westkirche und mit dem Grundsatz der päpstlichen Suprematie. Die Russen waren darüber empört; Isador wurde bei seiner Rückkehr sofort abgesetzt und konnte nur durch Flucht sein Leben retten. Es erfolgte eine Erklärung der Unabhängigkeit und völligen Autonomie der Russischen Kirche, und ein Russe, Bischof Iona von Rjazanj, wurde zum Metropoliten gewählt.
[12] Ključevskij, II, S. 121.
[13] A. Contarini, *op. cit.*, S. 164.
[14] Le P. Pierling, *La Russie et le Saint-Siège* (Paris, 1896), I, S. 150-52.
[15] Sofijas Einfluß auf Ivan III. und auf den Verlauf der russischen Geschichte ist eine Streitfrage unter Historikern. Im allgemeinen ist ihr Einfluß übertrieben worden, zunächst von den Feinden ihres Sohnes Vasilij III. und ihres Enkels Ivans IV.. Fürst Andrej Kurbskij nannte sie eine »griechische Zauberin« und beschuldigte sie sogar des Giftmords an ihrem Stiefsohn Ivan Molodoj.
Die russischen Historiker des 18. und 19. Jahrhunderts schrieben ihr einen beherrschenden Einfluß zu. Sie behaupteten, Ivan habe durch die Heirat mit ihr den Rechtsanspruch auf die byzantinische Nachfolge erlangt; auf diese Heirat stütze sich die Theorie von Moskau als dem Dritten Rom; Sofija sei verantwortlich für die Einführung des byzantinischen Hofstiles; auf ihren Rat und ihren Einfluß hin sei Novgorod annektiert, das mongolische Joch abgeworfen worden und dergl. mehr.
S. M. Solovjov und V. O. Ključevskij, die beiden bedeutendsten russischen Historiker, haben viele Theorien ihrer Vorgänger abgewertet. Doch räumen beide ein, daß Sofija Wesentliches dazu beigetragen habe, die Würde und das Ansehen des Großfürsten zu heben.
Historiker des 20. Jahrhunderts haben, darüber hinausgehend, Sofijas Einfluß bestritten. J. L. I. Fennell vertritt die Ansicht, Ivan III. könne in ihr nichts als eine »exotische Zierde für seinen etwas rohen Hof« gesehen haben, und es gebe »keine Anzeichen für Sofijas Einfluß auf die Bildung eines neuen Hofzeremoniells oder neuer Hofämter und Rangstellen«. Aber es ist offensichtlich übertrieben, ihr jeglichen Einfluß abzusprechen.
Professor George Vernadsky gelangt nach Würdigung der Ansichten der führenden Historiker zu dem Schluß, der dem Autor am einleuchtendsten erscheint, daß Sofija kaum eine beachtliche

Einwirkung auf Staatsangelegenheiten gehabt haben wird, daß sie jedoch den Hof und das Ansehen des Großfürsten beeinflußt haben müsse. Er schließt mit den Worten: »Ihre Hauptbedeutung für den Verlauf der russischen Geschichte lag darin, daß sie einem Mann das Leben schenkte, dem es bestimmt war, der Vater Ivans des Schrecklichen zu werden.«
G. Vernadsky, *Russia at the Dawn of the Modern Age* (Yale, 1959), S. 22–26; V.O. Ključevskij, *Kurs russkoj istoriji* (Moskau, 1957) Bd. II, S. 120–130; S.M. Solovjov, *Istorija Rossiji s drevnejšich vremjon* (Moskau 1960), Bd. V, Buch III, S. 57–64; J.L.I. Fennell, *Ivan the Great of Moscow* (London, 1961), S. 315–324; K.V. Bazilevič, *Vnešnjaja politika russkogo centralizovannogo gosudarstva. Vtoraja polovina XV veka* (Leningrad 1952), S. 83–88.

[16] A. Contarini, *op. cit.*, S. 163. Leider machte Contarini keine näheren Angaben; er schrieb: »Ich könnte anderes erwähnen, aber das würde zu weit führen.«

[17] Ebenda.

[18] J.L.I. Fennel, *op. cit.*, S. 336–337.

[19] G. Vernadsky, *op. cit.*, S. 130.

[20] Solovjov, Bd. V, Buch III, S. 298–299.

3. Die Geburt Ivan Vasiljevičs

[1] N.M. Karamzin, *Istorija gosudarstva rossijskogo* (St. Petersburg, 1842), Bd. II, Buch VII, col. 95–96 und Anm. 309. In den folgd. Anm. als »Karamzin« zitiert.

[2] Solovjov, Bd. III, Buch V, S. 285.

[3] Ebenda.

[4] Sigismund von Herberstein, *op. cit.*, S. 50–52.

[5] Solovjov, Bd. III, Buch V, S. 345.

[6] Ebenda, S. 298.

[7] Ebenda, S. 294.

4. Die Regentschaft Jelenas

[1] Solovjov, Bd. III, Buch VI, S. 395–396.

[2] Ebenda.

[3] Fürst Jurij starb am 26. August 1536 im Gefängnis, zugrunde gerichtet durch Hunger und das Gewicht seiner Ketten. Karamzin, Bd. II, Buch VII, col. 10–12

[4] Solovjov, Bd. III, Buch VI, S. 415.

[5] J. J. Smirnov, »*Mjatež Andreja Starickogo 1537 goda*« in *Istoričeskije zapiski*, Bd. 50, S. 270–272.
[6] Sigismund von Herberstein, *op. cit.*, I, S. 52–53.

5. Die Herrschaft der Bojaren

[1] S. M. Kaštanov, »*Podatnaja svoboda v gody bojarskogo pravitelstva 1538–1538 gg.*« in *Istoričeskije zapiski*, Nr. 66 (1960), S. 240–241.
[2] Josef von Volokolamsk war ein gelehrter und streitbarer Geistlicher; er unterstützte die Großfürsten von Moskau in ihrem Bestreben, das Land unter ihrer Herrschaft zu einen. 1479 gründete er in dem unabhängigen Fürstentum Volokolamsk ein Kloster, das berühmt wurde. Auf einer Kirchenversammlung im Jahre 1503 protestierte er gegen die Einziehung der Kirchengüter und vereitelte damit die Absichten der Transvolga-Eremiten. Josef vertrat auch sehr entschieden die Theorie, daß die Macht des Zaren göttlichen Ursprungs sei.
[3] Nil Sorskij hatte seinen Namen von der ersten Einsiedelei, die er unweit des Kirillo-Beloozerskij-Klosters am Fluß Sor gründete. Zwischen 1473 und 1489 machte Nil weite Reisen durch Palästina, Griechenland und die Türkei. In seinen Schriften und Predigten forderte er die Priesterschaft auf, allen Luxus und den Besitz an Gütern zu verschmähen, und ermahnte sie, in strenger Zucht und ganz dem Gebet zu leben. Auf der Kirchenversammlung von 1503 verlangte er die Säkularisation allen Kirchengutes, doch wurde sein Antrag durch Josef von Volokolamsk zu Fall gebracht.
[4] C. Oman, *The English Silver in the Kremlin 1557–1563*, London 1961.
[5] J. L. I. Fennell (Übs. u. Hsg.) *The Correspondence between Prince A. M. Kurbsky and Tsar Ivan IV. of Russia* (Cambridge, 1955) S. 75.
[6] Karamzin, Bd. II, Buch VIII, col. 35.
[7] Solovjov, Bd. III, Buch VI, S. 454.

6. Die Schrecken der Kindheit

[1] J. L. I. Fennell (Übs. u. Hsg.), *The Correspondence between Prince A. M. Kurbsky and Tsar Ivan IV. of Russia* (Cambridge, 1955), S. 75.
[2] Karamzin, Bd. II, Buch VIII, col. 39.
[3] Ebenda.
[4] Ebenda, S. 43.
[5] Solovjov, Bd. III, Buch VI, S. 320.

7. Zar nach dem Willen Gottes

[1] Solovjov, Bd. III, Buch VI, S. 431.
[2] Karamzin, Bd. II, Buch VIII, col. 54.
[3] Ključevskij, II, S. 136–137.
[4] Ebenda.
[5] Sofijas älterer Bruder Andrej bot seine Rechte auf den byzantinischen Thron dem Meistbietenden an und verkaufte sie tatsächlich dreimal, jedesmal an einen anderen. Moskau besuchte er 1480 und dann nochmals 1490. Zweifellos hat er auch Ivan seine Rechte zum Kauf angeboten, doch war dieser offenbar nicht daran interessiert; der Handel kam nicht zustande. Sofijas jüngerer Bruder Manuel kehrte in seine Heimat zurück und anerkannte die Oberhoheit des Sultans. Vernadsky, *op. cit.*, S. 22, 25. S. auch J. L. I. Fennell, *Ivan the Great of Moscow* (London, 1961), S. 186.
[6] Ključevskij, II, S. 124.
[7] Ebenda, S. 125.
[8] N. H. Baynes und H. St. L. B. Moss (Hrsg.) *Byzantium* (Oxford, 1961), S. 384.
[9] N. Zernov, *The Russians and their Church* (London, 1945), S. 71.
[10] N. H. Baynes und H. St. L. B. Moss, *op. cit.*, S. 384.
[11] Ključevskij, II, S. 127.
[12] N. H. Baynes und H. St. L. B. Moss, *loc. cit.*
[13] Solovjov, Bd. III, Buch VI, S. 431–432.

8. Krönung, Heirat und die Brände von Moskau

[1] Solovjov, Bd. III, Buch VI, S. 431–432.
[2] Ebenda.
[3] Ivans III. Enkel Dmitrij war am 4. Februar 1498 zum Großfürsten von Vladimir, Moskau und ganz Rußland gekrönt worden. Dabei waren die *Šapka Monomacha* und der große Kragen *(Barmyj)* gebraucht und das byzantinische Zeremoniell beobachtet worden. Aber Dmitrij hatte nie den Thron bestiegen und war auch nicht zum Zaren gekrönt worden. J. L. I. Fennell, *Ivan the Great of Moscow* (London, 1961), S. 337.
[4] Solovjov, Bd. III, Buch VI, S. 432.
[5] Sigismund von Herberstein, *op. cit.*, I, S. 50.
[6] Nikita Romanov, der Bruder der Zarin Anastasija, war der Großvater des Zaren Michail, der 1613 auf den Thron gewählt wurde; er war der erste der Romanov-Dynastie.
[7] Sigismund von Herberstein, *op. cit.* I, S. 93.

[8] Karamzin, Bd. II, Buch VIII, col. 59.
[9] Ebenda, 59–60.
[10] Hakluyt, I, S. 255.
[11] Sigismund von Herberstein, *op. cit.*, II, S. 5.
[12] Karamzin, Bd. II, Buch VIII, col. 61.

9. Der Gewählte Rat

[1] Solovjov, Bd. III, Buch VI, S. 435.
[2] N. Ustrjalov (Hsg.), *Skazanija Knjazja Kurbskogo* (St. Petersburg, 1833).
[3] Karamzin, Bd. II, Buch VIII, col. 60–62.
[4] In der russischen Tradition haben Geistliche – Metropoliten und Patriarchen, aber auch einfache Priester – durch ihre Begabung, Frömmigkeit oder einfach kraft ihrer machtvollen Persönlichkeit starken Einfluß auf den Thron und den Lauf der Politik ausgeübt. Dazu gehörten im 16. Jahrhundert Josef von Volokolamsk, Metropolit Makarij und Silvester; im 17. Jahrhundert Patriarch Nikon und Erzpriester Avvakum; im 20. Jahrhundert Rasputin, wenngleich er nicht eigentlich Priester war.
[5] Silvester, *Domostroj,* (Hsg.) J. Glazunov (St. Petersburg 1911), 3. Aufl.
[6] Karamzin, Bd. II, Buch VIII, Anm. 188.
[7] J. L. I. Fennell (Übs. u. Hsg.) *The Correspondence between Prince A. M. Kurbsky and Tsar Ivan IV. of Russia* (Cambridge, 1955), S. 141 u. Anm. 7.
[8] Ebenda, S. 203.
[9] Ebenda, S. 141.
[10] Ebenda, S. 85.
[11] Adaševs Ruf verbreitete sich nicht nur über die Grenzen Moskoviens hinaus, er hielt auch an. Als fast fünfundzwanzig Jahre nach seinem Tod ein polnischer Erzbischof den russischen Gesandten fragte, was für ein Mensch Boris Godunov sei, vermochte der Gesandte nichts Besseres über ihn zu sagen, als daß er in seiner Güte Adašev gleiche. S. F. Platonov, *Ivan Groznyj* (Berlin, 1924), S. 48.
[12] S. V. Bachrušin, »*Izbrannaja rada Ivana Groznogo*« in *Istoričeskije Zapiski,* Bd. 15 (1945). A. A. Zimin, *Reformy Ivana Groznogo* (Moskau 1960).
Die beiden Sovjetgelehrten, Bachrušin und Zimin, haben alles zugängliche Material über den Gewählten Rat zusammengetragen und durch eigene eingehende Forschungen ergänzt. Ihre Inter-

pretation des Materials erscheint jedoch in mancher Hinsicht etwas willkürlich; so zum Beispiel ihr Widerstreben zuzugeben, daß die Kirche oder einzelne Geistliche, insbesondere Makarij, unter Ivans Regierung eine bedeutende Rolle gespielt haben.

[13] A.A. Zimin und andere sovjetische Historiker halten daran fest, daß zu dieser Zeit Adašev das Haupt der Regierung gewesen sei. Die Annahme, Silvester habe wegen seines Priesterberufs nicht Mitglied des Gewählten Rates sein können, scheint mir unhaltbar. Der Gewählte Rat begann als eine nichtformelle Gruppe gleichgesinnter Männer. Unter ihnen ragte Silvester hervor und hatte bestimmt Einfluß auf die Gruppe. Der Rat blieb eine nichtformelle Körperschaft, und es bestand kein Grund dafür, daß Silvester ausgeschlossen sein sollte. Ich halte es für wahrscheinlich, daß Silvester und Adašev sich als Partner zusammentaten und gemeinsam handelten. Auch Ivan betrachteten sie als Partner.

[14] Fürst Dmitrij Kurljatev hatte die Šujskis unterstützt, als sie während Ivans Minderjährigkeit an der Macht waren. Er hatte sich 1543 sogar an dem gewaltsamen Versuch beteiligt, Ivans Schützling Voroncov zu entfernen. Später zog er sich, nicht ohne Grund, Ivans Mißtrauen zu und wurde, vermutlich auf Ivans Befehl, ermordet. J.L.I. Fennell, *op. cit.*, S. 89.

[15] J.L.I. Fennell, *op. cit.*, S. 89; S.F. Platonov, *op. cit.*, S. 49.

[16] Später beschuldigte Ivan Silvester und Adašev, sie hätten sich seine Macht angemaßt, ihn als bloße Repräsentationsfigur gebraucht und selbst die Reformen der 1550er Jahre durchgeführt. Aber diese Anschuldigungen erhob er nach dem Sturz der beiden mächtigen Günstlinge, die ihn, wie er meinte, verraten hatten; da benützte er dann jedes Mittel, um zu rechtfertigen, warum er sie in Ungnade hatte fallen lassen. Damals jedoch gab es zwischen Ivan, Silvester und Adašev keine Meinungsverschiedenheiten wegen der inneren Reformen, vielmehr unterstützte und förderte Ivan sie mit Enthusiasmus. J.L.I. Fennell, *op. cit.*, S. 87-89; A.A. Zimin, »*Reformy Ivana Groznogo*« (Moskau, 1960), S. 323.

10. Die ersten Reformen

[1] Karamzin, Bd. II, Buch VIII, col. 64.
[2] Ebenda, col. 64-65.
[3] Ključevskij, II, S. 373-377.
[4] Maxim Grek stammte aus Griechenland und hatte in Italien studiert. 1518 wurde er von Großfürst Vasilij aufgefordert, nach Rußland zu kommen, um die Kirchenbücher zu übersetzen. Gelehrt

und von großer Beredsamkeit, versammelte er in Moskau einen Kreis von Bojaren um sich, mit denen er nicht nur über kirchliche, sondern auch über innenpolitische Angelegenheiten diskutierte. In seinen Anschauungen stand er den Transvolga-Eremiten nahe. Er verwarf Besitz und Reichtum der Kirche und übte Kritik am Lebenswandel der Priester, an der Unterdrückung der Bauern durch kirchliche Grundherren und an der Einrichtung des »Unterhalts«. 1525 wurde er in das Josef Volokolamsk-Kloster verbannt und, nachdem ihm sechs Jahre später nochmals der Prozeß gemacht worden war, in das Tverskoj Otroč-Kloster geschickt.

[5] *J. Peresvetov Sočinenija,* Komm. Ja. S. Lurje. Einl. A. A. Zimin, D. S. Lichačev u. L. N. Puškarev (Moskau-Leningrad 1956), S. 163.

[6] Ebenda, S. 165-166, 190.

[7] Ebenda, S. 189.

[8] Ebenda, S. 158-159.

[9] A. A. Zimin, *Reformy Ivana Groznogo* (Moskau 1960), S. 326.

[10] Karamzin, Bd. II, Buch VIII, col. 65.

[11] A. A. Zimin nimmt an, daß der *Sudebnik* im Juni 1550 entworfen und herausgegeben wurde; es kann aber auch im Frühjahr oder im Herbst dieses Jahres gewesen sein. A. A. Zimin, *op. cit.,* S. 348-349.

[12] Ebenda, S. 349-350

[13] Ein Artikel, No. 100, wurde in der Folge hinzugefügt. Ebenda, S. 415-416.

[14] Im 16. Jahrhundert sahen sich immer mehr Bojaren genötigt, ihre Erbgüter zu verkaufen, um die Schulden zu bezahlen, die durch die Ausgaben für die Stellung von Truppen in verschiedenen Feldzügen, durch Mißwirtschaft und üppige Lebenshaltung entstanden waren. Diese Bojaren und ihre Erben hatten das Recht, ihre Güter innerhalb von vierzig Jahren nach dem Verkauf zwangsweise zurückzuerwerben. Artikel 45 des *Sudebnik* schaffte dieses Recht sowohl für den Bojaren wie für seine Erben ab, wenn sie den Kaufvertrag unterzeichnet hatten; Erben, die nicht unterzeichnet hatten, behielten das Recht zu zwangsweisem Rückkauf. Der neue Artikel stellte eindeutig auf den Schutz des Kleinadels ab. A. A. Zimin, *op. cit.,* S. 350-351.

[15] Historiker haben angenommen, dieses Projekt, »die tausend« gewählten Männer aus dem Kleinadel auf Pomestjen oder verliehenen Gütern anzusiedeln, sei durchgeführt worden. A. A. Zimin weist nach, daß wegen Landmangel de facto keine Güter verliehen wurden und der Plan nicht verwirklicht werden konnte. A. A. Zimin, *op. cit.,* S. 366-371. Erst nach Schaffung der Opričnina vermochte Ivan ausgewählte Männer auf Gütern in der Nähe

Moskaus anzusiedeln, weil er Bojaren von ihren Erbgütern vertrieb. s. S. 164-167.
[16] Die Versammlung bekam ihren Namen nach dem Bericht, der die Entscheidungen in *sto* (hundert) *glav* (Kapitel) festhielt.
[17] Karamzin nennt als Datum für diese Versammlung den 23. Februar. A. A. Zimin weist jedoch nach, daß der *Stoglav* während des Januars und Februars tagte und daß am 23. Februar mit der Herausgabe des Berichts begonnen wurde. Karamzin, Bd. II, Buch VIII, col. 68; A. A. Zimin, *op. cit.*, S. 378.
[18] Karamzin, *loc. cit.*
[19] A. A. Zimin, *op. cit.*, S. 380.
[20] Ebenda, S. 382-383.
[21] Ebenda, S. 384.
[22] Ebenda, S. 385.
[23] Ebenda, S. 386.
[24] Ebenda, S. 387.

11. Die Eroberung Kazanjs

[1] A. A. Zimin, *Reformy Ivana Groznogo* (Moskau 1960), S. 381.
[2] Solovjov, Bd. III, Buch VI, S. 449.
[3] A. A. Zimin, »*K istoriji vojonnych reform 50-ch godov XVI v.*« in *Istoričeskije zapiski*, Bd. 55 (1956), S. 345.
[4] A. A. Zimin, *Reformy Ivana Groznogo* (Moskau 1960), S. 337-38, s. auch *Voprosy Istoriji*, No. 6 (1962), S. 137.
[5] A. A. Zimin, in *Istoričeskije zapiski*, Bd. 55 (1956), S. 348.
[6] Novgorod hatte 1545 zum Beispiel 1845 Arkebusiere gestellt und zwar auf der Grundlage: ein Mann für vier Haushalte. Ebenda, S. 357.
[7] Ebenda, S. 354-358.
[8] Karamzin, Bd. II, Buch VIII, col. 75.
[9] Ebenda, col. 78-79.
[10] Ebenda, col. 85.
[11] Ebenda, col. 88-89.
[12] Solovjov, Bd. III, Buch VI, S. 466-467.
[13] Karamzin, Bd. II, Buch VIII, col. 98.
[14] Ebenda, col. 102.
[15] Karamzin legte dem in der Chronik angeführten Wort *Razmyslj* die Bedeutung »Ingenieur« bei. S. F. Platonov hat darauf hingewiesen, daß weder bei Dahl noch in anderen Lexika unter den vielen Bedeutungen dieses Wortes »Ingenieur« vorkommt. Er hält es für wahrscheinlicher, daß *Razmyslj* eine verderbte Form des Nachnamens Rasmussen ist, und erinnert daran, daß der dänische Ku-

rier Peter Rasmussen, der 1602 in Moskau war, von den Russen »Peter Razmyslj« genannt wurde. S.F. Platonov, *Ivan Groznyj* (Berlin 1924), S. 72.
[16] Hierbei handelte es sich zweifellos um den Ruf des Muezzin zum Gebet, der den Russen bekannt sein mußte. Mir ist nicht klar, warum dies als Zauberei angesehen wurde. Karamzin, Bd. II, Buch VIII, col. 104-105.
[17] Ebenda, col. 108.
[18] Gewisse Berichte über diese Schlacht lassen vermuten, daß, als der Angriff bevorstand, Ivan die Nerven verloren hatte und sich trotz wiederholter Aufforderung weigerte, seine Gebete abzubrechen. Die Truppen gingen ohne seinen Befehl in die Schlacht. Solovjov, Bd. III, Buch VIII, S. 470-471; Karamzin, *loc. cit.*
[19] Karamzin, Bd. II, Buch VIII, col. 111-112
[20] Ebenda.
[21] Ebenda.
[22] Ebenda, col. 114.
[23] Ebenda, col. 118.

12. Der Verrat

[1] Karamzin, Bd. II, Buch VIII, col. 124.
[2] Solovjov, Bd. III, Buch VI, S. 526.
[3] Ebenda, S. 526.
[4] Ebenda, S. 526-527.
[5] Karamzin, *op. cit.*, Anm. 189.
[6] Solovjov, *op. cit.*, S. 526.
[7] Ebenda, S. 527-528.
[8] Ebenda.
[9] Ebenda, S. 532.
[10] Ebenda, S. 533; Karamzin, *op. cit.*, col. 131-132.

13. Reformen, Astrachan und die Tataren

[1] J.L.I. Fennell (Übs. u. Hsg.) *The Correspondence between Prince A.M. Kurbsky and Tsar Ivan IV. of Russia* (Cambridge, 1955), S.93.
[2] Ebenda, S. 87.
[3] Ebenda, S. 93.
[4] Ebenda, S. 95.
[5] A.A. Zimin, *Reformy Ivana Groznogo* (Moskau, 1960), S. 444-448.
[6] Solovjov, Bd. III, Buch VI, S. 495.
[7] Die Legende, daß Ivan einen italienischen Architekten mit dem

Bau der Kathedrale beauftragte und ihm nach Vollendung des Werks die Augen ausstechen ließ, damit er nie wieder eine ähnliche bauen könne, entbehrt jeglicher Grundlagen. Verantwortlich für das Bauwerk, das keine westlichen Einflüsse zeigt, waren Postnik und Barma, zwei Russen aus Pskov, und sie wurden nicht geblendet.

Die Kathedrale, wie sie heute auf dem Roten Platz zu sehen ist, hat etwas von ihrer ursprünglichen Einfachheit und Harmonie des Entwurfs eingebüßt, weil im 17. Jahrhundert eine Kapelle und ein Glockenturm und in noch späterer Zeit eine Galerie angebaut wurden. G. H. Hamilton, *The Art and Architecture of Russia,* (London, 1954), S. 131–133.

Zwischen Ivan und seinem Zeitgenossen Philipp II. von Spanien besteht eine augenfällige, jedoch nur oberflächliche Ähnlichkeit. Beide hinterließen der Nachwelt Monumentalbauten, in denen sich ihre Persönlichkeit sehr deutlich widerspiegelte. Das Kloster San Lorenzo de Escorial war ein massiver, abweisend wirkender Zufluchtsort. Die St. Vasilij-Kathedrale war ein lebensvoller und freudiger, wenn auch wilder Ausdruck von nationalem Hochgefühl.

14. Der Drang nach Westen

[1] Hakluyt, I, S. 256.
[2] Ebenda, S. 241.
[3] Ebenda.
[4] Ebenda, S. 256–257.
[5] Ebenda.
[6] G. Tolstoj, *Pervyje sorok let snošeniji meždu Angliej i Rossiej 1553–1593 gg.* (St. Petersburg, 1875) S. 78.
[7] Hakluyt, II, S. 267.
[8] T. S. Willan, *The Early History of the Muscovy Company* (Manchester, 1956), S. 11–14.
[9] Solovjov, Bd. III, Buch VI, S. 499.
[10] Ebenda, S. 500.
[11] Ebenda, S. 519.

15. Die Schreckensherrschaft beginnt

[1] Kurbskij entstellt diese Ereignisse, indem er behauptet, Silvester und Adašev seien nach dem Tode Anastasijas verbannt worden, weil sie die Zarin vergiftet haben sollten. Es steht hingegen fest,

daß beide Männer den Hof verließen – jedoch nicht verbannt wurden –, und daß dies vor ihrem Tode geschah. Auch erwähnt Ivan in dem Brief an Kurbskij bei den Verbrechen, die er Silvester und Adašev zur Last legt, nichts davon, daß sie Anastasija vergiftet hätten. Hätte er je einen solchen Verdacht gehegt, so hätte er sie laut verdammt und keinesfalls unbehelligt im Exil leben lassen. (Vgl. S. 170–171 die Darstellung über den Tod Anastasijas und die feindselige Haltung Silvesters und Adašev s.) In seiner *Geschichte* behauptet Kurbskij, die neuen Favoriten des Zaren hätten ihm eingeflüstert, von Silvester und Adašev sei Zauberei gegen die Zarin geübt worden; er entstellt also nicht nur die Tatsachen, sondern bleibt nicht einmal bei einer konsequenten Darstellung. Ivan erklärte 1572 dem litauischen Gesandten, die Bojaren seien für den Tod Anastasijas verantwortlich. J.L.I.Fennell, *Correspondence*, S. 85–93, N. Ustrjalov (Hsg.), *Skazanija Knjaznaja Kurbskogo*, (St. Petersburg, 1833), S. 78–79, 391.

[2] Hakluyt, II, S. 429–430.
[3] Fennell, *op. cit.*, S. 97.
[4] Ebenda, S. 98.
[5] Solovjov, Bd. III, Buch VI, S. 539; Fennell, *op. cit.*, S. 98–99.
[6] Silvester gehörte als einfacher Priester der Weißen Geistlichkeit an, deren Mitglieder, bevor sie geweiht wurden, heirateten und gewöhnlich eine Gemeinde zu betreuen hatten; nur Angehörige der Schwarzen Geistlichkeit, die im Zölibat lebten, konnten die Mönchsgelübde ablegen.
[7] Fennell, *op. cit.*, S. 99.
[8] Zarin Anastasijas Kinder waren: Anna (1549–1550), Marija (1551–1554), Dmitrij (1552–1553), Ivan (1554–1581), Evdokija (1556–1558), Feodor (1557–1598).
[9] Fennell, *op. cit.*, S. 190–191.
[10] Solovjov, *op. cit.*, S. 539–542.
[11] Fennell, *op. cit.*, S. 101.
[12] Solovjov betont, daß diese Hinrichtungen nur von Kurbskij erwähnt werden und deshalb mit einigem Vorbehalt aufzunehmen seien. Solovjov, *op. cit.*, S. 540.
[13] Kurbskij berichtet, Adašev sei ins Gefängnis geworfen worden und an Entbehrungen gestorben; auch dies ist mit Vorbehalt aufzunehmen. Fennell, *op. cit.*, S. 98.
[14] In seinem Brief an Kurbskij schrieb Ivan: »Und in den Kirchen sind diese Dinge, die du lügenhaft behauptest, nicht vorgekommen.« Solovjov, *op. cit.*, S. 101–103.
[15] Die Worte, die Obolenskij-Ovčinin bei diesem Streit gesprochen haben soll, können natürlich eine Erfindung Kurbskijs sein. Es

gibt zahlreiche Hinweise auf Ivans Trunksucht und Ausschweifungen, aber keine genauen Angaben darüber. Seine Leidenschaft für Frauen war bekannt. Elisabeth I. von England nannte im Gespräch mit Ivans Gesandten sehr beschönigend den Zaren einen »bekannten Bewunderer und Verehrer der Schönheit«. Solovjov, *op. cit.*, S. 541; N. Casimir, »*Historical Notes Relating to Czar John the Terrible of Russia and Queen Elizabeth of England*« in *The Reliquary*, XVI, 1876-1877.

[16] Solovjov, *op. cit.*, S. 575-576.
[17] Karamzin, Bd. II, Buch IX, col. 26.
[18] Ebenda, col. 24.
[19] Ebenda, col. 27.
[20] Der Druck einer verbesserten Fassung des Alten und Neuen Testaments wurde in Ostrog durch den wolhynischen Fürsten Konstantin vorgenommen, der sich die Dienste Ivan Feodorovs zu sichern gewußt hatte. Diese russische Bibel, die anhand einer von dem Patriarchen von Konstantinopel gesandten griechischen Bibel korrigiert worden war, erschien 1581. Ivan besaß eine beachtliche Privatbibliothek, doch gibt es keine Angaben über ihren Bestand. Er benutzte auch die Bibliothek des Josef Volokolamsk-Klosters, die 1150 Bände umfaßte; für die damalige Zeit eine große Sammlung. S. V. Bachrušin u. a., *Istorija Moskvy* (Moskau 1952), I, S. 246-247; Karamzin, *op. cit.*, col. 28-29.

16. Der Abfall Kurbskijs

[1] Solovjov, Bd. III, Buch VI, S. 542.
[2] Karamzin, Bd. II, Buch IX, col. 34.
[3] Das weitere Schicksal von Kurbskijs Gattin und Sohn ist nicht bekannt.
[4] Karamzin, *op. cit.*, col. 34.
[5] Eine zuverlässigere Quelle – die kirchliche Abschrift der Nikon-Chronik in *Polnoje Sobranije russkich letopisej*, Bd. XIII, S. 383 – gibt an, Šibanov habe den Brief nicht überbracht. Danach wurde er von Ivans Offizieren gefangengenommen und nach Moskau geschickt, dort unter der Folter befragt und dann hingerichtet. Fennell, *Correspondence*, S. 21-23.
[6] N. Ustrjalov (Hsg.), *Skazanija Knjazja Kurbskogo* (St. Petersburg, 1833).
[7] Fennell, *op. cit.*, S. 5, 7.
[8] Ebenda, S. 5.
[9] Ebenda, S. 133.

[10] Ključevskij, II, S. 165.
[11] Fennell, op. cit., S. 2–179.
[12] Ebenda, S. 14.
[13] Ebenda, S. 40–41.
[14] Ebenda, S. 30–31.
[15] Ebenda, S. 19.
[16] Ebenda, S. 2–3.
[17] Ebenda, S. 46–47.
[18] Ebenda, S. 26–27.
[19] Ebenda, S. 61.
[20] Ebenda, S. 180–181.
[21] Ebenda, S. 190–193.
[22] Ebenda, S. 197.

17. Die Opričnina

[1] Karamzin, Bd. II, Buch IX, col. 43.
[2] Ebenda, col. 43–44; Solovjov, Bd. III, Buch VI, S. 551–552.
[3] Karamzin, loc. cit.
[4] Karamzin, op. cit., col. 46. Opričnina leitet sich von dem Wort oprič her, das »ausgesondert« bedeutet. Opričnina wurde auch der einer Witwe vorbehaltene Teil aus dem Besitz ihres Mannes genannt.
[5] Ključevskij, loc. cit.
[6] S. Veselovskij, »Učreždenije opričnogo dvora v 1565 g. i otmena jego v 1572 godu« in Voprosy Istoriji, 1946, No. 1, S. 86–104. A. A. Zimin, »Zemeljnaja politika v gody opričniny (1565–1572 gg.)« in Voprosy Istoriji, 1962, No. 12, S. 60–79.
[7] Sovjet-Historiker sind sich keineswegs einig darüber, ob zwischen der 1550 geplanten Aufstellung der »Tausend« und der Schaffung der Opričnina im Jahre 1565 ein Zusammenhang besteht. S. F. Platonov vertritt die Ansicht, daß Ivan 1565 wiederholte, was er fünfzehn Jahre zuvor versucht hatte. S. V. Veselovskij bestreitet entschieden jeden Zusammenhang. A. A. Zimin hat das vorliegende Material gründlich untersucht, und ich übernehme seine Ansicht vor allem deshalb, weil mir seine Interpretation der Mentalität Ivans am meisten gerecht zu werden scheint. S. F. Platonov, Očerki (Moskau, 1937), S. 109. S. V. Veselovskij, »Pervyj opyt preobrazovanija centralnoj vlasti pri Ivana Groznogo« in Istoričeskije Zapiski, 1946, Bd. 15, S. 57, 61 u. ö.
[8] Vasilij Šujskij war der einzige der Familie Šujskij, der im Dienst stand; die übrigen Familienmitglieder hatten noch nicht das dienstfähige Alter. Ivan erhob ihn 1567 in den Bojarenrang, und es ist

annähernd gewiß, daß er *Opričnikij* war. S. V. Veselovskij in *Voprosy Istoriji*, 1946, I, S. 89.
⁹ Zuerst beschloß Ivan, mit seiner *Opričnina* innerhalb des Kremls Hof zu halten, und zwar hinter dem schon bestehenden Palast auf der Seite, wo der Palast des Fürsten Vladimir Andrejevičs stand. Am 1. Februar 1565 ging jedoch Fürst Vladimirs Palast bei einem der häufigen Brände im Flammen auf. Darauf ließ Ivan seinen neuen Palast außerhalb des Kremls errichten, doch verbrachte er die Zeit immer seltener dort und bevorzugte das abgeschiedene Alexandrovsk. Dieser Palast wurde bei dem großen Brand von 1571 völlig zerstört. A. A. Zimin, *loc. cit.*
¹⁰ *Zemščina* leitet sich von dem Wort *zemlja* her, das »Erde, Land« bedeutet, und kann hier als das Reich oder die Domäne übersetzt werden.
¹¹ S. F. Platonov, *Očerki po istoriji smuty v Moskovskom gosudarstve XVI-XVII v v. (Opyt izučenija obščestvennogo stroja i soslovnych otnošenij v smutnoje vremja)* (Moskau 1937), S. 110-115; S. V. Veselovskij in *Voprosy Istoriji*, 1946, No. I, S. 86-97; A. A. Zimin, *loc. cit.*

18. Der Terror dauert an

¹ Karamzin, Bd. III, Buch IX, col. 47-48.
² Ebenda.
³ Ebenda, S. 51, u. Anm. S. 157-159.
⁴ Ebenda, col. 54.
⁵ Ebenda, col. 55.
⁶ Ebenda, col. 56.
⁷ Es ist unklar, ob diese Botschaften vom König und Hetman abgefangen wurden, oder ob die Bojaren, die sie erhielten, sie dem Zaren aushändigten, Karamzin. *op. cit.,* col. 57-58; Solovjov, Bd. III, Buch VI, S. 555.
⁸ Dieser Čeljadin hatte sich bei dem Aufruhr gegen die Glinskis nach dem großen Brand von Moskau hervorgetan, und dies mag man ihm noch nachgetragen haben. Solovjov, *op. cit.,* S. 555. Nach einem bestimmten Bericht über sein Ende ließ Ivan ihn in Gegenwart des ganzen Hofes mit den Zarengewändern bekleiden und mit der Krone auf dem Kopf auf den Thron setzen. Dann verneigte Ivan sich tief vor ihm und höhnte ihn: »Heil dir, großer Zar des russischen Landes! Du hast von mir die Ehre empfangen, die du begehrtest! Aber wie ich die Macht habe, dich zum Zaren zu machen, so kann ich dich auch vom Thron stoßen!« Darauf habe er dem Unglückseligen ein Messer ins Herz gestoßen, der

dann von den *Opričniki* zerstückelt worden sei. Dieser Bericht ist typisch für die Greuelgeschichten über Ivans Hof, die nur zu oft nicht zu erhärten sind und offensichtlich aus der Feder feindlich gesinnter und unzuverlässiger Chronisten stammen. Karamzin, Bd. III, Buch IX, col. 58-59, und Anm. S. 183.

[9] Karamzin berichtet, Ivan habe Fürst Vladimir beschuldigt, ihn vergiften zu wollen, und habe Fürst Vladimir befohlen, den Giftbecher zu leeren. Er schildert in einer ergreifenden Szene, wie Fürst Vladimir, seine Gattin und seine Kinder voneinander Abschied genommen und dann das Gift getrunken hätten und unter Qualen gestorben seien.
Solovjov weist darauf hin, daß sich viele widerspruchsvolle Berichte über Fürst Vladimirs Tod erhalten haben. Danach wurde er entweder vergiftet oder zerstückelt oder enthauptet. Auch die Berichte über das Schicksal seiner Familie widersprechen sich. Nach Kurbskij starben zwei der Söhne mit ihrem Vater. Der älteste Sohn war jedoch bestimmt 1573 noch am Leben. Karamzin, *op. cit.*, col. 83-84; Solovjov, *op. cit.*, S. 734.

[10] Karamzin, *op. cit.*, col., 60-61; Solovjov, *op. cit.*, S. 556.

[11] Karamzin, *op. cit.*, col. 62.

[12] Ebenda, col. 63.

[13] Maljuta Skuratov erklärte dem Abt und den Mönchen des Klosters, Filip sei am Fieber gestorben. Die entsetzten Mönche gruben in Skuratovs Gegenwart hinter dem Altar der Klosterkapelle ein Grab und setzten den Toten dort bei. 1584 wurden seine irdischen Überreste in das Soloveckij-Kloster gebracht; 1652 wurden sie nach Moskau überführt und in der Uspenskij-Kathedrale beigesetzt. Karamzin, *op. cit.*, col. 86.

[14] Solovjov, *op. cit.*, S. 559.

[15] Ebenda, S. 560.

[16] Ebenda, S. 56; Karamzin, *op. cit.*, col. 94-95.

19. Der livländische Krieg und die Niederbrennung Moskaus

[1] Die Ausnahme bildete der Kanzler Viskovatyj, der die unabhängige Ansicht vertrat, man könne einen Waffenstillstand schließen, ohne die Übergabe der livländischen Städte zu fordern, vielmehr unter der Bedingung, daß der König seine Truppen abziehe und den Zaren nicht daran hindere, diese Städte in Besitz zu nehmen. Solovjov, Bd. III, Buch VI, S. 581-583; Ključevskij, II, S. 384-387.

[2] Als Ivan zu Ende gesprochen hatte, erklärten die Gesandten, sie

hätten wegen ihres mangelhaften Russisch seine Ansprache teilweise nicht verstanden. Ivan erwiderte, sein Sekretär sei ja zugegen gewesen und werde ihnen alles, was er gesagt habe, erläutern. Darauf warf sich der Unglückselige vor dem Thron nieder und sagte: »Gnädigster Herrscher! Es ist unmöglich, so große Dinge zu behalten. Deine hohe, dir von Gott verliehene Weisheit überschreitet jedes Verstehen!« Solovjov, *op. cit.*, S. 587.

[3] Es ist beachtlich, daß die Landesversammlung nicht wieder einberufen wurde. Die Delegierten hatten dafür gestimmt, daß der Krieg fortgesetzt werde, bis ganz Livland in russischem Besitz sei. Dadurch war Ivan aber keineswegs gebunden, und er zögerte nicht, sich über ihren Rat hinwegzusetzen.

[4] Solovjov, *op. cit.*, S. 588.

[5] E. D. Morgan und C. H. Coote (Hsg.), *Early Voyages and Travels in Russia and Persia,* (Hakluyt Society, London, 1886), S. 44-46.

[6] Ebenda.

[7] Ebenda.

[8] G. Tolstoj, *The First Forty Years of Intercourse between England and Russia 1553-93 (St. Petersburg, 1875) S. 44-46.*

[9] Ebenda.

[10] Es stand keineswegs fest, daß die Russische Kompanie das Monopol für den Handel über die Ostsee hatte. Die Kompanie erhob zwar Anspruch auf das Monopol für den gesamten englischen Handel mit Moskovien, doch mußte dieses Monopol 1566 durch Parlamentsbeschluß bestätigt werden. T. S. Willan, *The Early History of the Muskovy Company 1553-1603* (Manchester, 1956), S. 76-77.

[11] Ebenda, S. 102-103.

[12] Tolstoj, *op. cit.*, S. XXI.

[13] E. D. Morgan und C. H. Coote, *op. cit.*, S. 247-249, 282.

[14] Ebenda, S. 249-250.

[15] Ebenda, S. 295.

[16] Ebenda, S. 283.

[17] Tolstoj, *op. cit.*, S. 74-78.

[18] E. D. Morgan und C. H. Coote, *op. cit.*, S. 290-292.

[19] Ebenda, S. 292-297.

[20] Ebenda, S. 302.

[21] Ebenda.

[22] Ebenda.

[23] Jenkinson bemerkt in seinem Brief an Lord Burghley, nachdem er die Leiden der Moskoviter aufgeführt hat, abschließend, dies sei »eine gerechte Strafe Gottes für ein so böses Volk«. Ebenda, S. 336-337.

[24] Solovjov, *op. cit.*, S. 600.
[25] Ebenda, S. 601.
[26] Ebenda, S. 620.
[27] Ebenda, S. 607-608.

20. Ivans Vermächtnis

[1] Fennell, *Correspondence*, S. 123.
[2] Karamzin, Bd. III, Buch IX, col. 110.
[3] Ebenda, col. 76-77.
[4] Ebenda, col. 114.
[5] Ebenda, col. 115.
[6] Ebenda, col. 161-162 und Anm. S. 494.
[7] Solovjov, *op. cit.*, S. 561.
[8] Ebenda, S. 562.
[9] Ebenda.
[10] Karamzin, Solovjov und Ključevskij haben angenommen, daß zwar der Name Opričnina abgeschafft wurde, die Einrichtung als solche aber weiterhin bestand. S. dazu jetzt S.V. Veselovskij, »*Učreždenije opričnogo dvora v 1565 g. i otmena jego v 1572 godu*« in *Voprosy Istoriji*, 1946, No. I, S. 86-104.
[11] Solovjov, *op. cit.*, S. 564.
[12] Kurbskij behauptet, Vorotynskij sei unter der Folter gestorben.
[13] Nach manchen Quellen sollen noch viel mehr Hinrichtungen stattgefunden haben. Eine dieser Quellen berichtet, 1582 seien in Moskau 2300 der Krieger, die sich bei Polock ergeben hatten, hingerichtet worden. Hinrichtungen von solchem Umfang wären jedoch in amtlichen Dokumenten und auch von russischen Chronisten aufgezeichnet worden, die derartige Angelegenheiten immer sehr ausführlich berichten. Es gibt de facto kaum einen Zweifel daran, daß in Ivans letzten Lebensjahren weder Krieger noch Bojaren hingerichtet wurden.
Karamzin, *op. cit.*, col. 210 und Anm. 617; Solovjov, *op. cit.* S. 565.

21. Stefan Bathory und das Ende des livländischen Krieges

[1] Solovjov, Bd. III, Buch VI, S. 620.
[2] Ebenda, S. 621.
[3] Ebenda.
[4] Ebenda, S. 624.
[5] Ebenda, S. 626.

[6] Karamzin, Bd. III, Buch IX, col. 139.
[7] Ebenda, col. 142–143.
[8] Ebenda, col. 142.
[9] Ebenda, col. 153.
[10] Damals schrieb Ivan in Wolmar seinen zweiten Brief an Kurbskij. S.S. 195.
[11] Angeblich weigerte König Stefan Bathory sich, diesen Vertrag zu ratifizieren, weil in der russischen Fassung die Bedingung gestellt war, der König dürfe nicht in Livland einfallen, während der polnische Text diese Bedingung nicht enthielt. Zweifellos war Bathory jedoch zum Krieg entschlossen, und es ist unwahrscheinlich, daß er wegen der Abweichungen im Text den Waffenstillstand abgelehnt hat. Karamzin, *op. cit.*, col. 166.
[12] Ebenda, col. 176.
[13] Solovjov, *op. cit.*, S. 663.
[14] Karamzin, *op. cit.*, col. 194.

22. Die letzten Jahre

[1] Wie Karamzin berichtet, näherte sich der Zarevič seinem Vater und bat ihn, Truppen zum Entsatz von Pskov führen zu dürfen, um die Ehre der Nation zu retten. Einem anderen Bericht zufolge wurde der Zarevič niedergeschlagen, weil er seine Frau in Schutz nahm, die Ivan gescholten hatte. Karamzin, *op. cit.*, col. 208; Solovjov, *op. cit.*, S. 703.
[2] Karamzin, *loc. cit.*
[3] Ebenda, col. 210.
[4] Feodor Nagoj soll zur Strafe dafür, daß er böswillig einen falschen Bericht über Boris Godunov gegeben hatte, genauso »genäht« worden sein wie Godunov. Karamzin, *op. cit.*, col. 210.
[5] Solovjov, *op. cit.*, S. 671.
[6] Ebenda.
[7] Ebenda, S. 672.
[8] Ebenda.
[9] M.N. Tichomirov, *Rossija v XVI stoletiji* (Moskau, 1962), S. 464–466.
[10] Kergedan ist das heutige Orjol. 1566 bat Jakov Stroganov den Zaren, ihre Städte Kankor und Kergedan mit dem gesamten Handel und Gewerbe in die Opričnina aufzunehmen, um sie vor den Plünderungen und Verfolgungen der Opričniki zu schützen. Der Zar willfahrte seiner Bitte. Solovjov, *op. cit.*, S. 691; Tichomirov, *op. cit.*, S. 460–462.

[11] Solovjov, *op. cit.*, S. 398-99.
[12] In den Berichten über die Eroberung Sibiriens durch die Stroganovs und Jermak sind Tatsachen und Legenden so eng verknüpft, daß man sie kaum entwirren kann. Die hier gegebene Darstellung stützt sich auf den Bericht Karamzins, doch gibt es, wie Solovjov (*op. cit.*, S. 715-23) hervorhebt, verschiedene Abwandlungen dieser Geschichte. S. auch Tichomirov, *op. cit.*, S. 464-466; Karamzin, *op. cit.*, col. 219-42.
[13] Karamzin, *op. cit.*, col. 235.
[14] T. S. Willan, *op. cit.*, S. 120.
[15] Ebenda.
[16] Ebenda, S. 128; E. A. Bond (Hsg.) *Russia at the Close of the 16th Century* (London, Hakluyt Society, 1856), S. 184.
[17] Nach Ivans Tod folgte ihm sein Sohn Feodor auf den Thron und Zarevič Dmitrij wurde mit seiner Mutter und ihren Verwandten in die kleine Stadt Uglič an der Volga nördlich von Moskau geschickt. Dmitrij soll 1591 gestorben sein, und die Streitfragen, die über seinen Tod entbrannten, wirkten sich für Boris Godunov wie für Rußland verhängnisvoll aus, denn sie gaben unmittelbar Anlaß zu den folgenden anarchischen Zuständen, die in der russischen Geschichte als die »Zeit der Wirren« bekannt sind; sie endeten 1613 mit der Wahl Michails, des ersten Romanovs, auf den Thron.
[18] Es ist unklar, worauf Ivans plötzliches Verlangen nach einer englischen Braut zurückzuführen ist. Er könnte schon 1568 mit Jenkinson darüber gesprochen haben, doch ist dies unwahrscheinlich. Vielleicht hat Ivans englischer Arzt Robert Jacob oder Eliseus Bomelius, ein westfälischer Arzt und Astrologe, der aus England nach Rußland gekommen war, sein Interesse an einer englischen Braut geweckt. Was ihn aber auch zu dieser Bitte veranlaßt haben mag, sicher ist, daß Ivan nicht daran dachte, um die Hand Elisabeths anzuhalten, ebenso gewiß aber auch, daß er eine Verwandte der Königin zur Frau begehrte. E. D. Morgan und C. H. Coote (Hsg.), *op. cit.*, S. 257; Willan, *op. cit.*, S. 161; E. A. Bond, (Hsg.), *op. cit.*, S. XLVII - XLVIII.
[19] N. Casimir, »*Historical Notes Relating to Czar John the Terrible of Russia and Queen Elizabeth of England*« in *The Reliquary*, Bd. XVI, 1875-1876, S. 13.
[20] Ebenda, S. 11.
[21] Ebenda, S. 12-13.
[22] G. Tolstoj, *op. cit.*, S. 205.
[23] N. Casimir, *op. cit.*, S. 17.
[24] R. Hakluyt, *op. cit.*, II, S. 262.

23. Ivans Tod

[1] Karamzin, Bd. III, Buch IX, col. 256.
[2] Solovjov, Bd. III, Buch VI, S. 704.
[3] R. Hakluyt, *op. cit.* (London, 1809), S. 525-26,
[4] Karamzin, *op. cit.*, col. 257.
[5] Ebenda.
[6] Welcher Art Ivans tödliche Krankheit war, ist unklar. Gewisse Ärzte haben zwar die Diagnose zu stellen gewagt, daß es sich um »diffuse Gehirnsyphilis und Syphilis der Herzklappen« gehandelt habe, woraus dann seine maßlose Reizbarkeit und Unmoral zu erklären seien. Diese Diagnose ist jedoch nicht haltbar, weil sie sich auf die finstersten und falschen Legenden und Geschichten stützt, die Ivan angedichtet wurden; sie ist bestenfalls eine vage Vermutung und deshalb nicht glaubwürdig. C. MacLaurin, *Mere Mortals* (New York, 1925); W.W. Ireland, *The Blot upon the Brain* (Edinburgh, 1893).
[7] Im Lauf baulicher Renovierungen an der Erzengelkathedrale im Kreml wurden die Grabstätten von Ivan und seinen beiden Söhnen, Zarevič Ivan und Zar Feodor, geöffnet. Über den Inhalt der Grabmäler wurde in der Sovjet-Presse berichtet. Die innere Grabplatte in Ivans Gruft bestätigt, daß er am 18. März und nicht, wie manchmal behauptet, am 19. März gestorben ist. Seine sterblichen Überreste waren mit einer schlichten Mönchskutte bekleidet; er war, während er im Sterben lag oder, was wahrscheinlicher ist, unmittelbar nach dem Tode geschoren und auf den Namen Jona eingesegnet worden. In seinem Grab fand sich auch ein prächtiger Kelch aus venezianischem Glas, der noch Spuren des heiligen Salböls enthielt. M.N. Tichomirov, *»Poslednije iz roda Kality«* in *Izvestija* (Moskau, 21.7.1963).

BIBLIOGRAPHIE

Die folgende Liste enthält die Hauptquellen, die ich studiert oder zu Rate gezogen habe; sie ist keineswegs erschöpfend. Andere maßgebliche Autoren sind in den Anmerkungen zu den Kapiteln aufgeführt.

BACHRUŠIN, S. V., *Ivan Groznyj*, Moskau 1945
- »*Izbrannaja rada Ivana Groznogo*« in *Istoričeskije zapiski*, Bd. 15, 1945
BACHRUŠIN u. a. *Istorija Moskvy*, Moskau 1952
BARTENEV, S. P., *Moskovskij Kremlj v starinu i teperj*, Moskau 1912
BAYNES, N. u. MOSS, H. St. L. B. (Hsg.), *Byzantium*, Oxford, 1948
BAZILEVIČ, K. V., *Vnešnjaja politika russkogo centralizivannogo gosudarstva. Vtoraja polovina XV veka*, Leningrad 1952
BLUM, J., *Lord and Peasant in Russia from the 9th to the 19th Century*, Princeton, 1961
BOBRINSKOJ, A. A., *Gipsgoljmskij obstrel*, St. Petersburg, 1914
BOND, E. A. (Hsg.), *Russia at the Close of the 16th Century*, London, Hakluyt Society, 1856
CHRONIKEN, Vollständige Sammlung der russischen: *Polnoje sobranije russkich letopisej*, 26 Bde., Moskau, 1841–1930
CONTARINI, A. u. J. BARBARO, *Travels to Tana and Persia*, aus d. It. v. W. Thomas u. S. A. Roy. London, Hakluyt Society, 1873
ECKARDT, H. von, *Iwan der Schreckliche*, Frankfurt/M., 1941. Übers. New York, 1949
FENNELL, J. L. I. (Übs. u. Hsg.), *The Correspondence between Prince A. M. Kurbski and Tsar Ivan IV of Russia 1564–1579* Cambridge, 1955. *Ivan the Great of Moscow*, London, 1961
HAKLUYT, R., *The Principall Navigations, Voiages and Discoveries of the English Nation*, London, Hakluyt Society, 1903
HAMEL, J. V., *Russia and England*, London, 1854
HERBERSTEIN, SIGISMUND VON, *Notes upon Russia*, Übs. u. Hsg. R. H. Major, London, Hakluyt Society, 1851–1852
KARAMZIN, N. M., *Istorija gosudarstva rossijskogo*, St. Petersburg, 1842, 5. Aufl.
KAŠTANOV, S. M., »*Podatnaja svoboda v gody bojarskogo pravitelstva 1538–1548 gg.*« in *Istoričeskije zapiski*, Bd. 66, 1960

KLJUČEVSKIJ, V.O., *Kurs russkoj istoriji,* Moskau, 1956-8
KOPANEV, A.I., »*Naselenije Russkogo gosudarstva v XVI v.*« in *Istoričeskije zapiski,* Bd. 64, 1959
KOROTKOV, A., *Ivan Groznyj. Vojonnaja dejatelnostj,* Moskau 1952
LICHAČEV, D.S. u. LURJE, Ja. S. (Hsg.), *Pisjma Ivana Groznogo,* Moskau, 1951
LICHAČEV, D.S., *Nacionaljnoje samosoznanije drevnej Rusi,* Moskau - Leningrad, 1945
LUBIMENKO, I., *Les Relations Commerciales et Politique de l'Angleterre avec la Russie avant Pierre le Grand,* Paris, 1932
MORGAN, E.D. u. COOTE, C.H. (Hsg.), *Early Voyages and Travels in Russia and Persia,* London, Hakluyt Society, 1886
NOLDE, B., *La Formation de l'Empire Russe,* Paris, 1952
OLEARIUS, ADAM, *The Voyages and Travels of the Ambassadors sent by Frederick, Duke of Holstein, to the Great Duke of Muskovy and the King of Persia, begun in the year 1553 and finished in 1639,* London, 1662
OMAN, C., *The English Silver in the Kremlin* 1557-1663, London, 1961
PEMBER, A., *Ivan the Terrible,* London, 1895
Peresvetov, J. Sočinenija, Komm. Ja. S. Lurje. Einl. A.A. Zimin, D.S. Lichačev u. L.N. Puškarev, Moskau-Leningrad, 1956
PIERLING, LeP., *La Russie et le Saint-Siège,* Paris, 1896
PLATONOV, S.F., *Ivan Groznyj,* Berlin, 1924
- *Boris Godunov,* Prag, 1924
  Očerki po istoriji smuty v Moskovskom gosudarstve XVI-XVII vv. (Opyt izučenija obščestvennogo stroja i soslovnych otnošenij y smutnoje vremja), Moskau, 1937
REDDAWAY, W.F. u. andere (Hsg.), *The Cambridge History of Poland,* Cambridge, 1950
ROMANOV, B.A., »*Sudebnik Ivana Groznogo*« in *Istoričeskije zapiski,* Bd. 29, Moskau, 1949
SKRYNNIKOV, R.T., »*Opričnaja zemeljnaja reforma Ivana Groznogo v 1565 g.*« in *Istoričeskije zapiski,* Bd. 70, Moskau, 1961
SMIRNOV, J.J., »*Mjatež Andreja Starickogo 1537 goda*« in *Istoričeskije zapiski,* Bd. 50, Moskau, 1955
SOLOVJOV, S.M., *Istorija Rossiji s drevnejšich vremjon,* Moskau, 1960
STADEN, H. VON, *Aufzeichnungen über den Moskauer Staat. Nach der Handschrift d. Preuss. Staatsarchivs in Hannover hrsgg. v. F. Epstein.* Hamburg, 1930. (Abhandlg. aus d. Gebiet der Auslandskunde. 34)
SUSLOV, V.V., *Cerkovj Vasilija Blažennogo v Moskve,* St. Petersburg, 1912
TICHOMIROV, M.N., *Rossija v XVI stoletiji,* Moskau, 1962
TOLSTOJ, G., *The First Forty Years of Intercourse between England and Russia 1553-93,* St. Petersburg, 1875

USTRJALOV, N.G. (Hsg.), *Skazanija Knjazja Kurbskogo,* St. Petersburg, 1833

VERNADSKY, G., *Kievan Russia,* Yale, 1948
- *The Mongols and Russia,* Yale, 1953
- *Russia at the Dawn of the Modern Age,* Yale, 1959
- *A History of Russia,* 5. Aufl., Yale, 1961

VESELOVSKIJ, S., »*Učreždenije opričnogo dvora v 1565 g i otmena jego v 1572 godu*« in *Voprosy Istoriji,* 1946, No. 1
- »*Pervyj opyt preobrazovanija centraljnoj vlasti pri Ivana Groznogo*« in *Istoričeskije zapiski,* Bd. 15, Moskau, 1946

WALISZEWSKI, K. *Ivan the Terrible,* Übs. Lady Mary Lloyd, London, 1904

WILLAN, T.S., *The Early History of the Muscovy Company 1553–1603,* Manchester, 1956

WIPPER, R., *Ivan Groznyi,* übs. J. Fineberg, Moskau, 1947

ZABELIN, J.E., *Istorija Goroda Moskvy,* Moskau 1902 und 1905
- *Domašnyj byt russkich carej,* Moskau, 1862
- *Domašnyj byt russkich caric,* Moskau, 1869

ZERNOV, N., *The Russians and their Church,* London, 1945
- *Eastern Christendom,* London, 1961

ZIMIN, A.A., »*K istoriji vojonnych reform 50–ch godov XVI v.*« in *Istoričeskije zapiski* Bd. 55, Moskau, 1956
- »*O sostave dvorcovych učreždenij Russkogo gosudarstva konca XV i XVI v.*« in *Istoričeskije zapiski,* Bd. 63, Moskau 1958
- *Reformy Ivana Groznogo,* Moskau, 1962
- (Hsg.) *Antologija istoriji SSSR v XVI i XVII vv.,* Moskau, 1962

REGISTER

Adašev, Alexej 89–91, 93, 101, 104, 116, 117, 132, 133, 135, 137, 141, 149, 162, 169–171, 174–176, 194, 195
Adašev, Daniil, Bruder Alexejs 147, 152, 155, 156, 175
Adašev, Feodor, Vater Alexejs 134, 137
Afanasij, Metropolit 184, 198 bis 200, 212
Alexander, Großfürst von Litauen 28, 29
Alexandrovsk 184, 188, 199 bis 201, 207, 209, 216, 219, 220, 223, 230, 245, 270, 286
Anastasija Romannova, Zarin 76, 77, 119, 129–30, 135–40, 142, 143, 169–173, 180, 186, 195, 208, 249, 285, 303
Andrej, Fürst Starickij, Onkel Ivans IV. 40, 43, 46, 47, 60, 215, 219
Andrejevič, Fürst Vladimir, Starickij, Vetter Ivans IV. 121, 134–137, 141–143, 151, 182, 208, 215, 216, 219, 272
Anna, Prinzessin, Schwester Sigismund Augusts 178, 266–67
Anna Alexejevna, vierte Gemahlin Ivans IV. 251–52

Anna Vasilčikova, fünfte Gemahlin Ivans IV. 252
Anton, Metropolit 252, 257, 304
Arbat, Vorstadt v. Moskau 79, 172, 205
Astrachan 110, 116, 119, 131, 148–50, 153, 155, 181, 242–43 246, 271, 292, 294, 304
Azov, Hafen 150, 152, 243

Barma, russ. Architekt 153
Barmin, Erzpriester Feodor 81, 83, 87
Bathory, Stefan, König v. Polen 266–282, 288
Bazmanov, Bojar Alexej 174, 188, 198, 203, 212, 218, 224, 225
Bazmanov, Feodor 174, 176, 188, 224, 225
Bekbulatovič, Fürst Semeon 258
Beloozero 59, 142, 176, 208, 257
Belskij, Fürst Dmitrij 64, 244
Belskij, Fürst Ivan 40, 44, 51, 56–59, 65, 176, 205, 214, 302–4
Belskij, Fürst Semeon 40, 44, 45, 56, 58
Bessarion, Kardinal 29, 30
Blagoveščenskij-Kathedrale 87, 184, 302

Bogojavlenskij-Kloster 218
Bojarenduma 22, 23, 43, 50, 56, 57, 58, 61, 90, 91, 96, 118, 142, 191, 208, 228
Bolchovskij, Fürst Semeon 296
Bowes, Sir Jerome 300, 301
Burghley, Lord 241
Buturlin, Bojar Afanasij 65
Buturlin, Bojar Ivan A. 257
Byzanz 29, 30, 33, 55, 68–72, 75, 192

Čeljadin, Bojar Ivan 81, 214
Čeljadina, Agrafjona 49, 50
Čeremis-Stamm 115, 118, 185, 292
Černigov, Stadt 15, 44, 272
Chancellor, Richard 19, 79, 156–159
Cholmogory, Stadt 241, 298
Christian III., König von Dänemark 165
Contarini, Ambrogio 24, 25, 29 bis 32
Čudov-Kloster 200, 257
Čuvaš-Stamm 115, 118

Dänemark 159, 165, 233, 239, 270
Daniil, Metropolit 38, 51, 52
Danzig 267, 268, 272
Derbyš, Khan v. Astrachan 148, 149, 150
Deutschritterorden 18, 26–28, 154, 161–62, 176–77, 233
Devlet Girej, Krimkhan 150–51, 156, 180, 188, 242, 246, 255, 257, 271
Dmitrij, Zarevič, Sohn Ivans IV. v. s. ersten Frau 129, 134–35, 138–41
Dmitrij, Zarevič, Sohn Ivans IV. v. s. siebten Frau 299, 303, 304

Dmitrij, Enkel Ivans III. 32, 33, 34, 35
Dmitrij Donskoj 21, 22, 98, 120, 128, 130, 245
Dnjepr 28, 35, 151, 154, 167–68, 274
Domostroj 87
Don 57, 131, 152, 181, 243, 271, 274, 293
Dorpat 28, 59, 160, 162, 163, 165, 175, 187, 236, 270, 282

Ediger Mohammed, Khan v. Kazanj 119–121, 126–128, 148
Edward VI., König v. England 157
Elisabeth I., Königin v. England 159–160, 237–241, 297 bis 301
England 157–60, 237–241, 297 bis 301
Erik XVI., König v. Schweden 165, 177, 234–36
Ernst, Erzherzog, Sohn Maximilians II. 262–65
Erzengelkathedrale 118, 287, 305
Estland 162, 165, 235, 255, 277, 282
Evdokija, Gemahlin von Zarevič Ivan 250–51

Fellin, Stadt 171, 177, 186
Feodor, Zarevič, Sohn Ivans IV. 173, 204, 254, 260, 262, 285 bis 288, 303
Feodorov, Ivan, Drucker 183, 184
Filimov, Ljapin, Kosaken-Ataman 150
Filip, Metropolit 212–14, 216 bis 218
Florentiner Union 30, 280–82
Friasin, Peter 46, 54, 160

Friedrich II., König v. Dänemark 166, 177, 233, 270
Friedrich III., Deutscher Kaiser 71, 259
Fürstenberg, Hochmeister des Deutschen Ordens 165, 233
Funikov, Schatzmeister 133, 137, 224-25

German, Erzbischof v. Kazanj 212
Gewählte Rat, der 90-93, 97, 99, 132, 135, 136, 141, 203, 228
Glinskaja, Fürstin Anna 63, 82, 83
Glinskij, Fürst Jurij 63, 82, 87
Glinskij, Fürst Michail 39-41, 43, 44
Glinskij, Fürst Michail Vasiljevič 63, 78, 81-83, 87, 127
Glinskij, Fürst Vasilij 39
Godunov, Boris 204, 249, 286, 288, 294, 303
Goldene Horde 16, 26, 34f., 98, 110, 120, 275
Gorbatyj, Fürst Alexander 118, 123, 128, 147, 207
Granovitaja-Palast 32, 33, 130
Gregor XIII., Papst 280-81, 289
Grjaznoj, Grigoryj 251
Grjaznoj, Vasilij 174, 212
Gustav Wasa, König von Schweden 46, 166, 177, 234

Haraburda, Michail 262, 263
Hastings, Lady Mary 299, 300
Heinrich von Valois, König von Polen 263-65
Herberstein, Sigismund von 25, 29, 48, 76, 79
Horsey, Jerome 304

Irina, Schwester Boris Godunovs 288

Irtyš, Fluß 293, 295, 296
Isker am Irtyš 295, 296
Islam Girej 45
Ivan I, Kalita 17, 18
Ivan III., der Große, Großvater Ivans IV. 23 ff., 44, 53, 68-72, 75, 102, 131, 154, 168, 180, 183, 191, 219, 256, 261, 271, 281
Ivan Molodoj, Sohn Ivans III. 29, 31 ff.
Ivan IV, Zar:
Erscheinung: 94, 95, 104, 169, 201 *Kindheit:* 49-62, 74, 85, 106 *Krönung:* 73-75, 84 *Auffassung seiner Macht:* 78, 132, 139, 169, 170, 192-94 *Ehen:* 74-77, 173-74, 249-52 *Krankheit:* 131-39 *Tod:* 302-05 *Charakter:* 61-66, 71, 78, 81-83, 94, 95, 97, 105, 111-30, 141, 142, 169-171, 181, 182, 192 bis 93, 195-197, 206-07, 209 bis 212, 248-49, 254, 285-88
Ivan, Zarevič, Sohn Ivans IV 142, 173, 220, 221, 250, 251, 253, 254, 285-87, 304
Izmail, Nogaj-Fürst 148, 149, 150

Jagellonen-Dynastie 167, 177, 259, 266
Jakovlev, Bojar Ivan 208
Jamgurčei, Khan v. Astrachan 148, 149
Jaroslavl, Stadt 19, 27, 185
Jefrosinja, Fürstin Starickaja 134-37, 142, 215
Jeleckij, Dmitrij 282
Jelena, Tochter Ivans III. 28
Jelena Glinskaja, Mutter Ivans IV. 36, 38 ff., 42 ff., 56, 85, 191, 215

Jelena Stepanova, Gemahlin v. Ivan Molodoj 32, 33
Jenkinson, Anthony 158, 159, 169, 237, 238, 241, 297, 301
Jermak Timofejev, Kosaken-Ataman 293–96
Joasaf, Metropolit 51, 56, 59, 129, 130
Johann, Herzog v. Finnland 234; König v. Schweden 235, 283
Josef, Abt v. Volokolamsk 51, 68, 97, 106
Josephaner 52, 89, 106–109
Julija, Fürstin, Schwägerin Ivans IV. 181, 182
Jurij, Fürst, Bruder Ivans IV. 40, 43, 67, 87, 129, 134, 136, 181
Jurij, Fürst, Onkel Ivans IV. 40, 43
Jusuf, Khan der Nogajtataren 115, 148, 149

Kama, Fluß 115, 147, 291–93
Kankor, Stadt 292
Karamzin, N. M., russischer Historiker 86, 189
Karelien 275, 277
Karl V., Kaiser 161, 163
Kasimir, Großfürst von Litauen 27
Kateryna, Prinzessin, Schwester Sigismund Augusts 178, 235
Kazanj, Stadt 26, 35, 37, 45, 53, 63, 102, 110–131, 139, 143, 147, 153–155, 161, 162, 167, 181, 185, 203, 208, 242, 246, 291, 294, 297, 304
Kazanjka, Fluß 122, 124, 127
Kergedan, Stadt 292
Kettler, Hochmeister d. Deutschen Ritterordens 165, 166, 177, 233

Kexholm 271, 276, 277
Kiev 17, 19, 21, 28, 69, 154, 167, 260, 266, 272
Killingworth, George 158
Kirill, Metropolit 218, 251
Kirillo-Beloozerskij-Kloster 52, 59, 138, 171
Kitai Gorod, Moskauer Binnenstadt 46, 79
Kobenzl, Hans Kaiserl. Gesandter 265, 266
Kolco, Ivan, Kosaken-Ataman 296
Kolomenskoje, Dorf 39, 172, 198
Kolomna, Stadt 65, 119, 150, 219
Konstantin XI., Kaiser v. Byzanz 29, 30
Konstantin Monomach 69, 75
Konstantinopel 29, 70, 80, 243, 266
Kormlenije (Unterhalt) 102, 144, 145, 202
Korščak, Krimkhan 116
Kosaken v. Don, Dnjepr, Volga 152, 271, 293–96
Krakau 264, 267
Kreml, der, in Moskau 25, 32, 37, 47, 49, 59, 61, 66, 74, 79, 80–82, 88, 138, 157, 169, 172, 173, 182, 198, 239, 245, 296
Kruse, livländ. Gefangener 233, 236, 270
Kučum, sibirischer Khan 292, 295, 296
Kurakin, Fürst Ivan 207
–, Fürst Pjotr 256–57
Kurbskij, Fürst Andrej 86, 88, 90, 91, 124, 136, 138, 139, 147, 174–77, 185–96, 197, 207, 227, 230, 233, 249, 261

Kurbskij, Fürst Roman 126
Kurland, Herzogtum 177, 227, 233, 269, 272, 275
Kurljatev, Fürst Dmitrij 90–91, 133–35, 176
Kuzminskij, russ. Botschafter 244

Leonid, Erzbischof v. Novgorod 251
Levkij, Archimandrit d. Čudov-Klosters 200
Litauen 17, 18, 22, 26 ff., 35, 38, 39, 43–45, 47, 83, 98, 142, 154, 166–168, 176, 177, 187, 190, 216, 219, 224, 230–32, 234, 236, 259, 261, 262–64, 266, 270
Livland 161–65, 170, 171, 176 bis 178, 181, 230–33, 242–44, 246, 256, 260, 261, 265–68, 272, 275, 277–79, 282, 283, 290
Ljackij, Ivan, Bojar 44
Lublin, Union von 231
Lykov, Michailo 225

Magnus, Prinz v. Dänemark, König v. Livland 233–36, 268–72
Mahomet Girej, Krimkhan 271, 289
Makarij, Erzbischof von Novgorod, 47; Metropolit, 59–62, 66, 67, 73, 74, 77, 80, 86, 88, 89, 94, 97, 105, 106, 108, 109, 142, 173, 182–84
Mametkul, Sohn des sibirischen Khans 292
Manley, Lawrence 238
Marfa, Zarin; dritte Gemahlin Ivans IV. 250, 251, 255
Maria von Tverj, erste Gemahlin Ivans III. 29

Marija, Zarin; zweite Gemahlin Ivans IV. 180, 188, 198, 249
Marija Feodorovna, siebte Gemahlin Ivans IV. 299
Maxim der Grieche 97, 139
Maximilian II, Deutscher Kaiser 232, 264–67, 270
Menglj Girej, Krimkhan 26, 35, 180, 271
Mestničestvo 23, 57, 113–114
Middleton, George 238
Mikulinskij, Fürst Semeon 117, 118, 120, 147
Mineja-Četja 66, 67, 86, 97, 183
Mišurin, Rat Feodor 51
Mohammed Girej, Krimkhan 35
Moldau, Stefan von 25
Montluc, Bischof v. Valence 263, 264
Mordva, finnischer Stamm 115, 292
Morozov, Bojar Pjotr 62, 147
–, Bojar Michail 62, 91, 133, 257
Mosalskij, Fürst 271
Mošaisk 170, 171, 202, 304
Mstislavec, Pjotr, Drucker 183
Mstislavskaja, Fürstin 41
Mstislavskij, Fürst Ivan 133, 134, 150, 205, 214, 244, 256, 272
–, Fürst Vasilij 303
–, Fürst Ivan Feodorovič 303

Nagoj, Afanasij 181, 243
–, Feodor 299
Narva 164, 238, 271, 276, 280, 282
Nemoj, Fürst Dmitrij 207
Nepea, Osip 158
Nevel, Stadt 180, 227, 282
Nikolajevskij-Kloster 218
Nišnij-Novgorod 113, 115, 129, 216
Nogojtataren 115, 119, 121 ff., 147–49

Novgorod 18, 19, 26, 42, 47, 59, 66, 67, 86, 154, 161, 182, 215, 218–23, 232, 242, 243, 252, 255, 260, 268, 274, 276, 290
Novodevičy-Kloster 173, 182
Novosilcev, russ. Botschafter 243
Novospaskij-Kloster 81

Obolenskij, Fürst Ovčin-Telepnev 44–51
–, Fürst Dmitrij 176
–, Fürst Nikita 47
Očakov, Hafen 151, 156
Odojevskij, Fürst Nikita 257
Oesel, Insel 177, 233, 236
Oka, Fluß 16, 25, 57, 244–46, 257, 274
Olferjev, Roman 282
Opričniki 202–06, 208–11, 216, 218, 224–26, 244, 256, 257
Opričnina 201–06, 209, 211, 213, 216, 236, 254–56
Orša, Stadt 227, 277
Orthodoxe Kirche, die 16, 17, 27, 30, 31, 38, 39, 51, 52, 69 bis 70, 74, 76, 84, 87, 96, 97, 84, 87, 96, 97, 105–109, 120, 155, 163, 175, 178, 210–18, 229, 251–52, 259

Paleckij, Fürst Dmitrij 133, 136, 137
Paul II., Papst 29, 30, 281
Peresvetov, Ivaška 98–101, 113
Perevolok, Stadt 181, 243
Perm 291–94
Peter der Große 284
Peter, Metropolit 18, 40, 43, 80
Philotheus, Mönch von Pskov 70
Pilten 233, 272

Pimen, Erzbischof v. Novgorod 200, 219, 221, 223–25
Pizemskij, Feodor 278, 282, 299, 300
Polen 26, 154, 159, 166, 167, 177, 231–33, 239, 259, 260, 262–65, 267–69, 272, 273, 275, 277–79, 282–85, 298
Polock 179, 188, 232, 262, 273, 275, 276, 283, 285
Possevino, Antonio, Jesuitenpater 281, 282, 288, 289, 290
Postnik, russ. Architekt 153
Prinz, Daniel, kaiserl. Botschafter 265, 266
Pronskij, Bojar Feodor 47
– Pjotr Danilovič 223
Pronskij-Šemjakin, Fürst Jurij 149
Pskov 26, 32, 42, 53, 67, 78, 164, 223, 224, 242, 268, 270, 274, 276, 279, 280, 282, 285, 286
Puškin, Ivan 278, 282

Radziwill, Christof, litauischer Hetman 280
Radziwill der Schwarze, Nikolaj 177–78, 187
Randolph, Thomas 237–39, 301
Reformen Ivans IV. 96–98, 101 bis 103, 106, 113, 114, 144 bis 46
Repnin, Fürst Michail 175
Reval 165, 166, 177, 234, 236, 268, 270, 277
Riga 179, 227 270
Rjazanj, Stadt 15, 27, 115, 117, 119, 188, 242
Romanov-Dynastie
Romanovic, Bojar Ivan 204
–, Bojar Nikita 129, 204, 303
–, Bojar Daniil 133

Rostov 27, 245
Rostovskij, Fürst Semeon 135, 142, 143
–, Fürst Nikita 142
Roter Platz in Moskau 82, 94, 96, 152
Rote Treppe vor d. Kreml 189, 302
Rudolf II. v. Habsburg 270, 280
Rurik, Familie 69, 168, 183, 204
Russische Kompanie, die 158 bis 59, 237–38, 240–41, 297–98

Safa Girej, Khan v. Kazanj 45, 46, 56, 57, 64, 112
Saip Girej, Krimkhan 45, 53, 56–58, 114, 144
Saltykov, Michail 198
Šapka Monomacha 69, 248
Savin, Andrej 239, 240
Ščenjatev-Patrikejev, Fürst Pjotr 135, 215
Schlitte, der Sachse 160–61
Schweden 26, 154, 159, 167, 177, 239, 270, 275, 276, 277, 280, 283, 284
Selim II., türkischer Sultan 243, 244, 246, 263
Semščina 205, 208, 255–57
Serebrjannij-Obolenskij, Fürst Pjotr 115, 117, 123, 179, 225
–, Fürst Vasilij 123, 128, 179
Šeremetev, Bojar Ivan 91, 133, 147
Serpuchov, Stadt 244, 246
Ševirjev, Fürst Dmitrij 207
Ševrigin, russischer Botschafter 280
Šibanov, Vaška 189
Sibirien 291, 293–95, 297
Šig Alej, Khan v. Kazanj 64, 115, 116, 117, 120, 163, 164
Sigismund II. August, Großfürst v. Litauen u. König v. Polen 36, 39, 44 ff., 166–68, 176–79, 187–88, 219, 220, 227, 230–31, 233–35, 242–43, 255, 259–60
Silvester, Erzpriester 66, 86 bis 91, 93, 97, 101, 104, 106, 132 bis 139, 141, 143, 155, 169–76, 182, 183, 186, 194–95, 213, 258
Simonov-Kloster 52
Skopin-Šujskij, Fürst Feodor Ivanovič 66, 81, 83
– Fürst Vasilij F. 279
Skuratov, Maljuta 174, 203, 209, 212, 218, 249
Smolensk 19, 28, 29, 35, 36, 44, 274, 276, 277
Sofija, Großfürstin 29 ff., 36, 38, 68, 69, 191, 281
Solomonija Saburova, erste Gemahlin v. Vasilij III. 37 ff.
Soloveckij-Kloster 175, 212, 213, 217
Sorskij, Nil 52, 97
Staden, Heinrich 256
Starica, Ort 47, 141, 281
Starickij, Fürst Andrej 43, 46, 47, 60, 62, 215, 219
Starickij, Fürst Vladimir Andrejevic, Vetter Ivans IV. 121, 134, 135, 141, 151, 181, 208, 215, 216, 219
Stefan von Moldau 25
Stoglavnij Sobor 105–09, 182
Strelitzen 114, 122, 129
Stroganov, die Familie 288, 290 bis 296
Sudebnik, Gesetzbuch 101–103, 106, 114, 119, 144
Šujskij, Fürst Andrej Michailovic 40, 43, 44, 51, 56–60
–, Fürst Ivan Petrovic 60, 244, 279, 303

Šujskij, Fürst Pjotr J. 118, 179
—, Fürst Vasilij 40f. 50, 51, 204
Sukin, Feodor 178
Suleiman II., türkischer Sultan 98, 149, 152, 181, 242, 243
Svijaga, Fluß 115
Svijašsk, Stadt 115, 116, 118, 122, 129, 203
Sylvester, Daniel, englischer Botschafter 298

Tataren 17–19, 45, 53, 57–59, 63–64, 110–31, 147–49, 154, 168, 242, 244, 246, 248, 255, 261, 274, 276–78, 292, 295, 296
Taube, livländ. Gefangener 233, 236, 270
»Tausend«, die 104, 203
Temgrjuk, kabardinischer Fürst 180, 243
Temgrjukovic, Fürst Michailo 251
Terek, Fluß 243, 244
Terem, Frauengemach 76, 250
Timofej, Erzpriester 118–19
Tjomkin, Fürst Vasilij 217
Tobol, Fluß 293, 295
Tokmakov, Fürst Jurij 223
Trachanjot, Bojar 129
Transvolga-Eremiten 52, 89, 106–109
Troica-Kloster 40, 48, 49, 51, 52, 77, 109, 129, 139, 198, 218
Tula, Stadt 119, 151, 225
Turuntaj-Pronskij, Fürst Ivan 78, 83, 135, 215
Tverj, Stadt 29, 42, 218, 220, 258

Ukraine 26, 152, 167, 178, 260
Umnoj-Količov, Bojar 230
Uralgebirge u. Stromgebiet 290–293

Uspenskij-Kathedrale 33, 57, 74, 77, 80, 82, 198, 218, 251, 302

Vasijan, Erzbischof v. Rostov 68
Vasijan Toporkov, Erzbischof von Kolomenskoje 139
Vasilij II. d. Blinde, Großfürst v. Moskau 55
Vasilij III., Vater Ivans IV. 27, 29, 32ff., 35ff., 42ff., 53–56, 68–70, 72, 76, 90, 104, 139, 162, 249
Vasilij, Zarevič, Sohn Ivans IV. 180, 188, 198
Vasilissa Melentjevna, sechste Gemahlin Ivans IV. 252
Velikije Luki, Festung 180, 276 bis 277, 280, 282
Viskovatji, Rat 133, 136, 224, 225
Višneveckij, Fürst Dmitrij 151, 152, 155
Višnjakov, Rat 133
Vitebsk 187, 272
Vjatka, Stadt 115–17, 147, 149
Vjazemskij, Fürst Afanasij 149, 174, 198, 212, 224, 225
Vjazma, Stadt 32
Vladimir, Fürstentum 17, 18, 32, 33, 42, 57, 59, 64, 113, 119, 129, 130
Vladimir Monomach, Fürst von Kiev 69, 72, 75, 149, 185, 248
Volchov, Fluß 220–23
Volga 16, 24–25, 111, 112, 115, 120, 131, 147, 150, 181, 203, 242, 243, 274, 278, 280, 293
Vologda, Stadt 239
Volokolamsk, Kloster 40, 52, 68, 139
Volovič, litauischer Vizekanzler 187

Volynskij, Fürst Pjotr 274
Vorobjovo, Dorf 81–83, 114
Voroncov, Bojar Feodor 61–62, 64, 136, 225
–, Bojar Ivan 41
Vorotinskij, Fürst Michail 125 bis 127, 176, 208, 214, 244, 246, 255, 257
–, Fürst Vladimir 133–34, 136
Votjak-Stamm 115, 185

Warschau 232, 263, 266, 276, 282
Warschau, Konföderation von 263, 264
Wenden, Stadt 268–72
Wettermann, deutscher Pastor 211
Willoughby, Sir Hugh 156
Wilna 180, 263, 275, 276, 281

Wolmar, Stadt 188, 270
Woropai, litauischer Gesandter 260, 262, 263

Zacharin, Bojar Daniil 135, 138
–, Bojar Grigorij 83, 135, 138
–, Bojar Michail 40, 76, 83, 135, 138
Zacharin-Koškin, Michail Jurjevič 76
–, Roman Jurjevič 76
Zacharov, Vasilij 65
Zamojski, Jan, polnischer Kanzler 273, 279
Zemskij-Sobor 96–98, 101, 228 bis 230
Zoë Palaeolog, siehe Sofija, Großfürstin

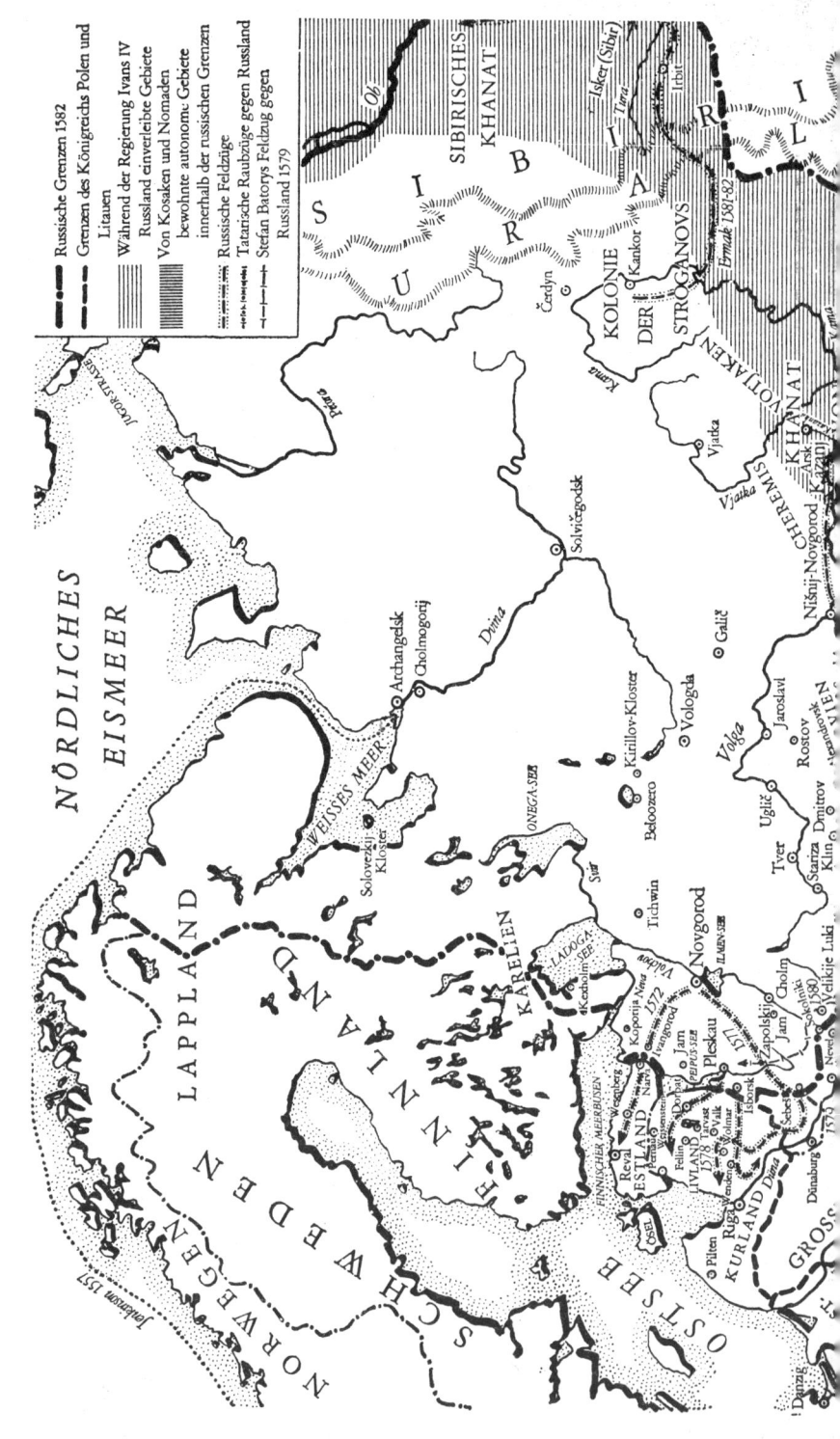